KB018069

에니어그램 9 리더십

21세기 리더를 위한 필독서

비어트리스 체스넛 **지음**

이규민·현상진·최진태·박충선·서영숙·이종남·조연우 **옮김**

에니어그램 9 리더십
21세기 리더를 위한 필독서

발행일	2018년 10월 12일
지은이	비어트리스 체스넛
옮긴이	이규민 · 현상진 · 최진태 · 박충선 · 서영숙 · 이종남 · 조연우
발행인	김영자
펴낸곳	한국에니어그램협회(IEA KOREA)
등록	307-2016-60호
주소	서울시 성북구 동소문로 7길 5 백웅빌딩 2층
대표전화	02-831-5454
팩시밀리	02-831-6464
이메일	ieakorea@hanmail.net
홈페이지	www.ieakorea.com
값	20,000원
ISBN	979-11-959107-2-4 (93180)

본서의 무단 복제 행위를 금하며, 잘못된 책은 바꾸어 드립니다.

이 도서의 국립중앙도서관 출판예정도서목록(CIP)은 서지정보유통지원시스템 홈페이지 (http://seoji.nl.go.kr)와 국가자료종합목록시스템(http://www.nl.go.kr/kolisnet)에서 이용하실 수 있습니다. (CIP제어번호 : CIP2018028790)

에니어그램 9 리더십

21세기 리더를 위한 필독서

헌사

인격적이고 전문적인 리더십 계발에 관한 이야기를 공유해 준 리더들
그리고 깨어남의 역할을 감당하는 모든 리더에게 이 책을 헌정한다.
이러한 리더십은 세계 사회의 긍정적 변화와 밝은 미래를 향한
새로운 희망이 될 것이다.

목차

감사의 말씀

이 책이 출판되도록 도움을 주신 모든 분들께 감사드린다. 특히 이 책을 집필하고 출판하는 데 있어서 주도적 역할을 하고 도움을 아끼지 않은 대리인 피터 스타인버그에게 감사드린다. 편집인이며 홍보담당자로서 이 책이 적절한 시기에 출판될 수 있도록 집필 과정마다 도움을 준 리사 립슨 캔필드에게 감사를 드린다.

내게 이 책을 출판할 기회를 준 앤서니 지카디와 포스트 힐 출판사에게도 감사를 드리고 싶다. 그리고 이 책을 출판할 수 있도록 인도해 주신 포스트 힐 출판사의 빌리 브로우넬에게 감사드린다. 이 책에 언급된 에니어그램 성격유형과 하위유형의 실체에 대한 독창적인 저자가 되어준 클라우디오 나란호에게도 감사드린다.

많은 분들이 이 책이 탄생할 수 있도록 도움을 주었다. 나에게 늘 위대한 스승이자 친구인 진저 래피드 보그다는 비즈니스에 관한 에니어그램 이론과 실제를 수집하여 상당한 도움을 주었다. 나의 친구이자 동료인 유레이니오 페이즈는 여러 면에서 유·무형의 많은 도움을 주었다.

이 책이 탄생할 수 있도록 에니어그램 분야의 친구와 동료들, 밸러리 애트킨, 데보라 이거튼, 줄리 잭클, 조니 미놀트, 다이앤 링, 제인 타이트에게 감사드리고 싶다. 그리고 또한 매트 아렌스, 클레어 바넘, 엘리자베스 코튼, 카일 코시글리아, 마리앤 드레이, 헬렌 잉글리쉬, 캐슬린 갤러거, 린다 피노, 스테이시 프라이스, 린 룰로, 비키 리브카, 록산 스트로스, 바바라 화이트사이드에게도 감사드린다. 이들은 에니어그램 워크숍 동료로서, 내 말을 경청해주고 아이디어를 제시해 주고 초고를 검토해주었다.

마지막으로 리더십 분야와 비즈니스 현장에서 자신의 이야기들을 생생한 사례로 공유해준 각 분야 여러 지도자들에게 감사드린다. 이들의 성공사례는 인간의 잠재된 능력을 개발해주는 리더야말로 가장 훌륭한 리더라는 사실을 입증해주었다.

비어트리스 체스넛
Beatrice Chestnut

역자 서문

"모든 사람은 자신이 깨닫든 아니든 누군가의 리더이다"(John C. Maxwell). 리더가 영향력을 통해 사람들을 바람직한 방향으로 이끄는 사람이라면 우리 모두는 누군가의 리더임에 틀림 없습니다. 리더십을 행사하는 방식은 크게 'Force의 리더십'과 'Power의 리더십'으로 구분됩니다. 'Force의 리더십'이 물리적, 강압적, 도구적 리더십이라면, 'Power의 리더십'은 인격적, 자발적, 창조적 리더십입니다. 그래서 군사적 힘을 Armed Force로, 정신적 힘은 Mental Power라고 부릅니다.

비어트리스 체스넛 박사의 명저 『에니어그램 리더십: 21세기 리더를 위한 필독서』는 Force(통제적 힘)가 아닌 Power(창조적 힘)에 기초한 리더십을 보여줍니다. 진정한 리더십은 자기 이해, 상대 이해, 그리고 나와 상대가 만들어내는 역동성을 이해할 때 생겨납니다. 서로를 세우고 살리고 풍요롭게 하는 리더십이 창조적 리더십이요 참된 리더십입니다. 참된 리더십은 주위 사람들의 에너지, 효율성, 탁월성을 일깨우고 생명, 사랑, 기쁨을 불어넣습니다. 이런 의미에서 본서는 2500년의 에니어그램 지혜를 21세기를 위한 리더십 속에 통찰력 있게 녹여내고 있습니다.

21세기는 그 어느 때보다 구성원의 개별성, 다양성, 평등성을 중시하는 시대입니다. 과거의 획일적이고 정형화된 리더십은 구태로 여겨지고 거부되기 마련입니다. 21세기 사회가 요청하는 리더십은 참여적 리더십, 다양성과 평등성에 기초한 소통의 리더십입니다. 이 책은 이러한 리더십을 위해 에니어그램을 통한 자기 이해와 타인 이해를 최우선 작업으로 제시합니다. 구체적으로 에니어그램에 근거한 9가지 유형에서 나아가 27가지 하위유형에 이르는 리더십을 정확하고 설득력 있게 보여주고 있습니다. 각 유형의 특성과 장단점, 순기능과 역기능, 발전과 개선방향, 그리고 구체적 실천방안과 실례에 이르기까지, 유형별 리더십을 상세하고 명료하게 정리해줍니다. 자기 유형을 파악하고, 자기에게 맞는 최적화된 리더십을 발견하는 과정을 통해 주위 사람과 공동체를 살리는 창조적 지혜를 얻게 될 것입니다. 이러한 발견은 가정, 학교, 사회 속에서 주위 사람들과의 만남과 소통을 통해 행복을 만들어가는 지혜를 얻게 해줍니다.

2018년 봄, 한국에니어그램협회는 체스넛 박사의 『완전한 에니어그램』을 출간한 바 있습니다. 『완전한 에니어그램』이 에니어그램에 대한 이론적 작업과 이해를 가능하게 한다면, 『에니어그램 리더십: 21세기 리더를 위한 필독서』는 에니어그램의 지혜와 통찰을 자신의 삶 속에 적용하는 구체적 방안을 보여줍니다. 이 두 저서는 각각 탁월한 가치와 깊은 통찰을 지니고 있기에 동전의 양면처럼 서로 시너지 효과를 발휘합니다. 앞의 책이 나무의 뿌리라면 본서 『에니어그램 리더십』은 그 뿌리에서 자양분을 끌어낸 소중한 열매인 것입니다.

이 책이 나오기까지 사랑의 소중한 수고를 해주신 분들이 있습니다. 한국에니어그램협회 김영자 회장님은 이 책의 출판을 위한 판권과 제반 여건을 마련해주셨습니다. 현상진 이사님은 출판분과위원장으로서 번역위원들의 모임을 효율적으로 이끌어주셨습니다. 번역을 위해 귀한 시간과 노력을 아낌없이 내어주신 현상진, 최진태, 박충선, 서영숙 이사님과 이종남, 조연우 선생님께 깊이 감사드립니다. 이분들의 수고와 모범적 봉사 덕분에 아름다운 공역이 가능할 수 있었습니다.

교정의 수고를 맡아주신 우지연 박사님과 기쁨으로 출판해주신 연경문화사 이정수 사장님께 감사드립니다. 참된 에니어그램의 가르침과 보급을 위해 섬겨주시는 한국에니어그램협회 이사님들께 깊은 감사를 드립니다. 에니어그램의 지혜를 통해 바른 삶, 행복한 사회 만들기에 함께 동참해주시는 회원 여러분들께 감사드립니다.

모쪼록 이 책을 통해 각자의 자리에서 리더로서의 재능과 잠재력을 새롭게 발견하고, 자신과 공동체 속에 '잠자는 거인'을 일깨워가는 일에 쓰임 받기를 기대하며 역자 서문에 갈음하고자 합니다.

"동양의 지혜와 서양의 지식을 취하라.
그리고 언제 어디서든
'자기 자신'을 기억하라."
게오르게 구르지예프(George Gurdjieff)

2018년 9월 1일

역자를 대표하여 광나루에서 이 규 민

21세기 **리더**를 위한
에니어그램 리더십

리더가 된다는 것은 곧 자기 자신이 되는 것이다.
이것은 아주 단순하면서도 어려운 일이다.

워렌 베니스: 작가, 학자, 리더십 전문가

리더십 개발이란 새로운 기술 개발이 아니다.
그것은 잘못된 습관을 교정하고 제한된 마음에서 벗어나는 것이다.

피터 호킨스: 『리더십을 위한 현명한 바보의 가이드』 저자, 리더십 교수, 관리 컨설턴트

제1장
21세기 리더를 위한 에니어그램 리더십

아무리 노력해도 함께 하기 어려운 매니저와 일해 본 적이 있는가? 직장 동료 중 뭔가 분명하게 설명하기는 힘들지만 그와 일하는 것이 어려웠던 적이 있는가? 나는 대학원 졸업을 앞두고 제법 큰 식당에서 일했던 적이 있다. 사장은 매일 직원들에게 할 일을 지시하곤 했는데, 그 지시들은 문제를 해결한다기보다는 오히려 문제의 원인이 되었다. 주방 사람들과 메뉴를 작성하고, 매니저, 웨이터 그리고 바텐더와 일하면서 사장은 누구와 무슨 일을 하든 간에 갈등을 일으켰다. 심지어 직원들을 부당하게 비판하고, 잘못이 없는 사람들에게도 비난을 퍼부었다. 사장의 지나치게 세심한 간섭으로 인해 주변 사람들은 쓸데없는 스트레스를 받아야만 했다. 사장이 퇴근한 후에야 비로소 직원들은 모두 안도의 한숨을 내쉬었고 식당은 원만하고 평화롭게 운영되었다. 가장 심각한 문제는 사장 자신이 사람들에게 얼마나 부정적인 영향력을 미치는지를 전혀 의식하지 못한다는 것이었다. 또한 주위 사람들 중 그 누구도 이런 사실을 전달해봤자 아무 소용이 없다는 것을 알고 있었다.

우연의 일치처럼 이 무렵 나는 이 책에 담긴 '의사소통'과 '알아차리기'에 대한 연구를 하고 있었다. 이 책에서 언급하는 성격유형을 통해서, 나는 사장이 왜 그렇게 행동하는지 그리고 사장인 그녀와 잘 지내려면 어떻게 처신해야 하는지를 깨닫게 되었다. 그녀를 변화시키는 것은 거의 불가능했지만, 그녀의 성격유형을 이해할 수 있게 되었고 그녀와 어떻게 관계를 맺어야 하는지를 알게 되었다. 이를 통해 그녀와 함께 일하는 방식에 놀라운 변화를 가져올 수 있게 되었다.

대부분의 사람들은 어떠한 일을 수행할 때 '사람 문제'(people problem)를 경험한다. 그 사람이 매니저, 상사, 고객이든 상관없이 상대를 어떻게 대해야 할지 난감한 경우가 반드시 있게 마련이다. 이처럼 관계에서의 어려움은 삶의 모든 영역에서 문제가 된다. 특히 직장에서 인간관계에 대한 고충은 일상의 행복과 생계마저 위협하기 때문에 더욱더 심각하다.

21세기 사회에서 이러한 대인관계의 문제는 더욱 심각하다. 모든 사람들은 자신을 리더라고 생각하며 살아간다. 하지만 리더는 그저 '자기 일만 하는 것'을 넘어서 끊임없이 다가오는 도전들을 극복할 것을 요청받는다. 이러한 환경에서 리더가 된다는 것은 빠른 변화에 대처할 뿐 아니라 원활한 협력을 위해 소통하고, 점점 더 다변화되는 사회에서 동료들과 관계를 형성하는 법을 익히는 것을 의미한다. 따라서 21세기 리더는 어느 때보다도 공동체의 규모와 상관없이 구성원들 사이에 생겨나는 관계의 어려움과 오해의 원인을 원만하게 해결하도록 도울 수 있어야 한다.

이 책에서 제시하는 성격유형적 접근이야말로 이러한 과제를 해결하는 데 도움을 준다. 이를 통해 자신과 타인을 잘 이해할 수 있게 될 뿐 아니라 함께 일하는 사람들과 잘 소통하게 되고, 좋은 관계를 형성함으로써 단순한 생존을 넘어 더 나은 삶을 살 수 있게 될 것이다.

자아를 넘어선 효율적 리더십의 필요성

21세기의 리더는 과거 어느 때보다도 업무능력과 더불어 회복탄력성(resilience)이 요구되는 시대에 살고 있다. 경제구조는 더욱 전 지구적 형태로 변화하고 새로운 기술개발은 업무 방식을 급속하게 바꾸어 놓았다. 특히 테러, 정치적 상황, 전 지구적 평화 등은 우리가 하는 일에 깊숙하게 영향을 미친다. 한편으로 이로 인한 불안과 두려움이 가중되면서, 다른 한편으로는 현상유지에 대한 외압이 높아지는 것이 현실이다.

이러한 도전들로 인해 우리는 다음과 같은 자질을 가진 리더들을 필요로 하게 된다. 예컨대 대담한 비전을 제시함으로써 놀라운 결과들을 창출하고 사람들로 하여금 그러한 위대한 일을 진행하도록 동기를 부여하는 리더가 필요한 것이다. 이러한 리더는 자아의 좁은 시야를 넘어설 수 있어야 한다. '자아의 좁은 시야를 넘어선다'는 것은 무엇인가? 그리고 '자아'(ego)란 무엇인가?

심리학 이론뿐 아니라 역사적인 '지혜' 전승은 인간이 일종의 몽유적 상태에 놓여있다고 이해한다. 즉 인간은 매우 제한된 의식(limited consciousness) 속에서 살고 있다는 것이다. 인간은 출생 후 성장과정에서 겪는 다양한 상처로부터 자신을 보호하기 위해서 자기 경험의 어떤 측면에서는 일종의 '몽유적' 상태가 된다. 이러한 현상은 심리적으로는 자신을 보호하고자 하는 자연스러운 현상이다. 인간은 어렸을 때부터 고통, 수치, 분노, 두려움 등의 아픈 감정들을 회피하고자 본능적으로 노력한다. 예를 들어 분노 때문에 처벌받게 되면 분노 감정과 관련한 문제가 생겨난다. 사람들이 자신을 좋아하는가에 대해 확신이 부족하게 되면 지나치게 다른 사람들을 챙기든가 아니면, 남들보다 우월한 태도를 취함으로써 과잉보상의 형태를 취하게 된다.

인간은 자신이 처한 환경에 적응해가는 과정에서 불편하다고 느끼거나 자신을 위협한다고 느끼는 특정 경험과 관련해서 문제가 생겨난다. 동시에 인간은 자신이 필요로 하는 것을 택하고, 힘들게 하는 것은 피하는 방향으로 자신과 환경을 통제할 수 있는 일종의 성격, 또는 가면(persona)을 개발하기 시작한다. 이처럼 출생 이후에 인간이 개발해나가는 성격, 즉 페르소나는 자신의 참모습이 아닌 거짓 자기(false self)이며 이러한 페르소나가 곧 자아(ego)를 형성하는 요소가 된다. 이러한 자아는 '몽유적 자아'(waking-sleep self)의 '지배인'(支配人)이다. 그래서 자아의 지향점은 세상에서 기분 좋게 느끼며 살아갈 수 있도록 스스로를 지배하고 조절하는 것이다. 하지만 자아의 문제점은 자신의 참모습과 경험이 갖는 모든 측면을 보지 못하도록 일종의 방어막을 형성한다는 것이다. 이처럼 '무의식'적 방어막을 통해 세상에서 덜 상처받으며 생존을 영위할 수는 있으나, 이로 인해 점점 더 '몽유적' 상태에 빠지게 됨으로써 자기 맹점(blind spot)은 점점 깊어지게 된다. 융(Carl Jung)이 언급한 것처럼, 인간은 모두 자신의 '그림자'를 가지고 있고 자신의 특정 부분을 무의식 속에 묻어두거나 보지 않으려 한다는 것이다. 따라서 우리는 자신의 참모습을 보지 못한 채 자신을 안다고 생각하지만 사실은 자신을 모르고 살아가는 것이다.

그래서 자신이 누구인지 알고 우리가 왜 그렇게 하는지를 알게 될 때도, 우리는 기껏해야 자신을 하나의 성격 정도로만 파악하려 한다. 즉 남들에게 비쳐진 자아, 또는 이미지를 자기라고 착각한다. 우리는 자신의 존재도 모르고 또한 자기가 모른다는 사실조차 알지 못하기 때문에 여러 면에서 제한될 수밖에 없다. 우리는 진정한 자기 자신, 그리고 자신의 잠재력을 누르고 살고 있기 때문에 평생을 살아도 자기가 누구인지 모르기 쉽다. 이로 인해 대인관계 및 직업에서 성공하기 위해 능력을 개발하거나 성장하는 데 어려움을 겪게 된다.

그러나 다행히도 우리는 역사상 가장 재미있는 순간에 살고 있다. 이 시대의 선구적인 경영 지도자들은 자신의 인생과 일에 있어서 "너 자신을 알라"는 격언이 핵심이라는 사실을 매우 잘 인식하고 있다. 사람들은 다음과 같은 것을 깨닫게 된다.

함께 일하는 사람들이 자기감정을 깨닫고 알아차릴 수 있을 때, 즉 자신의 맹점을 알고 자신의 감정과 반응을 조절할 수 있을 때, 그리고 타인과의 교감을 통해 사회적 상황들을 센스 있게 처리할 수 있을 때, 비로소 성공적 업무수행이 가능해진다는 것이다.

자신의 무의식적 습관과 동기들에 대해 보다 분명히 깨닫는 것이야말로 자기 한계를 극복하는 데 있어서 필수조건이라는 사실에 많은 사람들이 공감한다. 우리는 자기가 누구인지를 의식하지 못한 채 살아간다. 하지만 우리는 깨어남에 대한 가능성을 가지고 태어났으며 개인적, 직업적 삶에 있어서 자신의 온전함에 대해 보다 만족스러운 삶을 누릴 수 있는 능력을 갖고 태어났다.

본서는 이처럼 자기의식에 기초한 리더십을 다루고 있다. 예컨대 자기의식적 리더십은 무엇인가, 이런 리더십은 어떤 도움이 되는가, 자기의식적 리더십은 어떻게 개발할 수 있는가를 다루고 있다. 본서는 훌륭한 리더가 되기 위해 현재 눈앞에 일어나고 있는 일과 자기 자신에 대해 명확하게 깨어나는 것이 중요한 조건임을 의식하는 사람들을 위해 집필되었다.

전 세계적으로 사람들은 자기 자신에 대해 깨어나는 것뿐만 아니라 힘든 도전과 맞서서 그 도전을 어떻게 극복할 수 있는지를 깨달은 리더들을 필요로 한다. 이러한 깨달음을 통해 우리는 더 큰 도전들을 극복할 수 있고 보다 혁신적인 해결방안을 찾을 수 있다. 우리는 특히 자기 삶의 리더는 자신과 타인들에게 더 관대하고 공감함으로써 인간관계와 업무를 효율적으로 하는 방법을 필요로 한다. 그것은 주변 사람들과 주변에 일어나는 일에 대해 덜 방어적이고 덜 즉각적이고 덜 경직된 방식으로 문제를 해결해나가는 방법일 수 있다.

성공적 리더를 위한 핵심요건

훌륭한 리더십이 과거 어느 때보다 더 중요하다면 우리는 어떻게 이러한 리더십을 얻을 수 있는가? 무엇이 좋은 리더를 만들어내는가? 다니엘 골만(Daniel Goleman)은 자신의 저서 『감성 지능』(Emotional Intelligence)과 "하버드 비즈니스 리뷰" 기사에서 다음과 같은 질문들을 제기하였다.[1] 리더들과 오랜 기간 집중적으로 일한 사람들의 증언과 연구에 따르면, 높은 수준의 리더십의 핵심요인은 자기깨달음(self-awareness)이라는 것이다. 자기깨달음은 자신의 행동과 행위방법, 행위이유에 대한 깨달음, 자신의 감정에 대한 인식과 자기이해, 그리고 자신의 감정을 제어할 수 있는 능력, 타인의 감정에 대한 인식, 이해, 공감할 수 있는 능력 등을 의미한다.

21세기 리더는 성공적인 업무수행을 위해 '사람들을 대하는 능력'을 갖추어야 한다. 리더에게는 사람들을 이해하고 경청할 수 있는 능력이 필요하다. 그것도 피상적 수준이 아닌 심오한 수준, 비가시적이면서도 보다 감성적인 수준에서의 이해와 경청의 능력을 필요로 한다. 자신과 타인의 내면에서 일어나는 것을 보다 잘 이해하고 민감하게 알아차리는 능력은 리더에게 있어서 중요한 자질이다. 서로 다른 세계관을 가진 사람들을 대하고 인솔하는 데 있어서 리더는 보다 유연한 사고와 능력을 필요로 한다. 특히 매 순간 자신에 대한 알아차림과 함께 자신의 가정, 반응, 감정, 행동을 스스로 이해하고 성찰할 수 있는 내적 공간을 유지하는 것은 매우 중요하다.

탁월한 리더십을 위한 자기깨달음과 감성지능의 중요성

만약 당신이 타인에게 불친절하거나 타인을 향해 부정적인 감정을 자주 유발한다면 당신은 효율적인 리더가 되기 어렵다. 또한 타인을 존중하지 않거나 그에게 둔감하고 한발 나아가 그를 억압하려 한다면 인간관계에서는 부적합한 리더가 될 것이다. 물론 역사적으로 엉뚱한 사람이 성공한 경우들도 종종 있다. 하지만 현대 사회에서는 자기중심적이고 이기적이거나 타인의 감정에 둔감하고 자기감정을 잘 다스리지 못한다면 장기적으로 볼 때 그는 성공할 수 없다.

경영은 항상 타인들과의 상호작용을 통해서 이루어진다. 과학과 공학이 중요해진 시대에도 여전히 의사소통을 명확히 하고 일을 순조롭게 처리하기 위해선 인간에 대한 깊은 이해가 필요하다. 일의 진척을 방해하는 대인관계의 갈등이나 성격적 대립을 최소화하는 것은 리더의 삶과 경영을 성공적으로 이끌어 가는 매우 중요한 요소가 된다.

『좋은 기업을 넘어 위대한 기업으로: 어떤 회사는 도약하고 어떤 회사는 실패하는가?』(Good to Great)의 저자 짐 콜린스(Jim Collins)는 이렇게 주장한다. "좋은 회사를 위대한 회사로 만들기 위한 리더십은 곧 자기 자신을 비운 다소 내성적 성향의 리더십이며, 거기에 전문성을 갖춘 의지력과 겸손한 자세가 잘 조합된 리더십이다. 이는 마치 패튼 장군이나 시저 황제보다는 링컨이나 소크라테스 같은 리더십을 의미한다."[2] 다시 말해 조화롭고 생산적인 관계를 유지하는 능력은 타인을 잘 이해하고 좋은 관계를 맺고자 하는 겸손함과 의지력 여부에 달려 있다는 것이다.

우리와 마찬가지로 리더들 역시 두 가지 방식, 즉 1) 무의식적, 자동적, 습관적 방식 또는 2) 의식적, 자기발견적, 개방적, 창조적 방식으로 일한다.

무의식적 리더, 즉 아직 깨어나지 못한 리더는 좁은 시야를 갖고 있기에 과거에 해왔던 방식으로 일하거나 아니면 자신의 정체성과 이미지를 보호하는 방식으로 일한다. 우리는 모두 자신에 대해 좋은 인식을 갖고 싶어 한다. 따라서 자기의식(또는 타인들이 자신을 바라보는 이미지)을 보호하고자 하는데 이는 자연스러운 현상이다. 하지만 자기 이미지 보호를 우선적 관심으로 둔다면, 모든 에너지는 여기에만 집중되게 된다. 무의식적인 리더는 이러한 자기보호적 방식에 사로잡히게 된다. 대학원 시절 내가 만난 식당 주인처럼 이러한 사람들은 늘 두려움, 불안, 좁은 자기관심사에 갇혀 살 수밖에 없다.

　이와는 달리 의식적인 리더는 의식, 깨어남, 실천의 관점에서 행동한다. 이들이 생각하고 느끼고 행동하고 실천하는 것은 단지 자기 보호만을 위한 것이 아니다. 이들은 최고의 성과와 긍정적인 관계 형성을 위해 가장 효율적인 방안을 구상한다. 자신의 가정, 감정, 동기, 행동의 결과에 대해 깨어 있는 리더는 자신을 잘 제어할 뿐만 아니라 확고한 자신감과 강점을 견지하면서도 자신의 연약함을 자연스럽게 노출할 수 있다. 이를 통해 다른 사람들이 쉽게 다가오고 말을 걸어올 수 있도록 자기를 개방한다. 스탠포드대학교 경영대학원에서 내가 그룹인도자로 일하던 당시에 리더십 전문가들은 다음과 같이 강조하였다. 성공적인 리더는 '자기연약성을 선택적으로 드러낼 수 있는 능력'을 가지고 있다는 것이다. 역설적으로, 자기 자신의 연약성을 드러내기 위해서는 상당한 내공을 필요로 한다. 이러한 자질은 타인들을 자기 자신에게로 끌어당기는 힘이 있다. 리더가 자신의 강점뿐 아니라 약점을 개방할 만큼 정직할 수 있다면 그는 자신의 개방성과 진정성, 그리고 참된 자기깨달음이 무엇인지를 보여줄 수 있는 능력이 있다는 것이다. 이러한 능력은 주변 사람들과 강한 유대감을 형성할 수 있게 한다.

성공적 리더의 특징
무의식적 리더 vs. 의식적 리더

　『의식적 리더십의 15가지 특징』이란 책의 저자인 데스머, 채프먼, 클렘프는 두 가지 방식의 리더십을 강조하기 위해 흥미로운 기준을 제시한다. 예를 들어 평행선을 하나 그어놓고는 이렇게 주장한다는 것이다. 리더들이 이 선 아래에 있다면 그들은 덜 의식적이기에 '폐쇄적이고 방어적'인 태도를 취한다. 반면 이 선 위에 있다면 그들은 일종의 자기깨달음의 상태에 있기 때문에 '개방적인 동시에 호기심'을 갖게 된다.[3] 그들은 이렇게 주장한다. "리더들은 자신이 어떤 상태에 놓여 있는가와 상관없이 이 평행선 어디에 자신을 위치시킬 것인가를 결정하는 것이 중요하다."[4] 달리 표현한다면 좋은 리더십의 핵심적 요소는 항상 깨어 있을 수 있을 정도의 초인적 수준을 유지하는가의 문제라기보다는 자신이 얼마나 폐쇄적이고 방어적인 태도로 일하는가를 관찰하고 그것을 정직하게 인정할 수 있는가 하는 점이다.

리더십을 연구하는 학자들은 훌륭한 리더를 가능케 하는 요인으로서 '좋은 대인관계 능력', '유연한 능력', '감성지능'을 꼽는다. 그중에서도 가장 중요한 요인은 다음과 같은 것이다. 즉, 자신만을 보호하려는 습관적이고 어리석은 자세와 자신이 어떤 모습을 취하는가를 살펴보고자 하는 현명한 자세 사이의 차이를 구별할 줄 아는 능력이다. 자신을 보호하고자 하는 시도는 너무나 자연스럽고 당연한 것이다. 자아는 곧 세상 속에서의 자기감각을 반영하는 것이기 때문이다. 자기깨달음이란 것은, 자신이 단지 자아나 성격 이상의 보다 심원한 존재임을 인식하는 것이다. 하지만 자신에 대해 깨어나고자 하는 의식적 노력을 하지 않는다는 것은 곧 자아 기능에만 의존하여 살아가고자 하는 것이기에 그보다 더 훌륭한 대안이 존재함을 의식하지 못한다.

깨어있지 않은 리더는 자기 주변을 지루하고 불쾌하고 고통스럽게 만든다. 훌륭한 리더는 영감을 불어넣음으로써 주변 사람들로 하여금 최선을 다하게 하고 스스로 일을 즐길 수 있는 환경을 조성한다. 의식적 깨달음이 없는 리더들은 늘 자신이 옳다고 믿기 때문에 자기 소리 외에 다른 사람들의 이야기를 들으려 하지 않는다. 반면 의식적 리더들은 기꺼이 다른 사람들의 이야기에 귀를 기울이고 그들의 관점을 고려하기 위해 시간을 투자한다. 리더의 깨달음과 의식은 생산성, 효율성, 그리고 일에 관련된 사람들의 건강과 행복에 직접적인 영향을 미친다.

탄자니아 FNB의 대표이사인 데이브 에잇킨(Dave Aitken)은 본서의 인터뷰에서 자신에 대해 이야기했다. 그는 무의식적 리더에서 의식적 리더로 변화된 자신의 삶에 대해 이렇게 술회한다.

나 자신과 나의 반응에 대해 명확히 알기 전까지 나는 모든 상황을 지배하고 통제해야만 안심할 수 있었습니다. 모든 정보와 사실을 알기 전에는 나를 해하려는 일종의 음모가 있다고 생각하였고 염려가 떠나지 않았습니다. 하지만 나는 달라졌습니다. 나의 젊은 시절에 지금처럼 덜 공격적이고 더 유쾌한 삶을 살았더라면, 내 삶은 훨씬 풍성하고 성공적인 것이 되었을 것입니다. 이제는 이전보다 훨씬 사람들을 존중하고 있습니다. 전에는 사람들이 별로 눈에 들어오지 않았었습니다. 나는 좌뇌적인 사람이었고 업무지향적인 사람이었습니다. 하지만 이제 사람들을 소중한 인격체로 대하게 되었고 사람은 누구나 독특한 가치를 지니고 있음을 깨달았습니다. 나의 이야기 외에도 다양한 수많은 이야기들이 모두 소중함을 알게 되었습니다. 내 이야기가 유일한 이야기가 아님을 깨닫게 될 때 주변 상황들과 사람들에 대해 새로운 시각을 열어줍니다. 건설적인 비판에 대해서도 보다 마음이 열려 있습니다. 부하 직원들에게 내가 어떻게 해야만 보다 효율적 리더가 될 수 있는가를 묻고 그들의 말에 귀 기울입니다.[5]

의식적으로 깨어있음으로써 보다 건강한 사람이 될 수 있다면, 의식적 리더는 어떤 모습인가 그리고 무의식적 리더는 어떻게 해야 의식적 리더가 될 수 있는 것일까? 무의식적 리더였던 에잇킨은 어떻게 의식적 리더가 될 수 있었을까? 어떻게 해야 자기깨달음과 감성지수를 높일 수 있을까? 이렇게 된다는 것은 무슨 의미이며 이런 것을 어떻게 다루어야 할까? 이러한 질문에 대해 생각해볼 필요가 있다.

의식적이 된다는 것은 기본적으로 다음과 같은 것을 의미한다. 자신의 마음속에 일종의 공간을 허락함으로써, 자신을 정기적으로 관찰할 수 있도록 그리고 자신의 주된 관심이 무엇을 지향하는가를 깨달을 수 있는 내적 근육을 키울 수 있는 능력을 개발하는 것을 의미한다. 의식적이 된다는 것은 평소에 너무나 익숙한 방식으로 되풀이하는 기계적 반복 또는 아무 생각 없이 하는 습관적 행동 속에 빠져버린 자아를 되찾는 능력을 의미한다. 잃어버린 자아를 되찾음으로써 비로소 잠에서 깨어나게 된다. 이렇게 함으로써 무엇을 하든 간에 자신의 의지력을 발동하여 목표의식을 가지고 의식적 선택을 할 수 있게 된다.

자신의 마음을 의식할 수 있는 능력, 자신의 생각, 느낌, 행동을 스스로 살필 수 있는 내적 공간 창조의 능력은 정신의학교수이자 신경생물학자인 댄 시겔(Dan Siegel)이 '마음의 눈'이라고 부른 것과 서로 통한다.

> 마음의 눈은 자기 마음의 움직임을 볼 수 있도록 주의를 집중시킨다. 마음의 눈은 마음이 움직이는 과정을 볼 수 있게 하는 것으로, 습관적 반응과 자동행동에서 벗어나 우리가 흔히 빠지는 즉각적 감정의 쳇바퀴에서 벗어나게 한다. 마음의 눈은 내적 감정에 압도당하지 않고 마음에서 올라오는 감정에 이름을 붙이고 그 감정을 다스릴 수 있게 해준다. … 마음의 눈은 인간만이 가진 능력이다. 이것은 우리의 생각, 느낌, 행동이 일어나는 과정들을 심도 있게 그리고 섬세하게 바라볼 수 있게 해준다. 이것은 우리 마음의 내적 경험들을 재형성할 뿐 아니라 새로운 방향을 설정할 수 있게 해준다. 이렇게 함으로써 일상 속에서 선택의 자유를 높여주고 미래창조의 능력을 높여주고 자기 인생 및 자기 이야기의 진정한 주인공이 될 수 있게 해준다.[6]

리더들이 자기를 성찰하고 자신의 내적 경험을 연구하면서, 자신이 무엇을 하는지 그리고 그것을 왜 하는가 살펴볼 수 있는 능력을 얻게 된다면, 그들은 더 '의식적'이 됨으로써 사람들의 문제를 보다 효율적으로 그리고 보다 만족스럽게 해결할 수 있게 될 것이다. 이러한 과정에서 리더들은 자신의 '의식 근육'(attentional muscles)을 개발하게 된다. 의식 근육이란 자신의 생각, 감정, 행위에 대해 더 많은 주의를 기울일 수 있도록 일깨워 주는 내적 능력을 뜻한다. 의식 근육은 자기 내면에서 일어나는 모든 것들을 계속해서 깨어남의 상태에서 바라볼 수 있게 해준다.

　일상에서 우리는 항상 자기 마음에 맞는 동료를 선택하며 일한다는 것은 불가능하다. 다른 사람들과 일하다 보면 언제나 긴장, 갈등, 문제들이 생겨나는 것이 당연하다. 하지만 자신의 생각, 감정, 행위의 모습이 어떠한가에 대해 의식적으로 깨어있을 수 있다면 상황을 훨씬 개선시킬 수 있다. 즉 자신과 타인들 사이에 어떤 상황이 전개되고 있는가에 대해 깨어나게 되고 그러한 상황에 대해 보다 개방적으로 그리고 보다 확신 있게 말할 수 있게 된다. 어린 시절부터 외부 환경과의 상호작용 속에서 형성된 성격은 성인이 됨에 따라 하나의 특정한 모습으로 고착되게 마련이다. 이처럼 자신의 성격에 대한 의식적 깨달음과 타인의 성격에 대한 의식적 깨달음은 매일 함께 일하며 살아가야 하는 주위 사람과의 관계 및 경험을 개선시킬 수 있는 결정적 도움을 주게 된다.

에니어그램을 통한 의식과 감성지능의 향상

　자신의 성격 또는 자아를 실시간으로 깨닫는 것은 보다 의식적인 삶을 살아가기 위한 최선의 길이다. 보다 의식적이 되고 깨달음을 향해 나아가고자 하는 노력들이 오늘날 미국의 많은 회사들을 변화시켜 왔다. 제너럴 밀스, 포드, 애트나, 타겟 등의 대형 회사들은 사원들이 자신의 건강, 업무, 대인관계를 수행함에 있어서 보다 의식적이 될 수 있도록 돕기 위해서 깨달음과 깨어있음을 위한 프로그램들을 구축하였다. 구글은 사원들에게 명상교실과 가정치료서비스를 제공한다. 제넨텍은 구조화된 코칭프로그램과 리더십개발 프로그램을 제공한다. 스탠포드대학교 경영대학원은 깨어남을 위한 수업을 제공한다. 이 대학의 경영학석사(MBA) 프로그램 중 가장 인기 있는 선택과목은 '대인관계 역동'이라는 과목이다. 이 과목을 수강한 학생들은 '매우 감성적이고 감동적인 수업'이라고 높게 평가한다.

리더의 자기깨달음, 대인관계능력, 감성지능 개발이 곧 성공을 위한 핵심요소가 된다는 것이 분명하지만 문제는 이러한 성공을 향한 가장 분명한 지름길이 무엇인가 하는 것이다. 이것은 여전히 모호하다. 오늘날 서구의 비즈니스 세계는 리더들로 하여금 매일의 도전 속에서 자신의 의식수준을 지속적으로 고양시켜 나갈 수 있는 효율적 방안을 찾으려고 노력한다. 흔히 감성지능훈련과 비슷한 수준의 교육을 일 년에 한두 차례 시행하지만 기껏해야 MBTI와 같은 프로그램을 교육한다. 그룹 멤버들은 나름의 통찰을 얻기는 하지만 그것은 지속되지 못한 채 의미 없는 것이 되어 버리고 만다. 리더들은 깨달음을 얻고자 많은 노력을 기울이지만 그러한 방식으로는 큰 성과를 거둘 수는 없다.

반면 에니어그램은 위의 방식으로는 얻을 수 없는 중요한 깨달음을 얻게 해준다. 자기깨달음과 대인관계능력을 고양시켜줄 뿐만 아니라 지속적인 효과를 얻을 수 있기 때문이다. 에니어그램은 고대의 철학과 지혜에 그 기원을 둔 인간성장을 위한 매우 소중한 도구이다. 에니어그램은 인간의 사고, 감정, 행동의 습관적 유형을 9가지 유형으로 분류하여 설명하는데 대단히 정밀하고 정확하다. 에니어그램은 인간의 성격이해를 위한 하나의 통전적 체계로서, 당신과 주위 사람들과의 관계성 속에서 혼란스러운 자신 또는 잃어버린 자신을 되찾을 수 있도록 해주는 일종의 인격적 지도(地圖) 같은 역할을 수행한다. 내가 아는 회사의 부사장은 자기 팀 구성원들과 함께 활용할 이론적 도구를 필요로 하였다. 그는 자신의 경험을 통해 에니어그램에 대해 이렇게 말한 적이 있다. "다른 이론들과 달리 에니어그램은 사람들로 하여금 실제로 움직이게 하며 일하게 한다. 에니어그램은 마치 스스로 움직이는 '다리'(legs)를 가진 것 같다. 에니어그램은 당신에게 엄청난 지식과 정보를 제공해주며 이것을 통해 더 많은 일을 할 수 있고 더 깊이 있게 일할 수 있게 된다."

최신 신경과학 및 인지심리학적 연구와도 상통하는 에니어그램은 리더들로 하여금 자신의 마음속에 설정된 습관 또는 프로그램들에 대해서 보다 '명확한 깨달음'을 얻을 수 있도록 돕는 도구이다. 본서의 목차에 제시된 것처럼, 회사의 자원을 어디에 어떻게 투자해야 할 것인가에 대해 당신이 동료들과 늘 유사한 패턴의 갈등을 일으키는 원인을 알지 못할 때 본서는 훌륭한 안내자 역할을 할 수 있다. 마감이 임박했음에도 불구하고 당신의 동료가 마감시간과 상관없이 움직이는 이유를 알 수 있도록 하고, 당신의 업무팀이 수개월째 계약수주를 위해 노력했음에도 불구하고 수주에 실패하게 되었을 때, 팀 내에 어떤 역할이 부족했는가를 깨닫게 하는 데 도움을 줄 수 있다.

MBTI는 업무를 수행할 때 사람들 사이에 나타나는 차이점에 대해 설명해준다. MBTI는 세상에서 사람들이 살아가는 방식의 차이에 대해서도 설명해준다. 하지만 에니어그램은 MBTI보다 훨씬 더 효과적인 도구로서, 사고, 감정, 행동에 있어서 상호 연결되어 있는 동시에 서로 분명한 차이를 가진 성격유형에 대해 보다 분명하고 심도 있게 설명해준다. 따라서 에니어그램은 자신의 내적 심리역동뿐 아니라 타인들의 내적 심리역동에 대해서도 빠르고 효율적으로 깨달을 수 있도록 안내한다. 간단히 말해 에니어그램은 마치 21세기를 위한 새로운 MBTI라고 할 수 있다. 새 시대의 혁신적 리더들이 심오한 깊이와 능력을 가진 새로운 도구의 필요성을 인지할 때, 리더십과 업무방식에 대한 구체적이고도 실천 가능한 방안을 알려주는 것이 바로 에니어그램이다.

또한 모든 사람들을 균일화하는 것과는 반대로 에니어그램은 다음과 같은 것을 중요시한다. 사람들은 모두 다 다르다는 것을 잘 인지할 뿐 아니라 사람들의 스타일, 관점, 초점 등의 차이가 어떤 문제들을 야기하는가에 대해 관심을 집중한다. 두 사람이 갈등을 벌이는 이유와 함께 그 갈등을 효율적으로 해결할 수 있는 방안을 찾기 위해서는 우선 그 두 사람이 어떻게 다른가 그리고 어떠한 단절이 그러한 분쟁을 야기하는가를 이해할 수 있어야 한다.

에니어그램은 9가지 성격유형의 특징에 대해 매우 자세한 설명을 제시해준다. 에니어그램은 다음과 같은 것들을 잘 설명해주기 때문에 인간 성격에 대한 다른 어떤 이론보다 탁월하다. 즉 사람들이 그렇게 행동하는 이유, 다른 유형 사람들과는 갈등을 일으키지 않지만 특정 유형 사람들과는 늘 갈등이 생겨나는 이유, 미처 깨닫지 못한 자기 맹점들(blind spots)을 깨닫는 방법 등에 대해 에니어그램은 명확하게 설명해준다. 에니어그램은 무엇보다 리더들로 하여금 자신의 깊은 내면을 깨달아 알 수 있게 함으로써 타인들을 보다 효율적으로 리드할 수 있도록 해주고 보다 더 의식적 행동을 할 수 있도록 도와준다.

나는 한때 큰 생물공학 회사에서 정보공학을 관리했던 부사장 빌(Bill)과 함께 일한 적이 있다. 빌은 자기깨달음을 향상시키고 자기 팀의 멤버들과 보다 명료한 의사소통을 하기 위해 에니어그램을 활용하였다. 자기 팀의 멤버들은 물론 관리자들의 생산성과 능률성 제고에 에니어그램이 많은 도움을 주었기에 그는 자기 그룹의 400여 명의 사람들에게 에니어그램을 교육해달라고 요청했다.

워크숍 및 대인관계 능력 향상을 위해 에니어그램을 배워야 하는 이유를 설명할 때마다 빌은 자기 자신을 예로 들었다. 빌은 '7유형'으로서 자신이 어떻게 행동하는지 알지 못한 채 직장 사람들에게 혼란과 스트레스를 야기하곤 했다고 말한다. 7유형 리더십을 행사하는 사람은 새로운 아이디어를 선호하고 프로젝트의 초기 단계에 상당히 열정적인 모습을 보인다. 빌은 하루아침에 10개 내지 12개의 새로운 계획을 세우고, 모든 계획에 깊은 흥미를 보임으로써 사람들을 힘들게 했었다고 말한다. 빌에게 고용된 사람들은 그가 제시한 계획에 상당한 부담을 느끼고 그렇게 많은 일들을 어떻게 실현할 수 있는가에 대한 염려로 사기가 저하되었고 이로 인해 사내 분위기는 침체되었다.

하지만 에니어그램을 배운 후부터 빌은 자기 팀 구성원들과 일련의 상황들을 공유하였고 자기 성격의 역동성을 허심탄회하게 나눌 수 있게 되었다. 새로운 계획과 아이디어를 쏟아내는 것을 좋아하고 기뻐하는 자신의 성격적 특성이 주변 사람들을 매우 힘들게 한다는 것을 비로소 깨닫게 된 것이다. 빌이 의도적으로 그들을 힘들게 하려 했던 것은 아니었다. 가능한 모든 가능성을 제시하는 것은 그것을 모두 수행해야 한다는 것이 아니라 단지 다양한 가능성을 제시해보는 것 자체를 즐기는 것이었다. 그는 이러한 자신의 성격적 특성을 에니어그램을 통해 깨닫게 된 것이다.

업무가 수행되는 상황에서 사람들은 그들 사이에 어떤 일, 어떤 역동이 발생하고 있는가를 깨닫지 못한다. 이러한 것을 깨닫게 해주는 이론과 정보 없이는 사람들은 그 상황에 대한 이해와 진단이 어려울 수밖에 없다. 에니어그램은 다른 사람들의 성격유형은 물론이고 자신의 성격유형에 대해 깨달을 수 있도록 안내한다. 이러한 안내를 통해 비로소 주변 사람들과 원만한 대인관계와 효율적인 업무수행이 가능해진다. 예를 들어보자. 당신과 함께 일하는 사람이 당신의 일처리 속도가 너무 느려서 어려움을 토로한다고 해보자. 에니어그램은 다른 사람들의 일처리 속도에 비해 당신의 일처리 속도가 느린 이유를 명확히 설명해줄 수 있다. 에니어그램에 의하면 업무처리 속도 그 자체가 옳고 그름의 문제가 아니라는 사실을 알려준다.

모든 사람들에게 유용한 에니어그램 '성격진단'

본서는 생산성과 조화를 위해 다른 사람들과 잘 어울릴 수 있는 효율적 방안을 알고자 하는 사람들을 위해 쓰여 졌다. 이 책은 자신의 강점과 약점을 명확히 알고 싶어 하는 리더들에게 특별히 많은 도움을 준다. 이를 통해 그들은 리더로서 요청되는 능력과 효율성을 갖출 수 있다. 이러한 것은 팀 구성원들의 구체적인 필요와 경향성을 알고자 하는 리더 및 중간 관리자들에게 유용하다. 이를 통해 그들은 자기 팀 구성원들에게 동기부여를 하고 영감을 불어넣어 줄 수 있게 된다.

성격이해를 위한 에니어그램은 자기 직업에 대한 만족감, 일상 속에서의 행복감, 자기 진로에 있어서의 성공을 원하는 사람들에게 많은 도움을 준다. 에니어그램은 자신이 함께 일하는 사람들과 갈등이나 문제없이 보다 행복하고 풍요로운 관계를 형성할 수 있게 도와준다. 이것은 '사람들이 어떻게 관계 맺고 행동하는가'에 대해 관심 있는 모든 사람에게 도움을 준다. 이를 통해 다른 사람들의 행동과 그 동기를 보다 잘 이해할 수 있게 되기 때문이다. 이처럼 본서는 모든 일을 순조롭게 처리함으로써 불필요한 소모적 스트레스는 줄이고 행복과 성공과 즐거움은 더하고자 하는 사람들을 위해 집필된 책인 것이다.

의식적 생활방식과 성격

의식하지는 못해도 우리는 어린 시절부터 이미 형성되고 '체득된 방식'에 따라 살아간다. 알든 모르든 간에 우리는 어린 시절에 체득한 몇 가지 기본 전략을 가지고 살아간다. 이러한 기본 전략은 이미 앞에서 언급된 성격구조와 방어적 자아(the defensive ego)에 기초한 것이다. 사람은 저마다 인생을 살아가기 위한 자신의 핵심전략을 취한다. 친절함과 도움주기, 완벽해지기, 생산적이고 매력적이기, 지식을 확보하기 등을 그 예로 들 수 있다. 이러한 전략을 오랜 기간 사용해왔기에 그리고 이러한 전략들이 어느 정도 통용되었기에, 자신이 아주 좁은 자기만의 렌즈를 통해서 세상을 바라봤다는 사실을 깨닫지 못하는 것이 문제이다. 이러한 좁은 렌즈는 자신의 장점인 동시에 단점을 형성한다. 생존을 위해 생겨나게 된 자신의 성격유형은 마치 하나의 '운영체계' 또는 '프로그램'과 같은 것이어서 거의 불변하는 자기 체질로 자리잡는다. 이렇게 체질화되고 나면 그것이 상황에 전혀 부합하지 않음에도 불구하고 계속해서 자신만의 방식을 고집하기 마련이다.

에니어그램은 이처럼 자동적으로 작동하는 운영체계 프로그램을 보다 명확하고 심도 있게 이해할 수 있게 해준다. 이러한 프로그램은 9가지 형태로 나타나고, 9가지 프로그램의 특징과 습관을 이해함으로써 우리가 내적 프로그램에 얼마나 집착하고 있는가를 발견하게 된다. 이러한 집착은 우리로 하여금 발전을 향해 나아갈 수도 있고 문제를 향해 나아갈 수도 있게 한다. 이러한 역동 과정을 이해하게 되면, 다음의 방향으로 나아갈 수 있게 된다. 즉 우리의 내적 프로그램에 깔려있는 자동모드(default mode)가 야기하는 문제들을 해결할 수 있는 통찰을 얻게 된다는 것이다.

이를 가능케 하기 위해 우리는 인간의 성격에 대해 많은 것을 배워야 한다. '성격'이란 무엇인가? 성격이란 앞에서 언급한 것처럼, 우리 자신의 '자아'(ego)에 해당한다. 이것은 일종의 방어적 형태구조로서 외부 세계와의 교류 및 상호작용을 위해 개발된 자아구조이다. 성격은 불안을 진정시키고 안녕의 감각을 유지하고 자기통제의 감각을 유지하기 위해 개발된 일종의 총체적 전략과 같은 것이다. 성격은 생각, 감정, 행동의 상호연결을 위해 협응된 일종의 유형이라 할 수 있다. 즉 성격을 통해서 우리는 자신의 생각, 느끼고 싶거나 피하고 싶은 감정, 세상 속에서 표출방식과 행동방식을 상호연결 한다. 결국 성격은 일상 속에서 자동적으로 일어나게 되는 생각, 감정, 행동의 '일반적 형태'인 것이다.

성격 이해

좋은 리더가 되는 과정

누군가 다른 사람에 대해서(종종 자기가 싫어하는 어떤 사람에 대해) 그가 너무 '큰 자아'(big ego)를 가지고 있다고 말하는 것을 듣게 된다. 이 말은 곧 그가 자신과 자신의 중요성에 대해 너무 과장된 느낌을 가지고 있음을 의미한다. 하지만 '자아' 그 자체가 나쁜 것은 결코 아니다. 우리는 흔히 자신을 충분히 알아차리지 못한 채 '무의식적' 인간 또는 '무의식적' 지도자가 되기 쉽다. 인간의 자아 또는 성격은 세상에서의 생존을 위해 개발된 일종의 자동적, 습관 프로그램으로서 이러한 자아와 성격을 기초로 해서 삶의 문제들을 처리해나간다. 이러한 자동 프로그램은 인생 전반기에 내면에 자리잡게 되고 이러한 프로그램에 따라 인간은 살아가고 행동하게 된다. 사람들은 자기 안에 구동되는 자동 프로그램에 대해 아무런 의문도 제기하지 않는다. 이러한 프로그램이 곧 우리가 살아가는 구동 시스템 그 자체이기 때문이다. 그것은 우리의 세계관, 행동을 위한 기본 가정, 자동적인 선택의 토대를 형성해준다.

성인이 됨에 따라 우리의 성격을 형성해주는 반응과 전략들이 하나의 프로그램으로 만들어져서 그 모습을 나타낸다. 자신을 보호하기 위한 프로그램은 대체로 무의식적 자동반응으로 나타난다. 따라서 인간의 성격과 자아는 기본적으로 '방어적'일 수밖에 없다. 인간의 두뇌 역시 이러한 성격과 함께 작동되기 때문에 이러한 방어기제는 복잡한 형태를 띠게 된다. 인간의 두뇌는 각자의 생물학적인 특성과 내장된 프로그램에 의해 반응하게 되어있다. 우리가 그것에 대해 의식적으로 반응할 수 있는 법을 배우기 전에는 이러한 프로그램에 대해 어떤 통제도 할 수 없다. 신경심리학자이자 명상가인 릭 핸슨(Rick Hanson)은 『붓다 브레인, 행복 사랑 지혜를 계발하는 뇌과학』이란 저서에서 다음과 같이 말한다. 즉, 인간의 두뇌에는 일종의 내장된 '부정성'이 있다는 것이다. 이러한 부정성은 우리로 하여금 특정 경험들을 피할 수 있도록 도와주지만 결국에는 그 부정성 때문에 고통당할 수밖에 없다. 이러한 부정성은 맹수에게 쫓기거나 낭떠러지로 떨어지거나 하는 등의 위험을 피할 수 있도록 도와준다. 하지만 인간 두뇌 안에 있는 부정성은 위험하지 않은 상황 속에서도 불안이라는 불쾌한 감정을 유발하기 때문에, 이러한 불안은 '자기 발견에 필요한 주의력'을 발휘할 수 없게 만든다.[7]

부정적 경험은 생존에 많은 영향을 미치기 때문에 우리는 일찍부터 고통스러운 경험을 피하고자 하는 방식으로 행동한다. 인간 두뇌의 부정성은 '분노, 슬픔, 우울, 죄책감, 수치 등의 불쾌한 감정들을 강화시킨다. 두뇌 속의 부정성은 과거의 실패와 좌절을 떠오르게 하고 현재에 가진 자기 능력을 과소평가하고 미래에 닥칠 수 있는 위험들을 과장시키는 경향이 있다.'[8] 방어적이 되고, 우리의 안녕을 해칠 수 있는 위협에 대해 본능적으로 반응하고, 우리를 두렵게 하는 것들에 대해 감정적으로 대처하는 것은 매우 인간적인 현상인 것이다. 매월 갚아나가야 할 대출금 때문에 염려할 때, 중요한 연설을 앞두고 긴장할 때, 운전 중에 끼어든 차 때문에 화가 날 때, 우리는 자신이 정상적인 사람이라는 점을 인식함으로써 마음의 평정을 되찾을 수 있다.

과거에 형성된 습관의 형태로 나타나는 자동적 반응이 인간적 모습이긴 하지만, 자동반응은 주어진 상황을 효율적이고 성공적으로 대처하기 어렵게 한다. 이러한 자동반응은 어린 시절의 응급상황 등의 경험에 의해 형성된 견고한 것이어서 변화시키기가 매우 어렵다. 인생 초기부터 사용되어온 전략이나 능력들은 너무나 오랫동안 그리고 너무나 많이 사용된 것들이다.

인생 초기에 형성된 전략들이 너무나 많기 때문에, 우리의 행동을 보다 의식적으로 통제하고 더 많은 능력을 갖추기 위해서는 다음과 같은 것이 필요하다. 즉 우리의 자동적, 방어적, 습관적 반응들을 애정의 눈을 가지고 주목하고 관찰하고 성찰하는 능력을 길러야 한다는 것이다.

에니어그램 모델에 의하면 세상에서 생존하기 위해 '제한된' 방식으로 개발하게 된 '제한된' 성격유형들이 있다. 여기에서 '제한된'이란 의미는 즉 아홉 가지 방식, 아홉 가지 유형이 있음을 의미한다. 에니어그램이 제시하는 아홉 가지 성격유형은 인간이 행동하는 특정 행동방식의 동기와 이유에 대해 명확한 해석의 틀을 제공해준다. 에니어그램은 행동 속에 숨어있는 내적 동기에 따른 아홉 유형들의 반응방식을 명확히 드러내어 보여준다. 에니어그램을 통해서 자신의 성격적 습관과 유형을 보다 분명히, 그리고 보다 객관적으로 살펴봄으로써 자신이 유지해야 할 행동과 변화시켜야 할 행동을 분별할 수 있는 깨달음을 얻게 될 것이다. 이를 통해 자신을 보다 명확히 알게 될 뿐만 아니라 다른 사람들과의 진정성 있는 교류를 통해 보다 효율적인 업무수행에 필요한 관계를 형성할 수 있다.

그린버그 전략연구소는 샌프란시스코 베이 에어리어에 있는 유통전략연구소로, 이 연구소의 설립자이자 대표인 앤드류 그린버그(Andrew Greenberg)는 자신의 리더십, 팀 구성, 연구소 발전을 위해 에니어그램 모델을 집중적으로 연구하였다.

조직 속에서는 개인의 진정성이 결핍될 수 있다. 고등학교의 예를 들어보자. 학생들은 그 학교에 통용되는 집단문화에 적응하고자 노력한다. 에니어그램은 참된 자기 자신이 될 수 있는 기회를 제공한다. 당신이 2유형이라 할 때 나는 당신의 개인적 특성에 대해 알 수 있다. 사람들이 자신에 대해 나눌 수 있을 때, 즉 "나는 몇 유형입니다"라고 말하면서 서로를 나눈다면 우리는 상대를 더 많이 알게 되고 이것을 통해 더 좋은 관계를 형성하고 유지할 수 있게 된다.

에니어그램은 일종의 완화기능, 조직기능, 일치기능을 가지고 있다. 이를 통해 자기가 어떤 사람인지 정확히 알게 된다. 에니어그램이 4가지 유형이거나 16가지 유형이 아닌 9유형이라는 것은 일종의 균형감을 더해준다. 각 유형의 특성이 충분히 깊고 심오하지만 동시에 이해할만한 깊이를 가지고 있다. 에니어그램은 마치 식육연화제 또는 땅을 가는 쟁기와도 같아서 우리의 습관화된 양식이나 성찰되지 않은 가정들을 연하게 만들고 갈아엎음으로써 그 속에 새로운 씨앗을 심을 수 있도록 도와준다. 에니어그램은 사람들로 하여금 보다 깨어있게 하고 의식하게 하고 개방적이 되게 해준다.[9]

의식적 인간 또는 의식적 리더가 되려면 자신을 이끌어가는 자동 프로그램이 무엇인지 알아야 하고 그러한 자동장치에 묶여 있는 때가 언제인지 알아차릴 수 있어야 한다. 이러한 자동장치에서 벗어날 수 있는 해결책은 자신의 사고, 감정, 행동의 방식을 볼 수 있는 능력을 키우는 것이다. 이러한 능력은 난관 극복을 위해 늘 사용해오던 편협한 방안 대신, 각 경우에 합당한 최선의 방안을 찾을 수 있게 해주고 다양한 방안들을 발굴하도록 도와준다. 에니어그램은 자신의 성격에 대한 분명한 이해를 가능케 하고 자신이 사용하는 프로그램이 무엇인지 그리고 왜 그러한 프로그램을 사용하는지에 대해 깨닫게 해준다. 이러한 과정을 통해 비로소 '수면 모드'에서 깨어나게 된다.

9가지의 성격유형을 통한 자기이해

본서는 세상에 존재하는 9가지 유형의 기본 운영체계 또는 프로그램에 대한 유용한 통찰을 제공함으로써 다음과 같은 질문에 대해 실천 가능한 답변을 제공한다. "저 사람은 왜 그렇게 완고하고 철저하게 규칙을 지키며 사는가?", "저 사람은 왜 모든 대화와 모든 사람을 주도하고 지배하려 하는가?", "저 사람은 왜 그렇게 모든 상황의 밝은 면만을 바라보고 모든 문제를 진지하게 대하기보다는 흥미로운 것으로 만들려 하는가?", "저 사람은 왜 그렇게 과단성 있게 결정하지 못하고 우유부단한가?"

본서에 제시된 틀과 구성은 위에 제시된 질문들과 관련된 행동, 동기, 해결책 등을 발견하고 깨달을 수 있도록 도와준다. 이러한 통찰들은 다른 사람들과 함께 일할 때 생기는 문제들을 해결할 수 있도록 한다. 인간관계에 문제나 갈등이 야기될 때 그 상황에서 어떤 역동이 생겨나는가를 깨닫게 되면 문제들을 해결할 수 있게 되고 직장 동료들에게 화를 내기보다는 이들과 함께 하는 것을 즐거워 할 수 있게 된다.

함께 일하는 사람들의 동기와 전략, 즉 그들이 무엇을 하는가, 그리고 왜 그런 일을 하는가에 대해 알게 된다면 그들을 이해하고 수용할 수 있게 되고 그들과 함께 일할 수 있는 방법에 대해 알게 된다. 이보다 더 중요한 것은 자신의 성격적 특성을 알게 되면 자신에 대한 인정과 함께 자신의 업무현장에 필요한 보다 많은 통찰을 얻게 된다.

또한 서로 다른 유형들이 가진 '구동 프로그램'에 대해 알게 될 때, 왜 사람들이 서로 다르게 생각하고 느끼고 반응하는가에 대해 깨닫게 된다. 세상에 이처럼 다양한 성격유형들이 공존함을 깨닫게 될 때, 다양한 사람들이 서로 다른 습관과 세계관을 가지고 상호작용하며 살아가고 있음을 알게 된다. 자신의 성격유형과 타인의 성격유형 간의 차이에 대해 더 많은 통찰을 가질수록 방어나 두려움 없이 자신의 방식과 타인의 방식에 대해 볼 수 있게 되고 다른 방식 사이에 나타나는 갈등을 다룰 수 있게 된다.

나는 한 전문기관 운영위원으로 일하던 때에 한 여성과 지속적으로 갈등한 적이 있었다. 그녀와 나는 일하는 방식이 서로에게 어떤 어려움을 초래하는지에 대해 진지하게 대화함으로써 복잡하게 얽힌 문제들을 순조롭게 해결하고 일할 수 있었다. 나는 조직의 위원장이었고 그녀는 부위원장이었다. 그녀는 8유형이었고 나는 2유형이었다. 그녀는 나는 물론이고 어느 누구와도 상의하지 않고 중요한 사안들을 결정하고 진행했고 그로 인해 불미스러운 일들이 발생하면서 갈등이 커져갔다. 그러나 우리는 서로에게 저촉되는 행동에 대해 대화를 나누었다. 나는 2유형으로서 그녀가 결정을 내리는 과정에서 나의 필요와 감정이 전혀 고려되지 않을 때 당황하고 화가 난다고 알려주었다. 그녀는 8유형으로서 자신의 결정을 빨리 독립적으로 내려야 함에도 불구하고 사람들의 의견을 듣기 위해 기다리는 것이 매우 힘들다는 것을 깨닫게 되었다. 우리는 대화하면서 서로의 차이점을 이해했고 전보다 더 신뢰의 토대를 마련할 수 있게 되었다. 이러한 이해와 신뢰 덕에 일을 잘 해결해나갈 수 있게 되었다.

본서는 '에니어그램의 성격 유형'에 대한 친절한 안내서로서 '자기 자신'을 위한 교본인 동시에 타인과의 교류를 위한 교본이 될 것이다. 본서는 에니어그램 성격유형과 하위유형에 대해 설명하고 있을 뿐만 아니라 자신이 속한 조직에서 건설적 변화를 이루기 위해 에니어그램을 활용하였던 리더들의 실제 이야기를 담고 있다. 자기발견 및 감성지능 개발을 위해 에니어그램을 어떻게 활용할 수 있는가에 대해 단계적으로 설명하고, 이를 통해 자기를 개발할 수 있을 뿐만 아니라 직장 동료, 그룹역학, 조직문화 등에 대한 보다 명료한 이해를 가능하게 할 것이다.

본서를 통해 가정과 직장에서 겪게 되는 대인관계 문제의 해결책을 발견하게 될 것이며 당신 자신과 인간에 대해 보다 깊고 풍부하고 만족할 만한 지식을 얻게 될 것이라 확신한다.

본서의 내용 및 활용방안

본서의 2장과 3장은 에니어그램 성격유형에 대한 기본 이해를 개괄하고 동시에 리더십 개발 및 직장에서의 관계개선을 위한 기본 안내를 제공한다. 3장에서 11장은 에니어그램 아홉 가지 유형의 특성이 직장생활에서 어떤 방식으로 나타나는가를 설명해준다. 마지막으로 12장은 에니어그램을 직장이나 단체에서 어떻게 적용하고 활용할 것인가를 보여준다. 또한 다양한 유형의 리더들이 보여준 보다 실제적이고 성공적인 사례들을 통해서 조직 내에서 에니어그램 리더십을 어떻게 활용할 수 있는가를 보여줄 것이다.

당신은 특정 인물이나 상황이 제기하는 도전에 대처하기 위한 정보와 자료를 얻기 위해 이 책에 있는 특정 유형을 찾아볼 수도 있고, 당신의 특성이나 성격유형에 대해 상세하게 알기 위해서 이 책 전체를 참고할 수도 있다.

에니어그램은 무엇보다 개인과 단체의 성장과 발전을 위한 도움을 제공한다. 아홉 개의 유형을 설명하는 각 장 말미에는 그 유형의 성장 방안을 구체적으로 제시했다. 이를 통해 자신을 관찰하고 탐구하고 조율하는 과정에서 긍정적 변화가 가능케 되고 함께 일하는 데 있어서 보다 효율적이고 유익을 주는 사람으로 변화되리라 기대한다. 본서는 당신의 성격유형에 기초한 삶과 대인관계가 보다 원만하고 효율적이며 행복할 수 있도록 도움을 주고자 쓰여 졌다. 지면의 제한으로 인해 더 자세히 다루지 못한 부분이 있다면 www.beatricechestnut.com을 참고하기 바란다. 이 사이트에서 참된 자기 발견과 자기 잠재력 개발을 위한 유용한 자료들을 얻을 수 있을 것이다.

에니어그램의
성격유형

나는 4시간 동안 앉아서 들어 본 적도 없는 성격검사를 하는 것은 원하지 않았다.

그런데도 내가 이 일을 해낸 것이 기뻤다. 왜냐하면 그 4시간이 내 삶, 타인과의 소통방식,

그리고 나 자신에 대한 이해를 완전히 바꾸어 놓았기 때문이다.

심리학 강사는 "이것이 에니어그램입니다"라고 하며 내가 8유형이라고 말해주었다.

에니어그램은 MBTI나 DISC 검사보다는 덜 알려졌지만, 그 어떤 성격 검사보다 더 신뢰할만한 것으로

수십 세기에 걸쳐 에니어그램의 지혜가 사용되어왔다고 설명해주었다.

나는 4시간 동안 나에 대한 풍부한 정보뿐만 아니라 타인과 원만하게 소통하는 방식을 알게 되었다.

에니어그램의 명료함과 정확성에 대해 깨닫게 되자 머리가 시원해지는 느낌을 받았다.

이것은 마치 내 마음을 꿰뚫어 보는 것 같았다!

데이브 컬펜: 기업가, 연설가, 『사람의 기술: 당신이 원하는 것을 얻는 11가지』 저자

데이비드 핀처 감독은 정말 에니어그램에 푹 빠졌다.
나는 그로 인해 에니어그램을 알게 되었고 그것에 관한 책을 많이 읽었다.
에니어그램은 사람들의 성격을 9가지 유형으로 분류한다.
그는 영화에 나오는 인물들이 어떤 성격유형인지를 알려달라고 했다.
나 역시 에니어그램을 접하면서 그 매력에 빠지게 되었다.

루니 마라: 배우, '밀레니엄: 용 문신을 한 소녀'(핀처 감독)의 주연 리스베트 살란데르 역을 준비하면서 한 이야기

제2장
에니어그램의 성격유형

　다른 성격유형 이론들과는 다르게 에니어그램은 인간 행동의 이유와 동기이해에 대한 정확한 정보를 제공한다. 정신적 혹은 피상적 수준의 인간관계만이 아니라 사고, 감정, 행동의 구체적 차원의 9가지 작동 방법들이 갖는 전형적 패턴이나 원형적 습관을 알려준다.

　앞 장에서 밝혔듯이 성격은 외부 세계와의 접점으로서 어린 시절부터 발달된 우리 자신의 일부분이다. 성격은 심층적 차원에서 '나는 진정으로 어떤 사람인가'를 보여주는 지표이자 동시에 나 자신의 '진정한 자아'를 보호하기 위한 방어 무기로서 외부 세계에 보여주는 '거짓 자아' 혹은 페르소나를 드러낸다. 자신을 온전히 알기 위해서 긍정과 애정을 갖고 성격이 작동하는 방식을 살펴볼 때야 비로소 자기 자신의 한계성에서 벗어날 수 있다. 자신의 성격패턴을 깨닫지 못한 채 자동반사적으로 행동할 때 우리는 수많은 장애물과 한계를 경험할 수밖에 없다.

　이러한 일들이 어떻게 일어나는가를 정확히 이해함으로써 일상생활에서 동기, 취향, 초능력, 재능, 약점, 그리고 맹점 등의 기본적이고 자동적 프로그래밍과 보다 심층적이고 근원적 자아와 최상의 잠재력을 알아차리고, 이를 소유하고, 표현할 수 있게 된다.

나의 첫 번째 저서인 『온전성을 향한 에니어그램의 길』(Enneagram Paths to Wholeness)에서 나는 성장하고 발전하는 방법으로서 성격에 대한 배움의 과정을 도토리에 비유하였다. 도토리는 인간 성격의 보호막인 동시에 자신 속에 들어있는 잠재력을 발휘해낼 능력을 가진 생명체이다. 모든 도토리는 언젠가 참나무가 될 잠재적 능력을 가진 존재로 그것이 참나무로 성장하기 위해서는 먼저 땅에 떨어져서 껍질이 벗겨져야 한다. 성공과 행복의 가능성을 삶 속에서 실현하려면 이와 같은 일이 일어나야 한다. 즉, 자신의 보호막을 깨고 나오기 위해서는 겉으로는 안 보이는 '땅속'을 탐험해야 한다는 것이다. 여기에서 '땅'은 곧 우리의 맹점인 동시에 무의식 세계를 의미한다.

리더로서 우리는 자기 제한적 한계를 인식하고 취약점을 보호하는 딱딱한 외면의 감정들을 벗어버림으로써 잠재력을 최대로 발휘하며 성장할 수 있다. 나의 페르소나는 현실 삶의 생존을 가능하게 한다. 그러나 잘못된 습관을 버리고 자기방어를 넘어 참된 성장을 향해 나아가려면, 이러한 페르소나를 정확히 이해하고 내려놓을 수 있는 법을 배워야만 한다. 그렇지 않으면, 참된 해방을 통해 진정한 자신을 표현하지 못하고 자신의 한계와 구속에 갇힌 채 살아가게 된다.

에니어그램은 이러한 해방과 성장을 이룰 수 있도록 도와준다. 하지만 어떤 이들은 에니어그램을 처음 대할 때, 이러한 틀이 자신을 '상자 속에 가둘 것'이라며 두려워한다. 이와 같은 고정관념은 에니어그램을 활용하는 데 잘못된 위험요소가 되기도 한다. 그러나 에니어그램을 올바로 사용한다면 자기도 모르게 갇혀있는 상자의 모습을 보게 되고 거기로부터 해방될 수 있는 가능성을 발견하게 된다.

이러한 자유와 해방이야말로 에니어그램의 참된 역할인 것이다. 에니어그램은 우리가 가진 성격이 그 성격을 넘어선 참된 존재 즉 우리가 누구인가를 표현하는 힘, 능력, 수용력에 대한 가르침을 제공한다. 에니어그램은 또한 과거에 가졌던 두려움과 습관적 반응을 넘어서 우리가 바라는 최고의 모습이 될 수 있도록 도와준다.

나는 당신이 에니어그램을 충분히 즐기며 배울 수 있기 바란다. 그리고 이 과정에서 당신이 자기 리더십을 개발하고 탁월한 방식을 만들어 가며, 나아가서 매일의 삶에서 자신과 타인을 이해하고 거기에서 행복을 누릴 수 있기를 기대한다.

에니어그램이란 무엇인가?

'성격 에니어그램'은 9가지 성격유형과 그것들 간의 상호연결에 관한 가르침이다. '주의 초점'(focus of attention)에 토대를 둔 9가지 성격 '유형' 혹은 '방식'은 각 성격이 세상에서 어떤 특정한 방식으로 나타나는지를 보여준다. 예를 들어보자. 여러분은 아침에 일어나면 가장 먼저 어디에 주의를 기울이는가? 성격유형이 다른 사람들은 저마다 다른 느낌과 생각으로 하루의 첫 시간을 시작한다. 어떤 유형은 일어나자마자 화를 내면서 해야 할 일들의 목록을 머릿속에서 생각하고, 또 어떤 유형은 새로운 하루의 가능성에 행복을 느끼고 흥분하기도 한다.

사람들은 각자 다른 방식으로 다른 대상들에 주의를 기울인다. 이러한 것은 에니어그램 유형을 정의하는 데 핵심적인 역할을 한다. 9가지 유형은 각각의 주의 초점 혹은 지각적 편견을 갖고 생각하고, 보며, 경험의 우선순위에 무엇이 핵심으로 자리 잡고 있는지를 구분해준다.

또한 어떤 사람의 에니어그램 유형을 결정하기 위해서 다음과 같은 질문을 던질 필요가 있다. 당신이 '보고 있는 화면'에는 무엇이 있고 무엇이 없는가? 이것은 당신에게 지배적인 에니어그램 유형이 무엇인가를 알아내는 방식이기도 하고, 성격모형으로서의 에니어그램이 가진 주요 강점이기도 하다. 이 질문은 개인이 특정한 방식에 있어서 어떻게 다른가를 강조하고, 9가지 유형들이 여러 수준에서 어떻게 다른가를 보여주기도 한다. 그들이 무엇을 생각하고, 무엇을 생각하지 않는가, 어떤 감정을 느끼고, 어떤 감정을 느끼지 않는가, 어떤 행동들이 전형적인가, 어떤 행동을 거의 하지 않는가 하는 것을 보여준다.

예를 들어 생일 파티에서 한 그룹의 사람들이 동일한 상황에 처해있다고 하자. 그들은 자신의 성격 프로그래밍에 의한 주의 초점 방식에 따라 모임의 각각 다른 측면에 집중할 것이다. 어떤 사람은 아는 사람이 있는가 찾으려 하고, 어떤 사람은 음식 테이블에 가 있고, 또 어떤 사람은 선물을 잊었다고 걱정하고, 어떤 사람은 가장 재미있을 것 같아 보이는 사람에게 다가갈 것이다. 그리하여 에니어그램은 종종 사람들을 놀라게 할 기본적 진리를 보여준다. 즉 다른 사람들은 우리가 바라보는 방식으로 세계를 보지 않는다는 것이다. 사람들은 동일한 상황에서도 전혀 다른 것을 보고 다른 방식으로 대응한다.

특정한 주의 초점을 가진 에니어그램의 9가지 유형은 핵심적 '대응전략', 즉 생활하고, 환경에 적응하고, 세상에서 생존하는 방식으로부터 형성된다. 주요 대응전략과 관심의 편향은 그에 따른 세계관에 맞춰 생각, 감정, 행동의 습관적 패턴이 생겨난다. 그 핵심에는 각각 기본적인 '방어' 구조가 있다. 이것은 우리가 상처를 받거나 불편하지 않도록 보호하기 위하여 자동적으로 작동하는 내적 프로그램이다. 게다가 성격을 구성하는 패턴들은 우리의 특정한 강함, 독특함, 그리고 초인적 힘을 나타낸다.

9가지 성격유형을 나타내는 그림의 9개 도형('에니어'ennea는 9를, '그램'gram은 도형을 의미한다)을 통해 에니어그램은 사람들이 세상을 전적으로 달리 보는 이유와 그 이면에 있는 비밀을 이해하도록 도와준다. 그렇다고 이것이 일종의 불길한 사인이나 컬트적 표상은 결코 아니다. 에니어그램은 자연스럽게 특정한 패턴이나 연속적 방식을 상징적으로 의미하는 원과 그 안에 그려진 단순하고 완벽한 9개의 도형으로 구성되어 있다. 9가지 성격유형은 각각 서로 다른 삶에서 요청되는 것을 전략적으로 얻는 데 발생하게 되는 특정한 적응전략, 부합되는 힘, 습관, 도전, 그리고 맹점들을 설명한다.

에니어그램이 유래와 기원에 대한 역사는 거의 알려져 있지 않다. 그러나 최소한

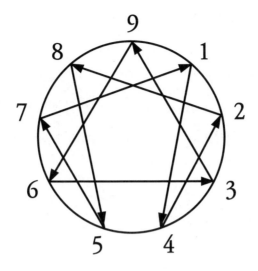

몇백 년 혹은 몇천 년이 되었을 것이라 여겨진다. 고대의 심리적 가르침이었던 영적인 관습으로부터 나온 근원적인 가르침까지 거슬러 올라가 보면 결국 '삶의 목적은 무엇인가?', '인간이 더 높은 차원의 잠재력을 계발하는 데 장애가 되는 것은 무엇인가?', 그리고 '나와 더 좋은 삶 사이에는 무엇이 있는가?' 등과 같은 인간의 존재에 관한 근본적 질문을 던졌던 고대 그리스 철학 사상에도 영향을 준 것으로 여겨진다. 각 유형의 핵심 특징은 카발라, 신비적 유대교의 생명나무, 수피즘 그리고 힌두교의 가르침뿐만 아니라 초기의 기독교적 가르침에서 나타나는 신비한 내적 경험들 속에서도 찾을 수 있다. 또한 '신비한 수학'에 대한 피타고라스의 연구에서도 이와 유사한 증거를 찾아볼 수 있다.

그러나 무엇보다도 가장 놀랍고 중요한 것은 호머의 서사시 '오디세이'에서 에니어그램 성격유형의 증거를 찾을 수 있다는 점이다. 최초의 서구 문학 작품 중 하나인 오디세이는 '진정한 자아'를 '고향'으로 묘사한 인생의 여정에 관한 이야기이다. '트로이 목마'를 고안해 낸 주인공 오디세우스는 트로이 전쟁으로부터 고향으로 돌아오는 길에서 신비한 존재들이 사는 9개의 '땅'을 여행한다. 이 9가지 땅의 특성은 에니어그램 유형과 정확하게 일치한다. 9개의 땅의 순서도 에니어그램의 순서와 정확히 일치한다. 이와 같은 완벽한 일치를 단순히 우연으로 치부하는 것은 온당치 않다. 이것은 에니어그램의 9가지 특성에 대한 설명이 그토록 정확하고 강력한 힘을 갖게 된 일종의 역사적 증거라 할 수 있다. 오디세이의 신비한 이야기와 마찬가지로 에니어그램의 특성은 보편적이고, 초시간적이며, 교훈적이며, 지속적이다.

세 개의 뇌

에니어그램의 세 개의 지적 센터

9가지 유형은 세 개의 지적 센터에 따라 각기 세 개씩 세 세트로 나뉜다. 우리는 세 가지 지적인 형태를 통하여 외부로부터의 정보를 처리한다. 에니어그램 시스템의 9가지 성격유형의 내용을 이해하는 가장 쉬운 방법은 이러한 9가지 유형들이 어떻게, 그리고 왜 3가지 유형으로 3개씩 묶여지는가를 알아보는 것이다.

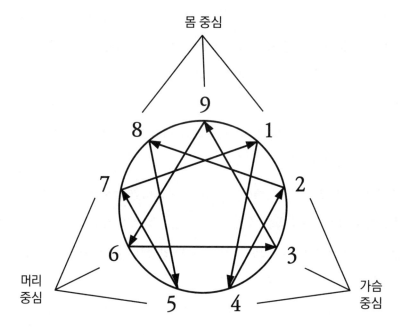

몸 중심

머리
중심

가슴
중심

에니어그램 지도에 의하면 모든 사람은 하나가 아닌 세 개의 뇌, 혹은 세 개의 지적 센터를 가지고 있다. 즉 머리, 가슴, 그리고 장이다. 머리는 사고하고 분석하는 센터이다. 가슴은 감정을 느끼고 공감하여 타인들과 관계 맺는 센터이다. 그리고 장은 육체적으로 사물을 느끼는 감각센터로 장의 지식을 통해 본능적으로 반응하는 센터이다. 또한 육체는 동작센터로서 행동을 할 것인가 말 것인가를 지시한다.

우리들은 이 세 가지 센터를 모두 사용하지만 9가지 에니어그램 유형 중 8유형, 9유형, 1유형은 장 센터를 중심으로, 2유형, 3유형, 4유형은 가슴 센터를 중심으로 그리고 나머지 5유형, 6유형, 7유형은 머리 센터를 중심으로 움직이거나 편향되어 있다. 또한 세 개의 지적 센터는 인간 뇌의 세 영역과 직접적으로 관련되어 있다. 즉 뇌간(본능적 뇌), 변연계(감정적 뇌), 그리고 신피질(사고적 뇌)이 있다. 우리는 항상 세 개의 뇌 기능을 모두 사용하지만 자신의 성격을 표현할 때에는 그중 하나가 지배적인 역할을 하게 된다.

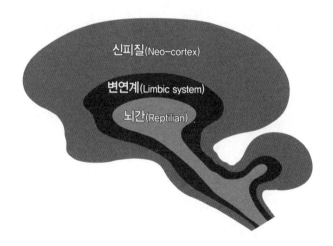

이와 같은 에니어그램 모델에 의하면 우리 모두는 '전체성'(wholeness)에 대한 잠재력을 가지고 있다. 즉 우리는 세상에서 살아갈 때 잠재적으로는 9가지 모든 전략에 접근할 수 있다. 하지만 세상과 관계를 맺을 때 어느 한 가지에 더 의존하게 되면서

'균형을 잃게' 된다는 것이다. 에니어그램 작업은 우리가 하나의 지적 센터에 얼마나 편향되는 경향이 있는가를 알고, 세 가지 기능 모드 간의 균형을 의식적으로 맞추려고 노력하는 것이다. 사실 에니어그램의 목적은 성장과 균형이다. 9가지 가능성 중에 어느 하나에만 매달려 있는 자신의 모습을 알아차리고, 총체적 현실의 한 작은 부분 속에 어떤 형태로 고정되어 있는가를 알아차림으로써 자신의 안목을 확장하는 법을 배울 수 있게 된다.

또한 9가지 유형은 각각 자기가 얻으려는 것을 위해 전략적으로 작동하는 특정 방식이며, 이에 따라 사고하고 느끼고 행동하는 습관적 방식이다. 예를 들면 5유형은 자동적으로 지식을 습득하고 자신이 필요한 안정감을 얻기 위한 경계선을 유지하는 것에 초점을 둔다. 그들은 모든 유형 중에 가장 내향적인 경향성을 가진다. 이러한 태도는 자기 안전을 위해 내적 자원을 보호해야 한다고 판단함으로써 자기 속에 내재된 에너지를 과소평가하는 것이다. 9유형은 관계상의 조화와 안녕을 위해 타인과의 평화로운 관계 및 조화와 합의를 유지하고자 사람들 사이를 중재하는 데 몰두하는 경향이 있다. 반면에 3유형은 성공을 이루기 위해 목표와 과업에 과도한 초점을 맞추고, 자신이 필요한 인정과 찬사를 얻기 위해 타인들에게 좋은 이미지를 표출하고자 한다.

이러한 성격유형들은 모두 강점과 그에 따른 도전들, 즉 긍정적인 면과 부정적인 면들을 갖고 있다. 우리는 에니어그램 유형에 따라 독특한 렌즈나 필터를 통해 세상을 볼 때, 각 렌즈의 초점을 정확하게 파악하는 전문가가 되는 동시에 특정 유형의 강점을 개발해나간다. 그러나 이러한 노력의 부정적 측면도 공존한다. 자기가 가진 강점의 좁은 영역에만 지나치게 몰두하는 것이다. 강점의 좁은 영역에 과도한 관심을 집중함으로써 그것이 오히려 하나의 맹점이 될 수 있다.

바로 여기에 에니어그램 이론이 가진 놀라운 설명력이 들어 있다. 에니어그램은 다음과 같은 유형의 역동성을 잘 설명해준다. 즉, 자신의 삶을 통해 개발해온 능력을 중시하는 동시에 그 이면에 들어 있는 맹점과 그림자가 어떻게 자라나게 되는가를 잘 보여준다. 에니어그램은 각자가 가진 은사와 강점들을 보여줌으로써 자신을 인정하고 능력을 개발할 수 있게 도와준다. 동시에 각자가 가진 약점과 그림자를 볼 수 있게 해줌으로써 자신의 실제 모습을 정확히 인식하고 성장해나갈 수 있도록 도와준다.

나는 자신이 2유형임을 알게 되면서 다음과 같은 사실을 깨닫게 되었다. 나는 친구들을 잘 사귐으로써 호감을 얻고, 타인을 잘 지지해주며 남들이 혹시 나를 싫어하게 될까 봐 갈등을 회피하고, 때로는 호감을 얻기 위하여 자신을 희생하면서까지 사람들의 욕구와 감정에 부합해 왔음을 깨닫게 된 것이다. 사람들이 내가 필요로 하는 것을 주지 않았을 때 이를 인식하기를 회피했던 나의 욕구나 감정들이 나를 분개하게 했다. 또한 에니어그램은 나로 하여금 기본적인 생존 전략상의 문제점을 알아차리도록 도움을 주었다. 타인에게 나의 욕구로 인한 부담을 주지 않고 어울리고자 노력하다가도 그들이 내 마음을 알아주지 않고 내 속에 들어있는 욕구들에 반응하지 않으면 화가 났던 것이다. 결국 사람들을 쫓아 버리고 내가 처음에 회피하고자 했던 거부의 문제를 확인하면서 나의 생존 전략상의 문제점을 알아차리게 되었다.

사람들은 누구나 자기 성격유형과 관련된 강점과 약점을 알게 됨으로써 유익을 얻는다. 예컨대 8유형은 자기주장을 강력하게 하고, 사람들에게 말하기 어려운 부분을 솔직하게 표현하며, 갈등 속에서도 자신의 위치를 견고하게 유지한다. 하지만 이들은 자신의 약한 부분을 대면하는 데 있어서는 맹점을 갖고 있다. 그들은 자신의 취약한 감정과 직면하지 않고자 힘을 과시함으로써 자기의 약점에 대한 무의식적 두려움을 과도하게 보상받고자 한다. 취약함으로 인한 맹점을 알아차리고, 자신의 연약한 감정과 접촉함으로써 8유형은 보다 건강한 균형감을 갖게 된다. 이렇게 함으로써 이들은 비로소 강하지만 접근 가능하고, 강력하지만 동시에 다른 사람들과 자신의 속마음을 나눌 수 있게 된다.

또 다른 예로서 6유형은 훌륭한 분쟁 중재자가 될 수 있다. 왜냐하면 그들은 무엇이 잘못될 수 있을 것이란 것을 미리 알아채고 그것을 준비하는 능력이 있기 때문이다. 그러나 이들은 항상 문제점을 중시함으로써 파생되는 맹점을 갖게 된다. 잠재적 위협에 대한 두려움으로 인해 적극적 행동을 하지 못하게 되기 때문이다. 6유형은 문제의 건설적 해결에 초점을 두기보다는 문제점 찾기에 집중함으로써 피해망상적이 되기 쉽고, 일종의 분석으로 인한 마비 상태에 갇히게 됨을 알아차리지 못한다. 6유형이 자신의 두려움과 그 결과로 인한 맹점들을 깨닫고, 과감한 행동과 이에 따르는 분석적 재능을 융합하게 되면, 더불어 일하기 좋고 효율적인 사람이 될 수 있다.

당신은 몇 유형인가?
에니어그램의 9가지 유형

약 26년 전 내가 2유형이라는 사실을 알게 된 순간, 나는 에니어그램에 매혹되었다. 대부분의 사람들은 자신이 어떤 일을 왜 하는가를 알기 원한다. 나도 나의 유형에 관한 설명을 읽으면서 심오한 깨달음을 얻었다. 그것은 일종의 심오한 계시와도 같았다. 그 어떤 성격진단유형도 세상에서 살아가는 법에 대하여 그토록 명확하고 직접적이며 정확하게 묘사할 수 없을 것이다. 그것은 과히 충격적인 경험이었다. 나 자신에 관해 사실이라고 알고 있었던 부분과 내가 정말로 인정하기 싫은 나의 당황스러운 측면까지 정확하게 보여주었다.

에니어그램을 통하여 성격유형을 알게 되면서 나의 삶은 변화되었다. 그것은 이전에 보려 하지 않았던 나 자신에 관한 것들을 바라보도록 했다. 내가 인정하지 않았기 때문에 나의 삶의 장애물이 된 것들, 가령 사람들이 내게 '지나치게 민감하다' 혹은 '지나치게 감정적이다'라고 하면, 모순적이지만 나는 화가 났다. 그러나 2유형으로서 내가 왜 감정적이 되었고, 나의 민감성 이면에 어떤 이유가 있는지 이해하게 되면서, 더 쉽게 나의 감정적 성향에 가치를 둘 수 있었다. 즉 그 힘을 인정하고 자신에게 자비심을 갖게 되고, 어떤 상황에서는 덜 민감해지는 법을 배울 수 있었다. 에니어그램을 통하여 내가 과도하게 민감하고 감정적이었다는 사실을 알아차릴 수 있게 되었다. 또한 나의 감정적 수용력과 공감력에 가치를 부여함으로써 의식적으로 나의 삶과 일에서 더 효과적이고 행복해지려는 여러 경험을 강화할 수 있었다. 이것을 통해 나 자신을 알게 됨으로써 더욱 행복하고, 원만하게 삶을 영위하고 수월하게 일할 수 있게 되었다.

이제부터는 에니어그램의 9가지 유형에 대하여 간략하게 설명하고자 한다. 어떤 유형들은 서로 유사해 보이기 때문에 자신의 올바른 유형을 찾기 위해서는 연구가 필요할지도 모른다. 우리는 때로 우리가 하고 있다고 생각하는 일뿐만 아니라 우리 자신에 대해서도 잘 모른다. 그러나 자신이나 자신이 아는 사람들이 어떤 성격유형에 속하는가에 대한 에니어그램의 간략한 설명만으로도 많은 도움을 얻을 수 있다.

1유형 자신의 기준에서 세상과 삶의 모든 면을 완벽하고 이상적으로 바라보는 경향이 있다. 어떤 것이 '옳은가 그른가' 혹은 '좋은가 나쁜가'에 주의를 집중한다. 그들의 주요 관심은 옳은 일을 하거나 타인의 잘못을 알아차리고 수정하며, 개선하기 위해서 열심히 노력하는 것이다. 이들은 매우 자아 비판적이며 규율을 잘 따르는 편이다. 1유형의 리더는 윤리를 강조하는 높은 무결점의 이상주의적 개혁자이며, 높은 질적 수준에 도달한다.

2유형 친절하고 낙관적이며 감정적이고 실수도 관대하게 받아들이는 경향을 보인다. 이들은 사람들과의 관계에서 그들이 자신을 어떻게 생각하고 느끼는가에 초점을 맞춘다. 주요 관심사는 다른 사람들이 자신을 좋아하도록 만드는 것이다. 그리고 타인으로부터 인정을 얻기 위해 전략적으로 도움을 주고 무언가 제공하고 자기

희생적이 된다. 이들은 자신의 모습을 전환하며, 타인과 긍정적 공감대를 만드는 데 도움이 된다고 생각하는 방식으로 자신을 나타낸다. 이들은 타인과 공감하되, 때로는 지나치게 공감한다. 그리고 자동적으로 주변 사람들의 기분, 욕구, 그리고 취향들을 알아차린다. 그러나 자신의 감정이나 욕구는 알지 못한다. 2유형의 리더들은 사람들이 일을 최고로 수행할 수 있도록 지원해주고, 주변 사람들과 긍정적이고 생산적인 관계를 맺는 방법에 집중한다.

3유형 과업, 목표, 이미지, 성취, 그리고 성공의 측면에서 세상을 바라본다. 이들은 일에 대한 성공과 성취에 주의를 집중한다. 그리고 물질적인 성공의 이상적 모델과 성취의 문화적 징표를 일치시킨다. 자동차를 소유한다거나 높은 지위에 오른다거나 대단한 자격증을 가졌다거나 하는 능력을 보인다. 이들은 대개 감정과 존재보다는 일을 강조한다. 그들은 일중독자이기도 한데, 일의 속도를 줄이거나 자신의 감정을 있는 그대로 느껴보는 것을 어려워한다. 그러나 가장 효율적인 방식으로 많은 것을 성취한다. 3유형의 리더는 결과물, 일의 성공적 성과, 그리고 통찰력을 다루는 것에 초점을 둠으로써 자신의 팀과 조직을 위한 성공에 기여한다.

4유형 진정성에 가치를 두고, 고통을 포함한 폭넓은 감정들을 편안하게 대하는 경향을 보인다. 이들은 자신의 내면세계, 타인과의 연결, 혹은 단절, 주어진 상황에서 부족한 것, 그리고 주변 환경에 대한 미적인 측면 등에 주의를 집중한다. 이들은 다른 유형들보다 좀 더 감정적으로 생활하기 때문에, 때로는 자신의 감정들에 과도하게 동일시된다. 그들은 관계에서 감정의 깊이와 순수한 표현에 가치를 둔다. 이상주의적이고 창조적인 그들은 정기적으로 무언가를 갈망하며 우울해하고, 종종 과거에 사로잡히기도 한다. 4유형 리더는 진정한 표현과 소통의 가치를 증진시키고 창의성과 상호이해를 지지한다.

5유형 내성적이고 수줍으며 다른 유형보다 감정적으로 표현이 덜하다. 이들은 생각하고, 지식을 얻고, 지적 추구에 흥미가 있고, 사적 영역을 유지하기 위하여 경계를 만드는 데 초점을 둔다. 이들은 가끔 자신은 에너지가 제한되어 있다고 느끼기 때문에 잠재적으로 타인들에게 자신의 한정된 시간이나 자원을 빼앗기는 데 매우 민감하다. 이들은 사적 공간을 중요시하기 때문에 타인과의 관계에서 감정을 공유하는 데 어려움을 갖는다. 5유형 리더는 지식 획득을 중시하고 가능한 가장 좋은 정보를 생산해내고 의존하는 것에 초점을 둔다. 그리고 이들은 기술적인 전문성에 큰 가치를 부여한다.

6유형 자신의 안전을 위협하는 것을 찾아내고 위험이나 문제에 직면하며 대비하는 것에 주의를 집중한다. 태어나면서부터 민첩한 그들은 적극적으로 두려움을 느끼는 공포증이나 혹은 두려움에 대한 반작용으로서 강력하고 위협적인 공포대항의 모습을 보이기도 한다. 이들은 충성스럽고 분석적이며, 비주류이거나 혹은 권위에 회의를 품는 경향을 보인다. 위협과 위기를 측정하는 천부적인 경향은 그들로 하여금 문제의 훌륭한 중재자가 되게 하나, 편집증, 우유부단, 혹은 극단적인 최악의 시나리오적인 생각을 하면서 항상 고민한다. 대부분의 6유형은 권위의 문제와 씨름한다. 이들은 훌륭한 권위를 원하면서 권위적 존재를 시험하거나 권위에 대들고 반항하게 된다. 6유형의 리더는 권력 역동과 안정과 안전의 이슈에 민감하다. 이들은 준비 및 위기상황에 초점을 두고 조직의 모든 차원에서 조직원들을 지지한다.

7유형 에너지가 가득하고 속도감 있고 낙천적이다. 이들은 재미있고 자극적인 것을 추구하며 많은 대안과 계획을 만들어 내는 데 초점을 맞춘다. 대개는 열정적이고 미래지향적이며 재미를 추구하며 슬픔, 불안, 지루함, 그리고 고통과 같은 불편한 감정과 같은 부정적인 것들을 긍정적으로 재구성하는 데 능숙하다. 재빠르며, 다양한 흥미를 보이며 타인과 사교적으로 어울릴 줄 안다. 7유형의 리더는 아이디어를 갖고 놀기를 좋아하고, 전진하기 위하여 혁신하기를 좋아하는 낙관적인 공상가이다.

8유형 힘과 권력에 집중하여 권력자와 권력이 행사되는 방식에 항상 초점을 맞춘다. 다른 유형들보다 자신의 분노를 쉽게 표출하며 갈등을 표출하거나 직면하는 것을 어려워하지 않는다. 이들은 질서를 세우고, 큰 그림을 보고, 공명정대하고 정당한 것을 알아차리는 데 주의를 집중한다. 이들은 주장이 강하고 직설적이며 에너지가 충만하고 그 자체만으로 존재감을 나타내며 위협적이다. 이들은 자기가 다른 사람들에게 얼마나 많은 영향력을 미치는가에 대해 둔감할 수 있다. 그들은 과도하거나 충동적이지만 타인에 대하여 관대하고 보호하려 한다. 8유형 리더는 권력 행사를 즐기며, 질서를 세우고 진취적으로 전진한다. 그들은 도전을 맞서는 데 두려움이 없으며 아랫사람들에게 강력한 멘토가 된다.

9유형 천성적으로 사안의 모든 측면들을 살펴보고, 갈등을 줄이고, 조화를 이루고자 하기 때문에 훌륭한 중재자가 된다. 상냥하고 느긋한 이들은 편안하고 분리나 갈등을 피하는 방식으로 타인에게 융합되거나 과도하게 적응하는 데 초점을 맞추면서 분위기에 따라간다. 조화로움을 중요시하고 갈등을 싫어하므로 주의를 분산시키고 자신의 분노와 개인적 안건은 다루지 않으려는 경향을 보인다. 자기 자신의 우선순위와 연결시키는 것이 부족하기에 결정을 내리기 어렵고 그저 관망하거나 뒤로 미룬다. 9유형 리더는 일치에 가치를 두고 자신을 드러내지 않으며, 느긋하고 다가가기 쉽고 합의를 통하여 리드한다.

27가지 하위유형을 통한 부가정보

　너무 많은 정보로 인해 압도될까 염려되는 마음이 있지만, 겉으로 나타난 9가지 유형 외에도 그 내면에 하위유형이 있음을 말하지 않을 수 없다. 머리, 가슴, 장의 세 지적 센터 속에 각기 세 유형이 있는 것처럼, 9가지 유형 속에는 각기 또 다른 세 가지 하위유형이 있다. 그래서 총 27가지의 에니어그램이 완전한 에니어그램을 형성하는 것이다. 하위유형의 단계는 에니어그램 성격유형을 더욱 구체적으로 다룬다. 또 다른 기준을 첨가하는 것이 과도한 정보를 주는 것 같지만, 27가지 하위유형에 대한 상세한 정보는 자신이 어떤 유형인지 바로 찾아내고, 9가지 유형을 좀 더 명확히 이해하는 데 도움이 된다. 이 점에서 27가지 하위유형을 이해하는 것이 중요하다.

　9가지 유형의 각각 3가지 하위유형은 세 개의 '본능' 혹은 '본능적 기반' 중에 어느 것이 우세한가에 의하여 구분된다. 우리는 모두 자기보존 본능, 사회적 관계를 맺고 집단 속에서 진리를 얻고자 하는 본능, 그리고 일대일로 유대관계를 갖고자 하는 본능의 세 가지 본능을 갖고 있다. 이러한 본능들은 우리가 세상에서 자기 역할을 잘 해내고 자기를 잘 유지할 수 있도록 해준다. 우리 모두는 세 센터 중 어느 하나를 선호하고, 그 센터 속에서 또 한 가지 특정 유형을 선호하듯, 세 가지 하위유형에 해당하는 본능 중 어느 하나를 자기방어를 위한 '최전선'으로 삼게 되는 것이다.

1유형

1유형은 사물들을 더욱 완벽하게 만드는 데 초점을 둔다.

자기보존 1유형 자기가 하는 모든 것을 좀 더 완벽하게 만드는 데 초점을 둔다. 이들은 진정한 완벽주의자이다. 그들은 자신에게 결점이 매우 많다고 여기면서, 개선하고자 노력하고, 자기의 모든 세밀한 것까지 올바르게 하고자 한다. 이들은 다른 1유형에 비해 불안과 걱정도 많지만 동시에 가장 친절하고 따스하다.

사회적 1유형 올바르게 일하는 방법을 안다고 확신한다. 넓은 의미에서 일을 완벽하게 하고, 또한 타인에게 일을 올바르게 하는 본보기가 되는 데 초점을 둔다. 이들은 지적이고 분석적이며, 다른 사람들에게도 일을 완벽하게 하는 법을 알려주고 일을 완수하도록 하는 것을 자신의 역할이라고 생각한다.

일대일 1유형 다른 사람이나 사회 전반을 더욱 완벽하게 만드는 데 초점을 둔다. 완벽주의자라기보다는 개혁주의자로서 다른 1유형들보다 더 많은 분노와 열정을 보인다. 이들은 자신이 행동을 완벽하게 하는가보다는 다른 사람들이 올바르게 하는가에 더 많은 관심을 둔다.

2유형

2유형은 타인에게 인정받고 그들과 긍정적 공감대를 형성하는 데 초점을 둔다.

자기보존 2유형 매력적이고 젊음이 가득한 모습을 통하여 인정을 받고자 한다. 주는 것에 관심이 적고, 도움을 주는 것에도 부담을 느끼며, 다른 사람들이 자신을 돌보도록 하기 위하여 매력적으로 보이면서 자신을 좋아하도록 만든다. 다른 2유형들보다 자기 마음대로 하는 경향이 있고, 쾌활하고, 무책임하며 타인과 관계 맺기를 두려워하는 양면성이 있다.

사회적 2유형 강력하고 능력 있고 영향력을 보임으로써 타인들로부터 인정받고자 한다. 강력한 리더 유형인 이들은 자신의 가치를 입증하는 방법으로서 일에 대한 책임을 지고 많은 사람들 앞에 나선다.

일대일 2유형 너그럽고 매력적인 모습으로 인정을 받고자 한다. 타인이 자신을 좋아하고 자신을 위하여 무엇인가를 하도록 만들기 위하여 개인적인 호소와 지원의 약속을 강조한다.

3유형

3유형은 멋있게 보이고 열심히 일을 성사시키는 데 초점을 둔다.

자기보존 3유형 자신과 주변 사람들을 위한 물질적 안정을 확보하기 위하여 열심히 일한다. 사회적 합의에 따라 멋지게 보일 뿐 아니라 좋은 사람이 되고자 하는 그들은 타인에게 성공적인 사람으로 보이고자 한다. 그러나 허풍을 떨거나 스스로 자신을 높이는 것 같은 일은 옳지 않기 때문에 원하지 않는다. 이들은 자족적이고 극단적일 정도로 열심히 일하고, 결과 중심적이며 겸손하다.

사회적 3유형 타인의 눈에 결점이 없어 보이고자 열심히 일한다. 승리하기 위하여 경쟁하고 물질적인 것과 성공에 집중하면서 일을 성취하고, 사회적 상황에서 항상 적절한 이미지를 갖는 데 초점을 둔다. 이들은 무대 위에 서는 것을 즐기며 기업가적 사고방식을 가졌으며, 사회적으로 성공하는 방법을 알고 있다.

일대일 3유형 타인에게 어필하고, 특히 파트너, 동료들, 그리고 가족들과 같은 주변 사람들을 지원하고 즐겁게 하는 이미지를 만드는 데 초점을 둔다. 이들은 관계 맺기나 팀 전체를 위한 사고방식을 갖고, 자신보다는 타인의 성공을 지원하기 위하여 열심히 일할 수 있다.

4유형

4유형은 의미 있는 관계를 구축하기 위하여 창의적이고 진정성 있게 자신을 표현하는 데 초점을 두고 자신을 이해받고자 한다.

자기보존 4유형 금욕적이고 강건하다. 태어나면서부터 감정적으로 민감하여, 자신을 입증하고 타인과의 연결을 위하여 자기감정에 몰두한다. 이들은 사물들을 깊이 있게 느끼는 반면, 종종 밝고 쾌활한 겉모습을 보인다. 또한 속으로는 불안해하지만 일을 진취적으로 해내면서도 좌절에 대한 관용을 지닌다.

사회적 4유형 자기감정과 처해 있는 상황에 대한 감정적 측면에 초점을 둔다. 자신을 타인과 비교하면서 자신의 가치에 확신이 덜하고, 어딘가 부족하다고 생각한다. 이들은 다른 하위유형들보다 정서적으로 더욱 민감하며, 자신의 감정적 진정성을 통하여 자신과 연결되고자 한다.

일대일 4유형 좀 더 공격적이고 경쟁적이다. 이들은 자신이 필요한 것을 얻지 못할 때 그것을 요구하거나 불평하기를 두려워하지 않는다. 이들은 공격적으로 보일 수 있으며 최고가 되려고 분투한다.

5유형

5유형은 지식을 습득하고, 사적공간을 보호하기 위하여 타인들과의 경계선을 유지하고, 자기 에너지나 자원이 타인에 의해서 감소되는 것을 회피한다.

자기보존 5유형 타인들과 어느 정도 경계선을 유지하고자 한다. 친절하고 따스한 이들은 홀로 있고 싶을 때 쉴 수 있는 사적 공간을 갖고자 한다.

사회적 5유형 흥미가 있는 특별한 주제에 대해서는 전문가가 되기를 즐긴다. 이들은 지식을 습득하고 공통의 관심사와 흥미를 통하여 타인과 연결하고자 한다.

일대일 5유형 올바른 상황으로 다른 사람과 연결되고자 하는 욕구가 많다. 이들은 표현하지 않지만 내면으로 자신의 감정과 더 접촉한다.

6유형

6유형은 위협을 찾아내고 이를 준비하는 데 초점을 둔다. 이들은 안전과 확실성을 추구하고 신뢰하는 데 시간이 걸리고, 위험을 극복하고자 하며 권력 역동성에 민감하다.

자기보존 6유형 이들은 내면에 두려움을 가지고 있다. 이들은 의심을 품고 확실성과 안전을 찾기 위해 끊임없이 노력한다. 그래서 때로는 회피하기도 하지만 위험한 세상에서 외부의 지지나 보호의 형태로 동맹자들의 이목을 끌며, 따뜻하고 친절하다.

사회적 6유형 시스템의 가이드라인이나 외부 권위에 의한 보호를 받기 위하여 규칙을 따른다. 이들은 안전함을 중시하는 좀 더 지적인 유형으로서 논리적이고 합리적이며 자신이 참조하는 요점과 기준에 많은 관심이 있다.

일대일 6유형 타인에게 강하고 위협적으로 보임으로써 자신이 알아차리지도 못하는 숨겨져 있는 두려움에 대처한다. 두려움에 대하여 '싸우거나' 혹은 '도망가는' 양 측면에서 이들은 '싸우기'를 선택하고, 비주류나 반역자와 같이 위험을 무릅쓰는 사람이 되고자 한다. 그들에게 최선의 방어는 공격이라는 내적 프로그램을 가지고 있다.

7유형

7유형은 주로 즐거움에 초점을 맞춘다. 무의식적으로 불편함이나 고통에서 벗어나기 위한 방법으로 자극적인 아이디어와 미래에 대한 긍정적 비전에 대해 구상하기를 좋아한다.

자기보존 7유형 매우 실용적이다. 자신이 원하는 것을 잘 알고, 기회를 잘 포착하며, 실용적인 계획이나 동료들의 네트워크를 통해서 일을 성사시키는 방법을 안다. 이들은 이야기를 잘하고, 쾌활하고, 쾌락적인 경향이 있다.

사회적 7유형 지나치게 기회주의적인 것 또는 자기이익 중심으로 보이는 것들을 회피한다. 이들은 타인을 대접하고자 하는 이상적 생각을 추구하기 위해 자신의 욕구를 희생한다. 집단이나 가족을 위해 책임을 감당하고 타인의 고통을 감소시킴으로써 좋은 사람으로 보이고자 한다.

일대일 7유형 이상주의적 몽상가이다. 이들은 일상적인 현실에서의 진실보다 더 좋은 무엇인가를 상상하려는 욕구가 있다. 극단적으로 열정적이고 낙관적이며 실제적인 세상을 보기보다는 자신이 기대하는 세상으로 보고자 하는 열정을 갖고 있다.

8유형

8유형은 권력, 통제, 정의, 그리고 공정성에 초점을 맞춘다. 누가 권력을 가졌는지, 그리고 경쟁적이고 공정할 것인지에 주의를 집중한다. 자기주장이 강하고 직설적이며 큰 그림을 잘 보고 일을 성사시키기 위해 자신의 힘을 행사한다.

자기보존 8유형 직접적이고 비상식적이 아닌 방식으로 생존을 위해 필요한 것을 얻는 데 초점을 둔다. 이들은 적절할 때 자신의 물질적 욕구를 만족하고자 하는 강한 욕구를 가지고 있고 좌절을 수용하기 어려워한다. 이들은 사업을 시작하고 일을 이루어내는 방법을 알고 있기 때문에 사업방식에 대해 이들에게 자주 이야기할 필요가 없다.

사회적 8유형 자신과 관련된 사람이나 자신의 지지가 필요하다고 생각되는 사람들을 보호하고 멘토링하는 데 초점을 둔다. 이들은 반항적이고 자기주장을 하지만, 부드러운 측면을 보이고 타인을 돌봐주어야 할 때는 덜 공격적으로 보인다.

일대일 8유형 강하게 반항하는 경향을 보이며 사물의 중심이 되고자 한다. 다른 8유형들보다 도발적이고 열정적이며 사람이나 상황에 대하여 권력을 행사하고자 한다.

9유형

9유형은 평화를 유지하고 합의를 이끌어 내고자 하여 조화로움을 만들어 내고 잠재적인 갈등을 중재하는 데 초점을 맞춘다. 이따금 자신의 욕구나 견해를 드러내는 경우도 있지만, 대체로 흐름에 따르고 긍정적인 감정을 유지하고 갈등을 회피하는 방식으로 타인들에게 순응하고자 한다.

자기보존 9유형 익숙한 일상생활에서 편안함을 찾고 육체적 욕구를 만족시키는 데 초점을 둔다. 안락하고 편안함을 느낄 수 있는 먹는 것, 수면, 독서 혹은 십자말풀이 같은 활동들을 좋아한다.

사회적 9유형 소속감을 중요시하며 자기가 속한 그룹에 대해서는 열심히 지원하는 데 초점을 둔다. 이들은 사교적인 사람들로 명랑하고 쾌활하다고 인정받기 위해 어떤 일이라도 하고 그룹이나 커뮤니티의 지원을 위하여 어떠한 노력도 아끼지 않는다.

일대일 9유형 자신의 삶에서 중요한 사람의 주장과 태도에 융합되는 경향을 보인다. 다른 유형보다 자상하고, 부드러우며, 자기주장이 덜한 관계중심적인 9유형은 자신도 알아차리지 못한 채 친밀한 사람들의 감정이나 의견을 그대로 따르는 모습을 보인다.

성격의 복잡함과 공통된 패턴을 이해하는 이론적 틀로서 에니어그램 유형에 대해 살펴보았다. 이제 우리는 에니어그램이 사람들로 하여금 개인적이거나 전문가적인 수준에서 사람들을 성장하도록 돕는 방법에 관심을 돌릴 수 있을 것이다.

다음 장에서는 에니어그램이 자기이해, 리더십, 그리고 작업적인 관계를 증진시키는 도구로서 정확하게 어떻게 작동하는가에 초점을 두고자 한다. 그리고 9가지 유형들과 27가지 하위유형들이 인간 성격의 다양한 특성이라는 측면에서 어떻게 이해될 수 있는지, 그리고 이러한 특성들이 업무 과정에서 어떻게 나타나는지 알아보기 위해 깊이 있는 탐색을 하고자 한다.

훌륭한 리더와
효율적 조직 운영의 상관성

직장에서는 내면에서 무슨 일이 일어나는지 서로 거의 이야기하지 않는다.
대부분의 회사는 명시적으로 얘기하지는 않지만
직원들이 자신의 감정적인 부분을 집에 두고 출근해야 한다고 생각한다.
그래서 홀가분하고 전문적인 마음 상태를 유지하면서 근무할 것을 기대한다.
예컨대 직장에서는 일을 위한 부분만 드러내고
나머지 부분은 감추라는 것이다.
그러나 이러한 태도가 일의 생산성과 관련하여 어떤 결과를 가져올까?
표현되지 않은 감정에 사로잡혀 있으면 있을수록
자기 일에 집중하기가 더 어려워질 뿐이다.

토니 슈왈츠: 저자 겸 최고경영자

제3장
훌륭한 리더와 효율적 조직 운영의 상관성

예전부터 우리는 개인감정과 사적인 문제는 접어 두고 직장생활에 임하는 것이 일반적이라고 생각해왔다. 이러한 생각은 여전히 유효한 듯하다. 그러나 협업해야 하는 일이 많아지고 빠르게 변화하는 세상에서 함께 일하는 사람들이 서로를 잘 알고 이해하기 위해서, 이를 위한 효과적인 방법이 필요하다는 것은 자명한 사실이다. 이것은 자신이 어떤 사람이고, 어떻게 느끼는가에 대해 더 많이 나누는 것을 의미한다. 다시 말해 감정적인 부분을 참거나 숨기면서 내면에서 일어나는 갈등을 처리하는 데 소모되는 에너지를 보다 생산적인 근무 환경을 만들고 일을 추진하는 데 사용할 수 있다는 것이다.

에니어그램은 직장에서 개방적인 의사소통과 감정의 공유를 가능하게 하고, 사람들이 자신을 보다 잘 알게 되며 직장 동료들을 더 깊게 이해하게 한다. 그래서 사람들의 리더십 역량을 발달시킬 뿐만 아니라 관계와 팀, 조직을 더욱 강화하는 데 도움을 줄 수 있다. 어떻게 그것이 가능할까? 에니어그램은 사람들이 잘 알지 못하는 자기 성격의 맹점부터 이미 내재된 성격의 특징까지 깊이 있고 정교하게 설명해냄으로써 자기를 더 잘 인식하도록 이끌어 준다. 에니어그램은 9가지의 성격유형에 대한 동기와 습관적인 패턴을 강조함으로써 우리가 상호작용하는 사람들을 알아가는 데 흥미롭고 효과적인 방법을 제시한다. 그리고 에니어그램은 중립적인 언어를 제공하는데, 이는 판단을 자제하고 방어를 최소화하게 하는 방식으로 우리 자신에 대해 의사소통하게 하고 동료들에 관해 듣게 한다.

언론인이며 리더십 전문가인 토니 슈워츠는 에너지 프로젝트의 새로운 최고 경영자이다. 이 프로젝트는 고용인들의 욕구를 더 잘 충족시켜 줌으로써 그들이 지속적으로 뛰어난 업무실적을 낼 수 있도록 도와준다. 그는 에니어그램이 어떻게 사람들을 이전보다 더 나은 방식으로 현명하게 일할 수 있도록 이끄는지에 대한 글을 썼다. 그는 직장 내 동료들 간의 관계를 개선하기 위한 방법으로 서로에 대해 아는 것이 중요하며 이를 위해 에니어그램을 어떻게 활용되었가에 대해 다음과 같이 말한다.

아직은 작지만 빠르게 성장하는 회사 CEO로서 나는 사람들의 감정과 그들 사이의 상호작용 방식에 초점을 맞추는 데 더 많은 시간을 할애했다. … 격렬한 감정을 알아차리지 못하고 감정들이 마음에 맺히면, 사람들은 종종 수동적이 되거나 공격적인 방식으로 감정을 폭발하기도 한다. 시간이 지날수록 그 감정들은 개인 혹은 조직 차원에서도 에너지를 소진시킨다.

이 사실을 염두에 두고 우리는 최근 회사 직원들을 한자리에 모이게 해서 자신들에 대해 공개적으로 말할 수 있는 기회를 주는 일에 집중하기로 결정했다. 이 일의 목적은 의사소통을 개선하고 오해를 줄이며 긍정적인 에너지를 높이는 것이었다. 우리는 토론을 쉽게 하기 위해 에니어그램이라는 도구를 활용했다. 에니어그램은 마이어스-브릭스(Myers-Briggs)와 유사하지만, 에니어그램이 훨씬 더 풍성하고 더 통찰력이 있을 뿐만 아니라 실제적으로도 훨씬 더 유용하다.[10]

이 장에서는 직장에서의 자기 개발과 보다 나은 리더십 및 팀 결속을 위해 에니어그램을 사용할 때 필요한 요소들에 대해 살펴보고자 한다.

에니어그램 활용을 위한 기본 요소
자기관찰

자기 개발을 위한 도구로서 에니어그램을 활용할 때, 첫 번째로 중요한 과제는 자기관찰이다. 이것이 한편으로는 쉬울 수도 있지만 다른 한편으로는 어려울 수도 있다. 자기관찰은 편협한 판단 없이 자신의 모든 생각, 느낌 그리고 행동을 살피고 기록하며 기억하는 것을 요구한다. 그러나 바로 그 이유로 인해 매우 어려울 수도 있다.

에니어그램은 우리가 살펴야 할 특정 습관들과 따라가야 할 여정을 강조해서 설명해주는 일종의 지도라 할 수 있다. 행동과 내면의 영역을 지도를 통해 안내하기에 자기관찰을 좀 더 쉽게 할 수 있도록 도와주고 지원한다. 최근 비즈니스 세계에서 '마음 챙김'은 인기 있는 개념이 되었다. 우리가 자기 자신에 대해 온전히 집중할 때 자신의 생각, 느낌, 행동에 좀 더 초점을 맞추고, 보다 즐겁고 의식적이 될 수 있다. 그러나 단순한 명상 교육이 이 작업에 많은 도움을 준다 하더라도 마음 챙김의 수행이라는 것은 여전히 모호할 수 있다. 예컨대 마음 챙김을 어떻게 할 것인가? 에니어그램은 자신이 의식해야 하는 특정 성격 패턴을 말해주기 때문에 자기 자신을 의식하도록 이끌어주는 내적 구조를 제공한다.

그래서 자기관찰이 수월한 것처럼 보일 수 있으나, 우리 경험을 실제로 의식하게 되는 과정에서 우리는 자신에 대해 눈을 뜨게 된다. 연구를 위한 길라잡이를 제공함으로써 에니어그램은 무엇을 주의해야 하는가에 대한 상세 사항을 확실히 알려준다. 우리가 해야 할 일은 우리를 위해 그려진 패턴에 주목하고 이해하는 것임을 기억하는 것이다. 자기인식의 작업은 에니어그램의 성격 특성을 보여주는 '자신의 행동을 바로 잡아주는 방법'을 배움으로써 비로소 열매를 맺게 된다. 이러한 작업을 통해 우리는 놀라운 경험을 하게 될 것이다.

깊이 있는 자기관찰을 통해 자기 깨달음이 일어난다. 잠시 동안 판단을 중지하고 자신의 행동을 살피고 알아차리고 관찰하고 기록하는 것 자체가 중요하다. 특히 끊임없이 일어나는 자기판단과 자기비판에 대해 계속해서 주시해야 한다. 자신의 행동을 관찰하고 스스로가 비판한다면, 일상의 모든 행동으로부터 자기 자신을 습관적으로 보호하려 할 뿐만 아니라 자기의 내적 공격으로부터 자신을 방어하려 하기 때문에 자기인식이라는 중요 목적을 달성할 수 없게 된다. 모든 생각과 감정, 행동을 살펴보고 되돌아보기 위해서는 먼저 마음의 여유를 지니는 능력을 길러야 한다. 사람은 이미 몸에 밴 습관에 따라 자동적으로 행동하기 때문에 각 상황에서 자신의 경향과 다르게 행동하는 것은 쉽지 않다. 따라서 모든 것을 보다 의식적으로 선택해서 수행할 수 있는 토대를 만들어야 한다.

자기이해와 관계개선을 위한 자기인식

자기관찰의 다음 단계는 다음과 같다. 첫째, 의식화된 자기 행동에 대한 추가적인 자기반성과 자기 탐구, 둘째, 관계를 개선하기 위한 자기인식의 활용이 그것이다. 다른 사람들과 자기 자신이 관찰한 것을 이야기하고 좀 더 편안하게 자신의 행동에 대해 소통함으로써 다른 사람들로부터 피드백을 듣는 법을 배워야 한다. 이러한 단계 속에서 더 깊게 탐색하기 위해 자신에 대해 관찰한 것과 알아차린 것을 되돌아보면서 스스로에게 질문을 던질 수 있어야 한다. 이렇게 함으로써 보다 깊이 있는 자기이해가 가능해진다.

첫째, 자기 자신에게 이렇게 물어볼 수 있다. '왜 지금 이 일을 하고 있는가?', '왜 날 위해 하는 일이 아님에도 불구하고 이 일을 계속하고 있는가?', '왜 이 일을 피하고 있는가?', '무엇을 두려워하고 있는가?', '무슨 일이 계속해서 일어날 것이라고 상상하고 있는가?', '미래의 일이 예상한 대로 일어났는가? 아니면 그저 단순한 우려에 그친 것인가?' 등을 질문해보아야 한다.

둘째, 우리는 나를 알고 있는 사람, 또는 알고 싶어 하는 사람들과 함께 자신이 관찰한 것을 나눔으로써 다른 사람의 시각을 통해 새로운 통찰을 얻을 수 있다. 자신이 관찰한 것을 말로 표현하고, 자신의 생각, 감정, 행동을 노출하는 위험을 감수하면서라도 다른 사람들로부터 피드백을 받음으로써 자신의 해석이 풍부해질 뿐만 아니라 그 이해의 폭을 넓힐 수 있다. 위의 두 단계를 통해서 자신을 새롭게 탐색할 수 있고 타인과의 관계성을 강화시킬 수 있게 된다. 마음의 문을 열고 다른 사람으로부터 피드백을 듣고 다른 사람의 눈을 통해 자기 자신을 들여다봄으로써 새로운 시각을 얻게 되는 것이다. 이를 통해 우리가 보지 못하는 것, 즉 맹점에 대해 더 명확한 이해를 얻게 된다.

사람들이 함께 모여서 자기 자신의 성격 패턴에 대해 얘기하면서 에니어그램을 활용할 때 분명한 자기이해와 명료화가 가능해졌다고 토니 슈워츠는 강조한다.

> 이것을 진행하는 것은 몇 가지 이유로 평범하지 않은 것이었다. 에니어그램을 통한 자기 발견은 그 자체가 새로운 가능성을 열어준다. 에니어그램 각 유형별 특성에 대한 공부를 통해서 우리는 수도 없이 많은 '아하' 경험을 하게 되었다. 예를 들면, 위험을 감지해내는 6유형의 특성이나 모든 것들을 긍정적으로 밝게 보고자 하는 7유형의 특성을 배울 때 저절로 자기 발견이 이루어지게 된다.[11]

우리는 자신의 생각과 감정, 행동을 판단 없이 관찰함으로써 삶 속에서 경험하는 것에 대해 보다 객관적일 수 있고, 그동안 의식하지 못했던 편견을 알아차리고 자동적으로 습관에 따라 행했던 것을 멈출 수 있다. 그리고 수동적인 자동 반사, 즉 이미 내재된 채로 방어적 대응을 하기보다는 각 상황에서 창의적으로 대응할 수 있고, 의식적인 선택을 할 수 있는 능력이 향상된다. 또한 우리가 직장의 리더나 혹은 개인적으로 도움을 주는 직장 동료에게 이것에 대해 상의할 수 있을 때, 자신에 대해 의미 있는 통찰력을 가지고 서로를 보다 깊이 이해할 수 있게 된다.

성격유형의 성장지도 만들기

'낮은 수준'의 자기관찰 – 우울할 때 무슨 일이 일어나는가?
'높은 수준'의 목표지향 – 기분 좋을 때 무슨 일이 일어나는가?

에니어그램의 가장 좋은 방식 중 하나는 각 성격유형에서 관찰되는 대부분의 모습에는 서로 상반된 양면성이 있음을 알려준다는 점이다. 거의 모든 성격에서 나타나는 특성들은 긍정적인 면과 부정적인 면이 있다. 우리는 모두 특별한 재능과 특성이 있지만 강점이나 선호하는 부분에만 너무 의존하게 되면, 오히려 이런 강점이나 선호성이 문제의 원인이 된다. 우리가 원하는 특정 목표를 달성하고자 일할 때, 종종 그 일이 우리가 원치 않은 것과 관련을 맺으면서 전혀 의도하지 않은 결과가 따라올 수 있는 것이다.

모든 9가지 성격유형은 각기 '낮은 수준'과 '높은 수준'이 있다. '낮은 수준'은 좀 더 확고하고 엄격하고 덜 건강하며 덜 성숙한 패턴 및 행동과 연관이 있다. 반면 '높은 수준'은 좀 더 유연하고 창의적이고 건강하며 성숙한 패턴 및 행동을 보인다. 이 성장 단계의 장점은, "나의 행동이 자신에게 상처가 되는가? 아니면 도움이 되는가? 무의식적인 습관에 매여 있는가? 의식적으로 자신을 넓히고 성장하도록 격려하는가?" 등의 측면에서 자신의 행동을 살펴보고 판단할 수 있게 된다는 것이다.

에니어그램의 도움을 통해 자기 성격유형의 성장 가능한 궤도를 마음에 그려볼 수 있고, 낮은 수준의 행동이나 높은 수준의 행동을 할 때 그것을 쉽게 알아차릴 수 있다. 이는 얼마나 의식적이고 건강하며 효과적인가(또는 무의식적이고 건강하지 않으며 효과가 없는가)라는 측면에서 자신의 행동을 연구하고 관찰하는 방법을 제공한다. 예를 들어 나의 성격유형의 특징 중 하나는 정말로 도움이 필요할 때조차도 도움을 청하지 않는다는 점이다. 내가 도움을 받아야 하는 상황에서조차 도움의 손길을 적극적으로 사양하는 자신을 관찰하면서(독일에서 기차표를 구입하는 방법을 알지 못해 기차를 놓칠 지경이라 힘들고 정신이 없었음에도 불구하고 누군가 도움의 손길을 내밀면 나는 대부분 "됐습니다"라고 말했다), 나는 내 성격유형상 도움받는 것을 극히 제한한다는 것을 알게 되었다. 비록 내키지 않고 창피하고 위험스럽고 불편하다고 할지라도 적극적으로 도움을 청하는 것이 나에게 유익한 일이다. 에니어그램 지도는 특정 방식으로 자신이 편안하게 느끼는 영역을 안내함으로써 우리가 성격의 틀에서 벗어나 해방되고 더 성장하며 더 자유로워질 수 있음을 알려준다.

에니어그램은 성장지도를 통해 자신의 특성과 방향을 명확하게 밝혀주고 설명해 준다. 본서는 각 장에서 9가지 유형이 가장 건강하고 성숙된 최고 수준일 때뿐만 아니라 스트레스를 받아 낮은 수준으로 떨어졌을 때 어떤 모습을 보이는가에 대해 밝혀줄 것이다. 이러한 설명을 통해 자기통제나 자기인식의 정도를 수직적 층계를 통해 확인함으로써 상하로 움직이는 성장 과정 도표를 만들 수 있게 될 것이다.

우리가 어느 순간에 무엇을 하고 있는가를 깨닫고 자신을 파악할 수 있는 능력 제고를 위해 에니어그램을 활용한다면, 자신을 보다 깊이 있게 연구하고 관찰할 수 있다. 이처럼 의식적 선택 및 인식에 있어 자기 자신이 낮은 단계 또는 높은 단계 중에 어디쯤 놓여 있는가를 발견할 수 있게 될 것이다.

에니어그램
자기성장을 위한 도구

자기 자신 알기

직장 내 리더로서 에니어그램을 잘 활용하기 위한 첫 번째 단계는 자신을 이해하기 위해 에니어그램을 활용하는 것이다. 고대 그리스 사상에서 "너 자신을 알라"는 말이 의미하는 바를 깊이 생각해 본다면 에니어그램의 토대가 되는 출발점을 잘 이해할 수 있게 된다. 우리 각자가 자신을 좀 더 완전하게 알게 된다면, 이러한 인식 변화가 자신의 행동은 물론이고 타인들과의 상호작용 방식에 지대한 영향을 준다는 것을 깨닫게 된다. 자신의 무의식적 경향성에 대해 더욱 의식하고 주의한다면, 자연스럽게 자기방어와 자동반응이 줄어들 뿐만 아니라 사람들이 자신의 내면세계를 들여다볼 수 있는 기회를 제공하게 될 것이다.

에니어그램을 통한 보다 깊은 자기이해

- 자기 내부의 강점, 무의식적인 습관, 동기와 맹점을 더 의식적으로 발견한다.
- 자신의 습관, 동기, 반응과 자동 반사적인 경향에 대해 좀 더 의식적으로 각성하게 된다.
- 다른 사람들과 명확하게 상호작용을 하기 위해 자신의 습관적 경향에 대해 소통한다. 우리가 무엇을 하는지, 왜 그것을 하는지를 이해할 수 있을 때, 이로 인한 자기인식을 다른 사람들과 공유하며 서로를 보다 잘 이해하고 공감하게 된다.
- 상호작용하는 방법을 의식적으로 선택함으로써 보다 유연한 반응을 할 수 있게 된다.

요약하자면 에니어그램은 자기 자신을 알기 위한 중요한 학습과정을 통해 자기관찰, 자기성찰, 자기수용, 자기인지에 대한 의사소통을 가능하게 할 뿐 아니라 보다 의식적인 선택을 가능케 해준다. 이러한 작업은 삶과 일터에서 일어나기 바라는 긍정적 변화의 토대가 될 것이다.

주위 사람을 알아가기

에니어그램의 도움을 통해 자신의 내면세계를 좀 더 깊이 이해하고자 노력하다 보면, 다른 사람들은 내가 보는 것과 같은 방식으로 세상을 보지 않는다는 사실을 깨닫게 된다. 이러한 깨달음은 그 자체만으로도 엄청난 변화를 만들어낸다. 에니어그램을 알기 전에는 모든 사람들이 우리가 보는 것과 같은 방식으로 세상을 본다고 생각하는 경향이 있다. 우리의 모든 생각은 자신의 머릿속에 있고, 대부분의 사람들은 그 생각을 읽을 수 없다는 것은 자연스러운 사실이다. 다른 사람들의 내적 생각과 주관적인 감정 속으로 좀처럼 들어갈 수가 없다.

그러나 에니어그램을 통해 9가지 성격유형을 알게 되면 주변 사람들이 세상을 어떻게 바라보고 있는가를 깨닫게 된다. 다른 사람들이 세상을 보는 관점이 우리와는 매우 다른 것이라는 의미 있는 통찰력을 갖게 된다. 에니어그램 지도를 활용하여 다른 사람들의 시각으로 세상을 바라볼 수 있을 때 다음과 같은 것이 가능해진다. 어떤 사람과는 늘 마찰이 일어나는데 왜 다른 사람과는 마찰이 생기지 않는지, 왜 사람들은 우리가 기대하는 방식으로 행동하지 않는지, 같은 환경 속에서 사람들이 그 환경에 대해 어떻게 그렇게 다른 이해와 관점을 가지고 있는가 하는 것이 보다 명료해질 수 있다.

이처럼 에니어그램은 자기 자신을 보다 잘 알게 해주고 다른 사람들의 관점이 나와는 매우 다를 수 있음을 잘 수용할 수 있도록 도와준다. 또한 에니어그램은 나와 다른 8가지 유형의 사람들이 어떻게 생각하고, 느끼며, 행동하는지를 바라볼 수 있는 창문을 제공해준다. 자신의 렌즈와는 다른 렌즈로 세상을 볼 수 있을 때, 다양한 사람들이 어떻게 서로 다른 시각으로 세상을 보는지 알게 되고, 나아가 그 어떤 시각도 다른 사람의 시각보다 더 낫거나 못하지 않다는 것을 통해 사람들에 대한 깊은 이해와 공감을 할 수 있게 해준다. 함께 살고 일하는 사람들의 다름에 대해 더 많은 공감과 이해가 가능할 때, 그들을 있는 그대로 받아들이고 그에 따라 우리 자신의 기대를 조절하며 바람직한 대응을 할 수 있게 된다.

상호작용 이해하기

에니어그램은 우리 자신과 다른 사람들을 깊이 있게 이해할 수 있는 길잡이가 됨으로써 직장 동료와의 관계를 개선할 수 있도록 도와준다. 에니어그램은 효과적인 의사소통과 함께 타인의 스타일과 선호를 이해하며, 보다 유연하게 사람들의 상황에 맞춰 자신을 조정해가면서 스스로를 볼 수 있게 해준다. 이것은 우리가 일상생활에서 마주하는 다양한 사람들과 보다 효과적으로 관계를 형성하고 서로를 통해 배울 수 있는 큰 틀을 제시해준다. 이를 통해 보다 의식적으로 다른 사람들과 교류해 나갈 수 있도록 도와준다.

무엇보다도 에니어그램 유형은 다른 사람들이 다른 렌즈를 통해 동일한 문제를 다른 방식으로 보면서 시작되는 갈등을 가치중립적인 언어로 설명하고 있다. 슈와츠는 그룹 안에서 자신을 드러내면서 동시에 안전하게 서로의 성격유형에 대해 배워가는 열린 토론이 가능한가의 문제에 대한 답으로서 에니어그램을 제시한다. 이러한 점에서 에니어그램이 사용하는 가치중립적 언어를 그 대표적인 특징으로 제시한다.

에니어그램은 서로를 자신의 잣대로 판단하지 않고 대등한 입장에 설 수 있도록 해준다. 어떤 유형도 어떤 유형보다 더 우월하지 않다. 에니어그램은 우리 자신의 강점과 재능뿐 아니라 사각지대와 한계조차도 편안한 마음으로 탐색할 수 있게 해주었다. 우리들은 공동체로서 학습했고 우리 모두 서로에게 일정 부분 참여할 수 있었다.

비록 사람들이 나와는 다르게 세상을 해석한다 해도, 그들의 세계인식을 향한 몸부림을 진정으로 이해한다면 보다 쉽게 그들에게 공감하고 그들의 가치를 수용할 수 있다. 나의 경우 3유형인 한 동료가 업무 과정의 매 단계에서 성취감을 느껴야만 안전감을 느끼게 됨을 알게 된 것이 큰 도움이 되었다. 나는 대부분 세세한 부분을 대충 넘어가는 반면에 8유형인 동료는 모든 세세한 부분까지도 잘 알리는 강한 욕구를 갖고 있는 이유를 이해하게 된 것 역시 큰 도움이 되었다.[12]

사람들이 가지고 있는 다양한 렌즈나 필터와 같은 개념과 의식 편향을 이해할 수 있다면, 우리는 그들을 비방하거나 방어하지 않고 자연스럽게 대화할 수 있다. 우리가 사람들이 왜 그렇게 생각하고, 느끼며, 행동하는지, 그들의 기본 행동 전략과 행동 패턴이 무엇이며 이것들이 어디에서부터 왔는가를 이해한다면, 사람들에 대한 더 많은 정보를 얻게 되고 보다 적극적이고 효과적으로 서로와 소통할 수 있을 것이다.

그리고 개개인이 자신의 에니어그램 유형을 이해한다면 자신에게 일어나고 있는 일에 대해 사람들과 훨씬 쉽게 의사소통할 수 있다. 나는 항상 옳고 상사는 항상 그르거나 또는 그 반대이거나, 나는 성실하고 상사는 그렇지 못하기 때문에 상사와 내가 의견을 달리하는 것이 아니다. 만약 내가 1유형이고 상사가 3유형이라면 나는 동일한 상황에서 가장 본질적인 요소들을 다르게 해석할 수 있다. 우리가 서로 다른 렌즈를 쓰고 현실을 보기 때문에 현실을 다르게 해석하는 것은 자연스럽다. 에니어그램은 개개인의 독특한 관점을 존중하고 문제를 명확하게 설명하고 접근상의 차이를 논할 수 있는 언어를 제공함으로써 서로를 보다 잘 이해할 수 있게 도와준다.

에니어그램의 윤리

타인의 대한 비난 혹은 자기 정당화

'리더십 개발 및 직장에서의 에니어그램 활용'에 대한 책을 집필 중이라고 리더들에게 말하면, 많은 리더들이 에니어그램의 '윤리성'에 대해 잊지 말고 꼭 써줄 것을 요청한다.

어떤 기관이나 팀의 구성원들이 에니어그램을 처음에 접하게 되면 종종 나쁜 습성을 갖게 된다는 것이다. 에니어그램의 상세하고도 강력한 성격묘사로 인해서 사람들은 그것으로 남을 놀리거나 또는 남을 변화시키려 하는 습성을 갖게 되기 쉽다. 에니어그램이 자신의 장점뿐 아니라 단점 그리고 숨은 의도까지도 놀랍게 파헤친다는 사실을 깨달아야만 그것이 단순한 유희적 도구가 아님을 기억하게 된다.

선한 목적을 가지고 개발된 어떤 것들도 그것을 악한 용도로 사용하게 될 수 있다. 이 점은 에니어그램 역시 마찬가지이다. 이 점을 조심하지 않는다면 에니어그램을 단순히 '응접실 손님 게임' 정도로 만들거나 사람들을 다양하게 유형화하는 도구로만 이용할 수 있다. 또는 자신을 정당화하거나 나쁜 습관에 머무는 것을 정당화하는 도구가 될 수도 있다. 이러한 위험 때문에 에니어그램을 윤리적으로 사용할 필요가 있음을 강조하는 것이 중요하다. 에니어그램은 아주 심층적 특성을 가진 도구이기 때문에 주의하지 않고 사용한다면 문제를 해결하기보다는 오히려 문제를 더 야기할 수도 있다. 하지만 에니어그램을 올바로만 사용한다면 그 성과와 결과는 풍성할 수밖에 없다.

에니어그램은 쉽사리 하나의 무기가 되거나 핑곗거리로 사용될 수 있다. 사람들의 유형을 어느 정도 파악하고 좀 더 명확히 알게 된 후에 사람들의 유형을 그들에게 말하는 것이 재미있을 수도 있지만, 종종 그것은 부정적인 영향을 줄 수도 있다. "얕은 지식은 위험한 것이다"라는 말과 같이 실제로 성격유형에 대해 잘 알지 못하면서 자신을 전문가로 여기고 상대에게 그들이 무슨 유형인지 말할 수 있다. 그러나 자신이 말한 유형이 맞을 수도 있지만 완전히 틀릴 수도 있다. 이러한 것이 사람들을 혼란시킬 수 있고, 최악의 경우에는 자기 인식을 하려는 노력뿐 아니라 에니어그램 자체에 대한 흥미를 잃게 만들 수도 있다.

나는 사람들이 누군가를 모욕하거나 부정적인 영향을 주기 위해 에니어그램을 사용하는 것을 본 적이 있다. 사람들은 어떤 사람의 유형을 알아낸 후 단지 그 사람의 성격을 아는 것이 아니라 그 사람에 대해 모든 것을 아는 것처럼 행동하기도 한다. "너는 5유형이기 때문에 이것을 할 수 없어"라든가, "너는 4유형이기 때문에 항상 이렇게 해" 등과 같이 말하는 것은 사람들을 정형화하는 것이다. 이것은 완전히 옳지 않은 일이고 에니어그램을 잘못 사용하는 것이다.

에니어그램 이론이 자신의 무의식적인 행동을 정당화시키는 핑계로 오용될 수 있다. 자신의 고착화된 행동을 정당화하거나 합리화시키기 위해 에니어그램을 이용하는 것은 에니어그램의 본 정신과 위배되는 것이다. "내가 7유형이기 때문에 이렇게 하는 거야" 또는 "난 9유형이기 때문에 그것을 할 수 없어"와 같은 말들은 바람직한 말이나 표현이 될 수 없다. 에니어그램은 성장과 발전과 변화를 위한 이론이다. 에니어그램은 스스로 마땅히 해야 할 일을 회피하거나 자신의 무의식적 습관을 정당화하기 위한 것 이론이 결코 아니다.

에니어그램 사용 시 지켜야 할 윤리적 규칙

- 상대방의 유형을 쉽게 말하지 말고 내가 그들을 잘 알고 있다고 주장하지 말아야 한다. 특히 교만한 태도를 보이거나 화를 내거나 무신경하게 유형을 말하지 않아야 한다. 우리가 사람들을 잘 알고 있다고 생각하는 것과는 상관없이 사람들은 자신의 내적 경험에 대해 1차적인 지식과 경험을 가진 사람들이다. 설령 우리의 판단이 맞다고 할지라도 사람들은 에니어그램의 도움을 통해 스스로 자신에 대한 깨달음에 도달할 필요가 있다. 사람들을 어떤 길로 몰아가거나 강요하는 것은 결코 정당화될 수 없다.

- 자신의 에니어그램 유형의 성격에서 벗어나 성장할 의지가 없는 사람이 자신을 정당화하기 위한 핑계로 에니어그램을 사용해서는 안 된다. 에니어그램은 단지 "당신은 어떤 사람이다" 또는 "이것이 당신의 모든 것이다"를 말하는 이론이 아니다. 에니어그램은 당신의 성품, 성격, 특성에 대해 밝혀주지만 그러한 것을 가진 당신은 그보다 더 크고 심대한 무엇을 가지고 있다.

- 화가 났을 때 에니어그램 이론을 언급하는 것은 옳지 않다. 누군가를 모욕하거나 특정 유형의 고정관념으로 타인을 제한할 목적으로 에니어그램을 사용해서는 안 된다. 같은 에니어그램 유형에 속한 사람들조차도 서로 다르게 보일 수 있고 각 유형의 통합된 특성에도 불구하고 각 유형 속의 개인들은 모두가 독특하다. 실제 알고 있는 것 이상으로 에니어그램 시스템과 유형들을 아는 것처럼 과장하지 말아야 한다.

- 겸손해야 한다. 자신이 아는 것 이상으로 알고 있는 것처럼 '선무당' 같은 행동을 해서는 안 된다. 혹시 풍부한 경험이 있다고 하더라도(에니어그램 훈련과 더불어 심리학 또는 조직 개발과 같은 방면에 있어서 전문 지식이 있더라도) 오직 에니어그램 체계에 대해서만 권위 있게 말하고 가르쳐야 한다. 최근에 에니어그램이 재조명을 받고 있으며 에니어그램이 주는 통찰력을 이해하는 사람들을 매우 열광하게 만들고 있다. 그래서 에니어그램과 관련한 분야에 넘쳐나는 '선무당'들이 문제다.

상대에 대해 사려 깊고 존중하는 자세로 에니어그램과 에니어그램의 통찰력을 활용해야 한다. 사람들에게 에니어그램을 강요할 수는 없음을 깨달아야 한다. 자기 개발을 위한 도구로 사용하고자 하는지 그리고 성장하고자 하는 동기가 무엇인지에 대해 스스로 결정할 수 있어야 한다. 자신에게 도움이 되었기 때문에 에니어그램에 대한 열정으로 다른 사람과 에니어그램에 대해 자유롭게 나눌 수 있지만, 궁극적으로 모든 개인은 자신의 내면세계에 있어서는 일종의 심오한 성찰이 있음을 깨닫고 조심스럽게 접근해야 한다.

가끔은 그 사람이 어떤 유형인지 너무나 명확해서 직접 말해주고 싶을 수 있지만, 이렇게 말하는 것이 에니어그램에 대한 흥미를 잃게 하여 도리어 역효과를 낼수 있다. 이렇게 하기보다는 자신의 경험으로부터 무엇을 터득했는가를 나누고 신뢰할 만한 에니어그램 자료들을 소개하면서 그들 스스로 에니어그램의 세계에 접근해갈 수 있도록 해야 할 것이다.

유형화와 제한성의 문제

사람들에게 에니어그램을 소개하게 되면 어떤 사람은 의심을 하거나 회의적인 반응을 보인다. 앞에서 언급한 것처럼, 에니어그램을 처음 대했을 때 일반적으로 사람들은 다음과 같은 오해를 하곤 한다. 자신을 특정 성격유형으로 파악함으로 스스로 그 유형에 가두거나 자신을 한 부류에 집어넣거나 주변 사람의 시각으로 자신을 파악하려고 한다는 것이다. 일견 이런 우려는 타당하기도 하고 이해되기도 한다. 어느 누구도 편협적이고 부정적으로 보이거나 잘못 이해되고 싶지 않을 것이다. 특히 정확하고 긍정적으로 보이는 것이 중요한 단체생활에서 자신들이 어떤 사람으로 제한되거나 단정되는 것을 원하지 않는다.

자신의 맹점을 알고 자기인식 수준을 향상시킴으로써 자신을 성장하게 하는 것이 에니어그램이 지향하는 바이다. 에니어그램을 잘 활용한다면 사람들은 자신을 특정 '상자 안에 넣기'가 아니라 '상자에서 빠져나오기'를 할 수 있다. 예컨대 에니어그램은 우리가 익숙하고, 자동적으로 반응하고, 자기를 제한하는 '습관'이라는 보이지 않는 상자에 이미 들어가 있음을 보여준다. 또한 에니어그램은 우리가 그 안에서 얼마나 무심하게 자신을 그대로 내버려 두고 있는지를 보도록 도와준다. 에니어그램은 우리가 이미 들어가 있지만 들어가 있다는 사실조차 모르는, 바로 그 상자의 정확한 면을 드러내기 때문에 우리의 무의식적인 성격 패턴에 따르는 제약에서부터 벗어날 수 있다.

앞에서 언급한 바와 같이 주의를 집중하는 것과 세상을 제한적으로 보는 시각은 우리의 자동적인 습관과 패턴으로 인해 우리 안에 고착된 특정한 방식으로 세상을 보고 반응하는 것을 의미한다. 이러한 습관적인 패턴 때문에 제한적이 될 뿐만 아니라 우리가 무의식적으로 방어하는 방식을 보지 못하게 됨으로써 더욱 제한적인 삶을 살게 된다. 이러한 패턴이 항상 작동되는 것은 아니지만, 자기도 모르는 사이에 그 패턴 속에 갇히고 만다. 즉 패턴 안에 있는 것에 너무 익숙하고 편안한 나머지 그 속에 갇혔다는 것조차 모른다는 것이다.

에니어그램은 우리가 자신을 상자 속에 어떻게 가두는가에 대해 매우 상세하게 말해주기 때문에 그 상자에서 벗어나는 방법을 찾을 수 있다. 자신의 맹점을 확인하고 동료들과 자신의 사각지대에 대해 소통하는 과정에서 그것을 의식하는 법을 배운다면 활기차게 단체 생활을 할 수 있는 능력은 물론이고 자신의 성장을 위한 새로운 가능성을 만들 수 있다. '자신의 맹점을 통해 보기'라는 글에서 토니 슈왈츠는 에니어그램의 능력에 대해 아래의 인용문을 통해 설명한 바 있다. 에니어그램은 자기를 발견하고, 자신을 보다 잘 이해하기 위한 열린 대화를 가능하게 하며, 일터에서보다 잘 공감할 수 있도록 해준다. 직장 환경에서 자신을 서로 공유하는 과정이 하나의 도전이 될 수 있음을 지적할 수 있지만, 하나의 팀으로서 동료들에 대해 좀 더 알 수 있는 안전한 환경을 만듦으로써 충분한 보상을 받을 수 있다는 것이다.

그것은 쉽지 않은 작업이었다. 우리는 이미 자기를 상당히 탐색한 사람들로 이뤄진 팀이었고 그 이점을 충분히 누렸다. 하지만 어느 유형, 어느 수준이건 간에 약점이 있음을 서로 인지하는 것은 또 다른 도전이었다. 하루를 마무리할 때쯤 다소 지치게 되었지만, 서로를 보다 더 잘 알게 되었다는 것에 고무되었고 서로의 차이점을 보다 쉽게 받아들일 뿐 아니라 그 차이점을 과거보다 훨씬 높이 평가할 수 있게 되었다.

사람들에게 안전감 또는 불안감을 느끼게 하는 것을 말하게 하는 목적은 공유하기 불편한 느낌을 공유하도록 강요하려는 것이 아니다. 오히려 그들 자신에 대해 보다 잘 알 수 있도록 하고, 업무를 하는 데 중요한 정서적 능력인 자기인식, 공감과 회복력 등을 발전시키려는 것이다. 우리 모두는 힘든 싸움을 하고 있으니 함께 가는 것이 어떠한가?[13]

슈왈츠가 현명하게 지적한 것처럼 에니어그램은 평등한 방법으로 우리의 강점, 도전, 유사점과 차이점에 대해 말하는 법을 소개한다. 직장 동료들과 이러한 열린 대화를 계속할 수 있을 때, 우리는 자기 수용과 협동심, 공동체 의식을 강화시킬 수 있다. 우리는 자신의 높은 잠재력을 의식적으로 더욱 명백하게 표현하고 주변 사람들과 협력하면서 성장해갈 수 있다. 우리가 이것을 할 수 있을 때, 모든 사람이 함께 승리하고 오늘날 세상에서 필요로 하는 보다 효율적 리더십을 위한 기초를 만들 수 있다.

지금까지 에니어그램과 그 구성 부분을 소개하고 에니어그램을 사용할 때 유의해야 할 윤리적인 문제에 대해 살펴보았다. 이제 9가지 성격유형에 대해 보다 깊이 있고 철저하게 탐구할 준비가 된 셈이다. 향후 9개 장에서는 각 유형의 특성인 주요 전략, 강점, 도전, 맹점, 낮은 수준과 높은 수준, 의사소통 방식, 전형적인 직장 내 행동 등에 대해 설명할 것이다. 본인의 유형을 결정하는 방법과 특정 유형 리더가 겉으로 어떻게 보이는지를 설명하고자 한다. 각 유형의 세 가지 모습에 대해 말할 것이며 하위유형에 대한 지식은 각 유형들을 보다 정확하게 알 수 있도록 좀 더 미묘한 차이에 대한 정보를 제공해 줄 것이다.

또한 사람들의 유형을 파악하고 그들과 좋은 관계를 맺을 수 있는 비결을 알려줄 것이다. 파악된 유형의 사람이 리더일 때와 리더가 아닐 때 어떻게 행동하는가에 관한 통찰도 갖게 해줄 것이다. 개인적으로나 직업적으로 성장하기 위해 어떻게 에니어그램을 활용할 수 있는가를 보여주고자 실제 업무에서 리더들이 자기 성장과 팀과 조직의 원만한 소통을 위해 에니어그램을 활용한 사례에 관한 인터뷰를 발췌하여 제시할 것이다. 마지막으로, 각 유형을 위해 21세기 사회 속에서 자기인식을 통해 정서적으로 현명하게 대처하고 변화할 수 있도록 각각의 과업과 제안을 제시할 것이다.

이미 살펴본 것처럼 자기 발전을 위해 에니어그램에 입문하는 것은 시간과 에너지 투자를 필요로 한다. 그러나 에니어그램 지도를 이해하기 위해 노력한다면 자기 자신과 다른 사람들에 대한 새로운 통찰과 함께 그에 상응하는 풍성한 대가를 받게 될 것임에 틀림없다. 이 책을 위해 인터뷰를 했던 한 리더는 다음과 같이 증언한다. "에니어그램은 당신의 삶을 향상시키는 데 도움이 되는 유용한 가르침을 줄 수 있다. 하지만 에니어그램의 가르침은 넓이와 깊이와 제한이 없을 만큼 풍요하다." 성격과 성격들 간의 상호연결성을 이해하고 어떻게 그 각 유형이 조화를 이루는지를 알게 될 때, 에니어그램은 결코 상상하지 못했던 방식으로 주변 사람들의 다양한 성격유형을 이해하는 데 도움을 줄 것이다. 마지막 장에서는 실제로 에니어그램을 통해 의미심장한 성장을 하게 된 세계적 리더들과 기업의 흥미진진한 이야기를 소개하고 우리도 이와 같이 성장할 수 있는 방법을 제시하게 될 것이다.

옳은 일을 하는 완벽한 리더

1유형의 리더십

리더의 자질은 자신을 위해 세운 규범에 반영되어 있다.

레이 크록: 미국 경영인

스스로 탁월함의 기준이 되어라.
어떤 사람들은 탁월함이 요구되는 상황에 적합하지 않다.

스티브 잡스: 애플 창업자, 기업가

틀리는 것은 정말 싫다.

바이올렛 크롤리, 그랜섬 백작의 부인

제4장
1유형의 리더십: 옳은 일을 하는 완벽한 리더

전형적으로 1유형은 구조와 윤리적인 행위, 무엇보다도 탁월하고 높은 기준을 가치의 척도에 두는 모범적인 사람이다. 이들은 때때로 '완벽주의자' 또는 '개혁가'라고 불린다. 1유형은 내적 감각(운동 감각, 지적 감각)을 가지고 있는데, 이 감각은 어떤 것이 얼마나 선하거나 옳은지를 말해주고, 1유형의 완벽함에 대한 내적 기준에 맞는 것은 어떻게 보여야 되는지를 알려준다. 1유형은 자동적으로 '현재 어떤 상태인가'와 '장차 어떻게 될 수 있는가' 사이에서 보이는 괴리를 줄이기 위해 무엇이 필요한가에 초점을 맞춘다.

1유형의 최우선적 목표는 모든 경우를 질적으로 높은 수준으로 달성하는 것이다. 1유형은 이러한 결과를 위한 최선의 방법이 이미 프로그래밍되어 있는데, 그것은 '올바른' 과정과 '올바른' 사람을 배치한 후 윤리적인 방식으로 열심히 일해 최고 수준의 기준이 반영된 결과물을 내는 것이다. 그래서 1유형은 논리적이고 결과지향적일 뿐만 아니라 대개 합리적이고 방법론적으로 적절한 행동의 기준인 규칙을 존중하고 실수하는 것을 우려하는 경향이 있다.

또한 1유형은 효율적이고 적절한 방법으로 의사소통을 하려고 노력한다. 그들이 말하는 스타일은 정확하고 상세하며 논리적이다. 그들은 일 자체나 사실에 기반을 두고 말하려는 경향이 있다. 전형적으로 핵심을 빠르게 전달하고 개인적인 느낌을 배제하는데, 이들은 개인적인 느낌은 적절하지 못하고 생산적이지 못한 것으로 생각하는 경향이 있기 때문이다. 직설적으로 말하든 넌지시 말하든 간에 1유형은 "~해야만 한다," "~임에 틀림없다." 등과 같은 단호한 어감으로 말하려는 경향이 있다. 이러한 말투는 말하는 내용이 긴급한 상황이라는 분위기를 전달해 주며, 일을 하는 데 옳거나 최선인 방법을 확실히 안다는 것을 은연중에 전달하는 것이다. 또한 종종 무슨 일에서든 가능한 직접적인 방법으로 지원하거나 도우려는 의도가 있지만, 다른 사람들은 1유형이 말할 때 은연중에 비판이나 판단이 내재되어 있는 것으로 들릴 수 있다. 자신의 충동성, 특히 분노와 불만 같은 느낌을 통제하려고 하지만 다른 사람들은 1유형의 메시지에서 성급하게 평가받는다고 생각할 수 있다.

그러나 1유형 리더는 책임감이 강하고, 솔직하며, 믿을 수 있고, 끈기가 있으며, 윤리적이다. 모범을 보이는 리더도 있고, 또 적극적으로 사회를 개혁하고, 일을 더 잘하도록 다른 사람들을 이끌고, 사회문제를 고치려 하는 리더도 있다. 또한 1유형 리더들은 천성적으로 과정에 중점을 둔다. 그들은 구조 및 규칙과 일상 속에서 고품

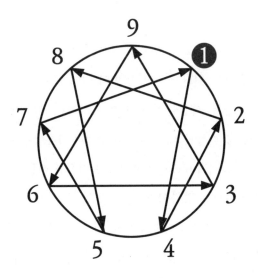

질 제품을 만드는 데 필요한 기본적인 과정을 중시한다. 천성적으로 꼼꼼하고 책임감이 있는 1유형의 핵심 동기는 모든 일에서 탁월함과 미덕을 추구하려고 한다는 점이다.

1유형의 특징

내면의 모습

다음의 특징들이 당신에게 적용된다면 당신은 1유형일 수 있다.

- 대부분의 시간에 작동하는 내부 비판자 또는 코치가 있다. 내부의 목소리(또는 감각)가 지속적으로 무슨 일을 하는지, 얼마나 잘하고 있는지, 또는 얼마나 기준에서 벗어났는지에 대해 계속 피드백을 준다.

- 비판에 민감하다. 솔직한 피드백을 반기기는 하지만(개선에 대해 지속적으로 주의 집중하는 것에 가치를 두고 있기 때문에), 자기 스스로가 먼저 자신에게 지독한 비판을 하고 있기에 외부로부터의 비난을 민감하게 느낀다.

- 자연스럽게 선과 악, 옳고 그름이라는 측면에서 생각한다. 선하기 위해 매우 노력하고 옳은 행동을 하는 것에 높은 가치를 둔다. 시간과 경험을 통해 다양하게 보는 법을 배웠을지 모르지만 어쩔 수 없이 흑백논리로 사물을 본다.

- 오류를 발견하고 그것을 고치고자 한다. 쉽게 오타나 오자, 비뚤어진 액자 등의 바르지 않은 것을 발견하고, 그것들을 바로 해놓고 싶은 충동을 느낀다.

- 언제나 또는 대부분의 경우에 규칙을 따른다. 규칙은 사회와 직장생활을 질서정연하게 그리고 제대로 기능할 수 있도록 하기 때문에 존중되어야 한다고 믿는다.

- "~해야만 한다"와 "~임에 틀림없다"와 같은 신념을 마음에 많이 가지고 생활한다. 이런 것들이 선택과 행동을 이끌어 주는 일련의 원칙과 신념을 제공해주며

실수하지 않게 만든다.

- 윤리적이고 솔직하며 신뢰할만한 것에 높은 가치를 둔다. 진실성이 매우 중요하기 때문에 하는 모든 일에서 항상 최선을 다하려 한다. 내면으로 본인이 생각하는 수준과 같은 정도의 자질이나 선한 행동을 추구하지 않는 사람들에 대해 판단하고, 다른 사람들을 판단하기 위해 자기 자신에 대해서도 역시 판단을 한다.

- 자신의 감정과 충동을 지나치게 통제한다. 책임감이 있고 적합한 사람이고자 하는 욕구로부터 벗어나려 하지만, 자기 자신을 여전히 많이 통제한다. '선한' 행동을 하기 위해 노력하고 (무의식적으로) 자신의 감정과 충동을 갑자기 밖으로 드러냄에 대한 두려움이 나쁜 행동을 하게 유도할 수 있다.

- 때로는 의견이 독선이고 강하게 비쳐질 수 있다. 어떤 것에 대해 강하게 느낄 때, 부드럽지 못하고 독선적이라고 생각될 만큼 자신의 의견을 밝히는 경향이 있다. 그러나 1유형들은 자신이 옳다고 여기거나 알고 있는 것에 목소리를 높이는 것이 단지 진실을 말하는 것이라고 생각한다.

- 놀기 전에 일을 해야 한다. 스스로가 정한 만큼의 의무와 책임을 다하지 않았다면 쉬거나 즐거움을 허용하지 못한다.

- 자기 개선을 믿는다. 항상 최선을 다해 일을 하려고 하고 자기 자신과 모든 일을 보다 완벽하게 만들려고 노력하는 것이 중요하다고 생각한다.

- 어떤 일을 함에 있어서 오직 자기가 생각하는 그 길만이 옳은 길이라고 믿는다. 어떤 일을 하는 데 최선의 방법을 찾기 위한 도전을 즐긴다. 옳은 방법을 찾게 되면 1유형은 자신의 길이 최선의 방법이기 때문에 그 방법으로 하는 것을 원하고, 다른 사람들이 그 방법에 동의하지 않으면 화가 날 수도 있다.

- 완벽해지면 기분이 좋아진다. 1유형은 아주 드물지만 자기가 보거나 하는 일이 완벽하다고 느낄 때 내면의 평화와 행복을 본능적으로 느낀다.

1유형의 핵심전략

대개 1유형은 어린 시절, 외부의 권위자로부터 착하고 책임감 있거나 옳은 방식으로 일을 해야 한다는 압력을 받고, 아주 착하지 않거나 일을 옳게 하지 않으면 비판받은 경험이 있다. 그들은 반응할 때 무의식적으로 외부의 비판적인 소리를 내재화하고 착한 행동을 강화시키기 위해 스스로 비판하는 대처 전략을 취한다. 1유형 스타일을 가진 사람들은 착한 소년과 소녀가 되려고 노력하는 사람들이고, 이들은 대부분 규칙을 따르고 일을 완벽하게 하고자 하며, 항상 옳은 일을 하려고 노력하는 사람들이다.

1유형은 옳은 방법(도덕적 관념에서)으로 일을 하기 위해 열심히 노력하고 있음을 확신하고, 비판받을 가능성을 줄이기 위해 완벽하게 하려고 노력함으로써 환경에 적응한다. 이들은 내면으로 자신을 적극적으로 비판하기에 외부의 잠재적 비평들을 미리 제거한다. 자신의 행동에 잘못을 발견하게 되면 타인의 펀치를 미리 방어하는 것과 같은 약간의 여유를 갖는다. 그들은 이러한 적극적인 자기 통제가 다른 사람들로부터의 기습적인 비판으로부터 자신을 방어해 줄 것이라고 믿고 있다.

또한 1유형은 자신들이 하는 일이 높은 수준의 특성이나 완벽함을 충족시켰을 때 깊은 행복감을 경험했다고 말한다. 이를 경험하기 어렵다 할지라도, 1유형들은 완벽함을 끊임없이 추구함으로써 깊은 내적 만족감을 계속해서 구한다. 목표하는 높은 수준에 도달할 수 없을 때에도 1유형은 할 수 있는 한 열심히 노력했고 최선을 다했다는 것을 최소한 알아야 할 필요가 있다. 이처럼 끊임없이 완벽에 초점을 맞추고 있기 때문에 1유형은 대체로 자신이 한 좋은 일에 감사하기, 완벽한 것은 거의 없다는 것을 이해하기, 그리고 자신들의 부단한 노력이 충분하다고 여기기가 어렵다.

1유형은 스스로를 감시하기 위한 전략으로 책임이나 옳은 일을 하는지, 개선하고 있는지를 살피면서 무엇이 옳은 일이고 그 일을 어떻게 할 수 있는가를 정하는 일에 집중한다. 이들은 마음속으로 '완전함'을 상상하고, 일어나는 일이 얼마나 자신들의 최고 수준의 정도에 도달했는지를 자연스럽게 알아차린다. 그래서 1유형은 전형적으로 잘못된 것을 찾아내어 이를 바로 잡거나 규칙을 알고 적절한 행동 지침을 따르고, 나쁜 행동이나 실수를 하지 않는 것에 집중한다. 1유형은 자신들이 무엇을 하든지 간에 자신들이 얼마나 일을 잘하는가 또는 잘 못 하는가를 판단할 뿐만 아니라 주변 다른 사람들이 옳은 일을 하는지, 그리고 그런 일들이 어떻게 정화되거나 개선될 수 있는지를 판단하는 데 주의를 기울인다.

직장에서 1유형은 매우 결과지향적이고, 합리적이며 논리적이다. 이들은 일을 잘하기 위해 열심히 하는 것에 주력하고, 다른 사람들이 그들의 몫을 하도록 하는 데 초점을 맞춘다. 1유형들은 다른 사람들이 얼마나 부족한지를 걱정하고, 사람들이 책임감 있게 일하고 적절한 가이드라인을 따르는지 확인하기 위해 사람들에게 책임지게 하는 방법에 관심을 보인다.

또한 1유형은 일을 조직화하는 과정과 세부 사항에 주의를 기울이면서 작은 것까지도 모두 올바른 과정으로 이끌어낸다. 그들은 규칙과 구조를 통해 일이 진행되는 과정과 책임 소재에 대한 정보를 제공하며 규칙과 구조의 진가를 보여준다. 리더로서 1유형은 일을 진행함에 있어서 어떤 구조가 필요한지 알아차리고 일이 순조롭게 진행될 수 있는 구조를 제안하고 이끌어 가는 재능을 가졌다.

1유형의 행성에서 바라본 세계

일반적으로 1유형은 이 세상을 보다 살기 좋은 곳으로 만들기를 원하고, 때로는 사회 문제나 운동을 위해 스스로 헌신한다. 1유형은 '도덕적인 백기사'처럼 여러 가지 방법으로 삶을 개선시키기 위해 헌신적으로 일을 한다. 이들은 병을 치료하고 환경을 보호하며 가난한 사람들을 교육하는 일 등에 노력을 쏟을 수 있다. 1유형은 이 세상에서 무엇이 잘못되었는지 알아차리고, 그것을 바로 잡으려는 충동을 느낀다. 그들은 일이 잘못되는 것을 자동적으로 인식하고 이전보다 일이 잘되게 하는 것에 만족해하고 책임감을 느끼기 때문이다.

또한 1유형은 사회적 영향력을 믿는다. 만약 모든 사람이 문명화된 사회 규칙을 따른다면 모든 것들은 물 흐르듯이 잘 되어 갈 것이라고 생각한다. 사람들이 원래 방식대로 일하지 않거나 규율이나 적절한 과정을 따르지 않는 등, 옳지 않은 것을 한다고 인지하면, 1유형은 비판적이게 되고 심지어 상대를 응징할 수도 있다. 1유형에게 있어서 사람들이 해야 할 일을 하지 않는 것은 잘못된 일을 하는 것이다. 만약 사람들이 잘못된 일을 한다면 잘못함을 인정하거나 소환되어 비난을 받아야만 잘못된 행동을 교정할 수 있다고 여긴다. 만약 사람들이 자신의 잘못을 받아들이고 실수를 인정하고자 한다면, 1유형은 그들을 매우 너그럽게 대하면서 그들이 동정을 받을 만하다고 생각한다.

1유형의 옳고 그름, 좋고 나쁨에 대한 명확한 내적 감각은 절대적인 흑백논리에 의해 모든 것을 이해함을 의미한다. 이들은 착한 것이 좋은 것이라 생각하고 착하기 위해 최선을 다하려 하는 경향이 있다. 또한 악한 일이나 실수를 하거나 부도덕하게 행동하는 것은 나쁘다고 생각한다. 1유형은 거짓말하기, 속이기, 이기적으로 행동하기, 또는 어떤 형태의 부패에 관여되는 것과 같은 행동은 나쁜 행동이라고 믿는다. 많은 경우 1유형은 시간이 지남에 따라 흑백 논리가 아닌 다양한 시야를 가질 수 있고, 사람들의 도덕적 타락을 용서하는 것을 배우긴 하지만 이들은 사람들의 진실성 여부에 초점을 맞추려는 경향이 있으며 도덕적으로 '갈대와 같다'고 생각되는 사람 들을 비판적으로 판단할지도 모른다.

1유형 리더의 주요 특성

다음의 특징들은 1유형의 리더십 스타일을 묘사한다.

- **양심적이고 청렴함** 1유형은 방법론적이고 세밀함을 지향하며 윤리적이다. 규칙을 따르고 도덕적인 경향이 있다.
- **판단적인 성향** 1유형은 이상적인 자격에 대한 내적 기준이 있어 자신들이 하는 거 의 모든 것에 대해 얼마나 완벽한가를 판단할 뿐만 아니라 이 기준에 따라 다른 사람들을 판단하고 비판한다.
- **하나만 옳다는 사고** 1유형은 어떤 일을 하는 데 '옳은 길'을 안다고 생각한다. 만약 우리가 옳은 길을 알고 있다고 믿는다면, 우리도 우리가 아는 방식으로 일하기 원할 것이다. 하지만 1유형은 어떤 일을 함에 있어 다른 사람의 방법을 채택하기 가 어려울 수 있다.
- **통제와 과잉통제**(미시적 경영) 1유형은 과업을 달성함에 있어 최선의 방법을 안다고 생 각하기 때문에, 어떻게 일이 진행되는지 통제하기를 원한다. 이러한 통제가 모든 사람을 완벽한 결과에 이르게 할 수 있으나 1유형이 진심으로 돕고 지원하기 위 한 의도로 통제한다고 할지라도 사람들은 심한 간섭을 받고 있다고 느끼게 하는 원인이 될 수 있다.
- **결과 지향성** 1유형에게 질적으로 높은 수준의 결과는 개인의 성격이나 진실성이 반영된 '개인의 의무'와 같은 것이다. 이들은 자신들이 노력해서 만들어내고자

한 결과를 얻게 되는지 여부에 초점을 맞추는 경향이 있으며 자신들의 높은 기대 수준에 부합된 결과를 확실히 만들어 내기 위해 매우 열심히 일할 수 있다.

- **즐기기 어려움** 1유형은 자신이 하거나 만지는 모든 것이 최고이기를 원한다. 이는 전문가적인 측면에서는 강점이지만 스트레스의 원인이 될 수 있다. 수준에 대한 명확한 비전이 자신을 동기부여 한다고 할지라도 비현실적으로 너무 높은 상한 선은 부담을 줄 수 있다.

- **미덕**(선하기와 비난 피하기) 미덕이나 도덕적인 것에 초점을 맞추고, 착한 존재가 되고자 하는 것은 세상에서 잘 살아가기 위해 필요로 하는 일련의 안내 지침이 된다. 1유 형은 자신들이 옳은 일을 하고 규칙을 따른다면, 어느 누구도 어떤 것에 대해 자 신들을 비난하거나 비판할 수 없다고 믿는다.

- **완벽주의와 위험한 상태** 1유형이 일을 완벽하게 하려고 하는 것은 사람들을 위하 거나 모든 것을 개선시키기 위함이라 할지라도 자신들이 가치 있다는 것을 증명 하는 길이기도 하다. 1유형이 완벽해지는 길을 알고 있다면 그것을 성취하려 할 것이다. 그러나 때로는 완벽에 몰두해서 지나치게 비판적이 되고, 완벽에 도달하 는 것은 대부분 불가능하고 바람직하지 않거나 쉽게 이뤄지지 못하는 것들이다.

1유형은 왜 그렇게 생각하고 느끼고 행동하는가?

사고

1유형의 세계관의 바탕에는 착하고 옳거나 완벽하고자 하는 욕구가 있다. 1유 형은 완벽함과 덕 있는 행동을 통해 이 세상을 더 좋은 곳으로 만드는 것이 자신들 의 일이라고 믿는다. 1유형들이 운동감각이나 직감과 밀접하게 관련되는 장 중심의 성격유형이라 할지라도 이들은 대개 매우 지적으로 보인다. 1유형은 자동적으로 다 른 사람들에게 자신들이 하는 방식과 높은 기준을 적용해서 종종 "~해야만 한다,"

"~임에 틀림없다."라는 측면을 전달한다. 어떤 것이 선한 행동이고 악한 행동인지에 대해 고집스러운 신념을 가지고 있을 수 있다. 또한 1유형인 사람들은 즐거움보다 일이 우선되어야만 한다고 믿기 때문에 흔히 모든 일이 끝나기 전에는 휴식을 취하기가 어렵다.

감정

1유형의 성격은 근본적으로 '착하게'라는 외부 압력에 대해 선천적인 반응을 가지고 있다. 하지만 세상의 다른 사람들은 그와 같은 압력에 자신과 같이 행동하지 않는다는 것을 지각함에 따라 분노하게 된다. 그러나 분노와 그 외의 다른 감정을 드러내는 것은 '나쁘기' 때문에 분노 감정을 억제하거나 지나치게 조절하는 경향이 있다. 분노에 관해서는 내부 갈등을 경험하기 쉽다. 그 결과 때때로 이러한 감정들이 신경질, 좌절, 분개, 또는 독선과 같이 압박이 가해진 형태로 분출된다. 다른 경우에는 '옳은 행동'의 미덕에 대한 신념이 1유형들이 실제로 느끼는 감정과는 반대되는 감정으로 표현되도록 할 수도 있다. 예를 들면 1유형이 화가 났을 때, 과도하게 친절해 보일지도 모른다. 심리학적인 용어로 이것을 '반동형성'이라고 일컫는데, 어떤 감정을 마술처럼 그와 반대되는 감정으로 전환시킴으로써 그 어떤 감정을 느끼는 것을 피하도록 자동적으로 도와주는 방어기제이다.

행동

끊임없이 옳은 것이나 완벽한 것을 추구하려는 욕구를 가진 1유형은 효율적이고 성공적으로 만드는 습관을 가지고 있을 수 있다. 그러나 반대로 이러한 욕구가 다른 결과를 초래할 수 있다. 때로 1유형은 그들이 만족할 만큼 완벽하지 못해 일을 마무리 짓거나 제출하는 것을 미룰 수 있다. 그리고 1유형은 안으로 화가 났지만 그것을 밖으로 나타내거나 알리고 싶지 않은 마음이 반영되어 수동적이거나 공격적인 행동을 할 수도 있다. 이때 완고하고 융통성이 없어 보이고 조용해지거나 긴장감, 분개, 신경질을 가라앉히려 노력하지만 은연중에 그 기분이 남들에게 전해질 수도 있다. 1유형은 자신들의 짜증을 속으로 숨기는 데 성공했다고 생각할지 모르지만 굳어진 얼굴과 신체나 불만스러운 목소리 톤과 같은 비언어적인 행동에서 나타난다.

1유형의 주요 강점과 능력

- **옳은 일 하기** 1유형은 대부분 올바른 일을 행하는 것에 초점을 맞추고 가장 확실한 방법을 취한다. 이러한 것들이 1유형을 책임감 있고 믿을 수 있으며, 신뢰할 수 있고 의지할 수 있는 사람으로 만든다.
- **윤리적이며 책임감 있기** 1유형은 모든 사람이 사회적으로 합의된 기준에 따라 행동해야만 한다고 믿는다.
- **근면하고 개선 지향적이며 세심함** 1유형은 자신이 하는 모든 일에 있어 이상적인 완벽함에 도달하고자 하는 깊은 욕구를 가지고 있다.
- **상황 통제** 1유형에게 있어 기본적인 가정과 핵심 가치는 하는 일들이 모두 옳고 바르게 되어야 한다는 것이다. 이들은 탁월함을 달성하기 위한 로드맵을 제공하는 일에 매우 능숙하다.
- **일의 효율성 및 생산성을 위한 지원** 1유형은 무엇이든 명확하게 하는 것에 소질이 있다. 이들은 명확하게 생각하는 사람으로서 언제 구조화가 필요한지 파악하고 그것을 제공하는 데 뛰어나다. 이러한 특성은 확실한 예상과 정밀한 계획에 따라 일이 제대로 진행될 것이라는 확신을 갖게 한다.
- **의미 있고 좋은 의도로 하는 노력** 내 동생의 부인은 때로는 1유형인 자기 남편의 행동에 대해 불만이 있을 수 있다. 그러나 그녀는 종종 애정 어린 말투로 "저 사람만큼 열심히 노력하는 사람은 아무도 없을 거예요"라고 말한다.

옳은 것을 향한 노력이 과할 때 발생하는 문제들

모든 유형과 마찬가지로, 1유형 리더 역시 자신의 가장 큰 강점을 남용한다면(그리고 의식적으로 더 광범위한 전문성을 발전시키지 않는다면) 이 강점이 그들에게 아킬레스건이 될 수 있다.

- **옳은 일 하기** 1유형은 자신의 방법이 유일하게 옳은 방법이라는 단호한 태도를 취한다. 그래서 융통성을 보여주지 못할 뿐 아니라 자신의 방법만큼 더 좋거나 더 낫게 할 수 있는 다른 방법이 있을 가능성을 못 볼 수 있다.
- **윤리적이고 책임감 있기** 1유형은 일을 너무 열심히 하여 스스로 스트레스를 받으며, 동료들이 충분하게 열심히 일하지 않는다고 생각해서 동료들에게 화가 날 수 있다.
- **근면하고 개선 지향적이며 세심함** 1유형은 일을 보다 훌륭하게 완성하기 위해 지속적으로 압력을 가할 필요가 있다고 생각할지 모른다. 만약 자신들이 지속적으로 비판하지 않는다면 모든 것이 지지부진 할 것이라고 생각한다. 그러나 지속적인 비난은 사람들이 아주 작은 부분까지 간섭을 받는다고 느낄 수 있어 직장 환경을 부정적으로 만들 수 있다.
- **상황 통제** 1유형들은 현실적이지 않은 완벽함에 초점을 맞추고 불가능하거나 바람직하지 않은 기준을 강요해서 오히려 일의 마감시간을 놓친다. 또한 스스로에게 지나치게 스트레스를 주고 터무니없는 방식으로 동료들을 압박하는 결과를 초래할 수 있다.
- **일의 효율성 및 생산성을 위한 지원** 1유형의 가이드라인이 도움이 될지 모르겠지만, 이 가이드라인은 1유형이 우연성보다는 일상성을 우선시하게 만들고 혁신, 열정, 창의력 등을 억제하는 방향으로 잘못 나아가게 한다.

- **의미 있고 좋은 의도로 하는 노력** 1유형인 내 동생은 거의 항상 다른 사람들을 돕겠다는 생각과 순수한 의도를 가지고 움직인다. 그러나 모든 것을 바로 잡으려 하거나 사람들의 잘못과 불완전함을 그 사람들에게 가르쳐 주어야 한다는 커다란 압박을 자기 자신에게 줄 때 강압적이고, 논쟁적이며 참지 못하거나 판단적일 수 있다.

다행스럽게도 1유형은 자기 개선에 진심으로 관심을 갖는다. 그래서 자기의 성격 성향에서 낮은 수준의 측면을 보는 것에 대해 개방적이다. 심지어 무엇이 옳은가 하는 문제에 너무 집중한 나머지 그것을 인정하는 것이 곧 자신의 경로를 수정해야 함에도 불구하고, 이들은 자기 행동을 시정하는 데 있어서 어떠한 건설적인 피드백도 충분히 활용할 것이다.

스트레스 상태와 최상의 상태
1유형의 의식수준이 낮을 때와 높을 때

스트레스 상황의 의식수준 단계에서 1유형은 자신의 습관적인 반응을 관리하는 능력이 떨어지고, 비판적이며, 거칠고, 도덕적으로 판단하고자 한다. 1유형은 자신들의 화와 분노가 어떤 영향을 미치는지 미처 깨닫지 못할 수 있다. 이들은 때로는 매우 엄격하고 융통성이 없다. 1유형은 선천적으로 세밀함을 지향하고 완벽주의자이기 때문에 압박을 받고 있는 상태에서는 사람들이 일을 제대로 하고 있다는 것을 믿지 못하고 걱정할 수도 있다. 이들은 직장 동료들이 자신의 높은 기대치에 부합되리라 생각하지 않을 뿐만 아니라 그들과 협력하거나 그들에게 일을 위임하지 못 할 것이다. 또한 일을 제대로 하기 위해서 자신들이 동료들보다 더 책임을 지고 있다는 것에 화가 날 수도 있다. 반면에 직장 동료들은 1유형과 함께 일을 하면서 작은 일까지도 세세하게 관리하려는 지나친 통제를 경험했을 것이다.

　낮은 의식수준에서 행동하는 1유형은 독선적이고, 선한 행동에 관해서는 자신의 시각을 따르라고 사람들에게 강요한다. 그뿐만 아니라 옳지 않은 행동을 하는 모든 사람들은 그렇지 않는 사람들로부터 당연히 비판받거나 벌을 받아야 한다고 생각한다. 스트레스가 쌓이고 지나치게 방어적으로 된 1유형은 사람들이 해야 하는 일들을 하고 있는지 여부에 상당히 초점을 맞출 수 있다. 또한 낮은 수준에 있을 경우 옳지 않아 보이는 사람들이나 일을 완벽하지 않게 하는 사람들을 비난할 수도 있다.

　1유형 리더가 높은 의식수준에서 자기 인식과 의식화 작업을 한다면, 존경받을 만하고 다른 사람들을 지지하고, 용기를 주고, 재미있으며 심지어 이타적일 수 있다. 1유형은 덕 있게 행하려고 노력하며 일반적으로 가장 좋은 의도를 뼈 속까지 가진 선한 사람들이다. 이들은 선한 일 그 자체를 위해 일을 하는 것이지, 선해 보인다든가 신뢰를 얻기 위해서 하지 않는다. 물론 자신들이 어떤 일을 완벽하게 하거나 선한 일을 했을 때 사람들이 자신들을 알아봐준다면 좋아할 것이다.

　정서적으로 현명한 1유형은 유머가 있고 사람들에게 친밀하게 행동하면서 상황과 기준에 대한 자신의 엄격함을 완화시킬 줄 안다. 이들은 자기가 하는 일에 완전히 몰두하여 열심히 일할 뿐만 아니라 자신이 속한 팀과 조직의 성공을 위해 매우 헌신적인 모습을 보여 준다. 이들은 옳은 것에 관한 자신의 욕구를 조절하고 다른 사람들의 말을 경청할 줄도 안다. 개인적인 성장 작업을 통해 1유형들은 자신의 분노와 마주하는 것, 분노하는 자신을 판단하지 않는 것, 그 분노를 건설적으로 유도하는 것을 깨달아야 한다. 1유형이 자신의 경향성을 잘 깨닫고 높은 의식수준의 성격으로 산다면 자기 내면의 비판을 완화시키고, 자신과 다른 사람들을 측은하게 여길 줄도 알게 된다.

세 가지 본능에 따른 1유형의 하위유형들

에니어그램 모형에 따르면, 우리의 생존을 도와주는 세 가지 주요 본능적 욕구가 있다. 그리고 세 가지 중 하나가 우리 안에서 우리의 행동을 지배하고자 하는 경향이 있다. 1유형의 성격은 자기보존의 방향으로 편향됐는지, 조직에 관해서 사회적 관계와 위치를 구축하는지, 또는 일대일의 유대감을 형성하는지에 따라 확연히 다르게 나타난다.

자기보존(자기지향적) 1유형

1유형을 대개 완벽주의자라고 묘사하지만, 세 가지 본능적 성향 중에 있어 자기보존 1유형이 진정한 완벽주의자라 할 수 있다. 이들은 안전과 안정에 대한 두려움에 의해 동기화되기 때문에 자기보존 1유형은 몹시 안달하고 걱정이 많다. 이들은 흔히 어린 나이 때부터 가족 내에서 가장 책임감이 강한 사람들이며, 보통 자신들의 생존이나 안녕이 위태로운 것처럼 느끼기 때문에 모든 것을 조정하고자 하는 습관이 발달했다. 이들은 극단적으로 책임감이 많고 능력은 매우 뛰어나나 일이 제대로 진행되지 않는 것에 대한 불안함을 느끼는 경향이 있다. 1유형은 매우 열심히 일하고, 하는 일의 세세한 모든 부분까지도 지나친 관심을 가지며, 고칠 필요가 없는 것까지도 고치려고 노력한다.

자기보존 1유형은 세 가지 본능적 성향 중 가장 자기 비판적인 반면에 매우 따뜻하고 친근하고 다른 사람들에게 친절한 경향이 있다. 자기보존 1유형은 다른 본능적 성향의 1유형들 중 가장 자신의 분노를 눌러 아마도 자신의 분노 감정을 전혀 의식하지 못 할지도 모른다. 그러나 이들의 내면은 화가 나 있는 상태라 그 분노가 슬금슬금 새어나와 불만이나 짜증을 내고, 독선적으로 되거나 긴장된 신체 상태를 유지하는 것으로 그 분노가 나타날지 모른다. 1유형은 자신들을 매우 불완전하다고 보기 때문에 개선의 여지가 있다고 보나 다른 이들의 실수나 잘못에 대해서는 덜 비판적이고 보다 관용적이다.

리더로서 자기보존 1유형은 신사적이며 호의적이고 재미있고 다른 사람들의 노력에 대해 감사하는 경향이 있다. 자기 인식이 부족할 때는 모든 것을 세세하게 관리하고자 하며, 가혹하고 가차 없는 자기비판을 통해 내면에서 자기 스스로를 꺾는다. 이들은 다른 사람들을 아마 과도하게 비판할 것이며 사람들이 고의로 일을 제대로 하지 않기에 응징을 받아야만 한다고 믿는다. 때로는 다른 사람들이 스스로 더 잘 알고 있으리라 생각한다. 그러나 의식수준이 높은 상태일 때는 이상적인 수준의 근면과 헌신의 본보기가 된다. 이들은 가능한 최선의 결과를 만들기 위해 끊임없는 노력을 하며, 할 수 있는 모든 것을 동원하여 최고 수준으로 일을 해내고 사려 깊은 방법으로 다른 사람들을 돕는다.

사회적(그룹지향적) 1유형

자신이 완벽하지 않다고 생각하여 보다 완벽해지려는 자기보존 1유형과는 반대로, 사회적 1유형은 옳은 방식으로 일을 완벽하게 하는 방법을 이미 알고 있으며 일을 수행함에 있어 무엇이 최선이고 가장 옳은 방법인지 찾았기 때문에 여유가 있는 것처럼 행동한다.

이들은 무언가를 배우면 옳거나 완벽한 방법으로 하려고 노력할 뿐만 아니라 다른 사람들에게 자신들이 배운 것을 보여주고자 한다. 사회적 1유형은 교사의 사고방식을 갖고 있지만 주변 사람들로 하여금 이들이 다른 사람들에 비해 우월한 지위를 가지고 있다고 인식하게 만들 수 있다. 그러나 사회적 1유형은 좋은 사람으로 보여지길 원하고 의도적으로 사람들보다 자신들이 더 우월하다고 주장하고 싶어 하지 않기 때문에 이러한 동기는 대개 무의식 속에 있다.

사회적 1유형은 지적인 유형으로 대개의 경우 박식하다. 또한 자신의 분노를 참지만 자기보존 1유형들처럼 따뜻하게 보이진 않고, 관계에 있어 보다 지능적인 방식을 써서 차분하거나 냉정하게 보일 수 있다. 사회적 1유형은 분노를 표현하지 않으려고 노력하지만, '진실의 소유자'이어야 할 때는(옳거나 완벽한 방법을 아는 때) 일종의 분노를 표현하고 그것이 촉발이 되면 주기적으로 폭발할 수 있다.

리더로서 사회적 1유형은 선한 행동을 하고 최선의 방법으로 일하는 본보기가 됨으로써 사람들을 돕는 것을 즐기고 자랑스러워 할 수 있다. 또한 어떤 일을 완벽하게 하는 방법을 연구하고 최선을 다하는 방법을 사람들에게 가르쳐주는 것을 좋아하는 경향이 있다. 그러나 자기인식이 되지 않은 의식수준일 때나 사람들이 옳은 방법으로 일하지 않거나 사람들을 계몽시키려는 사회적 1유형의 노력을 거부하거나 무시하게 되면, 이들은 화를 내거나 당황해할 것이다. 사람들은 의식화되지 않은 사회적 1유형을 우월한 척 행동하고 다른 사람들의 전문성을 인정하지 않는 사람, 사람들과 논쟁하거나 가르치려하는 잘난 체 하는 사람으로 볼 것이다. 그러나 이들이 높은 수준일 때, 사회적 1유형은 겸손하고 사려 깊고 책임감이 강하고 지적이다. 이들은 최고의 방법으로 최선을 다하려는 최고의 선의를 가지고 다른 사람들을 지도하는 고무적인 멘토와 지지자의 전형적인 역할을 한다.

일대일(관계지향적) 1유형

일대일 1유형은 관계 집중 유형으로 사람들을 완벽하게 만드는 일에 자신의 에너지와 주의를 쏟는다. 자신에 대해서는 덜 비판적인 반면에 다른 사람들에 대해 훨씬 더 비판적이다. 완벽주의자라기보다는 개혁자에 가까운데, 대개 공동체의 동료로부터 자신에게 의미가 있는 사람들에 이르기까지 주변 사람들과 사회를 개선하기 위해 열정적으로 노력한다.

이들은 분노와 연관된 열정, 열의와 열렬한 지지로 분노를 표현할 수 있지만, 이

유형은 하위유형 중 가장 분노를 표출한다. 일대일 1유형은 다른 하위유형들에 비해 사람들에게 보다 많은 요구를 할 수 있다. 이들은 도덕적인 소명이나 직위가 높이 맞춰져 있기 때문에 마치 특별한 대우를 받을 자격이 있는 것처럼 자신들의 욕구를 충족시켜줄 것을 요구할 수 있다. 또한 이들은 로비활동을 하는 것이나 자신들이 믿는 것을 전파하기를 잘한다.

리더로서 일대일 1유형은 명분이나 직업적인 노력에 많은 에너지를 쏟는다. 이들은 변화시키거나 개혁을 단행하거나 사람들이나 사회적 환경을 개선하기 위한 캠페인을 주선하기 위해 지치지 않고 일을 한다. 자기 인식이 부족할 때, 이들은 무례하고 엄격하며 가혹할 수 있다. 그리고 도덕적으로 높은 기준을 주장하면서 무의식적으로 자신의 잘못을 용서하고 자신의 실수는 크게 생각하지 않으면서 다른 사람들이 잘못한 것에 대해 비난할 수 있다. 어떤 일대일 1유형들은 자신들의 지나친 도덕적 압력의 부담으로부터 스스로 벗어나 자신들의 욕구를 충족시키기 위한 방법으로, 교활하고 나쁜 사람들의 행동을 개선시키기 위한 일에 실제적으로 집중한다. 에니어그램 전문가들은 이를 1유형의 '트랩 도어(trap door)'라고 한다. 그러나 높은 수준일 때는 이들은 자신의 강한 신념, 끊임없는 열정과 도덕적인 야망을 가지고 사람들에게 활기를 불어 넣는다. 간디처럼 이들은 자신의 비전과 원칙 그리고 노력을 통해 문자 그대로 세상을 변화시킬 수 있다고 믿는다. 이 유형은 자신이 믿는 대의를 위해서, 또는 사회적인 욕구를 충족시키기 위해서 가장 강력하고 가능성 있는 방법으로 다른 사람들에게 능력을 부여하고 그 계획을 밀어붙인다.

직장에서의 1유형

1유형들은 종종 타인들과 함께 일하는 것을 힘들어한다. 그 이유는 다음과 같다.

- 동료들은 1유형이 원하는 만큼 일을 잘 하지 못할 수도 있고, 1유형의 높은 기준을 수용하지 않을 수도 있다. 따라서 이들은 다른 사람들이 옳은 방식으로 일을 할 것이라 믿기 어렵다.

- 1유형은 종종 다른 사람들이 제대로 일을 하지 않을 것이라 짐작하기 때문에 그 일을 혼자 감당하는 경우가 있다. 이러한 이유로 1유형이 다른 사람들에 비해 더 열심히 일하게 되기는 하지만, 그러고 나선 화가 난다.

- 다른 사람들은 아마 구조를 좋아하지 않거나 규칙과 과정, 일상적인 것을 1유형들이 존중하는 것만큼 존중하지 않을지 모른다. 이런 일이 일어날 때 1유형이 나쁜 행동으로 볼 수 있는 행동을 다른 사람들이 할 것이고, 이는 1유형이 다른 사람들을 판단하게 만들 수 있다.

- 1유형은 우리 모두가 규칙을 따르고 자질 향상을 위해 더욱 열심히 노력한다면 모든 것이 우리 모두를 위해 더 좋아지리라는 것을 아주 명확하게 알고 있다. 그래서 자신의 직장 동료들을 판단하지 않는 것이 매우 어렵다.

- 때때로 1유형이 사람들을 도와주기 위해 건설적인 피드백을 하지만, 사람들은 이것을 비판으로 인지한다. 1유형의 의도는 오직 도움을 주고자 하는 것이나 때때로 사람들은 1유형의 피드백을 비판적이고 가혹하게 느낀다.

- 1유형은 논리적이고 합리적인 방법으로 문제들에 접근해야만 하고 감정을 공유하는 것은 비생산적이라고 믿는 경향이 있다. 그러나 때때로 이런 경향으로 인해 1유형의 의도가 잘못 이해되는 결과를 초래할 수도 있다.

업무와 관련하여 아래와 같은 상황에서 1유형은 가장 큰 불만을 느낀다.

- 사람들이 규칙을 지키지 않을 때
- 사람들이 주변을 치우지 않거나 휴지를 아무 곳에 버릴 때
- 사람들이 지속적으로 회의에 늦게 도착하거나 마감 시간이 지나 작업 결과물을 제출하거나 "~해 주세요." "감사합니다." "죄송합니다"와 같은 말을 하지 않는 등 예의를 지키지 않는 행동을 할 때
- 사람들이 다른 사람들을 배려하지 않는 식으로 행동할 때
- 사람들이 과정과 절차를 따르지 않을 때
- 사람들이 그들이 잘못한 것에 대한 책임을 지지 않고 변명을 늘어놓을 때
- 사람들이 잘못을 고치지 않고 지속적으로 동일한 잘못을 계속 반복할 때
- 사람들이 비윤리적으로 또는 무책임하게 행동할 때
- 주·정차선에 맞춰서 제대로 주차하지 않는 등 사람들이 다른 사람에게 부정적인 영향을 주는 식으로 행동하면서 자신들이 무슨 행동을 하는지조차 깨닫지 못하고 옳지 않은 행동을 할 때
- 사람들이 1유형의 능력이나 유능함을 인정하지 않을 때

1유형이 남들과 좀 더 쉽게 일할 수 있는 방법

리더로서 1유형은 함께 일하는 사람들을 평가할 때 적용하는 기준을 명확하고 상세하게 설명할 수 있는데, 자신들의 기준이 평균보다 아마 훨씬 높을 수 있다는 것을 기억해야 한다. 이들은 기대치를 명확하게 말하고 개선이 필요한 부분을 잘 평가하지만, 사람들에게 책임을 지우고 달성하기 위한 과정을 분명하게 규정한다. 이들은 다른 유형의 사람들이 다른 방식으로 일한다는 것을 이해하고, 사소한 일에 대해서는 관대해지고자 노력하고 사람들에 대한 연민을 가져야 한다.

무엇보다도 1유형의 리더들은 자기 자신의 편견과 관심을 생각하고, 모든 유형의 사람들이 일을 제대로 또는 완벽하게 하겠다는 동기나 세부 사항에 대해 자신과 같이 비판적으로 보지 않는다는 것을 인지함으로써 유익을 얻을 수 있다. 1유형 리더는 자기의 분노와 반응을 점점 더 알아차리고 보다 의식적으로 자신의 감정을 인정하고 표현한다면 큰 도움이 될 것이다.

또한 1유형은 사람들이나 부하 직원들이 자기처럼 규칙이나 과정에 반드시 가치를 두지 않는다는 것을 이해하는 것이 도움이 된다. 치밀어 오르는 분노를 알아차리고 감정의 근원과 감정들을 긍정적으로 끌어낼 수 있는 방법을 강구하면서 스스로 여유를 갖는다면 동료들과 함께 일하는 데 큰 도움이 될 수 있다. 다른 사람과 팀을 이루어 일할 때, 그 안에서 신경 쓰이는 것들에 대해 열린 마음으로 의사소통하면서, 모든 일을 보다 유연하고 사소하게 여기려고 노력한다면 1유형은 훨씬 더 쉽게 직장 생활을 할 수 있을 것이다.

1유형과 함께 일하기

직장에서 1유형의 전형적인 행동 방식

만약 당신이 아래의 행동 패턴을 보이는 사람과 일하고 있다면 그 사람은 1유형일 수 있다.

- 사람들에게 규칙과 절차를 따르라고 지속적으로 강조한다.
- 만약 사람들이 시간 엄수, 기한 내 제출 또는 윤리적 행동 등과 같이 올바른 행동을 하지 않는다면 짜증을 내거나 분노를 표현한다.
- 기대 및 지시와 의사소통을 계획하고 분명하게 하는 것을 확실히 하려고 한다.
- 때로는 모든 일을 세밀하게 관리하고, 언제나 다른 사람들은 자기만큼 일할 수

없다고 믿는다.

- 투명하고 정확한 윤리 기준에 따라서 일이 가능한 한 최선의 방법으로 수행되고 있음을 명확히 하고 싶어 한다. 사기를 치거나 성실하지 않거나 정직하지 않게 일을 수행하는 것에 대해 거리낌 없이 반대를 한다.
- 굳어 있거나 화가 난 것처럼 보이는데 무엇 때문에 그러는지 선뜻 말하지 않는다.
- 세부적인 것에 초점을 맞추거나 도가 지나치다고 볼 수 있다.
- 매우 비판적이고 냉혹하지만 그 비판이 주는 영향을 인식하지 못할 수도 있다.
- 최고의 상태에서는 재미있지만 제대로 일을 할 때에는 진지하다.
- 최고의 상태에서는 결과물, 회사 또는 세상을 개선하려는 진실한 욕구가 있어 높은 수준의 결과를 추구하도록 팀을 고무시킨다.

깨어있는 1유형 리더의 강점

- 이들은 훌륭한 직업윤리를 가지고 있으며, 모든 일에서 최선을 다하려고 열심히 노력할 것이다.
- 최선의 노력으로 기여하고자 하나 보통 그 모든 것을 자기 공으로 돌리려 하지 않는다.
- 독립적으로 일할 수 있으며 스스로 모든 것을 하려고 노력한다.
- 객관적이고 끈질기게 문제를 해결하려는 사람일 수 있다.
- 대부분 좋은 의도를 가지고 있으며 진실로 선한 일을 하기 원한다.
- 다른 사람들이 실수하는 것을 받아들이면 매우 너그러워지고 이해심이 생긴다. 특히 최선을 다했다는 것을 알게 되면 더욱 그렇다.
- 강한 윤리성과 도덕성을 가지고 있고, 권위를 매우 존중하며 옳은 일을 한다. 이들은 자기 이익과 부패의 유혹에 쉽게 빠지지 않는다.

1유형과 함께 일하는 이들이 경험하는 문제들

- 화난 것 같고 아무 것도 말하지 않는다.

- 화가 나면 독선적이고 자기 뜻을 굽히지 않는다.

- 의사소통을 할 때 좀처럼 뒤로 물러서지 않는다. 우리에게 침묵의 벌을 준다.

- 서로 합의되지 않는 문제에 대하여 토론한다면 유연하지 못하고 스트레스를 받는 것처럼 보인다.

- 직장 동료가 하고 있는 것들이나 일 또는 동료에 대해 많이 비판하거나 판단한다.

- 동료들이 1유형인 자기보다 더 많은 일을 제대로 할 수 있을 가능성을 보지 못한다.

- 자신의 방법에 따라 일할 것을 강요하고, 다양한 방법이나 더 나은 선택들을 주지 않는다.

- 이들이 할 수 있다고 생각하는 만큼 직장 동료들도 잘할 수 있다는 것을 믿지 못한다.

- 규칙을 따르고 적절한 절차를 준수하는 것에 엄격하고 융통성이 없을 수 있다.

- 토론할 때 도덕적으로 높은 기준을 내세워 자신이 옳다고 미뤄 짐작할 수 있다.

1유형과 리더십

자신의 에니어그램 유형을 아는 것이 업무에 어떻게 도움이 되는가에 관하여 1유형 리더는 다음과 같이 말한다.

크리스 하우더(Chris Houlder)는 오토데스크 회사의 최고 정보 보호 책임자이다. 샌프란시스코에 본사를 둔 이 회사는 건축, 기계, 건설, 생산, 미디어와 엔터테인먼트 산업을 위한 소프트웨어를 개발한다.

내가 에니어그램을 처음 접했을 때, 나는 이것이 MBTI 성격검사와 유사한 것이라고 짐작했다. 그러나 1유형의 특성에 대한 설명을 들었을 때, 이것은 그간의 나의 삶의 여정을 쭉 따라 다니며 내 삶을 기록한 것 같다고 느꼈다. 나의 행동을 기록했을 뿐만 아니라 그 행동 뒤에 있는 이유를 진정으로 이해하는 것 같았다. 나에게 있어 에니어그램은 심오한 경험이었다.

나 자신과 나의 유형에 대해 수집된 통찰은 가치가 있었으며, 다른 사람에 대한 통찰도 동일하게 아니 그보다 더 가치가 있었다.

1유형으로 나 자신에 대한 특별한 통찰 중 하나는 내적 비판에 대해 더 잘 이해하게 된 것이다. 나는 모든 사람들이 그것을 가지고 있다고 생각했고, 이는 나뿐만 아니라 모든 사람에게도 정상적이고 자연스러운 것이라고 생각했다. 나는 그동안 내적 비판이 작동할 때 내가 아니라는 것을 깊이 이해하지 못했다. 그 이유는 내적 비판이 같은 목소리를 사용하기 때문이었다. 내적 비판은 내 머릿속에 있지만 그것은 실질적으로 내가 아니고, 참된 나도 아니다. 그래서 그것은 흥미롭다. 내적 비판의 동기를 이해하는 데 시간을 할애하는 것은 중요하다. 그것은 실제로 성취하기 위해 노력하는 것이다.

나의 원래 접근방법은 '내적 비판을 이겨낼 거야. 이 녀석에게 보여 줄 거야.' 하는 것이었다. 그러나 이것이 옳은 접근이 아니라는 것을 깨달았다. 그것은 내적 비판을 더 강하게 하는 것이었다. 나는 내적 비판이 달성하고자 하는 목표에 지나치게 영향을 받지 않으면서 동시에 내적 비판과 어떻게 함께 살아갈 수 있을까? 라고 물으면서, 내적 비판을 이해하고 내적 비판 안에 있는 가치를 보려고 노력하였다.

그리고 취약점을 극복하는 과정에서 했던 작업은 '위임하는 것'이었다. 우선 나는 매우 머리 중심적인 접근법을 택했다. '위임하는 법을 배웁시다.', '어떻게 추적하죠? 무엇을 위임해야 합니까?', '왜 위임해야 하죠?' 그러나 이 접근법은 제대로 되지 않았다. 그래서 그다음부터 나는 코치와 함께 했고 나에게 다음과 같이 질문을 했다. 당신에게 80%라는 것은 무엇이라고 생각합니까?, 그리고 언제 80%면 적당하다고 사람들에게 말합니까? 나는 그것에 대해 할 말이 없었다. 나는 그것을 이해하지 못했다. 나는 문맥상의 질문은 이해했지만, 내 반응은 '더 많은 것을 할 수 있는데, 어떻게 자신이 한 일에 자랑스러울 수 있는가?', '왜 결과물에 20%가 부족하게 되었을까?' 였기 때문에 다른 사람들이 그 질문에 어떻게 답을 할 수 있는지 이해할 수가 없었다.

그 일로 나는 나 자신의 일에 대해 눈을 뜨게 되었다. 난 항상 완벽을 추구해왔다. 완벽을 기대한 것이 아니라 완벽을 추구하면서 탁월함을 갖게 됐다. 리더로서 나 자신에게 기대했다면, 내가 가지고 있는 기대가 다른 사람에게 명확해 질 수 있고, 다른 사람들이 그 일을 할 수 있다고 느끼지 않는다면 나에 대한 신뢰가 떨어질 것이라고 해석했던 것이다.

1유형으로서 내가 가장 노력하는 것은 '올바른 분노'에 관한 것이다. 내가 분명히 옳음에도 불구하고 사람들이 내 말을 존중해주지 않아서 화가 나는 상황 속에서도 어떻게 '올바른 분노'를 잘 다스릴 수 있을까 하는 것이 나의 최대 관심사이다.[14]

당신이 1유형 상사일 때

1유형인 사람들은 의식적으로 높은 기준을 추구하지만, 지나치게 비판적이거나 통제하지 않으려 하고, 탁월한 수준의 결과를 낼 수 있을 때 좋은 리더가 된다. 당신이 1유형이라면 리더 역할을 불편하게 느낄 수도 있다. 이는 권력을 얻거나 남들에게 인식되고자 하는 욕구가 동기화되지 않았기 때문이다. 1유형의 리더십 스타일은 좋은 계획을 만들고, 각 단계에 맞는 책임을 부여하고, 높은 수준의 자격을 충족시키거나 확실히 그 이상이 되도록 하는 경향이 있다. 사람들이 일을 옳게 하지 않거나 무책임하게 또는 비윤리적으로 행동을 할 때, 무시하거나 받아들이기 어려울 수 있지만 분노나 불만족을 직접적으로 나타내지 않으려고 노력할 것이다.

1유형 리더로서 다른 사람들이 일을 하지 않고 있는 상황을 해결하려고 많은 노력을 기울일 것이다. 1유형은 일을 끝낼 수 있도록 대개 다른 사람들의 욕구를 누르고 일의 완성도를 높이기 위해 높은 수준의 제재를 가하고 사람들에게 근면함을 기대할 것이다.

당신의 상사가 1유형일 때

상사가 1유형일 때 좋은 점은 그들에게 선한 의도가 있음을 믿을 수 있다는 점이다. 보통의 1유형은 옳은 일을 하려고 할 것이고 사람들을 사려 깊고 정중하게 대하는데 정서적으로 건강할 때는 특히 더욱 그렇다. 이들은 선한 이유가 있는 일에 헌신하려 하고, 높은 수준의 품위를 유지하고, 다른 사람들을 돕는 일에 열심이며, 좋은 롤 모델이 된다. 1유형 상사는 업무수행에 있어서 이미 최선의 방식을 알고 있고 사람들이 성공적으로 일할 수 있도록 돕고, 정보를 제공하려는 진정한 욕구를 가지고 있기 때문에 탁월하고 타고난 선생님이다.

다소 자기인식이 부족한 1유형 상사라면, 스스로 너무 많은 일을 하고 부하 직원에게 일을 주지 않으면서 동시에 부하 직원이 자신의 몫을 다하지 않았기 때문에 부하 직원에게 화가 날 수도 있다. 판단과 비판을 많이 하는데 이것이 부하 직원의 사기를 저하하는 효과를 준다는 것을 깨닫지 못할 수도 있다. 때때로 부하 직원을 긴장하게 만들 수 있다. 만약 그들이 어떤 것을 옳게 할 수 없다고 판단되면, 자기가 생각하고 느끼는 바를 말하지 않을 수도 있다. 이들은 일의 고삐를 늦추고 업무 과정을 지도하는 책임을 남에게 전가하는 것이 편하지 않기 때문에 결국에는 일의 위임이나 승계 계획에 충분한 생각과 에너지를 쏟아 부을 수도 없을 것이다. 1유형 상사는 다른 사람들이 자신만큼 책임감 있게 일할 수 있다고 믿기 어려울 수 있는데, 이것은 다른 사람들의 노력을 약화시키는 결과를 초래할 수 있다.

1유형 상사가 좀 더 의식이 있는 리더라면, 이들은 잘못이나 불완전한 부분에 지나치게 초점을 두지 않으면서 이것을 개선할 수 있는 건설적인 피드백을 주는 법을 터득할 것이다. 1유형은 높은 수준의 완성을 추구하려는 욕구를 위해 최선을 다하려는 사람들을 고무시키는 것에 맞출 수 있다. 또한 1유형은 좋은 행동의 본보기가 되고, 부하 직원에게 항상 공정하고, 겸손하고, 사려가 깊으며, 책임감이 있게 행동한다.

당신의 부하 직원이 1유형일 때

당신의 직속 부하 직원이 1유형이라면, 상사에게 그들 자신의 내적 비판을 투사하고 상사가 비판하지 않아도 상사가 자신을 비판하고 있다고 상상할지도 모른다. 상사가 1유형의 부하 직원에게 긍정적 피드백과 부정적인 피드백을 함께 준다면, 그 부하 직원은 오직 부정적인 피드백만 듣고 긍정적인 피드백은 무시하거나 받았다는 것조차 잊어버릴지 모른다.

1유형 부하 직원이 제대로 일하면서 상사를 기쁘게 하려고 노력할 수도 있다. 당신이 그 부하 직원의 선한 의도와 노력을 충분히 알아채지 못한다면 은근히 당신에게 화를 낼지 모른다. 1유형인 부하 직원들은 당신이 시키지 않은 일이나 하지 말라고 한 일 조차도 일을 너무 열심히 하고는 다른 사람들이 그들만큼 열심히 하지 않을 때 화를 낸다.

1유형은 지나치게 세세함을 추구해 일을 제때에 끝내지 못할지도 모르나 가장 우선시 하는 것은 일을 옳게 또는 완벽하게 해내는 것이기 때문에 이것을 문제 삼기 어렵다. 1유형에게 얼마나 오래 걸리는가는 문제가 되지 않는다. 1유형에게는 어떤 일이 충분히 되었다고 받아들이는 것이 어려울 수도 있다.

좋은 측면으로는 1유형들이 명령 체계를 존중하고 쉽게 복종하며 좋은 권위에 감사한다는 것이다. 1유형은 열심히 일하고, 어려운 문제를 해결하고 근면하게 일하는 것에 높은 가치를 둔다. 이들은 확실하고, 신뢰할 수 있으며, 의지가 되는 편이다. 매우 충성스럽고, 헌신적인데 특히 이들의 노력과 높은 이상이 인정될 때 더욱 그렇다.

1유형과 원활한 업무관계를 유지하는 방법

- **명확하고 정확하게 하라** 1유형은 일을 올바르고 제대로 하고자 하기에 함께 일할 때에는 목표, 과정, 책임 소재 즉, 누가 무엇을 어떻게 책임질 것인가 등에 대해 명확하게 해야 한다.

- **실수를 범했다면, 그것을 인정하고 책임을 지라** 1유형에게 확신을 주고 신뢰를 얻기 위해서는 어떤 잘못을 했든지 간에 그것을 바로 잡고 일을 진행해야 한다. 1유형은 실수하는 것을 좋아하지 않지만 그 실수를 책임지는 사람들을 용서할 수 있다.

- **질(質)에 가치를 두고 있음을 보여주라** 1유형은 당신이 이 중심 가치를 함께 공유하고 있다면 당신과 함께 일하는 것에 대해 더욱 편안하게 느낄 것이다.

- **완벽을 추구하려는 그들을 공감하라** 1유형의 올곧고 완벽한 것을 추구하려는 욕구를 이해한다면, 그들 자신과 다른 사람 모두에게 높은 기준을 적용하려는 동기를 인식할 수 있을 것이다. 또한 그들이 긴장하거나 화를 내는 상황을 받아들이고 참는 데 도움이 될 것이다.

- **비판적 성향과 근면성을 강조하는 경향을 이해하라** 1유형에게 비판적인 피드백을 할 필요가 있다면, 그들이 완벽하게 일하기 위해 내적으로 얼마나 엄격했는지를 이해해야 한다.

- **긍정적인 피드백을 강조하라** 그리고 매우 다정하게 건설적인 비판을 하라. 1유형에게 얼마나 일을 잘하는지 말해주고자 할 때 그 말이 진심으로 들릴 수 있게 해준다면 자신이 지지받고 있다고 느낄 것이다. 건설적인 비판을 할 때에도 1유형의 강점을 언급한다면 비판에 대한 충격은 감소될 수 있다.

성장을 위한 과제와 제언:
자기 발견, 효율성 및 업무 만족도의 향상

모든 유형은 우선 자신의 습관적인 패턴을 관찰하고 이에 따른 사고, 감정과 행동에 대해 생각함으로써 보다 깊은 자기 성찰을 할 수 있다. 이러한 자기 성찰 과정에서 자동적으로 반응하는 주요 행동들을 조절하거나 관리하도록 노력해야 덜 반응적이고 다른 사람들과 보다 잘 협력할 수 있는 법을 배울 수 있다.

1유형은 어떤 문제에 대처하는 자신의 행동을 보고, 잠깐 멈춰 내가 무엇을 하고 있으며, 왜 하고 있는지를 곰곰이 생각한다. 이를 통해 자기에게 프로그램 되어 있는 반사적 행동을 조절하는 방법을 점차 배워가며 문제되는 행동을 통제하게 될 것이다.

일반적으로 1유형은 문제를 유발하는 주된 실수, 나쁜 행동, 그리고 자신의 높은 기준을 충족시키기 위해 노력하는 동안 맞닥뜨리는 장애물 등에 습관적으로 반응한다는 것을 관찰하고 조절하는 법을 배우면서 성장한다.

자기관찰
1유형이 유의해야 하는 점들

- 자신이 너무 힘든 길을 가고 있을 때 이를 깨달으려고 노력해라. 자기비판으로 인한 손실이 너무 클 때를 깨달으라.
- 자신의 분노를 솔직하게 다루라. 화가 올라오는지, 그것을 판단하거나 누르려 하는지, 왜 화를 내지 말아야 한다고 합리화시키려 하는지를 알아차려라. 그 화를 밖으로 내거나 안으로 누르려고 한다면 그 분노 감정이 어떻게 되는지 주목해라.
- 당신의 화를 어떻게 '덕이 있는 분노'로 합리화하는지 주목하라. 당신이 옳다고

여기기 때문에 어떤 상태에서 당신은 독선적이 되거나 당신의 분노 감정을 붙잡고 있는가?

- 긍정적인 피드백을 받았을 때 어떻게 반응하는지 관찰하라. 이것을 받아들이기 어려운가? 칭찬을 어떻게 받아들이고 있는가?

- 완벽하지 못한 것들을 어떻게 다루는가에 유의하라. 완벽함에 도달하는 것이 불가능하다는 것이 명백할 때조차 당신은 자신뿐만 아니라 다른 사람들에게 모든 것을 옳게 하려고 얼마나 압력을 가하는가?

- 리더로서 다른 사람에게 위임하지 못하는 것을 주목하라. 다른 사람들이 당신의 높은 기준을 충족시킨다는 것을 믿는가?

- 규칙과 과정, 구조 등은 당신과 어떤 관계에 있는가? 규칙을 깨뜨릴 수 있을까? 다른 사람들이 규칙을 깨거나 이미 만들어진 과정을 이탈할 때 무슨 일이 일어나는가? 또한 어떻게 반응하는가? 가볍게 받아들일 수 있는가?

맹점

무지가 곧 해를 끼친다

맹점에 대해 의식하고 깨닫게 된다면 1유형이 사고하고, 느끼고, 행동하는 모든 것을 더욱 충분하게 깨닫게 된다. 그리하여 덜 방어적이고 다른 사람이 주는 피드백에 대해 보다 열려 있으며 이전보다 평온하고 만족할 수 있다.

1유형이 자신 속에서 보지 못하는 맹점은 다음과 같다.

- **분노의 존재와 영향력** 1유형들은 자주 '화가 나지 않았어'라고 생각하지만, 그와 동시에 온 몸이 경직되거나 짜증스러운 목소리로 입에 힘을 주면서 말한다. 화난 감정에 어떻게 대응하는지를 알아차림으로써 1유형은 그 감정을 더욱 더 이해하

고 효율성이나 행복감을 침해하지 않고 의식적으로 이 분노 감정을 생산적인 방향으로 유도하는 법을 배울 수 있다.

- **지나친 비판이 타인에게 주는 영향** 1유형이 내적 비판을 깨닫고 조절한다면 비수를 꽂는 듯한 사람들의 비판에 덜 민감해진다. 또한 본인이 얼마나 긍정적인 것보다는 부정적인 것에 초점을 많이 맞추는가를 깨닫는 데 도움이 될 것이다. 비록 사람들에게 도움을 주려는 의도라 해도 1유형이 다른 사람을 비판할 때, 자신들이 얼마나 화를 누르고 있는지, 얼마나 돕고자 했던 사람들에게 마음의 상처를 주고 아프게 하는지를 때때로 깨닫지 못한다.

- **자기비판의 부정적인 측면** 1유형은 흔히 실수를 피하고 힐책을 받지 않기 위해 그리고 확실하게 선한 행동을 하기 위해 스스로 가르쳐야 한다고 믿는다. 그렇지만 자기비판이 자신감에 얼마나 큰 피해를 주는지 모를 수도 있다. 자기 분수를 지키는 대신 1유형들은 자신들의 선천적인 선량함에 손상을 줄 수도 있다.

- **감정 억제와 충동** 흔히 1유형의 사람들은 그다지 많은 정서를 갖고 있지 않다고 주장한다. 물론 이들은 실제적이고 실용적이며 감각적이다. 그럼에도 불구하고 자연적으로 일어나는 감정과 충동을 억누르기 때문에 필요와 느낌에 대한 중요한 정보를 끌어내지 못할 수도 있다.

- **경직성과 외골수적인 사고** 1유형이 일을 하는 데 어떤 옳은 방법을 고수하려고 하는 것은 다른 사람들에게 경직된 사람으로 비춰진다는 것을 깨닫지 못할 수도 있다. 사람들은 규칙과 과정을 다르게 바라보고, 과업을 완수하는데 단지 하나의 옳은 방법이 아니라 그 이상의 방법이 있을 수 있음을 1유형은 기억할 필요가 있다. 또한 다른 사람들에게 순응하려는 열린 마음을 갖는 것이 보다 더 긍정적이고 생산성 있는 업무 관계를 만들 수 있음을 기억하는 것은 중요하다.

- **휴식, 즐거움, 놀이, 재미에 대한 욕구** 휴식과 기분전환의 중요성에 대해 인식하지 않는 습관이 1유형에게 매우 위험할 수 있다. 선하고자 하고 근면함으로써 자신

의 가치를 증명하려는 욕구가 열심히 일하게 만들 뿐만 아니라 지나친 부담감을
갖게 한다.

성찰하고 이해하고 탐색할 것들

- 자신과 타인에 대해 지나치게 비판적인 이유는 무엇인가? 무엇 때문에 그렇게 비
  판적인가?
- 어떤 것이 당신을 그렇게 화나게 했는가? 왜 그런 방식으로 반응하는가? 자신이
  화났는지도 모르고 화를 내고 있을 때는 없는가?
- 구조와 과정을 왜 중요하게 생각하는가? 구조와 과정이 당신을 위해 무엇을 해주
  는가?
- 어디에서부터 그런 높은 기준을 갖게 되었는가? 왜 그렇게 높이 잡았는가?
- 즐거움보다 일이 왜 우선순위이어야 하는가? 그 책임감은 어디에서 오는가? 책임
  감을 좀 내려놓을 수는 없는가?
- 옳다는 것이 왜 그리 중요한가? 실수를 하지 않는 것이 왜 그리 중요한가? 틀렸을
  때 무슨 일이 일어나나?
- 위임이나 계승 계획과 같은 것들이 있을 때 어떤 도전을 느끼는가? 왜 그런가?
- 자신에 대해 어떻게 보다 더 측은한 마음을 가질 수 있을까?

1유형이 활용할 수 있는 강점들

1유형의 강점들은 1유형이 깨닫고 적극적으로 주의를 기울이고, 완전히 소유하
고, 영향을 주는 데 도움이 된다.

- **세상을 좋게 만들기 위해 열심히 일하는 그들의 헌신** 나는 1유형인 아버지를 전형적으로 '선한 사람'이라고 놀렸다. 반면에 1유형은 자기 비판적인 경향을 가지고 있지만 의식적으로 그들이 하는 좋은 일들과 세상에 긍정적인 효과를 줄 때, 자신감과 의욕을 느낀다.

- **높은 수준의 성실성** 1유형은 다른 사람들이 옳은 일을 할 것이라 믿을 수 있는 사람이며 자주 조직의 양심으로서 기업에 기여하는 사람이다.

- **탁월함에 대한 높은 기준** 이 기준들은 1유형이 탁월함을 추구할 때 중요한 역할을 한다는 것을 깨닫게 한다.

- **강한 책임감** 1유형은 거의 빨리 떠나는 일이 없고, 자신의 의무를 가볍게 여긴다거나 어떤 일을 할 때 아주 잘 하려고 그냥 넘기는 일이 거의 없다.

- **1유형의 좋은 의도와 극도의 노력** 자신이 거의 모든 일에서 최선의 노력을 하고자 한다는 것을 생각하면서 1유형은 자신의 내부 비판을 방어할 수 있다.

- **명료함과 지지하는 구조를 제공하고 뚜렷하게 생각하는 사람** 1유형은 복잡한 아이디어를 간결한 언어로 의사소통하는 데 능숙한 사람이고 구조를 필요로 하는 곳을 알고 그 구조를 구축하는 것을 잘하는 사람이다.

자기관리
1유형의 도전 과제

- **옳고자 하는 욕구** 항상 옳은 일이 그렇게 중요한 건지 의문을 갖는 것이 중요하다. 이 질문을 기억하는 것이 아마 도움이 될 것이다. "옳은 것과 행복한 것 중에 당신에게 더 중요한 것이 무엇인가?" 행복보다 옳은 것을 선택할 때를 인지하라.

- **흑백 논리로 사물을 보는 것** 1유형은 머리로는 현실이 회색이라는 것을 안다. 그렇지만 실생활에서나 어떤 순간에는 때때로 이것을 잊어버린다. 이것을 기억한다

면, 1유형의 엄격함과 성급함을 줄이는 데 도움이 될 수 있다.

- **자신이나 타인에게 지나친 비판** 내적 또는 외적으로 비판하는 자신을 막을 수 없을 때를 인지하라. 1유형들이 매우 열심히 노력하거나 잘 하려고 할 때 자기 스스로에게 지나치게 엄격하게 하는 것을 바라보기 어려울 수 있다. 1유형이 의식적으로 자기 자신에게 너그러워지고 자신에게 연민을 갖게 될 때 많은 에너지를 풀어 낼 수 있다.

- **완벽하게 하기 위해 너무 열심히 일하기** 대부분 완전치 않은 것이 현실이고 그 정도면 충분하다고 할 수 있다. 1유형이 달성할 수 없는 기준을 추구할 필요가 없고 자신과 다른 사람들을 미치게 할 필요가 없음을 알게 됨으로써 자유로워질 수 있다.

- **규칙과 과정에 대한 엄격함** 1유형은 모든 사람들이 규칙을 알고 자신들이 하는 방식과 같은 방식, 즉 규칙이라는 것을 정확하게 정의를 내려주는 가이드라인으로 보는 오직 그 방식으로 규칙과 과정을 알고 있다고 생각하는 경향이 있다. 그러나 사람들은 그들이 보는 방식으로 볼 뿐, 규칙과 과정을 보지 않는다. 이것을 알아차린다면 사람들이 규칙과 과정을 따르지 않았을 때 잘못된 행동을 하고 있는 것이 아니라 단지 다른 시각을 가지고 있으며 다른 것에 주의 집중을 하고 있는 것이라는 점이 1유형에게 도움이 될 것이다.

- **정의로운 분노와 노여움** 자신의 분노에 대해 더 작업을 하고, 이해하고, 느끼도록 하라. 분노는 알아채지 않는다고 그냥 사라지지 않는다. 알아차리지 못한 분노는 영향을 미친다. 분노는 관심을 가질 필요가 있는 중요한 어떤 것이 촉발되고 있다는 신호로서 1유형들이 이 분노와 친구가 되는 법을 배운다면 도움이 될 것이다.

'낮은 의식수준'을 인식하고 '높은 의식수준' 지향하기

1유형들은 의식적으로 자신의 성격유형과 관련이 있는 자기 자신을 제한하는 습관과 패턴을 깨닫고, 자신의 성격보다 높고 다양한 능력을 구체화하는 법을 배움으로써 성장할 수 있다.

- 성난 감정과 작업하고 이를 받아들이는 법을 배움으로써 1유형들은 매일의 경험 속에서 보다 평화로움과 평온함을 느낄 수 있다.
- 하나의 옳은 길이나 완벽한 결과에 너무 치중함으로써 얼마나 자신을 제한하는 가를 관찰하고, 다양한 방법들과 완벽하지 않은 것에 존재하는 아름다움이나 뜻밖의 것에 문을 열어두는 연습을 하라.
- 사물을 흑백 논리로 보기보다는 보다 중립적인 시각으로 사물을 바라보도록 하라.
- 반동형성이라는 방어 기제가 작동될 때를 관찰하라. 정말로 느끼는 것과 반대되는 방식으로 행동하고 말하는 때를 인지하라. 진정한 감정을 느끼고 이를 솔직하게 표현하는 법을 찾도록 연습하라.
- 일어나고 있는 일을 비판할 때 어떻게 심각한 분위기로 빠질 수 있는지를 주의 깊게 살피고, 의식적으로 좀 더 가볍게 그리고 장난스럽게 말하라. 귀찮은 일이 무엇이든지 간에 초연해지기 위해 보다 더 많은 유머를 즐기도록 하라.
- 어떤 일들이 당신을 경직되게 하는지를 깨닫고, 신체적 휴식, 즐거움과 재미를 위한 기회 찾기를 연습하라.
- 어떻게 하면 일상 속에서 구조, 과정으로 경직될 수 있는지를 인지하고 좀 더 자발적이고 창의적이 되도록 연습하라.

전반적으로 1유형은 이상적으로 완벽함을 추구하는데, 이에 미치지 못한 것에 초점을 두는 습관을 살피고 이를 없애기 위한 작업을 함으로써 1유형의 높은 잠재력을 충분히 발휘할 수 있다. 불완전함을 완전하게 하려는 것에서 보다 편안해지는 법, 자신에 대한 연민을 가지는 법, 일상적인 경험에서 더 큰 역할을 하기 위해 가벼움과 유머감각을 갖는 법 등을 배울 수 있다. 그리고 착한 사람이 되려는 욕구를 내려놓을 수 있을 때 1유형은 자신의 삶과 리더십에 자신감, 창의성, 그리고 그들에게 너무나도 자연스러운 깊은 진실성을 사용할 수 있다.

상대방을 세워주는 따뜻한 리더
2유형의 리더십

가장 고귀한 예술은 다른 사람을 행복하게 만드는 것이다.

바넘: 기업가, 방송인, 정치가

사람들을 웃게 만드는 비법은 없다.
억지로 하기보단 그냥 내어 맡길 뿐이다.

로버트 미첨: 배우

리더십이란 사람들의 잠재력을 끌어내어 그들을 향상시켜 주는 것이다.

브래들리: 농구선수, 옥스퍼드 로즈 장학생, 전 상원의원

제5장
2유형의 리더십: 상대방을 세워주는 따뜻한 리더

2유형은 타인에게 호감을 얻고자 하며 자신을 호감 있어보이게 하는 전형적인 타입이다. 이들은 일명 '도와주는 사람' 또는 '베푸는 사람'이라고 불리지만, 우호적인 동맹과 연대를 수립하기 위한 전략적 지원을 한다. 그래서 실제적으로는 이타적으로 베푸는 것이 아니므로 오해를 불러올 수 있다. 2유형의 관심은 자동적으로 자신의 주변 사람들에게 있으며 그들과 상호교류하면서 어떻게 하면 긍정적인 관계를 구축할 것인가 하는 것이다.

2유형의 경우 자신의 욕구를 충족시키거나 성공을 달성하는 방법은 가능한 한 많은 사람들에게 호감을 얻는 것이라고 설명한다. 그래서 그들의 스타일은 얼마나 많은 사람들이 자신을 좋아하는지, 매력을 발휘할 수 있는지, 또는 다른 사람들과 친밀감을 형성하거나 자신을 잘 보이게 하는 데 중점을 두고 있다. 이들은 중요한 사람들과 자신의 위치를 정하는 데 있어 친절함을 통해 미묘한 힘을 얻을 수 있고, 이 힘은 대체적으로 무의식적으로 나타난다. 2유형은 다른 사람에게 없어서는 안 될 존재가 될 때까지 서비스 지향적인 사람이 되기를 원하며, 자신의 도움을 '필수불가결'하게 만듦으로써 유력한 힘을 가진다. 이들은 다른 사람에게 환심을 살 수 있는 방식으로 교제하려 한다. 그들의 말하는 스타일은 따뜻하고 개인적이며 상냥하다.

2유형은 다른 사람들에게 자신을 친근감 있게 느끼도록 하는 방식으로 의사소통을 한다. 이들은 따뜻하고 친밀하고 배려하는 방식으로 대화한다. 이들은 자기 자신을 잊은 채 온전히 상대방에게 주의를 집중하며 자신과 대화하는 사람에 대한 관심을 표하면서 여러 가지 많은 질문을 한다.[15] 그들은 다른 사람이 무엇을 좋아하는지 알아차리고, 그것이 환심을 사는 것인지, 또는 사적인 일이나 특별한 형태의 지원과 같은 것이던 간에 그것을 제공하는 방식으로 다른 사람을 칭찬하고 기분 좋은 말들을 한다. 그래서 이들은 주변 사람들을 기쁘게 함으로써 자신의 영향력을 확장시키고 행복감을 느낀다.

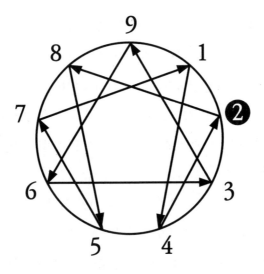

2유형의 리더는 공감을 잘 하는 경향이 있으며, 사람들의 일에 관심을 갖고 그들의 필요와 감정에 민감하다. 이들은 매력적이고 친절하며, 강력하고 유능하며 흥미가 있는 사람이다.

이들은 주위 사람들에게 친절하고, 자신감 있고, 강력한 매력을 발산하거나 매우 유쾌한 모습을 보여준다. 이들은 매력, 관대함, 연결성 등을 통해 영향력을 행사하게 되는데, 자기가 속한 팀, 조직, 사회 속에서 필요로 하는 돌봄에 있어서 가장 탁월한 영향력을 발휘한다. 2유형은 다른 사람들을 지원하고, 관계를 발전시키며, 그들이 좋아하는 사람들에게 권한을 부여하고, 칭찬과 따뜻함, 긍정적인 생각을 통해 동료들에게 영감을 불어 넣어줄 수 있고 이로 인해 팀 전체 과제나 결과 등에 영향을 미친다.

2유형의 특징
내면의 모습

다음의 특징들이 당신에게 적용된다면 당신은 2유형일 수 있다.

- 당신은 당신이 하고 있는 일을 당신이 속한 관계의 렌즈를 통해서 바라본다. 당신은 일을 해나갈 때 좋은 관계를 바탕으로, 그리고 좋은 관계를 통해서 일이 이뤄진다고 생각하며 긍정적인 존중, 감탄, 승인을 얻기 위해 일을 함으로써 영향력을 추구하고자 한다.
- 다른 사람을 기쁘게 하거나 감동을 주고 다른 사람을 돕기를 원한다. 당신은 열심히 일을 하고서 당신의 노력을 검증하고 자신이 훌륭한 일을 하고 있음을 확인하기 위해 긍정적인 피드백을 받기 원한다. 도움을 주는 것은 호감을 얻고 가치를 인정받으려는 것이다.
- 당신은 인생에서 중요하게 여기는 사람들이 당신을 좋게 생각할 수 있도록 탁월함을 추구한다. 다른 사람들, 특히 당신이 좋아하거나 중요하다고 생각하는 사람뿐만 아니라 당신이 좋아하지 않는 사람들에게도 인정을 받는 것이 중요하다.
- 당신은 다른 사람이 당신을 좋아하게 만들 수 있다고 믿는다. 당신은 친구를 쉽게 사귀며, 다른 사람들에게 호소하는 법을 알며, 누구에게나 매력적으로 보일

수 있다는 사실에 자부심을 느낀다.

- 당신은 다양한 사람들과 잘 어울릴 수 있다. 당신은 계급이나 직책에 상관없이 당신이 감동을 주고자 하거나 또는 관계를 맺고자 하는 어떤 사람과도 친밀감을 형성할 수 있다고 확신한다.

- 다른 사람들을 지원한다거나 도움이 된다는 것에서 만족감을 느낄 수 있으며, 때때로 이것을 간접적으로 사용하여 당신이 원하거나 필요한 것을 얻을 수 있다. 이것을 읽으면서 결코 그렇지 않다고 생각할 수 있다. 그러나 당신은 도움을 주는 것은 상호 호혜적인 것이어야 한다고 생각한다. 주는 것이 받는 것보다 쉽다. 그리고 받는 것이 어색할 수 있지만, 당신은 종종 다른 사람이 당신을 좋아하거나 아니면 대가를 받기를 희망하면서 일을 할 것이다.

- 당신은 사려 깊고, 공감적이고, 사심이 없다는 점에 높은 가치를 둔다. 당신은 사람들이 쉽게 잘 어울리는 사람을 좋아한다고 믿는다. 다른 사람을 편안하게 느끼게 해주는 것은 자연스럽고 중요한 것이라 생각한다. 그리고 다른 사람들이 이기적으로 행동하거나 불친절하게 대우하는 것을 힘들어한다.

- 당신은 감정적이거나 과민한 감정을 느낄 수 있고 직장에서 당신의 감정을 숨기려고 노력할 것이다. 다른 사람으로부터 긍정적인 평가를 받기 위해 당신의 감정을 숨기려고 하지만 자신도 모르게 가끔은 너무 감정적이 되어서 표현하지 않을 수 없다. 하지만 당신이 남자라면 감정적으로 다소 갇혀 있을지도 모른다.

- 다른 사람의 감정, 욕구, 선호를 감지할 수 있는 재능이 있지만 다른 사람에게 강요하거나 요청이 거절되는 것을 피하려다 보니 자신이 필요로 하는 것은 불분명하거나 요청하는 것을 어려워 할 수 있다. 이러한 것은 사람들이 당신에게 도움을 받고 있다고 느끼게 하고 감사함을 느끼게 한다. 하지만 이것은 또한 과도하게 베풀고는 다른 사람, 특히 응답이 없는 사람에게 분개할 정도로 당신을 힘들게 만들 수 있다.

- 솔직하고 비판적인 피드백을 상대방에게 주는 것을 힘들어한다. 당신은 다른 사람을 너무나 이해하기 때문에 직설적인 비판이 그들의 기분을 나쁘게 할 것에 대해 우려를 한다.
- 다른 사람이 당신을 좋아하지 않는다는 것이 당신을 괴롭게 한다. 항상 최선을 다하고 사람들이 당신을 긍정적으로 평가할 수 있도록 더욱 완벽하게 만드는 것이 중요하다고 생각한다.
- 당신의 관계를 해치는 것을 우려하여 갈등을 피하지만, 때로는 문제를 해결할 수 있도록 수면 위로 꺼내어 놓는 것에 안도감을 느낀다. 다른 사람들과 소원해질까 두려워서 반대 의견을 표명하는 것이 힘들 수 있다. 모두가 행복할 수 있도록 당신은 다른 사람과의 갈등을 회피하거나 적극적으로 갈등을 해소하기도 한다.
- 당신은 다른 사람의 장점을 볼 수 있는 천부적인 능력이 있으며 사람들이 자신의 잠재력을 발휘하도록 진정으로 돕는다. 누군가로부터 "당신 없이는 할 수 없었어요"라는 말을 듣는 것을 좋아한다. 이것은 일반적으로 도움을 주고 긍정적인 결과를 도출하고자 하는 이타적인 욕망에서 비롯되지만 사람들에게 자신의 가치를 보장받을 수 있는 방법이기 때문에 진정 이타적이라고 할 수는 없다.

2유형의 핵심전략

어려서부터 2유형에게 사랑과 인정을 받는다는 것은 사람들을 위해 뭔가를 하고, 좋은 행동을 하고, 다른 사람들이 원하는 사람이 되는 것을 의미한다. 그래서 때로는 너무 민감하거나 과도하게 감정적이라는 말을 들어와서 자신의 욕구와 감정을 억제해야 한다고 생각한다. 2유형은 사람들과 긍정적인 관계를 형성하고자 하는 욕망 때문에 사람들로부터 애정과 인정을 받기 위한 대응전략을 가지고 있다. 이들은 다른 사람의 욕구를 감지하고 충족시키며 다른 사람을 기쁘게 하고 호감이 가는 사람으로 보이고자 한다. 이들은 관심을 얻고 싶은 사람들이 좋아할 만한 부분을 강조하고 그들과의 관계 형성에 방해가 될 수 있는 부분을 축소하는 데 능숙하다. 이들은 잠재적인 비난에 대한 염려 때문에 사람들이 자신의 곁에 있고 싶도록 매력적이고 친절하게 보이려고 노력한다.

2유형은 다른 사람들이 자신을 좋아하거나 자신이 하는 일을 인정해주거나 또는 자신과 관계 맺기를 원할 때 매우 편안하고 행복해진다. 이들은 자신들과 상호관계를 맺고 있는 사람들이 좋아하는 것을 파악해서 긍정적인 인상과 친근한 관계를 맺기 위해 노력하며 그들을 기쁘게 해주고 편하게 해주고자 한다. 2유형은 사람들에게 너무 많은 것을 요구하지 않으며 거절을 회피한다. 이들은 그들이 중요하다고 생각하는 사람들에게 끌리고, 그러한 사람들이 은혜를 갚고 상호적인 방법으로 자신들의 욕구를 충족시키기를 바라면서 그들에게 필요한 사람이 되고자 하는 경향이 있다. 이러한 전략은 거절당할 수 있는 직접적인 요구를 하지 않고, 오히려 그들의 욕구를 충족시킬 수 있도록 도와 주는 것이다.

2유형의 레이더망
2유형의 주의와 관심

사람들에게 초점을 맞추는 2유형은 다른 사람을 기쁘게 하는 방식으로 자신을 표현하는 전략을 사용한다. 2유형은 사람들의 기분과 선호도를 보여 주는 미묘한 신호를 포착할 수 있는 정교한 자동 레이더를 가지고 있다. 그래서 이 기술을 사용하여 자신이 호감을 받을 만한 인상을 관리하는 방법을 결정한다. 종종 생각할 겨를도 없이 이들은 다른 사람들이 원한다고 믿는 형태로 자신의 인상을 변경시킨다. 긍정적인 관계를 형성하려고 자신을 변경하는 것은 2유형의 존재 방식에 깊이 뿌리를 내리고 있기 때문에 이들은 자신이 그렇게 행동한다는 것을 인지하지 못할 수도 있다.

직장에서 2유형은 업무에 있어서 인간적인 측면으로 접근하여 어떻게 조직의 사람들이 최선을 다해 협력하고 지원하며 기여할 수 있을지 거기에 관심을 집중한다. 직책이나 직위가 무엇이든 관계없이 이들은 수행 중인 업무뿐만 아니라 직무와 프로세스가 어떻게 사람들에게 영향을 끼치는지에 초점을 맞춘다. 그리고 그들은 관계가 매우 원활하게 돌아가게 하는 재능이 있다.

결과적으로 2유형은 매우 생산적이 될 수 있는데, 특히 같이 일하는 사람이 마음에 든다면 더욱 그렇다. 그러나 다른 사람들에게 너무 많은 관심을 기울이고 다른 사람들이 느끼고 싶어 하거나 필요로 하는 것을 완벽하게 따라가다 보니 2유형 자신은 무엇을 느끼고, 원하고, 필요로 하는지 모를 수 있다.

2유형의 행성에서 바라본 세계

일반적으로 2유형은 다른 사람을 행복하게 하고 친밀한 경험을 향상시키고자 한다. 이들은 진심으로 사람들을 좋아하고 대체적으로 다른 사람의 좋은 점을 보고자 한다. 대부분의 경우 2유형은 다른 사람과 상호 작용하는 것을 즐긴다. 그리고 모든 사람들이 자신을 좋아하게 만들 필요가 있다고 생각하는 경향이 있다. 이들은 세상에 두 종류의 사람이 있다고 믿는다. 자신을 좋아하는 사람들, 그리고 아직 자신을 매우 좋아한다고 할 만큼 친숙하지 않은 사람들로 나뉜다. 이들은 자신이 모든 사람을 사로잡는 치명적인 한 방의 매력의 있다고 자신한다. 2유형은 타인에게 긍정적인 인상을 주기 위해 자신들 마음대로 사용할 수 있는 많은 무기들을 가지고 있다고 생각한다. 그러나 우호적인 관계를 맺지 못하거나 우발적으로 누군가를 화나게 하면, 그들은 극도로 귀찮아하고 자기 비판적이 되며 강박적으로 자기비판을 한다. 또한 사물에 대해서조차 어떻게 해야 할지 결정할 때 외적인 영향을 받는다. 따라서 이러한 생각을 한다. '당신이 나를 좋아하면 나는 괜찮아. 하지만 당신이 나를 좋아하지 않는다면 나에게 무슨 문제가 있는 거야.' 심리학에서는 이것을 '통제의 외향적인 위치'라고 표현한다.

2유형은 의식적이지 않을지라도 내가 상대방의 등을 긁어주면 상대방도 나의 등을 긁어주어야 한다는 상호작용을 믿는다. 이들은 모든 사람은 다른 사람을 도와주어야 한다고 믿으며 심지어는 하기 싫은 일에도 "안 돼!"라고 말하기 어려워한다. 이들은 자기 자신보다 주변의 다른 사람들에게 초점을 맞추며, 다른 사람들도 자신을 도와주기 위해 관심을 기울일 것을 기대한다. 2유형은 관대하고, 사심이 없고, 즐겁게 사랑하는 동반자이다. 그래서 관계가 상호 호혜적일 경우에는 대체적으로 일이 잘 진행 된다. 그러나 자신이 그렇게 많은 것을 요구하지 않았음에도 불구하고 다른 사람들이 자신에 대해 감사하지 않고 비난할 경우에는 나쁜 상황이 될 수도 있다.

2유형 리더의 주요 특성

다음의 특징들은 2유형의 리더십 스타일을 묘사한다.

- **도움을 주는 전략** 2유형이 그냥 베푸는 것이라고 생각할지 몰라도 그것이 항상 이타적인 것은 아니다. 그것은 자신의 지위나 권력 또는 영향력을 보장하는 전략이 될 수 있다. 당신이 그들을 더욱 필요로 할수록 그들은 당신이 그들을 배제할 수 없을 것이라는 사실에 안도감을 더 느끼게 된다.
- **매력과 따뜻함** 2유형은 호감을 사고 인정을 받고 어떤 종류의 거절도 피하면서 좋은 사람으로 생각되는 것에서 동기부여를 받기 때문에 대부분의 시간을 과도하게 보낼 수 있다. 그들은 대체로 성실하고 정서적이기에 매력적이지만, 그렇지 않은 경우가 생길 때조차 이렇게 하는 것이 좋을 것이라고 생각하기 때문에 자신들

의 잘못을 모를 수 있다.

- **공감과 감정적인 감수성** 2유형은 종종 다른 사람이 무엇을 느끼고 있는지 쉽게 알아차리며, 요청이 없어도 기꺼이 듣고 정서적인 도움을 주고자 한다. 그러나 좋은 친구나 파트너가 되게 하는 정서적 감수성은 또한 사적인 형태로 보일 수 있고 의도하지 않은 불쾌감을 느끼게 할 수 있다.

- **관계우선주의** 관계는 2유형의 관점에서 보면 전면적이고 중심적인 일이다. 중요한 관계를 육성하는 것이 그들의 최우선 과제이다. '당신이 알고 있는 것이 아니라 당신이 아는 사람'이라는 말은 인간관계를 통해 일이 이루어진다는 믿음을 전달하고 있다.

- **자발적인 상승과 수축** 자신이 모든 사람들에게 필요할 존재라고 믿는 것은 2유형이 자신이 누구이고 무엇을 할 수 있는지에 대해 자신도 모르게 과장된 의식을 갖는 것을 의미한다. 이렇게 스스로 고조된 감정이 부정적인 피드백에 의해 구멍이 뚫리게 되면, 매우 큰 상처를 입을 수 있고 자신의 긍정적 느낌을 전달하지 못했다고 생각할 수 있으며, 자신에 대해 상당히 수축되고 나쁜 느낌을 가질 수 있다.

- **호혜성에 대한 기대감** 대체적으로 2유형은 대가를 기대하지 않고 다른 사람들에게 주는 것이라고 믿는다. 실제로 어떤 경우에는 사실이지만 어떤 경우에는 그렇지 않다. 거절에 민감해서 누군가에게 도움을 요청하는 것이 창피할 수 있기 때문에 2유형은 '받기 위해서 준다.' 그들은 다른 사람들이 자신에게 물어보지도 않고 알아서 자신에게 필요로 하는 것을 주고 보답하기를 기대하고 있다.

2유형은 왜 그렇게 생각하고 느끼고 행동하는가?

사고

2유형의 관점은 서로를 지지하는 관계를 형성하는 것을 즐긴다. 그들은 인상 관리, 긍정적인 관계의 성취, 그리고 사람들이 그들을 좋아하는지에 대해 생각하고 전략을 세우는 데 시간을 보낸다. 다른 사람과 마찬가지로 그들은 업무에 대해 지적으로 집중하지만, 주변 사람들과 그들 인생에 있어서 중요한 사람들을 항상 염두에 두고 있다. 그들이 훌륭하거나 위대한 일을 하기 위해 정신적인 주의를 기울일 때는 그들이 누군가에게 좋게 보이기 위한 욕망에 의해 동기 부여를 받을 때이다.

감정

에니어그램 시스템의 세 가지 유형 중 하나인 가슴중심의 사람들은 감정적으로 반응하는 경향이 있다. 2유형의 성격을 가진 사람들은 다른 사람들과 어울리는 행복한 사람이 되기 위해 부정적인 감정을 억누르는 경향이 있다. 그들은 아마도 자신들의 진정한 분노 또는 슬픔을 나누는 등의 감정을 표현하면 사람들과 멀어지게 만들 수 있다고 생각한다. 그래서 감정을 밖으로 드러내기보다 내적으로 감정을 느낀다. 2유형은 다른 사람으로부터 호감을 받고 인정을 받기 위한 자신들의 노력이 부족했다는 점 때문에 종종 깊은 슬픔을 느낀다. 이러한 기분을 상승시키려고 낙관적인 사람이 되려는 경향이 있다. 그들은 특히 자신들이 지원한 사람들이 마찬가지로 자신을 지원하지 않을 때 화를 내고 분하게 여길 수 있다.

행동

2유형은 자신의 가치를 증명하기 위해서, 그리고 인정과 승인을 받기 위해서 열심히 일한다. 그들은 다른 사람의 성공을 지원하고, 자신의 만족감을 성취하고, 중요한 사람에게 잘 보이도록 매진한다. 2유형은 다른 사람과 하나가 되려는 경향이 있고, 타인의 정서적 경험을 공유하고자 한다. 그래서 자신이 관심을 가지는 사람들과 연결되거나 동조하는 것을 느낄 수 있다. 또한 자신들의 상사를 기쁘게 하거나, 또는 좋아하는 동료, 가장 친한 친구, 배우자, 아이들을 지원하기 위해 매우 열심히 일할 수도 있다. 그들은 "안 돼!"라는 말을 하기 어려워하기 때문에, 종종 주변 사람들의 필요를 채워주기 위해 과로한다. 또는 다른 사람을 조정하여 자신이 원하는 것을 갖고자 하지만 거절이 두렵기 때문에 직접적으로 요청하지는 않는다.

2유형의 주요 강점과 능력

- **열정적으로 다른 사람을 지원하는 것** 2유형은 동료의 일을 성공적으로 수행하는 것을 돕기 위해 산이라도 움직이려고 한다.

- **다른 사람들의 감정, 욕구, 경험을 공감하는 것** 2유형은 당신이 필요할 때 바로 필요한 것을 당신에게 제공하는 데 탁월하다. 이들은 당신의 성공만 아니라 고통에 대해서도 정말로 느낀다.

- **서비스 지향** 2유형은 자동적으로 사람들의 기대에 부응하고자 할 뿐 이기심이 없다. 서비스의 가치에 대한 강한 윤리 의식을 지니고 있다.

- **재미있게 놀고 기분을 푸는 것** 2유형은 사람들이 주변에서 그냥 즐기는 것보다 당신 곁에 있고 싶어 하게 만드는 더 좋은 방법은 무엇일까에 대해 생각한다.

- **다른 사람을 기쁘게 하기 위해 긍정적인 경험과 관계를 조율** 2유형은 사람들과 관계를 맺을 수 있는 훌륭한 파티를 여는 주인이 되거나 또는 성공하는 데 없어서는 안 될 지원자가 되는 것을 즐긴다. 그들은 안 보이는 쪽에서 영향력을 행사하는 것을 좋아하는데 이것은 만약 일이 잘 진행되지 않았을 때 비난을 받지 않을 수 있고 미묘하고 덜 위험한 방법으로 힘을 표현하는 방법이기도 하다.

- **다른 사람의 장점을 인정하는 것** 2유형은 사람들이 자신의 재능을 나타내고 더 행복하고 성공적으로 살 수 있도록 도움을 요청받을 때 행복을 느낀다.

과유불급
남에게 사랑받고자 하는 노력이 과할 때 발생하는 문제들

모든 유형의 사람들과 같이 2유형의 리더도 자신의 가장 큰 강점을 남용할 때, 그리고 더 깊이 의식적으로 개발하지 않을 때 그들이 가진 장점은 아킬레스건이 될 수 있다.

- **다른 사람들의 일에 열정적으로 지원** 너무 과도하게 자신들의 시간, 에너지 그리고 관심을 쏟아서 상대방이 자신에 대한 감사를 느끼지 않을 때 스스로 분노를 느끼거나 과부하에 빠져들을 수 있다.
- **다른 사람들의 감정, 욕구, 경험을 공감** 2유형은 타인의 고통을 느끼는 것이 너무 쉬워서 2유형 자신의 고통을 느끼는 것보다 타인의 고통을 더 느낄 수 있다.
- **서비스 지향주의** 다른 사람의 요구에 너무 집중한다는 것은 2유형에게 있어서 더 큰 그림을 보지 못하게 간과하거나 자신의 필요와 의견을 무시하게 된다는 것을 의미할 수 있다. 자신에 대한 인식이 부족할 때, 2유형의 '이기심 없는 봉사'는 다른 사람들로부터 원하는 지지를 받지 못하면 포기하게 만든다.
- **재미있게 놀고 기분을 푸는 것** 그들이 특별히 행복하게 느끼지 않을 때조차 다른 사람들의 기분을 좋게 만들기 위해 행복한 얼굴을 해야 한다고 느끼는 것은 자포자기와 분개할 때 나오는 현상이다.
- **긍정적인 경험과 관계를 조율하기 위해 열심히 일하기** 2유형은 다른 사람들이 중요하게 관심을 갖지 않는 것에서도 다른 사람들의 경험을 향상시킨다는 목적으로 과

하게 행동할 수 있다.

- **다른 사람의 장점을 인정하는 것** 다른 사람들이 잘하는 것을 인정하거나 지지하는 경향성은 실제로 개선에 필요한 정직한 피드백을 제공하는 것을 어렵게 만들 수 있다. 이들은 중요한 피드백을 전혀 제공할 수 없을 정도로 진실을 과장할 수 있다. 2유형이 당신에 대한 갖고 있는 진지한 관심사는 당신과 연결되기 위해서이지만 진정한 의미에서는 타인이 아닌 좀 더 자신에게 집중하는 것이 필요하다. 예컨대 이런 일이 생길 때, '나는 무엇이 필요할까?', '나는 어떻게 느낄까?' 등과 같은 질문을 하면서 공감대와 관계를 형성하는 방법을 가지고 다른 사람들에게 집중하려는 그들의 타고난 성향을 조정해야 한다.

스트레스 상태와 최상의 상태
2유형의 의식수준이 낮을 때와 높을 때

2유형이 스트레스를 받아 낮은 수준까지 떨어지면 2유형은 그들이 그렇게 많은 시간과 관심, 에너지를 다른 사람에게 쏟았다는 것에 대해 마침내 화를 내게 된다. 다른 사람의 요구에 초점을 맞추는 것은 결국 자신의 필요에 초점을 맞추게 된다는 것을 무의식적으로 기대하고 있는 것이었기 때문에 이러한 기대가 종종 이루어지지 않는다는 쓴 경험을 맛보게 된다. 그리고 그 시점에서 일어나는 갈등은 보통 아주 친절한 2유형에게 드러나게 되면서, 그동안 자신이 필요했던 욕구를 드러내지 않았기 때문에 주변 사람들은 종종 2유형이 호소하는 고충에 혼란을 느낀다. 그러면서도 2유형은 다른 사람을 재빨리 읽고 그것을 제공하는 것에 너무 익숙해져서, 다른 사람들도 자신에게 같은 방식으로 해줄 것을 기대한다.

낮은 수준에 있는 2유형은 분노를 나타낼 수 있으며("나는 당신을 위해 모든 것을 해 주었는데, 당신은 나에게 어떻게 그렇게 할 수가 있어?"), 당신이 무엇을 해야 한다고 생각하는지에 대해 간접적으로 표현하거나 지나치게 공손한 방식으로 또는 통제를 하고 주도권을 잡으려 할 수 있다. 또는 타인의 지원을 거절하면서 징벌을 줄 수 있다('어디 내 도움 없이 할 수 있는 지 보자'). 그들은 아마 당신보다 당신에게 더 좋은 것이 무엇인지 알고 있다고 믿을지도 모르며, 만약 당신이 그들의 충고나 지식을 받아들이지 않거나 그들의 노력에 감사하지 않는다면 화를 낼 수도 있다. 그들은 또한 자신들이 하는 일이 조작적인 것을 인식하지 못한 채 그들이 원하는 대로 하도록 암묵적으로 강요하면서 매우 영악해 질 수도 있다.

그러나 높은 수준에 있는 2유형의 리더라면 좀 더 자각적이고 자신의 습관적인 패턴을 의식한다. 그들은 외교적이고 진정으로 관대하며 보상을 바라지 않으면서도 기꺼이 지원해 주려고 한다. 가장 건강한 상태에서 2유형은 다른 사람을 위해 일하는 것이 올바르며 적절한 지원을 하는 것을 좋게 느낀다. 그리고 타인이나 팀 또는 조직이 성공하는 데 필요한 것을 채운다. 정서적으로 지적인 2유형은 자신이 누군지를 알고 있고 자신에 대한 좋은 감정이 있기 때문에 다른 사람에 의해 자신의 존재를 인정받는 것에 대해 구애받지 않는다. 그래서 다른 사람들을 설득시키기 위해서 자신의 욕구를 억누르는 것을 멈추며 무의식적으로 사람들을 조정하려는 것 대신에 그들 자신을 돌볼 수 있다. 자각적인 2유형은 자신의 욕구를 충족시키는 방법을 배우고, 다른 사람들과 건강한 경계선을 유지하는 방법을 이해하며, 상호 이익을 고취하는 간접적인 방법을 통해 다른 사람을 행복하게 만들려고 하지 않는다. 건강한 2유형은 다른 사람들에게 감정적으로 민감하게 반응하고 깊이 헌신하지만, 다른 사람들과 친밀한 관계를 맺기 위한 노력으로 자신을 포기하지 않는다. 다만 2유형이 누군가에게 제공할 때는 마음으로부터 주는 것이다.

세 가지 본능에 따른 2유형의 하위유형들

에니어그램 모델에 따르면 우리는 모두 우리의 생존을 도와주는 세 가지 본능을 지니고 있다. 그리고 이 본능들 중 하나를 주된 본능으로 사용한다. 이에 따라 같은 2유형이라도 자기보존, 사회적, 혹은 일대일 본능 중의 어떤 본능을 우세하게 사용하는지에 따라 매우 다른 모습이 된다.

자기보존(자기지향적) 2유형

자기보존 2유형은 매력과 상냥함을 가지고 있다. 이들은 다른 2유형보다 더 두려워하고 불신을 가지는 경향이 있는데, 이것은 그들로 하여금 자신의 힘을 소유하는 것을 주저하게 하고, 다른 사람들과 경계를 두며, 수줍어하고, 상황에 적절하게 대응하게 한다. 이들은 젊고, 장난스럽고, 열정적이고, 재미를 추구하고, 스스로 자신에게 관대해지기 쉽고, 또한 다른 사람들과 관계를 맺는 데 있어서 양가감정을 가지며, 스스로 어찌할 수 없거나 압도당하면 무책임해진다. 2유형은 상당히 감정적일 수 있으며, 비록 그들이 그들의 감정을 표현하지 않으려고 할지라도 너무 민감해지고 사안을 개인적으로 받아들일 수 있다. 그리고 이들이 매우 유능하고 능력이 있음에도 불구하고, 그들은 책임을 맡는다는 것을 꺼리고 지도자나 권위자가 되는 것을 불편해 한다.

모든 2유형은 서로의 친밀한 관계를 증진시키는 방법으로 다른 사람들을 돌보도록 강요받는 반면에, 자기보존 2유형은 가끔 다른 사람에게 은밀하고 간접적인 방법으로 자신을 돌보아 주어야 한다고 자신의 욕구를 표현한다. 이것에 의해 2유형의 세 가지 종류 가운데 '역유형'이라는 하위유형이 된다. 때때로 남의 도움을 받고자 하는 무의식적인 욕망은 뭔가를 하는 방법을 찾기 위해 도움이 필요한 것처럼 좀 더 유순한 형태를 취할 수 있다. 아니면 다른 사람으로부터 자원과 물질적 도움을 받고자 하는 무의식적인 희망을 차단해 버리는 것과 같이 자신들의 안녕을 소홀히 취급해 더 심각한 형태를 나타낼 수 있다. 그리고 이러한 2유형은 강하고 독립적이고 열심히 일하는 사람으로 보이고 싶어 하지만, 나서서 행동하는 것에 대해서는 좀 더 머뭇거릴 수도 있고 또는 프로젝트를 추진하는 데 있어서 적극적인 역할을 수행하고 일을 완수하기 위한 결단력을 발휘할 수 있다.

리더로서 자기보존 2유형은 조직의 모든 계층의 사람들과 관계를 맺을 수 있다는 것에 자부심을 느낀다. 그들은 일을 성공적인 방식으로 구조화하고, 이에 필요한 계획과 전략을 세우는 데 뛰어나며 그들의 공헌과 지도력에 대한 공로를 인정받는 데 있어서는 겸손하다. 그러나 이러한 2유형은 지원 역할을 더 편하게 느끼고 조직의 최고 경영자로서의 존재에 크게 자부심을 나타내지 않는다. 그들은 종종 구체적인 방법으로 권력과 지도력에 접근하고 행사하는 법을 배울 필요가 있고, 스포트라이트를 받는 것과 관심을 받는 것에 대해 복합적인 감정을 가질 지도 모른다. 이들은 긍정적인 피드백에 깊게 만족할 것이지만, 그것을 받아들이고 그들의 능력과 힘을 양성하는 데는 어려울 수 있다. 이들은 최선을 다해 진심 어린 친절함과 도움이 되는 표현을 통해 사람들을 지원하고 일을 재미있고 즐겁게 하려고 노력할 것이다.

사회적(그룹지향적) 2유형

자기보존 2유형에 비해 사회적 2유형은 리더의 성향이 다분하다. 사회적 2유형은 지도자의 역할에 끌리고, 일이 진행될 수 있게 책임을 지는 것을 좋아하며 힘을 행사하는 유형이다. 그들은 종종 고위직이나 중소기업 운영자, 기업가들에게서 발견된다. 또한 사회적 2유형은 야망이 있고 영향력이 있는 것을 즐기는 경향이 있다. 그들은 뛰어난 역량을 가진 것으로 보이기를 원하고 어떤 임무나 프로젝트에서든 성공을 거둘 수 있는 능력을 추구한다. 그들은 그룹에서 자신들의 힘을 느끼고 일을 자신들이 해야 할 방식으로 진행되고 있으며 사람들에게 지지받는 것을 확인받기 위해 주도권을 잡으려 한다. 다른 사람들은 사회적 2유형이 통제하고 조작하는 것으로 볼 수 있지만, 그들의 견해로는 지원을 받기 위해 사용하는 '전략' 또는 권력을 잡기 위해 '막후에서 일을 처리하고 있는 것'이라고 생각할 수 있다. 그들은 다른 사람들보다 일이 어떻게 처리되어야 하는지를 더 잘 알고 있다고 생각하고 있고, 그래서 많은 일을 자신들이 맡아야 하고, 내가 무엇을 했고 어떻게 처리했는지 말하기를 원한다.

리더로서 사회적 2유형은 결단력이 있고, 선견지명이 있으며, 조직과 조직원에게 헌신하는 경향이 있다. 그들은 리더의 위치를 편하게 느끼며 군중을 이끌기 위해 열심히 일할 것이다. 올바른 관계를 활용하여 문제를 해결할 때, 요령이 있고 전략적인 사회적 2유형은 리더가 가진 힘을 즐기고 그들을 지원하거나 필요한 것을 제공하는 사람들에게 매우 협조적이다. 겉으로 보기에 그들은 너그럽고 따뜻하게 보일 수 있지만, 보이는 것과 다르게 더 개인적인 성공에 집중하고 있을 수 있다. 그리고 자신들이 다른 사람들과 연결하는 하나의 방법에는 취약성을 가지고 있는 것처럼 보일 수 있지만 실제로는 보이는 만큼 혹은 보이려고 하는 만큼 취약하지 않을 수 있다. 또한 사회적 2유형은 상황에 필요한 것을 명확하게 읽고 참여한 사람들에 대한 깊은 이해를 가지고 대담한 방식으로 행동한다.

일대일(관계지향적) 2유형

일대일 2유형은 자신들의 에너지와 관심을 다른 사람들에게 호소하고, 개별적으로 서로 지지하는 관계를 만드는 데 집중한다. 그들은 사람들을 움직이고 다른 사람들에게 매력적인 방식으로 자신을 보여 줌으로써 다른 사람들이 자신과 관계 맺기를 원하게 만들고자 한다. 이들은 매우 감정적일 수 있지만, 이것은 자신의 견해를 강하게 표현하거나 재미있고 조직적인 사회 행사를 이끌 때 그리고 중요한 사람들을 열정적으로 지지하는 방식으로 진행될 수 있다. 타고나기를 감성적이고 활기 찬 사람인 일대일 2유형은 대인 관계에 많은 에너지와 재미와 흥분을 갖는다. 그들이 누군가와 친구가 되고 싶을 때, 그들은 매력적으로 변하며, 관대함과 관심을 가지고 다른 사람에게 깊은 인상을 줄 수 있다. 또한 다른 사람들이 좋아하는 것에 대한 단서를 찾아낼 수 있으며 긍정적인 관계나 충성심을 유발하는 것과 같은 방식으로 사람들을 잘 읽을 수 있다. 하지만 2유형이 추구하는 목적이 그들이 원하는 방식으로 반응되지 않을 때 좌절감에 빠진다. 이들은 매력적인 공세를 더욱 높이거나 또는 화를 내고 강박에 빠질지도 모른다.

리더로서 일대일 2유형은 주요한 동료들과 관계하고 그들이 좋아하고 존경하는 사람들의 지지를 확실히 받고자 주력할 것이다. 이들은 일반적으로 관계의 우선순위를 정하고 성공이나 팀, 조직의 성공에 가장 중요하다고 여기는 사람들에게 상당한 관심을 집중한다. 또한 일대일 2유형은 자신이 하는 모든 일에 열정과 정서적 강렬함을 제공함으로써 특정한 개인을 매혹시키려고 할 것이며 그들이 필요로 할 때 의지하게 할 것이다. 그리고 어떤 특정한 아이디어나 계획에 충동적으로 행동하고 흥분할 수 있다. 일대일 2유형이 의식적이고 자각적일 때 다른 사람들을 돌보는 데 깊은 관심을 갖고 큰일을 할 수 있으며, 관련된 사람들의 이익을 추구하기 위해 열정적으로 노력할 수 있다.

직장에서의 2유형

2유형은 종종 타인들과 함께 일하는 것을 힘들어 한다. 그 이유는 다음과 같다.

- 만약 어떤 피드백이나 긍정적인 판단을 얻지 못한다면 나는 내가 어디에 서 있는지 모르겠고 염려되고 불확실하게 느낀다.

- 사람들이 내가 다른 사람들에게 하는 방식으로 나를 이해해 주지 않고, 내가 필요로 하는 나의 욕구를 충족시키기 위해 노력하지 않는다.

- 내가 화가 나거나 기분이 상하는 일이 생기면 감정을 감추거나 극복하기가 힘들어 할 수 있지만 사람들이 나를 너무 감정적으로 판단할까봐 걱정된다.

- 다른 사람의 요구를 들어주는 것이 부담스럽지만 어떻게 '아니요'라고 말을 하거나 경계의 벽을 쌓아야 하는지 고민스럽다. '아니요'라고 말하는 것보다 알아서 해버리는 편이 편하기 때문에 나는 종종 내가 다룰 수 있는 것보다 더 많은 일을 맡게 된다.

- 사람들이 배려심이 없고 다른 사람의 감정을 고려하지 않거나 기업 문화가 팀의 화합, 충성, 그리고 사람들을 우선시하지 않을 때 신경이 쓰인다.

- 때로는 남들이 어떻게 생각할까봐 걱정이 되어 내가 원하는 것을 자유롭게 할 수 없다.

- 내 노력을 인정해주지 않거나 사교적인 모임에 초대받지 못하면 나는 매우 상처를 받는다.

업무와 관련하여 아래와 같은 상황에서 2유형은 가장 큰 불만을 느낀다.

- 사람들이 자신의 이익을 남보다 우선시하는 경우
- 사람들이 남에게 미칠 영향을 고려하지 않고 일을 하는 경우
- 사람들이 긍정적인 피드백을 제공하지 않고 부정적인 피드백을 할 때
- 사람들을 위해 그렇게 많은 일을 했음에도 불구하고 사람들이 나를 알아주지 않을 때
- 사람들이 정보를 숨기고 내가 어디에 있는지 알려주지 않을 때
- 내가 참여하고 싶은 회의나 친목 모임에 빠지게 될 경우

- 상사가 다른 사람을 후원하거나 나를 존중하지 않을 때
- 사람들이 내가 하는 것처럼 열심히 일하지 않거나 받을 수 없는 휴가를 요청하거나 휴가를 갈 때
- 사람들이 내 말에 귀를 기울이지 않거나 충고를 받아들이지 않을 때
- 사람들이 나 또는 다른 사람을 모욕하거나 개인적으로 공격할 때
- 사람들이 자신이 해야 할 부분을 하지 않거나 게으름을 피워서 그들이 해야 할 부분까지 내가 힘들게 해야 할 때
- 사람들이 나의 유연성과 관대함을 이용할 때

2유형이 남들과 조금 더 쉽게 일할 수 있는 방법

리더로서 2유형은 자신의 감정을 이해하고 자신의 감정을 조심스럽게 처리하여 자신의 반응을 조절할 수 있다. 비즈니스 세계는 감성 지능의 중요성이 점점 더 인식되고 있지만 여전히 강한 감정은 종종 직장에서 눈살을 찌푸리게 한다. 2유형의 경우 자신의 감정과 감정적 자극을 인식하고 받아들이는 것이 중요하다. 그래서 그들은 자신의 감정을 언제, 어떻게 표현해야 하는지를 깨달아야 한다.

또한 2유형의 리더는 다른 유형의 사람들이 자신이 하는 것과 같은 방식으로 관계에 우선순위를 두지 않는다는 것을 기억하는 것이 도움이 될 것이다. 다른 유형은 정보와 데이터, 또는 목표를 달성하거나 권한을 행사하는 것에 우선순위를 부여할 수 있다. 그리고 2유형이 볼 때 타인이 무신경하거나 가혹하게 보일 수 있지만 실제로 그들은 단지 다른 것에 집중하고 있을 뿐이다. 2유형이 인간관계의 렌즈를 통해 일을 보는 관점에서 자기만의 편향성을 갖는 것처럼, 세상을 다르게 보는 다른 사람들 또한 그들의 렌즈로 세상을 보고 있다는 것을 알아야 한다. 무엇보다도 2유형이 자신의 필요와 욕구를 충족시키는 데 있어서 사람들에게 자신의 기대를 알리고 표현한다면 사람들과 더 잘 지낼 것이다.

2유형들이 필요로 하는 것에 주목하고 다른 사람들에게 분명하게 전달하는 노력을 하는 것은 자신들이 화나는 상황을 피하는 데 도움이 될 수 있다. 어떤 위치의 직원이든, 2유형은 정직한 피드백을 주는 것이 필요하며 다른 사람을 불편하게 하는 것에 대한 두려움에서 벗어나기 위해 긍정적인 면에 초점을 맞추는 대신 나쁜 점과 좋은 점 모두를 포함하는 것이 중요하다.

2유형과 함께 일하기

직장에서 2유형의 전형적인 행동 방식

만약 당신이 아래의 행동 패턴을 보이는 사람과 일하고 있다면 그 사람은 2유형일 수 있다.

- 그는 언제나 당신이 어떻게 지내고 있는지 안부를 묻고, 단지 동료가 아닌 한 사람으로서 당신과 관계를 맺기 위해 코멘트를 하는 사람이다.
- 그는 믿을 수 없을 정도로 착하고 지나치게 친절해 보여서 정말로 기쁜 것인지 또는 의심스럽기도 하다.
- 그는 누군가 도움이 필요할 때 자신의 시간을 기꺼이 투자한다.
- 그는 항상 요청에 '예'라고 말하며 자신이 원하지 않는다는 것을 당신이 알고 있어도 '아니요'라고 말하기 어려워한다.
- 그는 종종 사무실의 즐거운 시간이나 사교적인 행사를 계획하는 데 앞장선다.
- 그는 도움을 청하는 것을 어려워하고 과로하거나 인정을 제대로 받지 못하면 화를 낼 수도 있다.
- 그는 자신의 상사와 자신이 어떤 관계를 맺고 있는지를 모를 때 동기부여가 어렵다고 말한다.

- 그는 직설적으로 말하기 힘들어 하며, 자신이 좋아하거나 감동시키고 싶은 사람과 갈등을 피하기 위해 자신의 의견을 과장하는 경향이 있다.
- 그는 찬성에 민감하고 비난에 낙담하며, 누군가를 불쾌하게 만든다고 생각하면 자기 비판적이고 자책을 할 수 있다.
- 높은 의식수준에서 그는 이타적이고 관대하며 사람들이 발전하는 데 도움을 줄 수 있는 올바른 방법으로 그들에게 힘을 실어주고 멘토링을 한다.
- 높은 의식수준에서 그는 낙관적이고 긍정적이고 지원적이며 팀의 성공을 돕기 위해 기꺼이 초과 근무를 한다.

깨어있는 2유형 리더의 강점

- 그들은 친절하고 긍정적이고 함께 있으면 재미있다.
- 그들은 자신들의 일에 열정을 불어넣어 주기 때문에 특별이 그 일에서 의미를 발견한다면 매우 고무적일 수 있다.
- 그들은 사람들에게 가치를 느끼게 하고 사람들이 서로의 일을 즐기기를 진심으로 원한다.
- 그들은 사무실에서 긍정적인 분위기를 만들기 위해 노력하고 있으며, 그들이 문제를 일으키거나 팀을 약화시킬 경우에는 누군가를 편안하게 해 줄 전략적인 방법을 찾는다.
- 그들은 일과 삶의 균형을 중시하며, 직장을 좀 더 인간적이고 공감할 수 있게 하는 데 높은 우선순위를 둔다.
- 그들은 팀 내에서 협력과 상호지원을 강화하기를 원한다.
- 2유형이 정말로 당신을 좋아한다면, 그들은 훌륭한 친구와 동료가 될 것이다.
- 사람들의 감정을 상하게 하는 것에 자연스럽게 관심을 갖고, 그들은 당신의 문제에 귀 기울이는 것을 좋아하고 심지어는 당신이 원하지 않을지라도 당신의 기분

이 나아지게 하고 싶어 할 것이다.

- 그들은 조직, 팀, 또는 동료를 지원하기 위해 많은 헌신과 에너지를 제공하며, 그들의 지원이 프로젝트나 동료 관리자에게 긍정적인 영향을 미칠 경우 깊은 만족감을 느낀다.

2유형과 함께 일하는 이들이 경험하는 문제들

- 그들은 화가 난 것 같지만 아무 말도 하지 않는다.
- 그들은 열심히 일하지만 순교자처럼 행동하고 자신과 같이 열심히 일하지 않는 다른 이들을 원망한다.
- 그들은 그 모든 것을 스스로 할 수 있다고 믿고 있으며, 자신들이 너무 많이 하고 있고 다른 사람들이 도움을 주지 않고 있다고 분개한다. 심지어 그들 자신이 도움을 거절함에도 불구하고 말이다.
- 그들은 자신을 좋아하지 않은 사무실의 한 사람을 이기는 것에 사로 잡혀 있다.
- 그들은 부정적인 피드백을 말하지 않고 종종 나쁜 행동을 용인하기도 한다.
- 그들은 자신들에게 도움이 되지 않는 것에 대해 솔직하고 직접적으로 말하는 것에 대해 힘들어 하면서 다른 사람들에게 그것에 대해 분출을 한다.
- 그들은 친절하게 행동하고 사람들에게 개방적이고 수용적이라고 믿지만 사람들이 자신을 좋아하지 않을 것이라는 두려움에 마음의 벽을 세운다.

2유형과 리더십

자신의 에니어그램 유형을 아는 것이 업무에 어떻게 도움이 되는가에 관하여 2유형 리더는 다음과 같이 말한다.

테레사 로체(Teresa Roche)는 포트 콜린스의 인적자원 관리 부서장이며 과거 부회장이었고, 애질런트사의 교육 담당 부서장이다.

2유형의 부정적인 면은 자신이 구원자 역할을 하면서 세상의 모든 욕구를 충족시킬 수 있다고 생각하는 것이다. 2유형은 다른 사람의 감정적인 영역을 극단적으로 맞추며 흥분하고, 다른 사람의 기분에 대한 의식적 혹은 무의식적인 정보를 흡수해 혼란스러워 한다. 만약 칭찬받을 결과를 내지 못하거나 다른 이의 필요를 채워주지 못한다면, 2유형은 지치거나 자존감을 잃을 수 있다. 장기적으로 자신을 당연하게 생각하거나 인정받지 못했을 때 화가 날 것이다. 또한 나 자신은 스스로 돕지 못하면서 다른 사람을 돕는 것이 나의 일이라고 생각하는 데 많은 시간을 사용한다. 사람들에게 '아니요'라고 말하거나 우리 팀이 그것을 완수할 능력이 없는데도 고객의 요구에 '알겠습니다'라고 말하면서 애쓸 것이다.

그러나 자신이 에니어그램의 2유형임을 아는 것은 자신의 재능과 힘으로 스스로를 돕는 것이다. 2유형은 도전받는 상황을 알아차리고 그 안에서 잘하고 있는 자신을 발견 할 수 있다. 그들은 타고나게 잘하는 것, 재능, 기회를 포함하여 본능적인 단계에서 사람들이 어떻게 느끼는지에 대해 즉각적인 것을 제공할 수 있다. 이것은 배움과 성장이 촉진될 때 의미 있는 결과를 가져오게 하기 위해 다른 사람을 이끌고 영감을 주는 능력이다. 또한 감성과 지지를 통해 우리의 일이 최고라고 여기게 하며 자신과 다른 사람들을 촉진시킨다. 그래서 모두의 기대를 넘어서는 성공적인 결과로 팀을 이끌 수 있다.

또한 2유형의 사랑 방식이 강력하고 격렬할지라도 자신이 처한 단계보다 상위 단계를 배우고 동기부여를 받을 수 있다. 그리고 다른 이들이 성장하도록 정확하고 정밀한 피드백을 제공하는 유능한 사람으로 변할 수 있다. 2유형은 요구된 것에 빠르게 반응할 수 있고 상황과 광범위한 지원 방법을 통해 다른 이들을 잘 이끌 수 있다.

당신이 2유형 상사일 때

2유형 상사인 당신은 사람들을 돌봐야 하기 때문에 팀에 영감을 주고 고객에게 깊은 인상을 줄 수 있는 열정적인 리더이다. 2유형은 사람들과 관련되거나 수행할 업무들을 파악하고 자신이 해야 할 일을 함으로써 긍정적으로 보일 수 있다. 만약 당신이 2유형이라면, 당신은 타고난 리더가 아니라고 믿을 것이고 '왕좌 뒤의 힘'이 더 편안하다고 느낄 것이다. 사회적 2유형이라면 더 수월하고 충실한 리더가 될 것이다. 그러나 항상 '2인자'를 원한다고 2유형을 정형화하는 것은 실수이다. 왜냐하면 2유형은 질적으로 수준 있는 생산물과 경험을 창조하기 위해 자신의 영향력을 즐겁게 사용할 활동적인 리더가 될 수 있기 때문이다.

2유형 리더는 인간관계를 만들 시간을 갖지 못하거나 스스로를 지나치게 사용했거나 또는 힘든 피드백을 가져올 필요가 있을 때 노력해야 한다고 느낄 것이다. 그럴 때 당신은 지칠 것이고, 당신을 충분히 또는 올바른 방식으로 지지해주지 못하는 주변 사람들을 원망할 것이다. 그러나 2유형 리더의 좋은 점은 다른 사람의 필요와 기호에 예민한 것이다. 당신은 동료의 말에 경청하고 단결력이 좋은 단체를 만들기 위해 사람들을 개발하도록 집중할 수 있다.

당신의 상사가 2유형일 때

2유형의 상사를 가진 것의 좋은 점은 그들이 당신과 좋은 관계를 가지길 원할 것이라는 사실을 믿어도 좋다는 것이다. 2유형 리더는 좋은 사람들과 일하는 것과 관계를 발전시키는 것에 큰 가치를 둔다. 그들은 따뜻하고, 친근하며, 사람들이 힘들어 하지 않고 좋게 보이는지, 일을 잘 하고 있는지 걱정할 것이다. 2유형의 리더는 싸움을 피하거나 미룰 것이며, 당신에게 부정적인 피드백을 주는 것에 어려움을 가질 것이다. 또한 당신을 기분 상하게 하는 문제가 없도록 듣기 좋게 말할 것이다.

그러나 2유형 리더가 스트레스 받거나 자각이 부족할 때 불안정한 내면과 두려움이 겉으로 드러나 스스로 예민할 수 있다. 이들은 자신이 누구인지, 그리고 제대로 느끼는 자기감정이 부족할 것이다. 이것은 그들이 결정을 잘 하지 못하거나 그들의 감정이 어떤지 잘 모른다는 것을 의미한다. 또한 정기적으로 화를 내고 원망의 감정을 드러낼 수 있다. 하지만 2유형 리더의 좋은 점은 더 사려 깊고 따뜻하며, 진심으로 당신의 성공을 지지하고, 당신을 격려하는 것에 관심이 있다는 점이다. 그들은 직업적인 부분에서 깊게 사람들을 만나고 다른 이들이 무언가를 잘할 수 있도록 고무시키기 위해 찾고 있다.

2유형들이 자신을 위한 시간을 충분히 갖고 스스로 내면의 소리에 귀를 기울인다면 스스로 울타리를 치며 '아니요'라고 말할 수 있고, 무엇이 누구의 책임인지 명확히 알며, 스스로를 어떻게 돌봐야 하는지 깨닫게 될 것이다.

당신의 부하 직원이 2유형일 때

당신의 직속 부하 직원이 2유형이라면, 당신이 할 수 있는 방식으로 지지해주길 원한다는 것을 알 수 있다. 당신이 그들을 좋아하고 일을 성취하게끔 칭찬하고 지지한다면, 그는 당신이 원하는 방식으로 일을 하려고 할 것이다. 그들은 다른 사람의 잘못에 맞출 수 있고, 타인이 원하는 것이나 기분을 잘 알아차릴 수 있다. 그리고 성공하기 위해 관대하지만 강하게, 그리고 재치 있고 의욕 넘치게 될 수 있다.

하지만 2유형은 싸움을 피하고 간접적으로 말한다. 특히 부하 직원이 2유형이라면 그들은 자신의 감정이 어떤지에 대해 말하지 않음으로써 당신의 기분이 상하고 소원하게 될 두려움을 가지고 있을 수 있다. 그들에게 필요한 것이 무엇인지 묻는 것은 그들에게 어려운 일일 것이다. 그래서 그들은 당신이 자신이 처한 어려움을 인지했다고 할지라도 힘들게 보이지 않으려고 할 것이다. 그들이 감정적으로 느끼는 두려움을 표현하는 것은 어려운 일이다. 그들은 감정을 억제하고 과로하게 되거나 슬퍼하거나 분노하게 되고, 업무에 지장을 주는 방식으로 행동하게 된다. 만약 그들이 일에 대한 정당한 인정을 받지 못하거나 존중받지 못한다고 느낀다면, 그들은 흥청거리며 놀거나 수동적 공격형이 되어 직장을 떠날 것이다.

그러나 좋은 면은 만약 당신이 건강한 2유형과 일한다면, 그들은 극단적으로 헌신할 것이며 당신의 성공을 돕기 위해 전념할 것이다. 그들은 당신을 위해 모든 것을 할 것이고, 그것에 대해 당신도 인정할 수 있을 정도로 확실하게 일할 것이다. 그들은 부정적인 피드백을 들으면 힘들어 할 것이다. 그러나 만약 당신이 세심하게, 그리고 당신이 좋아하는 것에 대해 명확히 말한다면 그들은 개선하기 위해 노력할 것이다.

2유형과 원활한 업무관계를 유지하는 방법

- **그들을 지원하라** 2유형은 당신이 그들의 뒤에 있고, 그들의 편이라는 것을 알기를 원한다. 그들이 무언가 필요할 때 당신이 그들을 지원해 줄 수 있다는 것을 믿고, 당신이 그들에게 관대하게 한다는 것을 안다면 그들은 당신을 위해 무엇이든지 기쁘게 하고자 할 것이다.
- **그들에게 최선을 다할 여유를 주라** 2유형이 무언가 잘 하길 원한다면, 그들을 재촉하지 말아야 한다. 2유형은 최선을 다하고 가치를 높이기 원하고 누구의 기대도 져버리지 않기를 원한다. 그래서 그들은 준비하고 이해할 시간이 필요하다.
- **일과 조직에 숨겨있는 그들의 열정과 헌신을 인정해주어야 한다** 마찬가지로 동등한 헌신과 열정을 보여주게 되면 그들은 일을 하면서도 혼자가 아니라는 것을 알게 된다.
- **낙관적이고 긍정적이어야 한다** 2유형은 사람들과 즐기기를 원하고, 그들의 일에서 재미를 찾길 원한다. 그래서 그들은 사람들을 격려하는 짐을 짊어진 사람들에게

감사한다.

- **주의 깊게 대해야 한다** 긍정적인 피드백 속에서 부정적인 피드백을 발견할 수 있어야 한다. 때로는 2유형에게 '아니요'라고 말하면서 격려해주어야 한다. 그들에게 솔직하게 말하고 지지해주어야 한다. 무엇보다도 당신이 그들을 진심으로 걱정하고 좋아한다는 것을 알려주어야 한다.

- **그들 자신과 그들이 하는 수고에 감사해야 한다** 2유형이 무언가 하고 있을 때 긍정적인 피드백과 격려에 매우 관심을 보여야 한다. 그들은 다른 사람들이 그들을 어떻게 느끼는지에 대해 알고 싶어 하며, 그들이 어떻게 하고 있고 어떻게 해야 더 잘할 수 있는지 사람들이 알려주기를 원한다.

성장을 위한 과제와 제언:
자기 발견, 효율성 및 업무 만족도의 향상

모든 유형은 자신의 습관적인 패턴을 관찰한 후, 무엇을 어떻게 생각하고 느끼고 행동하는지를 알아차림으로써 자신에 대한 성찰을 키우고 자동 반응을 관리하거나 조절하여 더욱 협동적으로 일할 수 있게 된다. 2유형이 문제에 처하고 나면 그들이 하는 것이 무엇인지 그리고 왜 하는지를 깊이 생각하고 멈춰야 한다. 이들은 이것을 배움에 있어 점차적으로 계획 짜기와 자동적인 반응을 완화하는 것을 배울 수 있다. 더 감정적으로 현명하게 대처하고 직장이나 집에서 만족도를 높여주며, 2유형의 자각을 도울 수 있는 몇 가지 아이디어를 제공하고자 한다.

2유형이 유의해야 할 점들

- 다른 사람의 욕구와 관련하여 자신이 과하다거나 혹은 강요받는 것처럼 느껴질 때를 알아차려라. 왜 당신은 다른 사람의 기분과 욕구에 귀를 기울이는가? 어떻게 당신의 기분과 욕구를 충족하는가?

- 당신의 감정과 관계성을 관찰하라. 언제 당신은 더 만족하거나 덜 만족하는가? 당신이 더 많이 그리고 더 적게 느끼는 감정은 무엇인가?

- 당신이 당신의 기분과 생각을 챙기지 않고 다른 사람을 동정할 때를 알아차려라.

- 당신이 도움을 요청하면 얼마나 편안한가? 당신이 도움을 필요로 하지만 그것을 요청하지 못할 때 어떻게 되는가?

- 당신이 모든 사람에게 호감형으로 인식되고 싶어 하는 때를 알아차려라. 어떤 종류의 일을 할 때 다른 사람들이 당신을 확실히 좋아한다고 느끼게 되는지를 알아차려라. 누군가가 당신을 좋아할지 확신하지 못하거나, 누군가가 당신과 함께하는 것이 불편하다는 뜻을 전했을 때 무슨 일이 일어날지 알아차려라.

- 당신이 다른 사람에게 맞추기 위해 변하고, 당신이 필요로 하고 원하는 것이 있지만 그것을 포기할 때가 언제인지를 알아차려라.

- 당신이 '아니요'라고 말하고 싶지만 '네'라고 대답할 때 무슨 일이 일어나는지 관찰하라. 어떤 생각과 기분이 숨어있는가? '아니요'라고 말하면 얼마나 편안한가?

무지가 곧 해를 끼친다

2유형이 자신 속에서 보지 못하는 맹점은 다음과 같다.

- **주고받기** 2유형은 어떻게 조절하며 줄 것인가. 2유형은 자주 그들이 돌려받을 기대와 사심 없는 방식으로 편하게 주는 것을 좋아한다고 생각한다. 하지만 2유형의 이러한 행동은 그들을 좋아하게 하거나 그들이 필요한 것을 얻고자 하며 타인을 조종하기 위한 전략이다. 그러나 이들은 이것을 알아차리지 못한다. 그렇기 때문에 나눔과 봉사와 관련된 그들의 잠재적인 동기를 의식하게 하는 것은 중요하다.

  만약 2유형이 특별한 목적을 위해 은밀하고 더 상냥하게 혹은 다양한 방법으로 자신을 변화하면서 이러한 차원에서 타인을 '조종한다'고 생각한다면, 2유형은 타인과의 관계에서 자주 이와 같은 방식을 생각할 것이다. 또한 거절을 피하고 다른 사람이 눈치채지 못하는 방식으로 자신의 욕구를 달성하기 위해 노력함으로써 자신이 원하는 것을 간접적으로 얻는다.

  2유형은 다른 사람들의 기분이 더 중요하기 때문에 정작 자신이 어떻게 느끼는지를 자주 놓친다. 자신의 욕구를 부정하고 다른 사람의 욕구를 채움으로써 자신의 가치를 증명한다고 생각하지만 자신이 인식하지 못한 욕구는 알지 못하는 행동방식으로 드러날 것이다. 그래서 문제 있는 상황을 피하기 위해 2유형은 자신의 욕구에 의식적으로 집중해야 한다.

- **슬픔과 분노의 존재와 원인을 진짜로 알아차리기** 2유형은 항상 행복한 분위기를 만들려고 하기 때문에 대부분 긍정적이고 기분 좋은 사람과 함께 하길 바란다. 그러나 그들의 활기찬 겉모습 속에는 자주 슬픈 감정이 숨겨있다. 사람들은 2유형들이 그들을 좋아하는 만큼 2유형을 생각하지 않고, 2유형이 많은 것을 주더라도 상대방은 그것을 줄여서 생각할 수 있다. 또한 2유형은 자신이 다른 사람들을 돌보는 방식처럼 자신을 돌봐주지 않음에 서운함을 느낀다.

- **다른 사람에게 의존하기** 2유형은 다른 사람들이 자신을 의존하게 만들지만 정작 자신은 다른 사람들이 필요하거나 다른 사람에게 기대지 않아도 된다고 믿고 싶어

한다. 이것은 2유형이 자기 스스로에게 거짓말을 하고 있는 것이다. 우리는 모두 사람을 필요로 한다. 그러나 2유형이 그들이 의존했던 사람들에 의해 상처받은 경험을 가지고 있기 때문에 그들은 아무도 필요 없다고 믿고 싶어 하는 것이다.

- **자기 높이기와 자기 낮추기** 2유형은 다른 사람들을 감동시키고 유혹하는 것보다 자기 스스로를 살펴볼 필요가 있다. 또한 다른 사람들을 감동시키고 유혹하는 데 실패했을 때 자신에 대해 나쁘게 느끼는 것을 인식하지 못하고 있다.
- 그들은 부푼 자아상을 가지고 있고 다른 사람들의 욕구에 모든 것을 맞추어 줄 수 있다는 잘못된 자부심을 가지고 있다.

자기통찰
성찰하고 이해하고 탐구할 것들

- 당신이 중요하게 생각하는 이를 기쁘게 하려고 노력했을 때 당신은 어떻게, 왜, 무엇을 잃었는가?
- 타인에게 좋게 보이는 것이 왜 그렇게 중요한가? 다른 사람들이 당신을 좋게 생각하도록 확신하기 위해 당신은 무엇을 하는가? 누군가가 당신을 좋아하지 않을 때, 어떤 일이 일어나는가?
- 당신이 가졌을지도 모르는 어떠한 비평을 직접적으로 말하지 않고 다른 사람들에게 정직하게 말해주는 것을 왜 어려워하는가? 당신이 동료에게 일의 진척과 그 수행에 대해 솔직하게 평가하는 것을 피하는 이유는 무엇인가? 무엇이 두려운 것인가?
- 당신은 왜 그리고 어떻게 다른 사람들을 조정하려 하는가? 당신을 의존하는 사람에게 당신의 표상을 바꾸는 것은 어떤 동기 때문인가?
- 당신은 도움을 요청하는 것이 왜 어려운가? 당신이 정말 두려워하는 것은 무엇

인가?

2유형이 활용할 수 있는 강점들

2유형은 다음의 자질들을 자신이 가지고 있다는 점을 인지하고 이것에 주의를 기울여 최대한으로 활용할 수 있어야 한다.

- **다른 사람의 감정에 공감하는 타고난 능력** 다른 사람이 어떻게 느끼는지 이해하는 것과 다른 사람의 감정에 집중하는 것은 2유형이 다른 사람을 위한 강력한 대변인이 되게 한다.
- **협력자를 배려하고 사람들을 사랑하게 한다** 직장에서 '감정적이 되는 것'은 여전히 나쁜 평판을 받을 수 있지만 2유형은 타인의 예민함을 돌보는 능력이 있다.
- **관계 형성을 위한 헌신과 사람들을 배려하여 피드백을 줄 수 있다** 2유형은 어떻게 다른 사람들과 관계를 맺는지 알고, 직장에서 인간관계의 중요성을 이해하고 있다. 그래서 직장에서 중요한 역할을 종종 맡는다. 업무적으로 협력하는 일이 많은 환경에서 인간관계는 무척 중요한 요소이다. 그래서 2유형이 관계를 확립하고, 유지하고, 개선함으로써 그들이 하는 일을 가치 있게 생각하고 인식하도록 하는 데 도움을 준다.
- **자진해서 열심히 일하기** 3유형은 종종 열심히 일하는 사람이 되어 사람들에게 신용을 얻는다면, 2유형은 일을 끝내기 위해 열심히 일한다. 다른 점은 3유형이 결과를 얻고 승리하고 성공하기 위한 동기라면, 2유형은 다른 사람들에게 긍정적인 영향을 끼치기 위해 스스로 노력한다는 점이다.
- **다른 사람과 협력할 때 흥미와 능숙함** 2유형은 진심으로 다른 사람들과 함께 팀을 이루는 과정을 좋아하고, 같은 목표를 얻으려는 사람들과 함께 일하는 내재적인 즐거움을 가지고 있다. 그들은 팀을 이뤄서 한 일에 대해 열정과 긍정적인 에너

지, 헌신과 같은 대단한 결과를 가져온다.

- **다른 사람에게 주는 관대함** 2유형은 많은 시간 동안 다른 사람을 지지하고 희망을 주는 최고의 의도를 가지고 있다. 그들은 이기적이지 않고 사려 깊고 배려하는 경향이 있다.

자기관리

2유형의 도전 과제

- **자기감정에 대하여 책임감을 갖는다** 다른 사람이 어떻게 느끼는지 관리하기 위한 책임감을 덜고 당신의 욕구와 감정을 위해서는 더 많은 책임감을 가져야 한다.
- **울타리의 중요성을 인식해야 한다** '아니요'라고 말해도 좋다는 것을 배우고, 다른 사람보다 당신을 우선순위에 두어야 한다.
- **감정을 수용하되 완화하라** 당신의 감정적인 본성을 강점으로 받아들이고 스스로를 위해 필요한 '자신의 감정 지니기, 감정 처리하기, 의식적으로 감정에 대해 생각하기, 무엇이 필요한지 감정 통제하기, 의식적인 방법으로 감정 표현하기, 그리고 적절한 때에 감정을 내려놓기'와 같은 것을 배워야 한다.
- **당신의 필요가 필수적인 것이 되도록 하라** 스스로 가치 있게 당신의 감각을 발달시켜서 스스로의 가치를 증명하기 위해 다른 사람이 필요 없도록 해야 한다.
- **스스로 자신감을 구축하라** 내면적으로 자신을 가치 있게 여기는 것을 배우고, 당신이 괜찮은 사람이라는 것을 반드시 외부로부터 확인받고 인정받을 필요가 없다는 것을 알아야 한다. 의식적인 방법으로 스스로의 힘과 권위를 가져야 한다.

'낮은 의식수준'을 인식하고 '높은 의식수준' 지향하기

2유형은 자신의 성격유형에서 비롯된 자기 제한적인 습관들과 패턴들을 의식적으로 인식하고 자신의 발전적인 능력을 구현함으로써 성장할 수 있다.

- 잘못된 자존감을 자각하고 겸손하게 목표를 세워라. 당신이 정확하게 누구인지에 대해 알고 느끼는 것은 좋은 것이며, 근본적으로 다른 사람보다 더하거나 부족하다고 생각하지 말아야 한다.
- 당신이 외부적으로 적절하게 지원하는 것과 과하게 주려고 할 때를 자각하라.
- 다른 사람들에게 당신의 가치를 증명하기 위해 노력하고 스스로 지쳤을 때를 인식하도록 하라. 그리고 다른 사람을 위해 당신이 한 무언가로부터 당신의 개인적 가치와 자격의 깊은 인식을 발달시켜야 한다.
- 당신이 느낄지도 모르는 독립에 대한 두려움을 자각하라. 그리고 당신이 가지고 있는 능력, 사랑, 지지, 감사, 수용 등을 발달시켜야 한다.
- 확실하게 감정을 피할 때를 자각하라. 2유형은 감정적인 본능을 수용하고, 잘 관리하기 위한 능력이 필요하다.
- 스스로에 대해 당신이 붙잡고 있는 부정적인 신념을 더 자각하라. 당신의 완벽함, 아름다움, 능력 등을 진심으로 수용하기 위해 노력해야 한다.

전반적으로 2유형은 다른 사람에게 주의를 집중하는 에너지를 자기관찰과 자기 일에 쏟음으로써 자신이 갖고 있는 높은 잠재력을 발휘할 수 있다. 그리고 이들의 감정, 욕구, 원하는 것을 조절하는 것을 배울 수 있으며, 의식적으로 자신이 가지고 있는 의지와 타인을 위한 진실한 돌봄의 균형을 이루어 나갈 수 있다. 내면으로부터 그들이 누구인지 입증하기 위해 타인이 아닌 자신의 높은 능력에 기댈 수 있을 때 그들이 누구인지 그들 스스로 가치 있게 하면서 더 잘 표현할 수 있다.

리더로서 2유형은 일에서 생산성, 단호함, 자신감을 더 잘 발휘할 수 있다. 이들이 하는 일에 깊은 공감과 더불어 다른 사람을 위한 더 나은 삶에 균형을 이룬다면 2유형은 자신의 감정 지능과 개인적인 능력에 대한 감각으로부터 자신을 성장시킬 수 있다.

목표를 달성하는 유능한 리더

3유형의 리더십

경쟁은 제품의 관점에서는 최상의 품질을 만들어 내지만,
사람들 사이에서는 최악의 상황을 만든다.

사르노프: 방송계의 선구자

정말로 좋아하는 직업을 택하면,
평생을 일하기보다는 매일을 즐길 수 있다.

공자

일(work)보다 성공(success)이 먼저 나오는 곳은 오직 사전밖에 없다.

빈스 롬바르디: 미국 풋볼 감독

제6장
3유형의 리더십: 목표를 달성하는 유능한 리더

　　3유형은 주어진 목적을 달성하고 그것을 이루기 위해 최선을 다하고자 노력하는 사람이다. 때로는 실행자 또는 성취자라고 불리는 3유형은 최상의 결과를 얻기 위해 열심히 노력하고, 우위를 차지하려고 경쟁하고, 지위를 얻기 위해 노력하는 것을 통해 성공의 이미지를 만든다. 3유형은 업무나 프로젝트를 추진함에 있어서 가장 빠르고 효율적인 방법을 수행함으로써 다른 사람들에게 잘 보이는 데 관심이 많다.

　　3유형은 '성공'이라는 정의에 부합될 만큼 성공했을 때 기쁨을 느낀다. 이들은 성공함으로써 다른 사람들에게 자신이 승리자로 보이는 데 우선적인 관심을 갖는다. 그래서 목표와 업무에 주의를 집중하고, 많은 것을 성취하며 다른 사람으로부터 자신이 가치 있다는 것을 보여줄 수 있는 지위, 명예 등 괄목할 만한 표면적 성공을 이룬다. 3유형은 대개 일하는 모습으로 본인의 정체성을 드러내며, 일하는 것을 즐긴다고 말하지만 실제로는 가장 큰 일 중독자이다. 이들은 최선을 다하는 것이 매력적이고 존경스럽게 보인다고 믿기 때문에 모든 부분에서 성공하기 위해 할 수 있는 모든 일을 하도록 강하게 동기부여를 받는다.

　　놀랄 것도 없이 3유형의 의사소통 방식도 일하는 방식과 유사하다. 그들의 대화 방식은 직설적이고 핵심적이고 주제가 명확하고 예리하다. 3유형은 일과 업무에 대한 의사소통에 초점을 맞추며, 일과 관련 없는 잡담을 하지 않는다. 이들은 상황에 따라 감동하고 협업할 수 있을 만큼 충분히 청중과 조율하지만 감정을 자극하거나 불필요한 대화를 하지 않는다. 3유형 리더는 업무 중점, 과업 위주, 목표 중심적인 성취자의 경향이 있다. 기업에서 점차 중요한 일을 수행한다거나 최고가 되는 것으로 3유형에게 동기부여를 하기 때문에 그들은 조직의 요직이나 상부 지위를 맡고 있는 것을 많이 볼 수 있다. 성공의 이상, 이익 창출, 일을 완수하기 위해서 열심히 일하는 것, 승리하기 위해 경쟁하는 것, 그리고 승자의 지위를 반영하는 물건을 살 수 있는 능력은 전형적인 3유형의 특성이다.

3유형이 리더가 된다는 것은 지위와 관련된 특권을 즐기고, 특히 그 일을 가능하게 하는 태도와 노력을 의미하는 것이다. 그들은 일을 완수하기 위해 최선을 다하고 결과를 만들어 내는 데 있어서 전문적이다. 또한 겸손한 자세로 끊임없이 노력하고, 어떤 대가를 치르더라도 승리를 위해 경쟁하거나 개인적인 매력과 카리스마를 통해서 질 높은 결과물을 산출하는 데 집중한다. 그들이 하고 있는 일에 잘 적응하여 능숙하게 보이거나 또는 다른 사람들을 도움으로써 자신을 좋게 보이고 싶어 하든

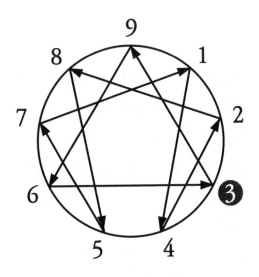

지 간에 3유형은 대개 자신의 상당한 에너지를 성공을 위한 목표 달성을 위해 사용한다.

3유형의 특징

내면의 모습

다음의 특징들이 당신에게 적용된다면 당신은 3유형일 수 있다.

- 당신은 해야 할 일을 볼 때 가장 효율적으로 최고의 결과가 나올 수 있는 방법이 무엇인지를 살핀다. 당신은 생산적이고 효율적이며 신속하게 일하기 위해 노력한다. 당신은 무엇이든 성공하기 위해 열심히 노력하려고 한다.

- 당신은 목표를 정확하게 이해하고 집중한다. 당신은 항상 "목표가 무엇이며 어떻게 하면 바로 성취할 수 있을까?"를 생각한다. 당면한 업무에 대해서는 세부 목표와 목표 달성을 직관적으로 파악하고 이를 위해서 실행할 업무들과 상세 사안들을 정리한다. 그리고 누군가에게 방해를 받거나 장애물이 생기면 어떤 대가를 치르고서라도 문제를 해결한다.

- 당신은 청중을 잘 파악한다. 당신은 그들이 무엇을 부러워하며 무엇이 효과적이며 매력적이라고 생각하는지를 파악하고, 즉각적으로 그렇게 되기 위해서 무엇이 최선인지 생각하고, 무엇을 할 것인지를 판단한다.

- 당신은 어떤 환경에서도 일을 성취시킬 수 있는 판단력과 통찰력이 있고 이에 따라 자신을 변화시킨다. 당신은 자신이 원하는 이미지로 자신을 변화시키는 재능이 있다. 성공하기 위한 노력의 일환으로 이러한 부분을 보여준다. 당신은 주변 환경에 맞게 이미지를 바꿀 수 있는 카멜레온과 흡사하다.

- 주변 사람들에게 인정받을 만큼 성공했다고 보이기 위해 일하며 이것이 인생의

동기부여가 된다. 자신의 삶에서 만나는 다른 상황에 있는 주변 사람들의 성공을 즉각적으로 인지하고 그렇게 되기 위한 방법을 모색한다.

- 당신은 승리를 원하며 항상 최고이기를 바란다. 2등은 받아들일 수 없다. 이기지 못할 것이라면 시작하지도 않을 것이다.

- 당신은 자신과 일을 동일시하고 있다. 자신을 바로 자기가 하고 있는 일이라고 생각한다. 일을 완수했을 때, 보상을 받을 때, 그리고 수많은 일들을 할 수 있는 힘을 갖고 있는 조화로운 상태에서 자신의 가치를 발견한다.

- 당신은 정말로 열심히 일하고 있으며 일의 속도를 늦추는 것을 어려워한다. 당신은 자기 자신에게 자신의 일을 좋아한다고 말하고 있으며 온 종일 일을 할 때에는 문제될 것이 없는 것으로 보인다.

- 당신은 목표를 향해 가는 중에 일을 지연시키는 사람들에게는 인내심을 잃는다. 당신은 시간 약속을 지키는 데 있어서 무능하고 우유부단하거나 신뢰하기 어려운 사람들을 상대하는 데 어려움을 느낀다.

- 당신은 훌륭한 성취자이며 기대 이상의 성취자이다. 당신은 많은 업적을 가진 장황한 경력을 보유하고 있다. 그러나 당신은 타인이 나보다 더 많은 일을 했거나 더 뛰어나게 보이는 사람에 대해 신경을 쓴다.

- 당신은 '할 일 목록'을 확인하는 것을 좋아한다. 할 일 목록들을 완수하면서 매우 분주하게 움직이는 이유는 이를 통해 자신이 얼마나 생산적인지를 보여 줄 수 있으며 이럴 때 기분이 좋기 때문이다.

- 당신은 감정을 배제할 수 있으며 그것을 시간 낭비라고 생각한다. 당신은 성가신 감정들에 휩싸이는 것을 비생산적이고 자기 일을 방해한다고 믿기 때문에 보통은 감정을 회피한다.

- 당신은 지도자의 자리에 서기를 좋아하며, '일이란 이렇게 해야 한다'는 이야기를 즐겨 한다. 당신은 목표달성에 탁월하고, 일을 신속하고 능률있게 해내며, 기업의

문화와 비전을 잘 설정함으로써 자연스럽게 리더의 역할을 수행하게 된다. 당신은 일을 어떻게 진행할 것인지 그리고 작업이 완료되었는지 확인하는 책임을 지는 것을 좋아하고, 일을 훌륭하게 진행하기 때문에 사람들은 당신이 책임을 맡는 것을 원한다.

3유형의 핵심전략

3유형은 어린 시절부터 종종 그들이 한 일에 대해서 감사와 사랑의 메시지를 받아왔다. 대부분의 경우, 자녀가 한 일에 대해 칭찬을 아끼지 않는 부모로부터 '한 일에 대해서는 보상을 받는 것'이라고 교육받았을 것이다. 정반대로 부모(보통 아버지거나 보호자, 지원자)가 없거나 무능한 부모와 살았는지도 모른다. 이러한 환경 때문에 이들은 생존을 위해 행동가가 되어야 한다는 것을 절실히 깨달았을 것이다. 미국 문화에서 3유형은 미국의 규범과 가치에 의해서 고무되는 행동인 '성취하는 것'과 '좋아 보이는 것'을 보면서, 일을 통해 자신의 가치를 증명하고자 노력하는 습관이 강화된다.

성공적이고 매력적이며 능숙하게 보이려는 욕구로 인해 3유형은 어떠한 목표라도 완수할 수 있으며 어떠한 경우에도 승리할 것이라고 믿는다. 그들은 일을 잘 해내고, 집과 자산을 보유하며, 다른 사람들에게 매력적으로 보일 수 있는 소위 아메리칸 드림이라고 정의되는 성공을 제대로 이루어낸다. 성과, 자산, 주변상황 등 모든 것이 물질적으로 안정되고 다른 사람에게 인정받아야 하기 때문에 3유형은 자신이 설정한 모든 목표를 달성하기 위해 열심히 노력하는 능력을 배양한다. 그들은 생각하기에 앞서 대부분의 사람들에게 깊은 인상을 심어줄 사람의 이미지를 갖추거나 변신을 한다.

3유형은 최고가 된다는 것을 다른 사람으로부터 인정을 받고, 긍정적인 보상과 존경을 받는 것이라 믿기 때문에 실패는 어떠한 비용을 치루더라도 반드시 피하려고 한다. 3유형 특성에 따르면, 성공하지 못할 일은 시도하지도 않을 것이라고 한다. 실패는 승리하지 못한 것이며 좋게 보이지 않는 것으로 생각한다. 따라서 3유형은 실패를 성공으로 재구성하거나 그들의 관점을 잘할 수 있는 부분으로 돌림으로써 패배의 흔적에서 재빨리 벗어난다. 또한 3유형은 본질적인 가치가 자신의 능력을 과시하는 것에 있기 때문에 자신이 하는 일을 완벽하고 뛰어나게 수행함으로써 스스로 가치가 있다는 것을 증명해야 한다고 느낀다.

3유형의 레이더 망

3유형의 주의와 관심

다른 사람들이 자신을 성공한 사람으로 받아들일 수 있도록 자기 자신과 자신의 일을 표현하기 때문에 전략적으로 사람들을 관찰하는 데 집중한다. 2유형과 같이 3유형도 다른 사람에게 매우 깊은 관심을 기울인다. 그러나 그들이 사람들을 관찰할 때는 업적, 발표, 사회적 또는 직업적 측면에서 매력적인 부분을 파악하고 타인의 성공을 주시한다.

3유형은 다른 사람들이 성공이라는 것을 어떤 근거에서 내리는지를 알아보고 그러한 이미지에 맞도록 자신을 적응시키는 데 매우 능숙하다. 그들은 다른 사람들의 긍정적인 시각에서 성공적이라고 생각되는 사람을 직관적으로 알고, 그러한 방향으로 자신을 변화시킨다. 3유형은 어떠한 환경에서도 잘 적응하고 좋은 이미지를 보여주기 위해 특정 상황에서 어떤 옷을 입고, 어떻게 행동해야 하며, 무엇을 해야 하며 하지 않아야 되는지를 능숙하게 판단해낸다.

3유형은 사람들이 무엇에 가치를 두는지 감지하면서, 정확하고 집중적으로 업무에 초점을 맞추고, 누구나 인정하는 성공적 모습을 충족시켜줄 수 있는 성과들을 이루기 위해 끊임없이 일을 한다. 그리고 이들은 어떠한 목표를 설정하든 성공적으로 성취할 수 있는 반면에 다른 사람의 눈에 잘 보이기 위해 이러한 과정 중에서 발생되는 모든 감정과 개인의 필요와 욕망을 자제한다.

3유형의 행성에서 바라본 세계

일반적으로 3유형은 세상을 해야 할 일, 달성해야 할 목표, 그리고 사물의 외적 결과라는 관점에서 바라본다. 그들은 물질적 소유, 번영을 상징하는 지위의 과시 등과 외부적인 성공의 지표를 자신에게 맞추어 본다. 3유형은 항상 자기를 드러내는 상황에서 적절하면서도 흔들림 없이, 능숙하게 보이도록 자신을 전환하는 데 탁월하다. 마치 카멜레온처럼 이들은 모든 사회적 및 업무적 환경에서 긍정적인 방식으로 자신을 조화롭게 변화시킨다.

또한 3유형은 삶을 '할 일 목록'이라는 렌즈를 통해서 바라본다. 그들은 해야 할 일들을 완수하고 점검하면서 희열을 느낀다. 따라서 그들은 매일 어떤 일을 수행해야 하는지 업무의 우선순위를 정하고 최고의 생산성을 위해 무엇을 해야 하는지를 파악하며 자신의 생각과 인식을 구조화한다. 예컨대 그들은 무엇인가를 해야 한다는 것에 집착하기에 가만히 있는 것을 힘들어한다. 이런 면에서 이들은 '존재적 인간'(Human Being)이라기보다 '행동하는 인간'(Human Doing)이라고 할 수 있다.

3유형은 세상은 승리자를 사랑한다고 믿기 때문에 스스로 어떤 목표도 달성할 수 있는 사람으로 인지하고 최정상에 올라 무엇을 하던지 항상 좋은 모습을 보여주려고 일을 한다. 일부 3유형은 극도로 경쟁적이고 승리를 위해 자신을 몰아가지만, 다른 3유형은 현재의 자신의 성과를 과거 자신의 생산성 수준과 비교하여 측정하는 것을 좋아한다. 어떤 경우이든 3유형의 관점은 무엇을 할 필요가 있는지, 그리고 어떻게 보아야 하는지 예리하게 이해하는 데 있다. 즉 자신이 속한 분야에서 어떤 일이든 최선을 다하는 이미지를 보여준다. 그들은 학위, 직책, 의복, 자동차, 휴양소, 또는 자신이 생활하거나 일하는 어떠한 환경에서도 자신이 성공했다는 것을 세상에 알릴 수 있는 상징으로서의 성과물을 보여주려 한다.

3유형 리더의 주요 특성

다음의 특징들은 3유형의 리더십 스타일을 묘사한다.

- **청중의 마음을 읽는 능력** 3유형은 자기도 인식하지 못하는 사이에 자신의 능력과 매력으로 사람들에게 깊은 인상을 심어주기 위해 자신의 모습을 조정하려 하고 그러한 의도에서 주변 사람들을 파악하고 있다.

- **목표지향주의** 3유형은 자신들이 성취하려는 것을 실현하기 위해 자신의 노력을 올바른 방향으로 향하게 하는 것이 무엇인지를 알고 싶어 하며 생산적이 되려 한다.

- **실행과 성과주의에 관심** 3유형은 사람들이 성과와 업적 측면에서 사람들을 평가한다는 점을 잘 알고 있으며, 성공하고 목표를 달성하기 위해 필요한 것보다 훨씬 더 많은 노력을 하고자 한다.

- **이미지 관리** 나는 언젠가 3유형 그룹과 함께 아침에 입을 옷을 선정하면서 길고 열띤 토론을 한 적이 있었다. 그들은 다른 사람들이 성공적이고 전문성이 있다고 여기는 바대로 자신의 이미지를 끊임없이 관리하며 그 기준에 상응하는 신발과 복장을 살펴보는 데 시간을 할애한다.

- **경쟁력과 승리의 원동력** 3유형은 최고로 보이기를 원한다. 그래서 그들은 다른 사람들의 성공, 또는 자신의 업적에 대해서 평가하려는 경향이 있다. 무엇을 하든지 성공해야 하고 최상의 결과를 내야 하는 욕망은 그것이 힘든 일일지라도 잘 해낼 수 있는 동기를 부여한다.

- **감정 회피** 비록 3유형은 지성의 감성 부분에 연결된 에니어그램의 가슴 중심형이

라 할지라도, 대부분 시간에서 자신의 감정을 배제하려는 경향이 있다. 업무과정에 발생되는 감정은 바쁘게 일하는 업무중심의 3유형에게는 불편하고 익숙하지 않기 때문에 그들은 자신의 감정을 억제하고 있다. 물론 내면의 작업을 할 때 알아차리는 것처럼 3유형은 여유로운 마음을 갖고 매우 감정적일 수 있다. 그러나 일을 할 때에는 그들은 강점을 배제하는 경향이 있다.

3유형은 왜 그렇게 생각하고 느끼고 행동하는가?

사고

3유형의 사고는 대부분 일을 하거나 무엇인가를 하는 데 초점이 맞춰져 있다. 그들은 할 일 목록을 갖고 일을 생산적이며 효율적으로 수행하는 방법에 대해 생각한다. 그들은 대개 자신의 일을 즐기며 자신이 하는 일을 통해 자기 정체성을 발견한다. 따라서 그들의 사고는 일에 대한 생각과 가능한 가장 빠른 방법으로 일을 끝낼 수 있는 사람으로 채워진다. 주변 사람들에 대해 생각할 때에는 특히 사람들에게 부탁하거나 다른 사람들을 도와주거나 다른 사람에게 어떻게 자신의 일을 수행하는 데 도움을 받을 것인지 등과 같은 것들을 생각한다. 그들은 사람보다 일을 우선시하는데 그것으로 인해 일을 수행하는 과정에서 사람들의 감정을 느끼거나 받아들이는 데 실패했을 경우 문제에 봉착 할 수 있다.

감정

3유형인 내 친구는 감정은 공기역학과 같이 움직이거나 영향을 주는 것이 아니라 자신을 저지하거나 멈추게 만든다고 말한다. 3유형은 지체되거나 멈추는 것을 좋아하지 않으므로 감정에 머물지 않는다. 이들은 감정적인 지능을 사용하여 사람들을 읽고, 다른 사람들이 좋아하고 흠모하는 것을 바탕으로 관계를 형성하지만 고통이나 슬픔과 같은 깊은 감정은 회피하려고 한다. 3유형이 경험하는 가장 빈번한 감정은 일을 하는 과정에서 다른 사람들에게 의해서 제지를 당함으로 느끼는 조급함과 좌절이다. 그러나 때로는 3유형도 가치 있고 존경받을 수 있는 사람이 아닌 다른 사람이 되어야 한다고 느끼며 슬퍼한다.

행동

지금까지 많이 겪어 봤겠지만 3유형은 정말 많은 일을 한다. 그들은 열심히 일하며 대체적으로 일을 좋아한다. 어쨌든 그들은 일을 완수하기에 충분할 만큼 자신의 욕구를 자제할 수 있다. 다른 사람들의 존경을 얻으려는 욕망으로 인해 유능하고 능력이 있는 사람으로 인정받고자 업적을 축적하고 사회적인 사다리를 타고 올라간다. 3유형은 빠르게 행동하기를 좋아하며 만약 다음 단계로 진행하지 못하게 되면 지루하거나 초조해 한다. 그들은 실패를 회피한다. 1마일 떨어진 곳에서도 냄새를 맡을 수 있고 성취가 불가능할 것 같으면 진로를 변경할 수 있다.

조직에서 3유형은 종종 고위직에 오르고 리더의 위치를 차지한다. 그것은 그들이 목표를 설정하고 결과를 도출하는 능력이 생산성과 성과를 중시하는 기업 환경에 적합하기 때문이다.

3유형의 주요 강점과 능력

- **목표 설정과 달성** 3유형은 일을 만들고 결과를 생산해내는 데 탁월하다.
- **임무 수행을 위한 노력과 성실성** 3유형은 일반적으로 장시간 일하는 것을 좋아하고 열심히 일하며 일을 자기 인생의 중심에 놓는다.
- **마케팅 지향** 3유형은 어떻게 마케팅해야 하는지를 잘 알고 있다. 이들은 관중에게 무엇을 말해야 하는지 알고 있고, 자신의 친구나 가족, 동료와 같은 그룹의 관

심과 선호에 맞게 메시지를 만들어 낸다.

- **성공 및 유능한 이미지의 투사, 타인에게 좋게 보이기** 3유형은 자기가 하고 있는 일과 알고 있는 일을 타인에게 보여주는 데 있어서 전문가이다. 그들은 사람들이 갈망하는 이미지에 상당한 관심과 에너지를 쏟는다. 이를 위해 3유형은 사회적 세계에서 인정받기 위해 특정 성격 또는 사회적 가면을 쓴다.
- **성공하기 위한 경쟁, 최고가 되기 위한 매진** 3유형은 무엇을 하든지 최고가 되기를 원한다. 그래서 그들은 열심히 일을 하고 자신들이 잘 보이기 위해서 최고가 되려고 한다.
- **최선의 결과를 얻기 위한 격려** 그들은 열심히 노력하는 근면함으로 사람들이 계획을 잘 실행하도록 격려함으로써 타인에게 고무적이고 영향력이 있는 리더가 된다.

과유불급
성취하고자 하는 노력이 과할 때 발생하는 문제들

다른 유형들과 마찬가지로 3유형 리더는 자신의 장점을 과도하게 사용할 때, 그리고 다른 특징들을 의식적으로 개발하지 않을 때 이들의 장점은 오히려 아킬레스건이 될 수 있다.

- **목표 설정과 달성** 수단과 방법을 가리지 않고 목적에 도달하는 것에만 과도하게 집착하게 되면 사람들과의 충돌이 발생하게 된다.
- **임무 수행을 위한 노력과 성실성** 일에 집중하고 항상 일에 쫓기므로 과로하게 되고 신체적, 정신적 탈진에 빠지게 된다.
- **마케팅 지향** 그들은 대중의 의도를 능숙하게 알아채고 물건을 팔기 위해 상품을

포장하는 데 초점이 있기 때문에 가끔은 진실을 왜곡하고 원칙이나 절차를 무시하거나 거짓된 발표를 한다.

- **성공 및 유능한 이미지의 투사, 타인에게 좋게 보이기** 모든 환경에서 자신의 이미지를 조정할 수 있는 재능은 상황에 따라서 보이게 되는 이미지의 우선순위를 조정할 수 있게 한다.

- **성공하기 위한 경쟁, 최고가 되기 위한 매진** 3유형은 승리에 집중하기 때문에 경쟁에서 우위를 차지하기 위해 비윤리적이거나 공격적인 관행에 빠지거나 몰입을 하게 된다. 그들은 최고가 되는 것에 초점이 맞춰져 있어서 실패를 회피하기 위해서는 무엇이든지 할 것이다. 때로는 실패를 받아들이고 실패에서 배움으로써 그들을 성장시키는 데 도움이 될 지라도 말이다.

- **최선의 결과를 얻기 위한 격려** 3유형은 목표를 추구하는 데 집착함으로 인해 다른 사람이 말하는 잠재적인 문제에 대한 조언을 듣지 않거나 다른 사람들을 너무 심하게 몰아서 인간관계를 손상시킬 수 있다.

3유형이 과업성취를 위해 다른 사람들과 진정성 있는 협력을 하게 된다면, 이들은 자신이 어떤 방식으로 일을 수행하는가를 스스로 살펴보게 될 것이다. 업무수행 속도를 늦추고 자기 동료들과 보조를 맞추며 일을 점검하게 됨으로써, 상황에 대해 보다 실제적이고 합리적이고 폭넓은 평가를 통해 효율성을 높일 수 있다. 실패의 교훈(또는 최소한 건강한 자기검열 내지는 자기평가)에 대한 수용을 포함하여 성공에 대한 열망의 절제를 배움으로써 다음과 같은 것을 할 수 있게 된다. 즉 3유형은 이러한 것들을 통해 개인과 단체의 가치 있는 비전을 성취하기 위해 자신의 주의와 관심을 자연스러운 방식으로 기울일 수 있게 된다는 것이다.

3유형의 의식수준이 낮을 때와 높을 때

3유형이 스트레스를 받게 되어 의식수준이 낮아지면, 이들은 강압적이 되고 참을성이 없어지고 무능력을 견디기 힘들어 하게 된다. 그들은 누구도 자신보다 그 일을 잘 하거나 빨리 할 수 없기 때문에 혼자서 그 일들을 해내야 한다고 믿는다. 3유형이 자기 성격유형의 낮은 수준에 머물게 되면 일중독에 빠지고 격렬해지고 다루기 힘든 모습을 보이게 된다. 이들은 자기에게 휴식을 취하거나 긴장을 풀거나 재충전을 할 시간을 허락하지 않고, 이로 인해 스트레스를 관리하기가 쉽지 않다. 궁극적으로는 육체적 또는 정서적 위기를 초래할 수 있다. 그래서 많은 경우, 어쩔 수 없이 일을 하지 못하게 되는 경우, 즉 아프거나 부상을 당하는 상황에까지 이르게 된다. 또한 점차적으로 슬픔, 고통과 같은 감정을 느끼고 항상 일상을 지배해왔던 '더 열심히 일하라'는 방어막이 약해짐을 느끼고, 그동안에 쌓였던 감정들이 드러난다. 그래서 감정을 느껴야 하는 불편함은 그들을 더욱 더 열심히 일하게 몰아가는데, 그것은 그들의 감정과 다른 사람들의 감정을 위험할 정도로 무감각하게 만들 수 있다. 그들은 목표에 더 공격적으로 대처하거나 스트레스 받는 것을 숨기고, 나쁘게 보이지 않기 위해 적절한, 또는 행복한 전문가의 얼굴을 보이고자 한다. 그러나 이러한 것이 더욱 스트레스와 불안을 가중시키는 것이다. 낮은 수준에 머물러 있게 되면 3유형은 시야가 좁아지고 목표에 너무 열중하여 누구의 말도 듣지 못하거나 지원을 받지 못할 수 있다.

하지만 높은 의식수준에 머물게 되면 3유형의 리더는 자기 자신을 성찰하고 습관적인 패턴을 의식하게 된다. 3유형은 여유를 찾아서 자신의 감정을 되돌아보고 주변 사람들과 더욱 깊은 관계를 맺는다. 의식적으로 자신의 작업 노력 및 자기 탐구와 균형을 맞추고자 한다. 이것은 일에 대한 일방적인 초점에서 벗어날 수 있게 하는 것이기에 3유형은 자신의 감정을 피하기 위해 과도한 일에 빠져들지 않아도 된다. 대신 이들은 다른 사람들과 더 많이 공감하게 되고, 자기 스스로에게 연민을 느끼며, 자신의 일에 보다 더 효율적이 된다. 감정적으로 지적인 3유형은 자신들이 다른 사람들에게 깊은 인상을 주는 사람이라는 것보다는 자신들의 존재 자체에 대해서 호감을 느낀다. 이들은 업무에 집중하고 자신의 감정을 살펴봄으로써 일에 대한 통찰력을 강화하여 보다 생산적으로 일할 수 있다. 건강한 3유형은 목표를 달성하기 위해 앞으로 나아가야 할 때를 잘 알고 있으며 팀원들과의 대화에 더 집중한다. 언제 다른 사람들의 의견을 청취하여야 하는지 알고 있기 때문에, 다른 사람들과 능숙하게 협업할 수 있다.

세 종류의 3유형 리더
세 가지 본능에 따른 3유형의 하위유형들

에니어그램 모델에 따르면, 우리는 생존하는 데 도움이 되는 세 가지의 주요 본능적 욕구를 가지고 있다. 그리고 이 본능 중 하나를 주된 본능으로 사용한다. 이에 따라 같은 3유형이라 할지라도 자기보존, 사회적, 일대일 본능 중의 어떠한 본능을 우세하게 사용하는가에 따라 서로 다른 모습으로 표현된다.

자기보존(자기지향적) 3유형

자기보존 3유형은 생산적이고 목표 지향적인 사람이 되고자 한다. 그들은 효과적으로 일을 하고 깊이 있게 행동하고자 신경을 쓴다. 이러한 이유로 3유형은 열심히 일하는 지극히 고된 노동자로 악명 높다. 이들은 일을 하려는 의욕도 있고 업무도 잘 한다. 또한 자기보존 3유형은 일반적으로 생존에 필요한 자원을 확보하는 데 관심이 있으며, 물질적 안전에 대한 강한 욕구로 인해 그들을 일 중독자로 만든다. 더욱이 이들은 이미 많은 일을 하고 있음에도 3유형의 표준에 더하여, 도덕적으로도 일을 잘 수행하는 롤 모델이 되어야 한다고 생각한다. 또한 이러한 것이 생존을 보장하기 위해서 반드시 이루어져야 한다고 믿는다.

타인에게 좋아 보이는 것에서 더 나아가 좋은 사람이 되기를 원한다는 의식을 가진 자기보존 3유형은 다른 하위유형(특히 사회적 3유형)들에 비해 겸손한 자세를 취한다. 그들은 허영심 없는 허영심을 가지고 있다. 즉 다른 사람들에게 긍정적으로 보이기를 원하지만, 그렇다고 해서 다른 사람들에게 긍정적으로 보이는 척 하기를 원하지는 않는다. 그들은 자신의 업적에 대해 인정을 받고 싶어 하지만, 허세를 부리거나 노골적으로 자기 홍보에 매달리려 하지는 않는다.

또한 자기보존 3유형은 다른 3유형보다 더 자기충족적이다. 그들은 다른 사람들에 의존하는 것을 힘들어 하고 그들에게 의존하는 사람들과 자신의 안정감을 유지하기 위해서 더욱 더 독립적으로 일할 수 있다. 그들은 자신과 다른 사람들을 돌보기 위해 스스로에게 너무 많은 압박을 가하기 때문에 불안감을 느끼면서도 매우 잘 어울리는 경향이 있다.

리더로서 자기보존 3유형은 다른 사람들보다 더 열심히 일하고 공로를 평가를 받을 때 겸손함을 발휘함으로써 본보기가 될 수 있다. 그들은 아마도 아침에 사무실에 가장 먼저 출근하고 마지막으로 퇴근하는 사람일 것이다. 그들은 확고하고, 자기 확신에 차 있으며, 다른 사람들이 조언을 구하기에 좋은 사람들이다. 그러나 자기보존 3유형은 열심히 일하고 좋은 결과를 내기 위해 많은 압박감을 느끼면서도 일을 수행하는 데 있어서 다른 사람에게 도움을 구하는 것을 지극히 꺼리기도 한다. 이런 방식으로 그들은 도움을 요청했을 때 느끼는 자신의 취약성을 회피하고, 혼자 힘으로 일하기 위해 무엇이 필요한지에 과도하게 초점을 맞춘다. 자기보존 3유형이 스스로에게 좀 더 편안해지고 다른 사람들로부터 좀 더 도움을 받는 방법을 배운다면, 최선의 방법으로 좋은 성과를 낼 수 있는 매우 유능한 지도자가 될 수 있다.

사회적(그룹지향적) 3유형

자기보존 3유형과 다르게 사회적 3유형은 무대에 올라서 관심을 받고 그들의 성과에 대해 칭찬받는 것을 즐긴다. 사회적 3유형은 자신이 과거에 거둔 성과로 다른 사람들과 경쟁하지 않는다고 주장할지라도, 그들은 '승리'에 대해 많이 신경을 쓰고 있으며, 3유형 중 가장 적극적인 경쟁심을 가지고 있다. 이들은 비싼 자동차를 몰고 다니거나 고급 옷을 입는 것과 같이 지위와 성공의 표시를 쉽게 보여 준다. 만약 자기보존 3유형이 좋은 자동차를 갖고 있다면, 그들은 대개 그것을 보여주는 것에 대해 다소 당황스러워 할 것이다. 나는 자기보존 3유형의 사람들로부터 그들이 벤츠를 운전하는 것이 어색해서 도요타 프리우스로 바꿨다는 이야기를 들은 적이 있다. 반면 이런 것이 사회적 3유형에게는 전혀 문제가 되지 않는다.

사회적 3유형은 공적인 모든 상황에서 빛을 발하고 기업에서 승진하는 방법을 잘 알고 있다. 그들은 가끔 여기저기서 제약을 받아도 일을 어떻게 끝낼지, 그리고 어떻게 완벽하게 보일지에 대해 예리한 감각을 가지고 있다. 그들은 훌륭한 세일즈맨이 되기도 하고, 힘과 영향력을 갖고 자기 업적에 대해 인정받는 것을 좋아하며, 그들이 말하는 것을 최대한 활용하는 방법을 알고 있다.

사회적 3유형은 흔히 높은 자리에 올라가 있다. 그들은 권위 있는 직책을 갖고, 업무 프로세스를 지도하고, 권력을 휘두르는 것을 선호하는 유형이다. 이들은 자기 자신과 기업을 위해서 이익을 극대화하기 위해 효과적이고 효율적인 방식을 파악하고 최선을 다한다. 그들은 회사의 이익을 대변하는 기업가적 사고방식을 갖고 있다. 이들은 직관적으로 회사나 팀에 가장 적합한 것을 배치시키고, 모든 사람이 좋은 결과를 얻고 명성과 부와 같은 보상을 받을 수 있도록 결정적이고 성공적인 방식으로 동여부여를 한다. 이러한 3유형은 훌륭하게 보이고 결함이 없어 보이는 것이 중요하기 때문에 취약성을 드러내는 데 어려움을 겪을 수 있지만, 최선을 다해 어떤 작업을 마스터하고 결과를 창출할 수 있는 방법을 찾고자 한다.

일대일(관계지향적) 3유형

일대일 3유형은 다른 3유형과 같이 강력하고 생산적인 리더가 될 수 있지만 다른 유형보다 사람들과의 관계를 더욱 중시한다. 일대일 3유형은 자기보존 3유형의 도덕적인 것보다 개인적 매력의 측면에서 다른 사람들에게 더 좋아 보이기를 원하거나 사회적 3유형과 같은 방식으로 승리하기를 원한다. 이들은 다른 사람들에게 더 많은 서비스를 제공하기 위해 노력하고, 다른 사람들의 마음을 끌어들이는 데 집중하며, 그들 자신의 성공보다는 다른 사람들의 성공을 위해 열심히 노력한다. 일대일 3유형은 자신이 지원한 사람이 승리를 했을 때 자신이 승리한 것처럼 느낀다. 그리고 자기가 지원하는 사람이 실패하게 되면 마치 그 실패가 자신의 것인 것처럼 좌절감을 느낄 수 있다.

일대일 3유형 역시 경쟁심이 있고 열심히 일을 하지만, 자기가 한 일에 대해 인정을 받거나 관심의 중심에 서게 되면 수줍음을 타는 사람이다. 그들은 자기를 좋아하는 사람을 홍보하고 함께 일하며 친근감을 갖고 있다. 팀워크를 좋아하고 직장에서든 집에서든 자신이 지원하는 사람을 열렬하게 응원한다. 일대일 3유형은 자신의 이미지를 잘 알고 있지만, 중요한 사람에게 매력적이고 호소력이 있으며 카리스마가 있다는 것을 보여주는 것이 매우 중요하므로 자신이 원하는 사람들과 유대감을 쉽게 쌓을 수 있다. 그들은 많은 에너지를 가지고 자신이 지지하는 대의명분이나 사람들을 위해 매우 열심히 일할 수 있다. 다른 3유형과 마찬가지로 그들은 일반적으로 자신의 감정을 억제하려는 경향이 있지만, 일대일 3유형은 다른 3유형에 비해 좀 더 감정적이다.

리더로서 일대일 3유형은 매력적이고, 호감을 주며, 사람들에게 도움이 되고자 하는 경향이 있다. 그들은 자신에게 스포트라이트가 맞춰지는 것보다 다른 사람에게 초점이 맞도록 노력하며, 같이 일하는 사람들의 복지에 많은 관심을 표현한다. 3유형은 자기 팀이나 신용할 만한 가치가 있는 조직의 사람들을 끊임없이 홍보하고 지원한다. 다른 두 유형보다 일대일 3유형은 부드러운 모습이 있고 리더일 경우 개인적인 관계와 팀과의 유대감으로 앞으로 힘차게 전진할 수 있다. 일이 잘 진행이 되어 상을 받게 될 때 자신은 뒤로 물러난다. 그들은 다른 사람이 좋아 보이게 만들기 위해서 열심히 하는 것을 즐기며, 자신이 좋아하고 지원하는 사람의 성공이 무엇보다 가장 큰 보상이 될 수 있다.

직장에서의 3유형

3유형은 종종 타인들과 함께 일하는 것을 힘들어 한다. 그 이유는 다음과 같다.

- 빨리 움직이고 싶지만 가끔 다른 사람이 따라올 수 없을 때가 있다. 내가 속도를 낮추고 다른 사람이 따라올 때까지 기다려야 한다 것에 어려움을 느낀다.
- 회의나 대화 중 사람들이 너무 오랫동안 말하고 결론에 도달하는 데 너무 오랜 시간이 걸린다거나 토론 내용이 반복되거나 교착상태에 빠지게 되면, 지루함을 느끼고 듣는 것을 멈춘다.
- 최선의 길을 선택하기 위해서 사전 연구가 중요하다는 것을 알고 있지만, 지나친 분석으로 인해 일이 지연되면 짜증이 난다.
- 목표를 달성하기 위해 일을 하고 있는데 사람들이 많은 질문을 하거나 반대의견을 말하거나 동의하지 않으면 참지 못한다.
- 추진하고자 하는 목표가 명확하게 정의되지 않는 것이 힘들다.
- 나와 내가 속한 팀이 멋지게 보이는 것이 매우 중요하다. 따라서 나와 나의 팀의 이미지가 손상되는 상황을 매우 싫어한다.
- 사람들이 약속을 지키지 않으면 화가 난다. 특히 나에게 나쁜 영향을 미치게 되거나 그들이 자신의 무능함에 책임을 지지 않을 때 더욱 그러하다.

- 실패하는 것을 싫어한다. 그래서 팀원 중 누군가가 내 노력을 방해하여 실패를 하게 된다면 그것을 받아들이기 매우 어렵다. 자신과 자신이 속한 팀을 위해 성공하는 것이 매우 중요하다. 성공을 위해서 상황을 통제하기 위한 충분한 자율권이 없을 때 좌절감을 느낀다.

업무와 관련하여 다음과 같은 상황에서 3유형은 가장 큰 불만을 느낀다.

- 비효율적으로 흘러가는 회의
- 질질 끌려만 가고 어떤 결론도 도출하지 못하는 회의
- 사람들이 내가 목표에 다가가는 것을 방해할 때
- 자기가 하겠다고 한 것을 끝내지 못하는 사람
- 사람들이 게으름을 피울 때, 특히 그들이 내 앞을 가로막고 있거나 내가 앞으로 나아가기 위해 그들로부터 무엇인가 필요한 경우
- 무거운 짐이나 무능력자 또는 계획 실행을 위해 도와줄 수 없는 사람
- 사람들이 내 시간을 쓸데없이 소비할 때
- 사람들이 나의 노력과 힘든 상황을 알아주지 않을 때
- 사람들이 계속 진행만 하고 중요한 시점에서 필요한 대화를 하지 않을 때
- 사람들이 남의 공로를 가로챌 때
- 일에 몰두해야 함에도 불구하고 사소하고 허튼 잡담에 빠져 있는 사람
- 내가 일에 집중하는 것을 방해하는 사람
- 마감일을 지키지 못하는 사람, 특히 그것이 내 일에 피해를 입힐 때
- 조잡한 일을 하는 사람
- 앞에 놓인 과업에 집중하기보다는 다른 사람들의 감정을 살펴야 할 때
- 동일한 사항에 대해 반복적으로 설명을 해주어야 할 때

3유형이 남들과 좀 더 쉽게 일할 수 있는 방법

리더로서 3유형은 모든 사람의 업무 방식, 목표 및 성공이 자신들이 보는 방식과 같지 않다는 점을 주목해야 한다. 3유형은 매우 열심히 일하고 결과를 도출하는 데 초점을 기울이고 생산성에 우선순위를 둠으로써 탁월한 업무성과를 이룬다. 그러나 이런 방식의 업무수행은 자기만 앞으로 나아가고 다른 사람들은 뒤로 처지게 만든다. 타인들이 더 이상 가치가 없다고 생각되면 그들의 말을 듣지도 않고 계획이 무엇인지 대화할 시간도 갖지 않음으로써 문제를 야기할 수 있다. 만약 3유형이 다른 사람과 좀 더 많은 것을 이야기할 수 있도록 일의 속도를 늦춘다면, 목표 달성을 위해 좀 더 다른 사람들과 잘 어울릴 수 있다.

3유형이 어렵고 힘든 상황에 놓이게 될 때, 다른 사람의 말을 듣지 않았음을 깨닫게 된다. 3유형은 자신의 머릿속에 있는 해야 할 일 목록에만 관심을 두고 있기 때문에 종종 사람들의 목소리에 귀를 기울이지 않는다. 또한 3유형은 이미 확고한 계획을 마음에 갖고 있기에 다른 사람의 말을 듣지 않을 것이며 다른 의견에 의해 진로를 변경하지도 않는다. 하지만 다른 사람들의 관심사, 통찰력, 헌신들을 수용할 만큼 충분히 속도를 줄이면, 전반적인 프로젝트가 더 성공적일 수 있음을 3유형은 알아야 한다.

만약 3유형이 너무 서두르거나 목표만 추구하게 되면, 속도를 줄이고 다른 관점들을 배려했을 때보다 효율성이 떨어지게 된다. 3유형은 개인적인 수준에서 사람들과 관계 맺는 시간을 더 할애한다면, 이전보다 더 쉽고 재미있게 일할 수 있다. 3유형은 너무 일에 집중하기 때문에 업무 및 다른 관계를 강화하는 사회적 유대를 형성하는 것을 잊어버린다. 만약 그들이 다른 사람은 어떻게 하는지를 질문하거나 다른 사람의 삶에 무엇이 일어났는지에 대해 관심을 가지고 대화한다면, 그들은 다른 사람과 함께 일을 할 수 있도록 지원을 받을 수 있는 깊은 만남을 형성할 수 있다.

3유형과 함께 일하기

직장에서 3유형의 전형적인 행동 방식

만일 당신이 아래의 행동 패턴을 보이는 사람과 일하고 있다면 그 사람은 아마도 3유형일 것이다.

- 그는 주간 회의에서 초조해하며 시계를 보거나 전화기를 확인해 보는 첫 번째 사람이다.
- 그는 당신이 아침에 출근하기 1시간 전부터 벌써 자리에서 일하고 있었다. 그리고 장시간 일하는 것에 대해 불평을 하지 않는다.
- 그가 자기 계획을 추진하기 전에 누군가 할 일이나 그 필요성에 대해 상기시켜 준다면 신경질적이 될 수 있다.
- 당신이 지난주 아이들과 여행을 다녀온 이야기를 하면 그는 점잖은 미소를 짓고 있지만 당신은 그가 전적으로 다른 생각을 하고 있다는 것을 느낄 수 있다.
- 그는 당신에게 발표를 좀 빨리 해 달라 또는 필요한 부분으로만 말해 달라고 요청하고, 당신이 말하면 종종 핵심 요점 또는 중요 항목이 무엇인지를 다시 물어보는 사람이다.
- 그의 스케줄에서 팀 빌딩 과정을 찾아볼 수 없으며, 감정을 접촉하는 것은 시간 낭비라고 생각한다.
- 그는 목표와 과제가 명확하게 기술되어 있지 않을 때 동기부여와 참여에 어려움을 겪는다.
- 그는 팀의 실패로 목표에 도달하지 못했더라도 당혹감을 회피하기 위해 재빨리 성공적 방식으로 재구성하려 노력한다.
- 그는 과로로 건강이 염려스러울 때에도 일을 멈추지 않는다.

- 그는 규칙적으로 계획한 운동을 절대 놓치지 않는다.
- 그는 최선을 다하고 성공을 위해 함께 일하는 팀에게 동기부여를 위해 무엇을 말할 것인지 정확히 알고 있다.
- 그는 팀이 고착 상태에 빠졌거나 혹은 무엇을 해야 할지 확실하지 않을 때, 적극적으로 다음의 행동으로 이끌어 나간다.

깨어있는 3유형 리더의 강점

- 그들은 실제로 일하는 것을 좋아하고 그들의 열정은 사람들에게 전달된다.
- 그들은 항상 목표에 도달하고 성공을 달성하는 방법을 알고 있다고 확신한다. 그래서 다른 사람들은 자신감을 얻을 수 있다.
- 그들은 항상 자신에게 할당된 것보다 더 많은 일을 한다.
- 그들과 함께 일하면 속도 저하가 발생할 때 속도를 높여준다.
- 모든 사람이 일을 계속하고 집중할 수 있도록 도와준다.
- 그들은 효율적이며 간결한 방식으로 의사소통을 한다.
- 그들은 당신의 시간을 낭비하지 않는다.
- 그들은 청중의 마음을 읽는 법을 알고 있고 무엇이 팔리고 무엇이 팔리지 않을지를 명확히 밝힐 수 있다.
- 사람들과의 관계를 위해서 잠시 시간적 여유를 갖게 되면, 그들은 사람들과 좋은 관계를 맺는다.
- 필요한 경우 그들은 타인과 쉽게 관계 맺고 일에 참여하며 방향을 제시한다.
- 그들은 자신의 일이 삶의 핵심이고 그것에 집중하기 때문에 당신이 필요로 하면 언제든지 그들에게 도움을 얻을 수 있다.

3유형과 함께 일하는 이들이 경험하는 문제들

- 당신이 그들과 대화를 할 때 그들은 불안한 것 같고 어쩌면 무엇인가를 하고 있는 듯한 느낌을 받는다. 그들은 아마 대화 중에도 일을 하고 있을 것이다.
- 그들은 시간 낭비라고 생각되면 회의에서 좌절감을 느끼거나 무시한다.
- 그들은 과로로 인해서 실수가 생길 수 있음에도 일을 중단하거나 여유를 부리지 않고 쉬거나 긴장을 해소하기 위한 시간을 가질 수 없다.
- 그들은 너무 경쟁적이기 때문에 승리를 위한 집착으로 판단이 흐려질 수 있다.
- 그들은 충분한 성공을 거두지 못하거나 그들이 그것을 잘 하기 어렵다고 생각하면 그 프로젝트를 중단할 수도 있다.
- 그들은 팀이나 프로젝트의 좋은 이미지를 보호하기 위해 무슨 일을 벌일지도 모른다.
- 그들은 매우 빠르게 움직이기 때문에 실패로부터 배우려고 하지 않을 것이다. 그들에게 있어서 실패는 받아들이기 매우 힘든 경험인 것이다.

3유형과 리더십

자신의 에니어그램 유형을 아는 것이 업무에 어떻게 도움이 되는가에 관하여 3유형 리더들은 다음과 같이 말한다.

진 할로란(Jean Halloran)은 애질런트 테크놀로지의 인사부문 부사장이었으며, 현재는 할로란 컨설팅사의 사장이다.

리더로서 나에게 가장 도움이 되었던 것은 내 불안이 얼마나 파괴적이었는지를 이해하는 것이었다. 그것은 엄청난 것이었다. 일단 내가 자기보존 3유형인 것을 알았을 때,

나는 나 자신과 개인의 성공을 동일시한다는 것을 알게 되었다. 내가 성공한 사람으로 비추어지는 것, 그 이미지를 위협하는 어떤 것이 나를 불안에 빠지게 한다는 것을 알게 되었다. 나는 내 이미지에 대한 불안감이 나의 리더십에 어떻게 영향을 미치는지 똑똑히 보았다.

그래서 지금은 최선을 다해 주도권을 잡으면서도 편안함을 느낀다. 나는 사람들에게 다음과 같이 말하면서 열등감을 줄 수 있었다. "자, 갑시다", "이것은 참 훌륭하겠는데요", "우리가 이룬 것은 매우 놀랄 만한 것이지요", "다음과 같은 모양이 될 것입니다. 관심 있나요? 관심이 없으면 정말로 오지 마세요", "그렇지만 이것은 참 환상적일 것이에요", "내가 된다고 말했으니까 그것은 될 거에요" 등과 같은 말이다. 나는 사람들에게 우리가 성공할 것이며, 무엇인가를 열심히 할 수 있으며, 권력을 잡을 수 있다는 신념을 갖게 할 능력이 있다. 모든 것을 마무리 짓게 만들 수 있는 힘이다.

내가 만약 월간 부서회의에 참석했는데 거기서 사람들이 "이 개발 프로그램은 모든 사람으로부터 360개의 응답을 받을 수 있도록 해야 하는가" 아니면 "일부 사람에게서만 받아야 하는가?"와 같이 찬성과 반대 의견에 대해 계속해서 토론을 하고 있다고 해보자. 나는 정말로 지루함과 불안함을 느낄 것이다. 이전에 내가 해왔던 방식은 참을성을 잃고 사람들을 방해하기 시작하면서 "자, 우리 여기에서 다시 주요 포인트로 되돌아가자"와 같이 무례한 말을 하는 것이었다.

내 유형을 알고 난 뒤로는 나는 그것을 내 부서원과 공유했다. 그래서 나는 다음과 같이 "정말 미안하지만, 제 행동 불안 장애가 시작되려고 합니다. 그래서 더 이상 회의에 집중해서 이야기를 들을 수가 없네요. 누군가 우리의 논의가 지금 어디에 와 있는지 정리를 해준다면 좋겠어요. 하지만 제가 먼저 질문을 하겠습니다. 정말 새로운 의견을 제시할 사람이 있나요?"라고 의식적으로 말하게 되었다. 하지만 나는 여전히 초조함을 느끼지만 그래도 이제는 자신을 솔직하게 드러내놓고 그렇다고 말한다.

스티브 주비스톤(Steve Jurveston)은 드레이퍼 피셔 주비스톤(Draper Fisher Jurveston)의 파트

너이자 벤처 투자가이다.

에니어그램이 나에게 도움이 되었던 것은 내가 직장에서 인식의 다양성을 이해하고 존중할 수 있도록 해 준 것이다. 나는 실제로 우리 팀에 각 유형의 다양성이 존재할 수 있다는 점에 감사하고 있다. 다른 유형들을 본다는 것은 전에는 인지하지 못했던 차이점을 이해할 수 있는 인식의 프리즘을 갖고 있는 것과 같다. 나는 성격 특성이 옳거나 그르다, 또는 건강하거나 그렇지 않다고 생각해왔다. 하지만 이제 나는 나 자신과는 매우 다른 일관되고 완벽하게 합리적인 관점이 있을 수 있다는 것을 이해한다.

나 자신에 대해 말한다면, 나는 3유형으로서 성취에 대한 치우친 생각들과 사회 미디어에 대한 집착, 그리고 사람들로부터 긍정적인 피드백을 받는 것에 대한 강박 등과 같은 특성들을 알아차리게 되었다. 이제 나는 자각하고 있다. 그리고 내가 평소처럼 행동하지 않는다면 선택할 수 있는 기회가 더 많다는 것을 안다. 나는 이제 더 많이 본다. 그리고 중요한 일을 하기 전에 할 일 목록에 쉽게 체크할 수 있는 일들의 우선순위를 매기는 방법에 주목한다. 나는 의식적으로 나의 일과 함께 삶의 전반적인 일에 큰 도움이 되는 것에 집중하도록 노력한다.

나는 명상과 마음 챙김 훈련 등이 도움이 된다는 것을 발견했다. 예전에는 이런 일에 시간을 투자하는 것이 끔찍하다고 여겼고 노력할 만한 가치가 있다고 생각하지 않았다. 그러나 이런 방법을 통해 우뇌적 사고로 전환시키고, 보통 내가 시간을 내지 않는 자기인식 과제에 더 집중할 수 있도록 도움을 받았다. 간단히 말해서 그것은 직장에서뿐만 아니라 전반적인 삶의 균형에서 건강한 생활을 하도록 도와주었다.

리처드 스톤(Richard Stone)은 캘리포니아주 샌 라파엘시에 위치한 금융 서비스 및 재산관리 회사인 프라이빗 오션사의 설립자이며 회장이다.

나는 내 경력에서 에니어그램을 매우 늦게 접했다. 삶의 궤적을 통해 나는 3유형의 패턴이라는 것을 알게 되었다. 그 패턴은 내가 3유형의 특성과 관련하여 싫어했던 것을 관찰하는 데 도움이 되었다. 나는 즉각적으로 이것을 되새기며 부정적인 것들을 수정하고자 하였다. 3유형에 관련된 사항 중 하나는 내가 진정으로 받아 들여져야 할 필요가 있다는 것이다. 3유형을 설명하기 위해 때때로 사용하는 단어는 '경쟁력 있는 성취자'이다. 나는 내가 매우 경쟁력이 있다는 것을 알게 되었다. 이후 내가 생각하기에 "시간이 됐으니 어서 합시다"라고 말할 수밖에 없는 상황이 와도 나는 그러지 않았다.

그리고 내가 싫어하는 것들 중 하나는 3유형은 자신을 더 중요하게 보이게 하기 위해 과장하는 경향이 있다는 것이다. 대학 졸업 후 나는 바로 금융계획 사업을 시작했다. 당시 이 분야의 사업은 초창기였고 미처 개발이 되지도 않은 상태였다. 나는 공인 금융설계자 인증 프로그램에서 1기 졸업자가 되었다. 나는 대학에서 학위를 취득하는 것 외에도 다른 전문자격증을 땄다. 그러나 몇 년에 걸쳐 사업이 성장하면서 이것은 전문직이 되었고 그 기준도 엄격하게 상향되었다. 그때 나는 이와 관련된 자격증을 갖고 있지 않았다. 그러나 내가 하고 싶은 사업을 위해 해당 자격증을 갖고 있는 사람들과 함께 일하러 갔다. 나는 거의 대리처럼 살았다. 요즘에는 말이 되지 않지만 말이다.

우리 회사는 수십억 달러에 달하는 자산관리 회사로 이 정도 규모의 회사에서는 나보다 학문적인 역량을 갖춘 인재들이 많다. 우리 직원 중에 3명의 박사가 있고 핵분야 엔지니어링의 석사학위를 포함하여 8개의 엔지니어링 관련 학위 소유자가 있다. 최고의 사람들로 구성되었다. 그런데 나는 이들에게 너무 많은 말을 하고 있는 나 자신을 발견했다. 내 동료는 나에게 "리처드, 좀 자제하게"라고 말했었다. 이제 나는 그런 것이 좋은 것이 아니라고 자각하게 되었다. 나는 의식적으로 자제하는 노력을 할 수 있게 되었다.

에니어그램 유형을 배운다는 것은 좋은 것일 수도 있고 나쁜 것일 수도 있다. 3유형에서 경쟁하려는 특성은 부정적인 요인이 될 수 있다. 나는 경쟁을 할 필요가 없는데도 경쟁하고자 했다. 그러나 이러한 나의 특성은 많은 목표를 성취하는 데 실제로 도움이 되었다. 일단 내가 무엇을 하기로 결심하면, 상당히 많은 일들을 성취하였다. 나는 계속

해서 그렇게 노력할 것이다.

당신이 3유형 상사일 때

3유형의 성격을 지닌 사람들은 모든 사람들을 위해 일하는 방식으로 일을 추진하고 큰 목표를 달성하는 것을 좋아하는 리더들이다. 당신이 3유형 리더라면, 당신의 사고방식이 일반적인 비즈니스 관행과 일치하기 때문에 조직의 최상위 수준에 도달하게 할 수 있을 것이다. 3유형은 목표에 초점을 맞추고, 목표에 도달하기 위한 가장 효과적인 계획을 찾으며, 계획을 실행하는 데 필요한 모든 수단을 강구한다. 또한 3유형의 리더는 감정을 비생산적인 것으로 여기고 다른 사람들보다 일에 더욱 집중하는 경향이 있다. 그래서 내면으로는 감정적이 될 수 있지만, 일을 완수하기 위한 노력의 일환으로 감정을 피할 수 있다.

업무상 우선순위를 정하는 3유형의 경향은 그들이 책임을 맡을 때 배가될 수 있다. 3유형의 리더로서 당신은 자신이 다른 사람보다 열심히 일한다는 것을 확인하는 경향이 있으며, 일반적으로 당신의 생산성 수준과 업무에 대한 헌신의 측면에서 당신과 함께 일하는 사람들에 대한 기대치가 높고, 그 기대를 충족시키지 못하는 사람들에게는 매우 엄격할 수 있다. 당신은 사람들의 최선을 이끌어 내어 큰 그림을 그리고, 사람들이 목표 달성을 위해 최선을 다하도록 어떻게 동기 부여를 하는지에 대한 철저한 이해를 가지고 있다.

당신의 상사가 3유형일 때

3유형 리더의 매우 좋은 점은 그들이 업무와 조직의 목표를 잘 파악하고 있으며, 당신이 일을 잘 해내고 있다면 당신에게 매우 헌신적일 것이라는 점이다. 그들은 비록 종종 지나치게 무리를 할지라도 명확한 비전을 세우고 강력한 직업윤리를 만들어 낼 것이다. 그리고 당신도 과로할 정도로 일하기를 원한다. 당신이 목표를 달성하고 조직의 성공에 기여하고 있다면, 3유형 상사는 당신에게 매우 행복해할 것이다. 만약 당신이 느리게 일하거나 상사가 보기에 시간 낭비라고 생각되는 것을 한다면 문제가 발생할 수 있다.

3유형의 리더가 스트레스를 받거나 덜 자각적일 때에는 사람들의 감정이나 일을 방해하는 인간적인 문제에 무감각해질 수 있다. 그들은 목표를 달성하는 데 너무 집중함으로써 사람들을 대충 보거나 피드백에 주의를 기울이지 않을 수 있다. 만약 3유형의 상사가 무엇인가 일이 잘못 되고 있는 것을 보거나 부하 직원이 당연히 해야 할 일을 하고 있지 않을 때는, 부하 직원인 당신에게 의문을 제기할 것이다. 그리고 실적이 약한 사람은 당연히 3유형 상사의 집중적 관리를 받게 될 것이다.

3유형의 상사는 상태가 좋을 때 상당히 유능한 리더십을 발휘할 수 있다. 그는 부하 직원들을 돕고, 일을 착수하면 팀원들이 방해 없이 일을 할 수 있는 환경을 조성해준다. 특히 일대일 3유형은 업무적인 관계를 갖기를 원하므로 사람들이 자신의 잠재력을 발휘하도록 격려할 수 있다. 자기보존 3유형은 문제가 발생했을 때 상황을 정리하고자 사람들과 대화를 나눌 것이다. 그들은 매우 업무 중심적이지만 친숙하게 되기 위해서 좀 더 많은 시간을 할애할 것이다.

당신의 부하 직원이 3유형일 때

당신의 직속 부하가 3유형일 때, 그들은 계획과 목표를 수행하는 데 집중할 것이다. 그리고 당신이 3유형의 부하와 목표에 대해서 열렬히 대화를 한다면, 목표를 달성하기 위해 열심히 노력할 것이라는 것을 기대를 갖게 될 것이다. 3유형은 상사이든 아니든 간에 성공할 수 있다. 그리고 이들을 믿고 이해하는 한 그들은 성공을 위해 헌신할 것이다.

자신의 상사를 존경하지 않은 3유형은 그것을 숨기는 데 어려움을 겪을 수 있으며, 상사는 불쾌감을 느낄 수 있다. 3유형은 일을 어떻게 해야 할지에 대한 명확한 생각을 갖고 있다. 그런데 그들이 상사의 일하는 방식에 동의하지 않는다면 그들은 상사에게 도전할지도 모른다. 3유형이 너무 간섭을 받는다고 느끼거나 자신의 의견이 고려되지 않는다고 생각되면 충돌이 발생할 가능성이 있다. 그들은 정말 빠르게 움직인다. 따라서 상사가 따라잡지 못하면 어색해질 수 있다. 당신이 3유형의 부하 직원들과 좋은 관계를 유지하고 있다면, 당신에게 잘 보이기 위해 무엇이든 하려고 노력할 것이다. 3유형은 자신의 아이디어를 들어주고 그들이 원하는 대로 할 수 있도록 허락하는 리더에게 진심으로 감사해 하고, 상사가 너무 간섭하지 않고 신뢰 가운데 3유형의 직속 부하를 다룬다면 일도 잘 진행될 것이다.

3유형과 원활한 업무관계를 유지하는 방법

- **능숙하게 일을 끝내라** 그들은 유능한 일을 할 수 있다고 신뢰하는 동료, 그리고 그들이 하려는 일을 할 수 있는 믿을 수 있는 동료를 좋아한다. 마감일을 지키고 제때에 우수한 수준으로 업무 수행하기를 바라며, 기대 수준에 미치지 못하면 책임을 져야 할 것이다.
- **그들이 하고자 하는 일을 하도록 내버려 두어라** 3유형은 자기 계획대로 일을 빨리 처리할 수 있는 자유를 좋아한다. 수행해야 할 작업과 관련이 없거나 의미가 없는 것으로 귀찮게 하지 않는 것이 가장 좋다.
- **3유형의 진행 속도에 유의하라** 3유형은 빠르게 움직인다. 당신의 일하는 속도는 그들보다 빠르지 않을 수 있고, 가끔 피할 수 없는 지연이 발생될 것이다. 그러나 그들이 얼마나 빠르게 움직이는 것을 좋아하는지를 아주 잘 이해하고 있다면 그들을 도와주는 데 도움이 될 것이다.
- **그들의 시간을 낭비하지 말라** 회의 시간에 맞춰서 참석하고, 예상 시간보다 회의를 길게 하지 말고, 너무 사소한 이야기에 결부시키지 말아야 한다. 업무 수행에 불

필요한 잡다한 것을 설명하고자 많은 시간을 낭비하지 말고 요점을 말해야 한다.

- **업무에 있어서 관계는 두 번째라는 것을 인식하라** 당신 사무실에 있는 3유형은 당신의 친구가 될 수도 있고 되지 않을 수도 있다. 3유형은 해야 할 일이 많지 않을 때에야 다른 사람과 관계 맺는 것에 마음이 더 열린다. 만약 3유형을 친구로 사귀고 있다면 3유형이 당신과의 관계에 앞서 업무를 우선시 하더라도 불쾌하게 여기지 말아야 한다.

- **만약 당신이 그들의 관심을 원한다면, 그들의 일정을 살펴보라** 3유형은 종종 그들의 하루 혹은 일주일의 아침 운동시간과 주중 사회적 활동 시간까지 면밀하게 계획을 짜고 일정을 수립한다. 당신이 그들의 전적인 관심을 끌고자 한다면 그들의 일정에서 당신과 보낼 수 있는, 그들의 일정을 방해하지 않을 약간의 시간을 따로 확보해야 할 것이다.

- **당신의 감정을 다루는 데 시간을 투자할 것이라고 기대하지 말라** 3유형은 습관적으로 자신의 감정을 느끼거나 다루는 것을 회피하므로 당신의 감정 역시 다루기를 원하지 않는다. 만약 당신이 업무 중 어떤 것으로부터 아픔, 분노, 실망을 느낀다면, 3유형은 당신이 그것을 잘 받아들이고 어른처럼 행동하면서 일을 끝내기 위해서 계속 수행하기를 원할 것이다.

- **절망감에 빠져 욕설을 하지 않도록 도와주라** 3유형은 실패할 때 매우 힘든 시간을 보낸다. 그래서 그들이 성공하기 위해 당신이 할 수 있는 범위 내에서 모든 것을 해준다면 그들은 당신에게 감사해할 것이다. 또는 일이 잘 진행되지 않았을 때 그 과오로부터 배울 수 있도록 충분히 여유를 주고 도와준다면 그들은 고마워할 것이다.

- **그들의 노력과 성과를 인정하라** 3유형은 다른 사람의 존중과 존경을 얻기 위해 모든 것을 다한다. 만일 당신이 그들이 이룬 핵심적인 성과와 그들이 수행한 힘든 작업을 인정한다면 그들은 지원을 받고 인정받고 있다고 느낄 것이다.

성장을 위한 과제와 제언:
자기 발견, 효율성 및 업무 만족도의 향상

모든 유형은 우선적으로 자신의 습관적 패턴을 관찰함으로써 다른 사람들과 더 원활한 협력이 가능해진다. 좀 더 많은 내적 통찰력을 얻기 위해 그들이 생각하고 느끼고 행동한 것들에 대해 생각하고, 주요 계기가 되는 자동적인 반응을 관리하거나 완화시키는 노력에 기울일 수 있다. 3유형은 처음에는 관찰로 시작하고 그 다음에 다른 사람의 감정을 다루어야 한다. 비록 다른 사람의 계획과 필요에 의해 그들의 노력이 좌절되더라도 다른 사람의 무능력 때문에 방해받는 주요 요인들에 대한 자동적인 반응을 완화시키는 것을 배움으로써 성장하게 된다.

3유형은 곤란한 상황에서 스스로를 충분히 억제할 수 있다. 곤란한 상황에서 자신이 하고자 하는 것은 무엇인가 그리고 왜 그렇게 하는가를 되돌아 볼 수 있다면, 그들은 자동 반사적인 반응을 누그러뜨릴 수 있으며 이로부터 점진적으로 배울 수 있게 된다. 이제 3유형으로 하여금 좀 더 자각적, 정서적이 되게 하고 좀 더 만족스러운 직장 및 가정생활을 할 수 있도록 도울 수 있는 아이디어에 대해 살펴보도록 하자.

자기관찰
3유형이 유의해야 할 점들

- 일을 빨리 끝내야 할 필요를 관찰하라. 일이 지연되면 무엇이 발생하는가? 지연 또는 중단에 대해 당신이 어떻게 저항하는지 주목하고, 속도를 내는 이유가 무엇인지를 생각해야 한다.
- 해야 할 업무 리스트를 하나씩 해나가는 것을 당신이 얼마나 좋아하는지 주목하

라. 일을 한 가지 마칠 때 마다 왜 그렇게 극단적 만족감을 얻는가? 일을 함에 있어서 업무의 우선순위는 무엇인가?

- 당신이 스스로 늘 바쁘게 살아가도록 만드는 모습을 살펴보라. 당신이 일상을 유지하면서 열심히 일할 수 있는 동기를 부여하는 것이 무엇인지 관찰하라. 특히 무엇을 회피하고자 하는지 살펴보아야 한다.

- 당신의 감정과 일이 어떻게 연관되는지 관찰하라. 당신이 감정을 위한 여유를 가지지 않을 때 무슨 일이 벌어지는가? 어떤 상황에서 감정을 느끼고 있는가?

- 인정받고 싶은 욕구를 관찰하라. 이 욕구는 어느 정도까지 당신이 수행하고 성공하도록 동기를 부여하는가? 이것은 무엇에 관한 것인가? 인정을 받으면 어떤 감정이 생기는가?

- 최대한의 이익을 얻기 위한 단서를 어떻게 찾는지 살펴보라. 당신은 주변 사람들과 사회적 상황을 어떻게 살펴보는지 주목하라.

- 청중의 관심에 맞춰 당신의 프레젠테이션을 어떻게 변경하는지 생각하라. 그리고 그 뒤에는 무엇이 있는지 의식하라.

- 실패를 피하기 위해 무엇을 하는지 관찰하라. 실패가 왜 그렇게 나쁜 것인가?

- 목표에 방해물이 나타나면 어떤 일이 발생하는지 주목하라. 어떤 감정이 일어나는가? 이 감정은 무엇에 대한 것인가?

- 관계보다 일에 우선순위를 부여하는지 주목하라. 왜 일을 먼저 하는가? 그리고 그 결과는 무엇인가?

맹점

무지가 곧 해를 끼친다

3유형이 자신 속에서 보지 못하는 맹점은 다음과 같다.

- **자신의 감정 느끼기와 감정의 가치 발견** 일을 완수하기 위한 노력의 일환으로 3유형은 종종 그들의 감정을 회피하거나 무시, 또는 최소화한다. 그러나 가슴 유형이라면 그들은 자신을 어떻게 표현할지를 결정하기 위해 가끔은 소외되었던 정서적 능력을 이용해 사람들을 파악한다. 그들이 인식하지 못했던 감정과 좀 더 연결될수록 3유형은 발전할 수 있다. 그들의 감정은 자기가 누구인지, 무엇을 원하는지, 그리고 무엇이 진정으로 가치가 있는 일인지를 아는 데 도움을 줄 수 있다.

- **지연의 가치와 중단** 3유형은 자신이 어떤 이유와 동기로 그렇게 빠르게 움직이고 많은 일을 하는지 살펴보지 않는다면, 자신의 건강과 심리적인 안정, 그리고 종종 인간관계를 망가뜨릴 수 있다. 그들은 의식적으로 지연됨의 가치를 깨닫고 스스로를 돌봐야 한다.

- **진정한 자아** 당신은 진정한 의미에서 당신의 이미지와 떨어져 있다. 일하고 일을 성취하는 과정에서 잃어버리는 것은 당신 자신이다. 3유형은 자신이 원하는 이미지와 자신을 훌륭하게 보이게 하는 성취에 너무 많은 관심을 두어 자신이 누구인지, 무엇을 원하는지, 그리고 자신이 어떻게 살기를 원하는지 알지 못한다. 자신이 누구인지를 발견하면 문자 그대로 삶을 진실되게 살아갈 수 있다.

- **관계의 중요성** 종종 의도치 않게 3유형은 모든 에너지를 업무에 투입함으로써 인간관계, 또는 관계의 질을 희생시킨다. 사람들과 함께 어울리는 것이 어려울 수 있으며, 그들이 현재에 머물러 있지 않다는 것을 알아차리지 못할 수 있다. 3유형이 자기인식을 위해 노력할 때, 인간관계 상태에 대한 점검이 중요하다. 무의식적으로 개인적인 삶을 희생하는 대신에 사람들과 함께 존재하는 것에 우선순위를 두면서 여유를 만들어 가는 것이 중요하다.

- **사랑의 필요성** 3유형은 이미지 관리와 인정에의 욕구 뒤에 무엇이 있는지를 파악할 수 있어야 한다. 그들은 타인에게 사랑받고 인정받기 위해 모든 일을 한다. 인

정받고 자신의 가치를 높이려고 노력하는 것이 다소 아이러니하게 느껴지지만, 사실 이들은 타인으로부터 진정한 따뜻함과 긍정적인 위로를 받으려고 자기 내부에 존재하지 않는 이미지로 사는 데 바쁜 것이다. 이들이 성장하고자 할 때 3유형은 사랑의 중요성에 대해 이해하고 자신의 노력이 애정을 얻으려고 노력하는 것이라는 사실을 깨달을 수 있다.

자기통찰
성찰하고 이해하고 탐구할 것들

- 일이 지연되는 것에 대해 저항이 강한 이유는 무엇인가? 일이 지연되거나 중단이 된다면 어떤 두려운 일이 발생하는가?
- 업무를 수행하고 목표를 실현하는 데 왜 그렇게 몰두하는가? 무엇이 이러한 욕구를 자극하는가? 만약 당신이 이러한 욕구에 저항한다면 무슨 일이 생기는가?
- 왜 감정을 회피하는가? 당신이 의식적인 자각을 갖는 데 어떠한 두려움을 느끼는가?
- 당신은 자신과 다른 이미지를 어떻게 만드는가? 당신의 감정이 어떤지, 무엇을 생각하고 있는지, 또는 진정 당신은 누구인지에 대해 거짓으로 소개한 경우를 생각해 보라. 왜 이런 상황이 발생하는가? 당신이 만들어 낸 이미지와 실제 당신과의 차이점에 대해 탐구해 보라.
- 당신의 삶에서 사람들과 함께 할 수 있는 방법은 무엇인가? 당신과 관련 있는 사람들과 더 자주 더 깊이 관계를 맺고자 하면 어떤 어려움을 느끼게 되는가? 열심히 일할 때 잃어버린 것이 있는가?

3유형이 활용할 수 있는 강점들

3유형이 가지고 있는 아래의 자질들을 인지하고 이것에 주의를 기울여 최대한으로 활용할 수 있어야 한다.

- **업무를 신속하고 효율적으로 수행할 수 있는 능력** 세상은 이미 이것에 대해 보상하며 많은 힘을 부여한다. 성장이란 어떤 것을 변화시켜야 하는 것만이 아니라 적절한 시기에 절제할 수 있는 것이기도 하다.
- **목표를 향한 자신감과 결단력** 다른 유형은 행동하지 않기 때문에 어려움을 겪는다. 하지만 3유형은 이것을 큰 강점으로 여기고 세상을 더 좋은 곳으로 만들기 위해 창조적이고 흥미로운 방법을 찾는다.
- **사람을 읽는 능력과 사람과 관계 맺는 능력** 3유형은 자신이 다른 사람과 얼마나 잘 어울릴지에 대해 스스로 믿지 못할 수 있다. 사람들에게 당신과의 관계, 그리고 그들이 당신을 어떻게 평가를 하는지에 대해 의견을 구하고, 당신이 받아들여야 할 특별한 이유가 있다면 그것을 주의 깊게 수용할 수 있어야 한다.
- **재능의 풍부함과 강인함** 3유형은 어떤 어려운 일도 항상 유능하게 풀어나갈 수 있는 방법을 찾는다. 이러한 능력은 세상에서 필요한 것으로 3유형은 자신의 능력을 다른 사람에게 가르쳐 줄 수 있다.
- **정서적 감성** 3유형은 다른 사람의 정서적 감정에 민감하게 반응할 수 있다. 사람들과 좀 더 자주 교감하고 감정이 갖는 아름다움과 풍요로움을 발견할 수 있어야 한다. 이 부분의 두려움을 극복하면 삶이 훨씬 풍요로워 질 수 있다.

3유형의 도전 과제

- **빠른 속도** 3유형이 빠르게 움직이고 그렇게 많은 일을 하는 이유 중 하나는 부적절하거나 사랑받지 못한다는 감정을 회피하기 위한 무의식적의 욕구에서 비롯된다. 이들은 자신이 멈추거나 천천히 움직이면 느끼고 싶지 않은 감정이 올라올 것이라고 생각하며 이를 무의식적으로 두려워 할 수 있다. 그러나 속도를 조절하여 자신의 삶에 좀 더 충실하고 자신이 누구인지를 알 수 있게 하는 것이 중요하다.

- **경쟁 유도** 어떤 대가를 치르더라도 이겨야 한다는 욕구와 그 실행은 때로는 더 큰 대가를 치르게 된다. 3유형은 항상 이길 필요는 없다는 것을 인식할 때 발전할 수 있을 것이다. 실패에서 교훈을 얻는 의도적인 노력과 성공하고자 하는 욕구 사이에서 균형을 맞추는 것은 그들의 모든 것을 성장시키고 자기 자신을 있는 그대로 받아들이는 데 도움이 된다.

- **실행** 3유형은 끊임없이 무엇인가를 함으로써 자신의 강박관념을 완화시키는 데 도움을 받는다. 그들은 일을 하면서 감정을 느끼고, 존재 그 자체를 그대로 수용하면서 균형을 이룬다면 좀 더 온전하고 행복할 수 있다.

- **이미지 관리** 3유형은 사람들이 사랑하는 것은 자신의 이미지일 뿐 자기 자신의 존재 자체는 아니라고 생각하고 있다. 그래서 다른 사람들이 존경할 만한 사람이 되어 갈수록 그들은 점점 더 진정한 자신으로부터 멀어질 수 있다.

- **과로 그리고 항상 바쁘게 살기** 어떤 관점에서는 당신이 일의 속도를 조금 늦추거나 (심지어 휴가 중에도) 중단하지 못한다면 이것이 바로 당신의 문제라는 것을 분명하게 보여주는 것이다. 일중독을 완화할 수 있는 능력을 개발하여 병이나 장애가 생기지 않게 해야 한다.

- **일과 이미지에 대한 과도한 정체성 부여** 당신이 3유형이라면 당신은 당신이 하는 일

속에서 자신을 발견하게 될 것이다. 그러나 당신은 일이나 성취 그 이상의 존재임을 기억하라.

'낮은 의식수준'을 인식하고 '높은 의식수준' 지향하기

3유형은 자신의 성격 유형과 관련된 자신의 습관과 패턴을 의식적으로 인식하면서 더 높은 측면으로, 그리고 보다 확장되고 균형 잡힌 역량을 구현하는 방법을 배우고 성장할 수 있다.

- 다른 사람에게 좋게 보이려는 욕구에 대해 의식적으로 깨어있으면서 당신 자신의 본래 모습을 표현하라.
- 자신이 왜 그렇게 열심히 일을 하고, 또 많은 일을 하는지 알아차리기를 배워야 한다. 당신이 이 모든 것을 할 필요가 없다는 것, 또는 이미 당신은 귀중하고 사랑스럽고 훌륭한 능력이 있는 사람이라는 것을 신중하게 생각해 보라.
- 현재를 살지 못하고 있음을 알아차려라. 할 일 목록에서 당신의 관심을 끊는 방법을 배우고 현재 무엇이 일어나고 있는지 생각해 보라.
- 당신은 자기 자신과 성공을 어떻게 판단하고 동일시했는지 관찰하고 새롭게 배워야 한다. 당신이 어떻게 느끼는지, 무엇을 갈망하고 있는지, 무엇이 의미 있는 것인지, 그리고 당신이 자신에게 충실했을 때 사람들이 당신에게 어떻게 반응을 하는지 등과 같이 다른 척도를 바라보는 능력을 개발하라.
- 당신은 언제 일과 자신의 이미지를 과도하게 인식하는지를 살펴보라. 이를 통해 당신은 누구인가, 당신은 자신을 어떻게 느끼는가, 당신이 진정 원하는 것은 무엇인가 등의 당신 존재 자체와 연결될 수 있는 일을 하라.

전반적으로 3유형은 승자의 이미지를 만들기 위해 습관적으로 업무와 업무수행에 초점을 맞추고 있다. 이보다는 자신을 관찰하고 노력함으로써 더 높은 가능성을 실현할 수 있다. 자신이 어떻게 느끼는지, 무엇을 정말로 원하는지, 자신이 누구인지에 초점 맞추는 것을 배워야 한다. 그들이 목표에 다가서기 위해 가장 빠른 방법으로 일을 추진하려는 성향을 완화하고 일의 속도를 늦추고자 할 때, 비로소 그들 주위의 사람들만이 아니라 자신의 내부에서도 보다 많은 지원을 받을 수 있다. 그리고 3유형은 내적인 경험의 풍요로움을 느끼기 위해 미개발된 영역을 개발할 때, 그들은 자기 자신의 독특한 재능과 정서적 힘을 혼합하여 상상할 수 없는 방식으로 자신이 하는 일을 향상시킬 수 있다. 또한 행동하는 놀라운 능력과 자신의 깊은 내면을 균형 있게 조화시킨다면, 이들은 모든 사람에게 이익이 되는 방식으로 큰일을 성취하는 유능한 리더가 될 수 있다.

진실성을 표현하는 예술적 리더

4유형의 리더십

자신이 선하지 않을까 걱정하지 말고 진실되고자 노력하라.

안 마텔: 작가

요즘은 모든 사람들이 본인에게 집착하느라
정작 자신을 위해 내어줄 시간이 없다.

루이스 레니슨: 작가 및 코미디언

나는 평범한 것보다 더 나쁜 것은 없다고 생각한다.

안젤라 헤이즈: 영화 〈아메리칸 뷰티〉의 미나 수바리 역할

제7장
4유형의 리더십: 진실성을 표현하는 예술적 리더

4유형은 자신이 하는 행동과 타인과의 관계를 통해 자신을 독특하고 특별하게 보이고자 한다. 4유형은 자신의 주된 초점을 타인과의 관계 혹은 관계의 부재를 통해 자신에게 부족한 부분을 주목하고 그 결핍을 이상화하거나 불평하는 쪽으로 움직인다. 또한 4유형에게는 진정성과 미학이 관심의 초점이며 항상 자신을 타인과 비교한다. '예술가' 혹은 '낭만주의자'라고 불리는 4유형은 에니어그램 유형들 중 가장 감정적인 유형 중 하나이며 자신의 내면세계와 외부환경 모두에 매우 민감하다. 이들은 자신의 감정의 깊이를 창의적인 자기표현으로 표출하는 것이 자신이 이해받을 수 있고 타인과 의미 있는 관계를 만들 수 있는 방법이라고 생각한다.

4유형은 이 세상에서 자신의 존재가치를 드러낼 수 있는 방법이 독특하고 특별하다고 인정받는 길밖에 없다고 굳게 믿기에 자신의 창의성이나 감정을 통해서 자신을 표현하는 데 집중하며 세상이 자신만의 독특한 특별함을 알아주기를 갈구한다. 이들은 자신의 내적 경험을 행동을 통해 의미 있고 아름다운 방법으로 전달하기를 추구하며 자신이 외부세상으로부터 어떤 평가를 받고 있는지에 매우 민감하다. 4유형은 감정의 깊이에 접근하고 공감하는 능력은 뛰어나지만 자기 확신을 가지는 것이 어렵다. 그래서 외부에서 이것을 채우고자 하며 타인의 이해와 확신을 받지 못하면 매우 괴로워한다.

4유형은 진정한 관계와 깊은 이해를 가지고 소통하려 하지만, 타인에게 자신이 원하는 모습으로 받아들여지지 않을 때 단절과 오해로부터 오는 아픔을 경험한다. 이들은 자신이 느끼는 바와 생각하는 것을 바탕으로 이해받기를 원하기 때문에 대화에서 '나'라는 단어를 많이 사용하며 어떠한 상황이나 문제를 자신의 기준을 중심으로 표현한다.[16] 이들은 서로의 감정과 개인적인 경험들을 나눌 수 있는 대화를 통해 깊이 있는 관계를 맺는 것을 선호하기에 피상적이며 형식적인 교류를 싫어한다.

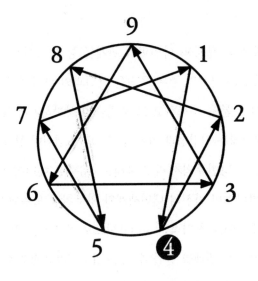

4유형 리더는 사람들의 감정에 민감하며 자신이 하는 일에 열정적이고 모든 이가 진실한 자신의 모습을 보여 줄 수 있는 환경을 만드는 데 헌신적이다. 이들은 성실한 인도주의자일 수도 있고 정열적인 예술가일 수 있으며 미래에 대한 비전을 가진 지도자일 수 있다. 어떤 모습이든 이들은 깊이와 창의성 그리고 의미를 통하여 세상에 영향을 미치고자 한다.

내면의 모습

다음의 특징들이 당신에게 적용된다면 당신은 4유형일 수 있다.

- 당신은 당신이 하는 일을 내면 경험의 렌즈를 통하여 본다. 당신의 일은 당신이 하는 행동과 당신과 교류하는 사람들과의 관계에서 나오는 감정과 내면 경험의 연결에 바탕을 두고 있다.
- 당신은 자신만의 독특한 본연의 모습으로 보이고 이해받기를 원한다. 당신에게 는 타인이 보고 판단하는 자신의 모습이 아닌 자신이 생각하는 본인 내면의 모습 으로 인정받는 것이 매우 중요하다.
- 당신은 타인과 의미 있는 관계 맺기를 원하며 피상적이며 형식적인 관계를 경멸한 다. 당신은 깊이와 의미를 추구하기에 사소한 잡담을 나누는 것을 어려워한다.
- 당신은 타인과 자신을 비교하며 그들에게는 있으나 당신에게는 없는 것들 혹은 당신이 그들에 비해 얼마나 특별한가를 끊임없이 생각한다. 당신은 자신에게는 없다고 생각되는 것이나 자신이 원하는 것을 가진 이들에게는 시기심을 느끼고, 자신이 가진 것을 갖지 못한 이들에게는 우월감을 느낀다. 또한 자신이 느끼는 시기심과 맞서고 자신이 원하는 것을 얻기 위해 열심히 노력하기도 한다.
- 당신은 자신이 원하는 진정으로 연결된 관계를 갖지 못했을 때 느끼는 경험에 매 우 민감하다. 당신은 종종 밖에서 구경하는 외부인처럼 자신이 그룹 내부에 속하 지 않는다고 느낀다.
- 당신은 본인의 표현을 통해 자신이 경험하는 세계의 독특한 경험을 전달할 수 있 을 때 큰 만족감을 얻는다. 자기표현은 당신에게 매우 중요하다. 당신은 자신의 내면 경험을 예술이나 다른 창의적인 프로젝트로 변환시켜 이를 외부에 표현하

는 도전을 즐긴다.

- 당신은 진정성에 매우 큰 가치를 둔다. 어떤 이들은 특히 직장에서 감정을 표현하는 것을 피하지만 당신은 그 감정에 진실성이 있는 한 그러한 감정을 갖는 것이 전혀 문제가 없다고 생각한다.

- 당신은 감정적이고 예민하며 감정기복이 심할 수 있다. 당신의 이러한 강한 감정은 타인과의 관계에서 문제를 야기하기도 한다. 자신의 감정을 표현하는 데 타인의 시선을 의식하기는 하지만, 당신에게는 자신의 감정을 느끼는 것이 자아와 연결되고 자신의 경험을 이해할 수 있는 가장 중요한 방법 중 하나이다.

- 당신은 진실한 사고와 감정의 공유를 바탕으로 사람들과 관계 맺기를 즐기며 이해받는다고 느끼는 것이 중요하다. 당신은 자신을 솔직하고 진실하게 표현하는 것이 중요하다고 느끼며 다른 이들도 그렇게 해 주기를 바란다. 당신은 거짓된 모습을 꾸며내지 못하고, 당신을 이해하지 못하는 사람과는 관계를 발전시키는 데 어려움을 느낀다.

- 당신은 자신을 타인과 비교하고 자신이 가지지 못한 것에 대해 끊임없이 상기하기 때문에 항상 자신이 부족하다고 느낀다. 당신은 타인이 자신이 가지지 못한 것을 가지고 있거나 그들이 자신보다 나은 위치에 있다고 믿을 때 자신이 부족하다고 느낀다.

- 주어진 상황에서 부족한 것이 무엇인지 당신은 매우 쉽게 알아차린다. 당신의 주의는 자연스럽게 무엇이 결핍되어 있는지에 향하며 다른 이들에게 이에 대해 이야기하면 그들은 당신을 부정적인 사람이라고 보기도 한다.

- 당신은 가족이나 같은 팀원들, 혹은 직장 동료들이 느끼는 감정을 읽는 데 매우 뛰어난 재능을 가지고 있다. 당신은 많은 경우 진실을 이야기하는 역할을 맡는데 당신이 이와 같이 표면 아래 일어나는 중요한 일에 대해 목소리를 내는 경우, 사람들은 당신에게 지지 받고 있다고 느낀다. 하지만 이는 또한 진실을 외면하고 싶

은 사람들이 당신을 소외시키는 상황을 만들기도 한다.

- 당신은 깊은 감정을 편안하게 대면할 수 있는 능력이 있기에 감정에 대해 이야기 하고 싶은 이들과 고통을 겪고 있는 이들이 당신을 찾는다. 당신은 다양한 감정 을 느낄 수 있는데, 특히 고통이라는 감정에 익숙하기에 다른 이들이 본인의 감정 을 느낄 때 함께 현존해 줄 수 있다.

4유형의 핵심전략

4유형은 어린 시절 자신이 세상에 적응하는 방식에 영향을 준 중요한 관계의 상 실을 경험했다고 말한다. 많은 경우 그들은 부모나 양육자부터 사랑을 받거나 의미 있는 깊은 연결성을 가진 관계 안에 있다가 어떠한 계기로 관계에 변화가 있었다고 기억한다. 예를 들어 동생이 태어나거나 생활의 변화로 부모가 그들 곁에 있어 줄 수 없는 상황이 생겼다. 이때 4유형의 아이는 이를 자신을 향한 애정의 상실, 혹은 자 신의 삶을 지탱해주는 관계의 상실로 느낀다. 이렇게 잃어버린 것을 되찾기 위하여 4유형들은 자신의 가치를 증명하려 하거나 자신의 고통을 표현하고 자신만의 특별 함을 강조하려 한다. 그들은 그들의 관계에 일어난 변화에 대응하기 위해 상실감과 갈망이라는 대응전략을 개발하며, 그들이 원하는 대상과 연결되기 위해 그들만의 독특한 방식으로 자신을 표현한다. 또한 자신이 어린 시절 느낀 버림받은 경험을 되 풀이 하지 않기 위한 보호 전략으로 자신이 결함이 있다고 느끼거나 타인보다 우월 하다고 느낀다.

4유형의 이러한 적응 방식은 다른 유형에 비해 일반적인 서구의 업무환경에 덜 적합하며 4유형의 리더십 스타일은 전형적인 기업환경과 잘 맞지 않는 것처럼 보일 수 있다. 4유형은 동료들이 자신을 이해해주기를 원하지만 4유형이 아닌 사람들은 어떻게 고통이나 슬픔 같은 어두운 감정과 자신을 동일시하는 것이 자신을 보호하는 전략이 될 수 있는지 이해하기 어렵다. 하지만 4유형 리더십은 기업이 필요로 하는 많은 핵심 요소들과 힘을 가지고 있다. 이들은 무엇인가를 완전하고 더욱 아름답고 더욱 조화롭게 만들기 위해서 무엇이 부족하고 무엇이 필요한지 자연스럽게 느낀다. 또한 타인을 깊이 이해하고 타인의 감정에 공감할 수 있는 능력이 있기에 이들은 생산적 관계를 위한 필요 요소가 무엇인가, 진실한 자기표현이 어떻게 비전과 혁신을 이끌어 낼 수 있는가 등의 자신이 속한 단체의 발전에 도움이 되는 요소들을 잘 알고 있다.

4유형의 레이더 망
4유형의 주의와 관심

4유형의 전략은 자신을 보여주고 자신을 표현할 수 있는 일들을 하며 타인과 연결되고 이해받기 위해 자신의 내면에 초점을 맞춘다. 이들은 감정적 영역 안에서 자신 또는 타인과의 연결을 추구한다. 4유형은 자동적으로 무엇이 결핍되어 있는지 알아차리고 사람들의 주의를 필요로 하면서도 정작 사람들의 관심 밖에 있는 것을 편하게 여긴다.

직장에서 4유형은 사람 간의 상호작용과 업무의 창의적인 측면에 초점을 둔다. 이들은 무엇이 미적인지, 그리고 그것을 어떻게 더욱 아름답게 만들 수 있는지에 대한 의견을 제시하며, 동료들 간의 인간관계와 그들의 감정 상태에 대한 통찰을 보여준다. 그들은 지각적으로 의미와 깊이 그리고 진정성을 우선시한다. 따라서 깊이나 의미가 부족하다고 느끼는 관계나 사람을 개선하는 데 몰두한다.

4유형은 세상을 자신의 내면세계와 경험을 이해하기 위한 '자기 참조적'인 것으로 보고, 타인이 어떻게 느끼고 행동하며 무엇을 필요로 하는지보다 자신의 내면 경험에 즉각적으로 주의를 둔다. 즉 외부에서 일어나고 있는 일보다 자신의 내면세계를 더욱 잘 인지한다. 그러나 이것이 타인에게 관심이 없다는 의미는 아니다. 단지 이들은 관계에 많은 주의를 기울이며, 이들이 원하거나 중요하다고 생각되는 사람들에게 예민하게 정서적으로 관심을 둔다. 예컨대 자신이 경험하고 있는 것이 주된 초점이라는 것이다.

4유형의 행성에서 바라본 세계

일반적으로 4유형은 모든 것을 자신이 생각하는 이상과 관련하여 바라본다. 1유형과 마찬가지로 4유형은 자동적으로 자신과 자신의 상황을 비교의 잣대로 가늠한다. 1유형이 사실을 기반으로 오류를 찾아내고 그 오류를 바로잡는 것에 초점을 맞춘다면, 4유형은 무엇이 얼마나 의미가 있다고 느껴지는가를 근거로 가치판단을 내린다. 이들은 특별한 것에 끌리며 일상적이며 평범한 것을 거부하기에 "남의 떡이 커 보인다"는 시각을 가질 수 있다. 4유형에게는 '지금 여기'에 자신에게 주어진 무엇보다 자신이 가질 수 없는 그 무엇이 훨씬 더 흥미롭게 느껴진다.

4유형은 세상이 자신을 특별한 존재로 보고 그러한 자신의 가치를 확인해 주기를 원한다. 하지만 정작 삶의 경험은 사람들이 자신을 오해하거나 서로 오해하고 있으며 자신의 가치를 보지 못한다고 느낀다. 직장 혹은 업무 환경에서 감정은 의미 있는 요소이지만 그 가치를 인정받지 못한다. 따라서 고통이나 슬픔 등 사람들이 피하고 싶어 하는 감정에 매우 민감한 4유형들은 스스로를 일터에 적응하지 못하는 부적격자라고 느낀다. 이들은 감정이 주는 정보의 중요성, 특히 어떤 방법의 성공과 실패 가능성 여부를 평가하고, 무엇이 어떤 의미가 있으며, 누가 누구와 연결되어 있는지를 판단할 때 감정의 역할에 대한 가치를 잘 알고 있다.

4유형은 직장이라는 공적인 환경에서도 어쩔 수 없이 감정적으로 개방되고 민감할 수밖에 없으며 이 때문에 많은 경우 다른 이들이 자신의 가치를 보지 못하거나 평가절하다고 느낀다. 감정에 관해 뛰어난 직관을 가진 4유형들이 자신의 진가를 인정받지 못한다고 느낄 때 자신은 부족하고 결함이 있다고 느끼는 4유형의 믿음을 더욱 확고하게 만든다. 많은 4유형들이 자신의 감정적 진실을 위해 투쟁할 수 있는 내면의 힘을 가지고 있지만, 이들은 또한 주위 사람들의 판단과 평가에 매우 예민하기에 비즈니스에 감정이 낄 자리가 없다고 생각되는 업무 환경에서 자신의 가치에 대해 의구심을 가질 수 있다.

4유형 리더의 주요 특성

다음의 특징들은 4유형의 리더십 스타일을 묘사한다.

- **진실한 표현을 추구한다** 4유형의 리더는 "우리가 행하는 것들이 우리가 추구하는 것을 진정으로 보여주는가?"라는 것을 매우 중요한 질문으로 생각한다. 그들은 자신들이 제공하는 서비스나 제품이 자신의 팀이나 조직의 가치관을 정확하게 반영하기를 원한다.

- **감정적 직관과 공감력이 뛰어나다** 4유형은 사람들 사이에서 감정적으로 어떤 일이 일어나고 있는지를 직관적으로 파악하는 재능이 있다. 그들은 자신이 느끼는 감정뿐 아니라 타인의 감정, 그리고 자신의 주위 사람들 사이에 감정적으로 어떤 일이 일어나고 있는지에 민감하다.

- **독특하고 특별한 고유의 존재로 돋보이고 싶어 한다** 4유형은 자신을 고유한 존재로 만들어 주는 소중한 특성들을 통해 인정받고 싶어 하는 욕구 때문에 자신들의 정체성을 표현하고, 뛰어난 미적 요소나 성능으로 관심을 끄는 서비스나 제품을 디자인하는 것을 우선시한다. 경쟁자들보다 돋보이고 싶다는 욕구가 이들을 매우 경쟁적으로 만들 수 있다.

- **감정과 관련하여 관계 속에서 일어나는 상황에 집중한다** 4유형의 리더들은 '관계 채널'에 주의를 집중하는 경향이 있다. 즉 이들은 관계가 연결된 상태에 초점을 맞추고 의미 있는 관계를 만들고 유지하는 데 에너지를 쏟는다. 하지만 만약 관계를 위하여 자신의 진정성을 타협해야 한다면 그 관계는 의미와 연결성을 잃어버린다.

- **감정기복이 심하며 극단적이다** 4유형은 남의 눈치를 보지 않고 자신의 감정을 여과 없이 표현하기에 타인들은 이들을 감정기복이 심하며, 극적이고 과민하다고 볼 수 있다.

- **의미 있는 일을 중요시하고 집중한다** 4유형은 자신이 하는 일에서 의미를 찾지 못한다면 의욕을 잃는다. 이들은 구성원들이 의미 있다고 느끼는 일을 할 수 있도록 노력함으로써 조직에 가치를 더 할 수 있다.

4유형은 왜 그렇게 생각하고 느끼고 행동하는가?

사고

4유형의 사고는 '비교'와 '관계'를 중심으로 이루어진다. 다른 이들이 자신이 생산한 제품을 어떻게 평가할 것인가, 타인의 제품과는 어떻게 비교가 되는가, 어떻게 의미를 불어넣을 수 있는가 하는 것이 중요하다. 자신의 내면과 깊이 연결되어 있는 4유형은 자신이 추구하는 이상적 상황이 실현되었을 때를 상상하며 현실과 이상의 격차를 털어버리지 못하고 힘들어한다. 이들은 사람들 사이에 일어나는 일들에 대하여 깊이 사고하며 자신이 누구인지, 자신이 생각하는 것들을 어떻게 표현하고 소통해야 할 것인가를 고민한다. 4유형은 통찰력이 있으며 지적이고 창의적이다. 이들이 자신의 예민한 감정을 명료화하고 객관적인 사고로 균형을 잡는다면 자신들이 하는 일에 매우 뛰어난 능력을 발휘할 수 있다.

감정

4유형은 에니어그램의 다른 어떤 유형보다 감정을 편안하게 받아들인다. 이들은 다른 유형보다 더 많이 감정 속에 살며, 감정의 기복이 심하고 또한 감정의 가치와 감정적 연결을 믿는다. 이들은 넓은 범위의 다양한 감정에 쉽게 접근하고 이를 강렬하게 느낄 수 있으며 감성적 우울, 그리움, 수치심, 열등감, 혹은 버림받을지도 모른다는 두려움, 불안, 분노, 좌절과 같은 어두운 감정에 빠질 수 있다. 반면에 자신에게 더욱 익숙하거나 편안한 감정에 몰입함으로써 특정 감정을 피하기도 한다. 예컨대 4유형은 수치심에서 오는 고통이나 실패에 대한 두려움에서 자신을 방어하기 위해 슬픔과 우울(혹은 거짓 행복)을 도피처로 삼기도 한다. 이들은 또한 자신의 이미지에 부합하고 자신이 피하고 싶은 감정으로부터 도망가는 데 더욱 유용하게 사용될 수 있는 특정 감정 속에서 습관적으로 더 많은 시간을 보낸다. 또한 4유형은 문학이나 고통, 깊은 감정적 경험에서 찾을 수 있는 아름다움에 민감하며, 흥분과 기쁨, 행복을 비롯해 느낄 수 있는 감정의 범위가 넓기에 손쉽게 고난의 이면을 볼 수 있다.

행동

4유형의 행동은 아래에 묘사된 세 가지 타입 중 어떤 타입의 4유형인가에 따라 매우 다르게 나타난다. 어떤 4유형은 자신의 가치를 증명하기 위해 열심히 일하고 강해지기 위해 노력하며 자신에게 주어진 일을 완수하는 데 전념한다. 다른 타입의 4유형은 자신의 감정에 과하게 동일화되어 감정에서 빠져 나와 행동을 취하는 것을 어려워한다. 또 다른 4유형은 자신이 남들보다 우월하다는 것을 보여줌으로써 자신의 가치를 확인시키기 위하여 매우 경쟁적으로 승리를 쟁취하려 한다. 일반적으로 어떤 4유형들은 우울하고 자신의 내면으로 움츠러들어 고립되어 있는 반면에, 어떤 4유형들은 과도하게 활동적일 수도 있다. 자신이 부족하다고 느끼는 감정이나 낮은 자존감에 매달리는 4유형들은 행동을 취하기가 어렵지만 자신이 만족스럽다고 느껴질 때는 뛰어난 성과를 이루기 위해 의욕적으로 행동한다.

4유형의 주요 강점과 능력

- **예술적 충동과 미적 감각** 4유형은 우리의 일상에서 아름답고 시적인 요소들을 바라보고 찾아내고 부각시킨다. 이들은 본능적으로 뛰어난 미적 감각을 가지고 있으며 무엇을 어떻게 하면 현재 있는 것을 더 아름답게 만들 수 있는지를 안다.
- **감정적 직관** 4유형은 자동적으로 사람들 사이의 감정과 긴장감, 혹은 갈등을 감지할 수 있으며 서로에게 얼마나 감정적으로 깊이 연결되어 있는가를 느낀다.
- **감정의 깊이를 수용할 수 있는 능력** 4유형은 타인과 공감하는 것을 두려워하지 않고 감정적으로 고통스럽거나 불편할 때에도 상대방과 함께 머물러 줄 수 있기에 훌륭한 카운슬러, 경청자, 친구가 될 수 있다.
- **진정한 자신을 드러낼 수 있는 용기** 4유형은 진실을 매우 중요하게 생각하기에 이들은 자신이 거짓이나 가짜라고 느끼는 소통을 하기보다는 상대편을 불쾌하게 만들더라도 진실을 말하는 것을 선택한다.
- **인간관계에서 연결됨의 상태를 감지할 수 있는 민감성** 4유형은 사람들이 서로와 얼마나 깊이 연결되어 있는지를 이해할 수 있는 능력이 있다. 이들은 또한 관계 안에 존재하는 장애물과 문제들이 무엇인지 볼 수 있으며 그 관계가 얼마나 열려있고 진실한 관계인지 느낄 수 있다.

과유불급
독창적이고자 하는 노력이 과할 때 발생하는 문제들

다른 모든 유형과 마찬가지로 4유형 리더는 자신의 가장 큰 장점을 과도하게 사용할 때 그리고 다른 특성들을 의식적으로 개발하지 않을 때, 이들이 가진 장점은 이들의 아킬레스건이 되기도 한다.

- **예술적 충동 및 미적 감각** 4유형은 자신이 원하는 미적 수준에 도달하기 위해 너무 많은 시간을 소요할 수 있다. 이들은 자신이 생각하는 이상과 현실의 결과물이 부합하지 않을 때 좌절감을 느낀다.

- **감정적 직관** 4유형과는 다르게 많은 이들은 감정적인 영역을 항해하는 것을 불편해 한다. 하지만 4유형은 자신의 감정을 마주할 준비가 되어있지 않은 이들에게 조차 감정을 끌어내기를 강요할 수 있다.

- **감정의 깊이를 수용할 수 있는 능력** 4유형은 다른 이들이 감당하지 못할 정도의 감정을 쏟아낼 수 있다. 또한 이들은 자신의 감정이 이해되고 인정받기 전까지 일의 진행을 지연시킬 수 있으며 자신과 같은 방식으로 감정과 맞닿아 있지 않은 이들을 비판적인 시선으로 판단할 수 있다.

- **진정한 자신을 드러낼 수 있는 용기** 4유형은 다른 이들이 준비되지 않은 부분까지도 솔직한 모습을 보이도록 강요할 수 있으며 상황에 부적절하게 자신의 솔직한 감정을 표현할 수 있다. 또한 자신이 생각하는 수준의 감정의 진실성에 부합하지 못하는 이들을 비판한다.

- **인간관계에서 연결됨의 상태를 감지할 수 있는 민감성** 4유형이 과하게 사람들 사이의 관계에 초점을 맞추면 관계 속의 문제를 해결하는 데 집착하여 업무적인 우선순위를 망각할 수 있다. 이들은 또한 어떤 관계나 개인의 한계를 받아들이는 데 어려움을 경험하기도 한다.

다행스럽게도 4유형이 사람들과 의미 있는 관계에 대한 진정한 관심과 열정이 있다는 것은 이들이 타인과 협력하여 조화롭게 일하기 위해서 자신이 원하는 감정적 수위를 상호이해가 가능한 선으로 조절해야 한다는 점을 배워야 한다는 의미이기도 하다. 4유형이 자신의 감정과 욕구를 업무 환경에서 수용 가능한 현실적인 선에 맞추고 균형을 이룰 수 있다면, 이들은 자신들이 가진 재능과 장점을 다른 이들에게 도움이 되고 이를 인정받을 수 있는 방식으로 제공할 수 있다.

4유형의 의식수준이 낮을 때와 높을 때

4유형이 스트레스를 받아 낮은 수준까지 떨어지면 감정기복이 심해지고 신경질적이 된다. 또한 모든 것을 자신이나 자신의 감정, 생각, 그리고 욕구에 관한 문제로 만들어버린다. 어떤 4유형들은 스트레스를 받으면 자기 자신에게 더욱 가혹해져 본인을 벌주기도 하고, 다른 4유형들은 무의식적으로 다른 사람들에게 고통을 주고 타인을 벌주기도 한다. 이들은 자신들의 일이 제대로 되는 것이 없다거나 자신들의 욕구를 충족시키지 못함을 드러내고 분노에 찬 불평을 늘어놓거나 협력을 하기보다는 자신에게 관심을 달라는 신호를 보내기도 한다.

낮은 수준의 4유형들은 감성적인 우울감에 빠져 자신을 고립시키고, 또 다른 4유형들은 불안감 때문에 더욱 속도를 내 열심히 일을 하고자 한다. 이들은 더욱 감정적으로 반응하며 자신의 감정 표현의 수위를 조정하는 데 어려움을 겪는다. 또 다른 경우, 자신들의 감정적 반응이 자신을 고립시킬 수 있다는 사실을 알기에 자신을 조절하려고 노력하는 반면, 어떤 이들은 이러한 노력조차 없이 화를 내거나 초기에는 감정조절을 하려 하다가 어떤 수위에 이르면 폭발하기도 한다. 최악의 경우, 이들은 '곰돌이 푸' 만화에 나오는 언제나 우울하며 비관적이고 자기비하가 심한 당나귀 '이요르'처럼 될 수 있다.

높은 수준의 4유형 리더는 높은 자기 인식 능력과 함께 본인의 고착된 성격적 특성을 의식적으로 자각할 수 있다. 이들은 현명하며 창의적이고 깊은 온정이 있으며 자신의 뛰어난 공감능력을 이용하여 목표하는 바를 이루기 위해 영감을 주는 담대한 비전을 만들 수 있다. 최상의 상태일 때 이들은 타인을 이해하고 지지하는 데 자신의 내면 경험(자신의 욕구와 감정에 대한 의식적인 인식), 관대함, 감사 등을 조화롭게 사용한다. 이들은 감정에 접근하여 감정이 제공하는 정보를 수용하고 그 정보를 깨어있는 마음가짐으로 처리하거나 소통한 후 이를 놓아버리는 방법을 터득한다.

건강한 4유형은 감정적 지성과 민감성이 일터에서 얼마나 큰 강점이 될 수 있는지 보여준다. 그들은 자신들의 감정적 영역을 항해하면서 습득한 지혜를 통해 다른 이들을 안내하고 멘토링하며, 여러 사람들을 한마음으로 모이게 하고 조심스럽게 갈등을 중재하기도 한다. 또한 팀의 결합력을 높이기 위해 해결해야 하는 감정적 문제들을 수면 위로 끌어올리기도 한다. 이들은 강렬한 감정이나 대인관계에서 오는 스트레스를 두려워하지 않기에 다른 이들이 더욱 정직하게 소통할 수 있도록 지지해 주며, 자신의 진정성과 본연의 모습이 환영 받고 즐겁게 일할 수 있도록 성공적인 업무환경을 만들어 낸다.

세 종류의 4유형 리더
세 가지 본능에 따른 4유형의 하위유형들

에니어그램에 따르면 우리는 모두 우리의 생존을 도와주는 세 가지 본능을 가지고 있고 이 본능들 중 하나를 주된 본능으로 사용한다. 이에 따라 같은 4유형이라도 자기보존, 사회적, 혹은 일대일 본능 중 어떤 본능을 우세하게 사용하는가에 따라 상당히 다른 모습으로 표현된다.

자기보존(자기지향적) 4유형

자기보존 4유형은 가장 자신의 감정을 외부로 표현하지 않는 유형이다. 자신의 감정이 다른 이들에게는 너무 버겁다는 메시지를 주로 어린 시절에 부모에게서 받은 까닭에, 이들은 슬픔이나 실망, 상처, 분노 등의 어두운 감정이 밖으로 새어나가지 못하도록 뚜껑을 닫아놓으려 노력하기에 전혀 4유형같이 보이지 않을 수 있다. 하지만 사실은 자신의 감정과 깊이 연결되어 있음에도 불구하고 단지 자신이 원하는 이들과의 관계에서 자신을 고립시키지 않기 위해 자신의 부정적인 감정을 속에 가둬놓고 외적으로 친밀하고 즐거운 모습을 보여주는 것뿐이다.

자기보존 4유형은 일반적으로 강하며 고통이나 역경에도 불평이나 감정 표현을 하지 않고 혼자 참지만 다른 4유형에 비해 불안감이 높은 경향이 있다. 표면상으로 이들은 밝게 보이며 자신의 가치를 증명하기 위해 열심히 일한다. 자신이 부족하다거나 다른 이들에 비해 충분히 갖고 있지 않다는 생각에 시기와 불만족에 빠지는 대신 이들은 자신이 원하는 것을 얻기 위해 노력하며, 타인을 돕고 그들로부터 존중과 애정을 얻고 자신의 고통으로 타인에게 부담을 주지 않으려 한다.

이들은 끈기 있게 목표를 향해 나아가며, 때로는 자신의 안위를 고려하지 않거나 무모하게 자신을 희생하여 목표를 이루거나 타인을 도와주려하기도 한다. 이들은 자신이 얼마만큼 할 수 있는지를 보여줌으로써 타인의 찬사를 얻으려하기에 조용히 자신에게 주어진 일 이상을 떠맡거나 무거운 짐을 진다.

리더로서 자기보존 4유형은 대의를 위해 노력하는 모습이나 다른 이들의 상황을 개선하기 위해 헌신하는 영웅적인 모델의 모습을 보여준다. 자신의 일에 매진하는 모습은 3유형과 유사해 보일 수도 있으나 3유형과는 달리, 조직의 감정적인 단계에서 일어나는 일도 민감하게 인지한다. 자기보존 4유형은 인도주의자들이며 타인의 고통을 덜어주는 것에 헌신적이며 자신이 하는 모든 일에 몰입한다. 자기보존 4유형의 리더는 "만약 누군가가 나에게 내가 무엇인가를 할 수 없다고 한다면 나는 그것을 해낼 때까지 멈추지 않는다"라고 고백한다. 이는 감정적 경험에 대한 깊은 고민과 연민, 그리고 자신이 마음먹은 일은 해낼 수 있다는 것을 증명하고 싶은 욕구가 합쳐진 확신과 끈기의 4유형의 전반적 리더십 스타일이다. 자기보존 4유형은 이러한 강렬함을 가벼움과 즐거움으로 중화시켜 자신의 고통을 넘어 다른 이들과 연결되고자 한다.

사회적(그룹지향적) 4유형

자기보존 4유형과는 달리 사회적 4유형은 자신의 감정을 적극적으로 표현하며 더 우울한 경향이 있다. 사회적 4유형은 자신의 힘든 감정을 세상에 다 드러냄으로써 관심과 지지를 받기를 원한다. 이들은 자신의 감정에 깊이 파묻힌 예민한 사람들이며 이러한 감정을 경험함으로써 자신과 연결된다.

다른 두 유형에 비해 사회적 4유형은 더욱 습관적으로 타인과 자신을 비교하고 비하하며 자신이 열등하며 부족하다고 느낀다. 하지만 많은 경우 객관적인 관점에서 보았을 때 사회적 4유형은 능력이 뛰어나며 매력적이고 성공적인 사람들이기에 가까운 주변 사람들은 이러한 4유형의 자기비하를 매우 의아하게 생각한다. 그들은 "네가 잘못되었다고 생각하는 잘못된 생각은 도대체 어디서 나오는 거야?"[17]라고 물어보고 싶을 정도로 매우 고집스럽게 자신에게 문제가 있다고 주장한다. 위에서 설명한 바와 같이 이것은 사회적 4유형이 자신이 원하는 것을 목표로 노력하다 실패했을 때 느낄 수 있는 감정으로부터 자신을 보호하기 위해 부정적인 자기 이미지를 숨기는 방식이라고 이해할 수 있다.

리더로서 사회적 4유형은 사람들에게 고통을 마주하더라도 깊은 감정에 접근함으로써 더욱 진실해지고 효율적이 되어야 할 필요성을 상기시켜준다. 이들은 감정과 감정적 지성의 가치를 대변하는 데 주저하지 않으며, 고통과 슬픔을 마주할 수 있는 대담함은 자신을 창조적으로 표현할 수 있는 용기와 담력을 가질 수 있도록 해준다.

때때로 자신에게 놓인 어려움에 지나친 초점을 맞추기도 하지만 최상의 상태에서 사회적 4유형들은 다른 이들의 개인적, 혹은 팀의 일원으로 더욱 강한 힘을 기르기 위하여 본인들의 연약하고 취약한 부분을 마주할 수 있는 안전한 환경을 만든다.

일대일(관계지향적) 4유형

4유형의 하위유형 중 일대일 4유형은 가장 경쟁심이 강하다. 이들은 자동적으로 타인과 자신을 비교하고, 일등이 되기를 원하며, 자신이 필요로 하는 것을 얻는 것과 자신이 우월하다는 것을 증명하는 데 몰두하여 자신의 이미지 관리에 소홀하다. 그러나 이들의 우월감은 실은 내면에 들어있는 자신이 부족하고 불충분하다는 느낌을 보상하려는 전략이다. 이들은 종종 거만하고 까다로운 사람인 것처럼 보일 수 있다.

일대일 4유형은 자신의 고통을 외부로 투영하며 시기를 경쟁으로 표출하거나 다른 이들이 자신의 욕구를 충족시켜주지 않는다고 분노한다. 이들이 가지고 있는 "우는 아이 떡 하나 더 준다"라는 생각은 이들을 요구사항이 많은 강압적인 인물로 비춰지게 한다. 이러한 모습에 대해 사람들은 부정적으로 반응하고 이들은 그것을 강제로 누르는 방식의 악순환이 계속된다.

일대일 4유형의 깊은 곳에 숨겨진 동기는 자신이 다른 이들보다 못하다는 고통을 거부하는 것이다. 이들은 세상이 자신의 가치에 부합하지 않는다거나 자신의 가치를 인정해주지 않는다는 것에 초점을 맞추고 자신의 업적이나 성과를 높이기 위해 타인의 업적을 축소할 수도 있다. 이들은 수치심을 느끼기보다는 뻔뻔하며 분노를 표현하는 데 주저함이 없기에 필요할 경우 누군가와 대적하는 데 두려움이 없는 8유형으로 보이기도 한다. 이들은 엘리트주의적인 태도와 시각을 보이기도 하고 성공이라는 것은 전부 아니면 의미가 없다는 개념을 가지고 있기에 만약 크게 승리하고 성취하지 못한다면 아무것도 남지 않을 것이라고 생각한다.

리더로서의 일대일 4유형은 자신의 목소리를 내기 위해 투쟁하고 성공을 위해 무엇이든 하는 대담한 선지자이다. 이들은 자신의 가치와 본인의 우월한 능력을 증명하기 위해 열심히 일할 수 있는 동력이 되는 낙관적이며 활동적인 에너지를 가지고 있다. 이들이 자기인식이 부족하면 함께 일하기 매우 힘든 사람일 수 있다. 다른 이들이 하는 일이 마음에 들지 않으면 불평을 하고 자신이 필요한 것을 가지지 못하면 항의를 하며, 본인이 열등감을 느끼면 힘을 과시하고 상황을 자신이 원하는 방향으로 조정하기 위해 분노를 표출할 것이다. 하지만 자각하고 깨어있는 상태에서 이들은 흥미롭고 매력적이며 자신의 일과 관계에 깊이 몰입하며 자신이 하는 모든 일을 성공으로 이끌기 위해 헌신적으로 노력한다. 이들은 스티브 잡스와 같이 혁신적이며 예술적인 비전을 가지고 열정적으로 협력하여 위대한 업적을 이룩할 수 있다.

직장에서의 4유형

4유형은 종종 타인들과 함께 일하는 것을 힘들어 한다. 그 이유는 다음과 같다.

- 나는 자주 함께 일하는 사람들에게 이해받지 못한다고 느낀다.
- 나와 비전을 공유하지 않는 이들과 협력해서 함께 일하는 법을 잘 모른다.
- 동료들은 나처럼 감정적 표현에 가치를 두지 않는다.
- 다른 사람들이 나의 이야기를 듣고 내가 겪고 있는 감정을 이해하려고 노력하지 않으면 나는 무시당했다고 느낀다.
- 때로 나와 타인을 비교하고 내가 남보다 못하다거나 혹은 잘났다는 감정에 빠진다.
- 나의 상사나 동료들은 드러나지 않은 팀의 긴장감을 해결하려고 하지 않는다. 그러나 나는 이것을 해결하고자 하며 사람들에게 이 문제에 대해 언급하면 듣고 싶

어 하지 않는다.

- 개인적인 차원에서 내가 누구인지 이해하고 관계를 위해 노력하지 않는 사람과 함께 일하는 것은 힘들다.
- 나는 진정성이 없거나 가짜라고 느껴지는 사람들을 이해하거나 가깝게 대하는 것이 어렵다.
- 잡담이나 피상적인 대화를 나눌 때나 내가 잘 모르는 동료들과 가식적이고 속물이라고 느껴지는 사람들과 대화를 나누는 것이 매우 불편하고 어색하다.

업무와 관련하여 아래와 같은 상황에 처하면 4유형은 가장 큰 불만을 느낀다.

- 사람들이 나를 알기 위해 충분히 시간을 갖지 않을 때
- 내가 하는 일이나 내가 기여한 것들을 가치 있게 여기지 않을 때
- 도움을 주기 위해 필요한 것, 결핍된 것이 무엇인지 알려 주었는데 그것으로 인해 나를 부정적이거나 비관적인 사람으로 볼 때
- 내가 말하는 것이나 느끼는 것을 이해하지도 못하면서 이해한다고 사람들이 주장할 때
- 심미적인 지각보다 속도나 효율성만을 우선시할 때
- 상사가 나에게 아무 의미 없는 지루한 업무에 많은 시간을 소요하게 만들 때
- 나의 재능과 능력에 부합하는 보상을 받지 못할 때
- 내가 감정적으로 힘든 상황에서 사람들이 "그냥 잊어버려"라든지 "그래도 긍정적인 면을 봐"라고 말할 때
- 내 이야기를 들어주지 않거나 나의 감정이나 직관을 무시할 때
- 인테리어와 같은 물리적 환경에 대한 미적 부분을 신경 쓰지 않거나 부정적인 업무 분위기를 만들 때

4유형이 남들과 좀 더 쉽게 일할 수 있는 방법

리더로서 4유형은 다른 이들이 감정의 가치를 인정하지 않거나 감정을 관리하지 않을 때에도 인내심을 갖도록 노력해야 한다. 자신의 감정을 의식적으로 경험하고 처리한 후, 다른 이들이 쉽게 이해할 수 있는 방식으로 소통할 수 있도록 자신을 독려하거나 외부로부터 지지를 얻어야 한다. 자신이 이해받지 못한다고 생각될 때 이에 대응할 수 있는 내적 자원을 개발하고, 무조건적 반응보다는 자신의 의견을 전달할 수 있는 창의적 방법을 찾는 것이 도움이 된다. 이를 통해 자신이 소유한 감정적 지성의 가치를 남들이 알아주지 않더라도 스스로 상기시킬 수 있도록 도움을 얻게 된다.

조직 내에서 어떤 위치에 있든지 간에 4유형은 감정을 경험하고 소통하는 데 어려움을 겪는 사람들에 대한 연민과 공감을 갖도록 노력해야 한다. 4유형의 감정적 강점과 민감성이 평가 절하되는 비즈니스 세계에서 이것은 쉬운 일은 아니다. 하지만 4유형이 두려움과 불편함을 이유로 감정에 관련된 모든 것을 '나쁜' 것으로 치부하는 문화적 경향에 휩쓸리지 않는 것은 매우 중요하다.

대부분의 4유형은 고통스럽더라도 진실을 이야기하는 것에 집착하기에 다른 이들이 부정적인 면을 투사할 수 있음을 기억해야 한다. 자신이 듣고 싶지 않은 이야기를 듣는 것을 피하거나 인정하고 싶지 않은 감정을 회피하고 싶을 때, 사람들은 이러한 어려운 과정을 대면하고 감정에 대응하라고 말하는 사람을 미워하기 마련이다. 타인이 불편해하는 현실을 화두로 삼을 때, 4유형은 타인으로부터 미움을 받을 수 있다는 사실을 인정해야 한다. 그래야만 남들이 자신을 오해하거나 이야기를 듣지 않으려고 거부할 때 생길 수 있는 상처로부터 자신을 보호할 수 있다. 4유형은 사람들이 자신의 이야기를 듣고 싶어 하지 않거나 자신의 감정을 부정하면 매우 방어적이 된다. 하지만 4유형이 다른 이들의 이러한 행동을 당연하게 받아들이고 이러한 상황에서 건강한 방법으로 소통할 수 있는 길을 찾는다면 이들은 오히려 자신의 진가를 보여줄 수 있다.

직장에서 4유형의 전형적인 행동 방식

만약 당신이 아래의 행동 패턴을 보이는 사람과 일하고 있다면 그 사람은 4유형일 수 있다.

- 그는 평균적인 직장인보다 열정적이고 강렬하다.
- 그는 당신이 그의 창의적인 아이디어를 좋아하지 않으면 예민하고 방어적으로 반응한다.
- 그는 감정기복이 심하고 신경질적이다.
- 당신이 그와 함께 어떤 업무를 진행하던지 그는 항상 미적인 요소들을 개선시킬 수 있는 아이디어가 있다.
- 그는 자신의 감정과 느낌과 관련해 이야기를 하는데 직장 내에서 오가는 대화로는 좀 맞지 않는다는 생각이 든다.
- 그는 항상 계획이나 프로젝트에서 빠지거나 모자란 부분을 이야기하기 때문에 조금 부정적으로 보인다.
- 그는 주로 어두운 면을 보고 현실에 감사하지 못하는 경향이 있다.
- 그는 강압적이고 요구가 많으며 주저 없이 분노를 표출한다.
- 가끔 그는 주위의 모든 상황을 자기 자신에 관한 것으로 만들어 버린다.
- 그는 때때로 오만해 보이는데 사람들이 그의 능력과 기여를 인정하지 않을 때 특히 더 오만해진다. 자기가 최고인양 행동하곤 한다.
- 그는 자신을 증명하기 위해 열심히 일하는데 불안할 때 더 일에 몰두하는 것 같다.
- 그는 우리가 하는 모든 일에 예술적 감각과 창의성을 더한다.
- 그는 자신이 여기에 어울리지 않고 사람들이 자신을 이해하지 못한다고 말한다.

깨어있는 4유형 리더의 강점

- 이들은 자신이 의미 있고 중요하다고 느끼는 일에 열정적이고 헌신적이다.
- 이들은 당신이 힘들거나 고통스럽다고 느끼는 감정을 겪을 때 이에 대해 이야기를 나눌 수 있는 사람들이다.
- 당신이 어떻게 대처해야 할지 모르는 상황을 겪고 있을 때 누군가가 당신을 깊이 지지해 주고 있다고 느끼게 해준다.
- 이들은 창의적인 과정을 매우 좋아하고 혁신적인 아이디어를 제공하며 당신의 창의성을 깨우는 데 도움을 준다.
- 예술적인 심미성이나 디자인적 재능 혹은 미적 감각을 요구하는 작업에 뛰어난 능력을 보여준다.
- 이들은 깊이와 열정을 가지고 있기에 특히 본질적이고 의미 있는 주제를 논하기에 훌륭한 대화 상대이다.
- 이들은 당신을 이해하고 당신과 연결되기 위해 노력한다.
- 이들은 창의적인 비전을 공유할 수 있는 일을 함께 진행할 때 훌륭한 협력자이다.
- 이들은 사람들 사이에서 일어나는 일에 관심이 있으며 팀의 결속력을 높이기 위해 해결해야 하는 문제가 있다면 이에 대해 목소리를 낼 수 있는 용기가 있다.
- 이들은 어려운 대화에 참여하거나 솔직한 피드백을 주는 것을 두려워하지 않는다.

4유형과 함께 일하는 이들이 경험하는 문제들

- 무엇인가 제대로 일이 진행되지 않을 때 4유형은 이에 대해 강하게 반응하고 자신의 불쾌감을 노골적으로 표현한다.
- 이들은 감정기복이 심해 어떻게 대해야 할지 알 수 없을 때가 많으며 어떤 이유로 기분이 나빠지면 업무 진행을 둔화 시킬 수 있다.
- 자신이 이해받지 못한다거나 지지 받지 못한다고 느끼면 매우 불쾌해 한다. 그리

고 어떻게 해야 이들이 이해와 지지를 받는다고 느끼는지 알기가 어렵다.

- 만약 당신이 이들이 성취할 수 없는 큰 성공을 거두면 당신을 미워할 수 있다.
- 4유형은 가식적이거나 감정적 깊이가 없다고 생각되는 사람들을 무시한다.
- 만약 누군가 자신에게 해를 입혔다고 생각하면 원한을 품을 수 있다.
- 자기중심적이고 자아도취적으로 보일 수 있다.
- 다른 이들이 대면하고 싶어 하지 않는 문제들을 자꾸 끄집어낼 수 있다.
- 자신들이 기여한 부분이 인정받지 못할 때 화를 낸다.

4유형과 리더십

자신의 에니어그램 유형을 아는 것이 업무에 어떻게 도움이 되는가에 관하여 4유형 리더는 다음과 같이 말한다.

아라쉬 퍼도시는 파일공유서비스 업체인 드롭박스(Dropbox)의 최고기술책임자이다. 샌프란시스코에 본사를 둔 드롭박스는 클라우드 저장, 파일 동기화, 개인 클라우드와 고객 소프트웨어를 제공한다.

4유형을 묘사한 내용 중 가장 제 가슴에 와 닿았던 것은 내가 다른 이들과 다르다고 느끼거나 내게 결함이 있다고 느끼는 경향이 있다는 것이었다. 다르다는 것은 긍정적인 면과 부정적인 면이 모두 있었다. 나의 다름은 나를 때로는 이방인처럼 느끼게 만들었지만 또한 특별하거나 독특하고 싶다는 욕구도 있었다. 파고들면 파고들수록 내가 내 안에 존재함을 알고 있었던 사고패턴을 이해할 수 있었다. 내가 이렇게 생각하는 것이 내가 뭔가 잘못되어서가 아니라 내가 가지고 있는 유형적 편견 때문이었으며 이를 객관성과 잘 조화시켜야 한다는 것을 알게 되었다.

그리고 내가 강한 감정적인 반응을 보일 수 있는 경향이 있다는 것을 알고 이러한 반응이 일어날 때 그 감정들을 어떻게 풀어가야 조금 더 이성적이 될 수 있는지를 알게 되었다. 내가 나의 에니어그램 유형을 알게 된 것은 확실히 더 나은 리더가 될 수 있도록 도움을 주었다. 나의 감정적 반응을 관리하는 데 도움을 주었을 뿐 아니라 내가 무엇을 잘 하는지 그리고 그 장점을 어떻게 사용할 수 있는지 알게 되었다.

당신이 4유형 상사일 때

4유형 상사인 당신은 업무가 얼마나 잘 진행되는지 뿐 아니라 그 업무에 관련된 미적인 요소와 인간적인 요소(사람들이 느끼는 감정)까지도 고려한다. 당신은 팀이나 조직 내부의 인간적인 역학에 민감하며 높은 공감력을 가지고 팀원들을 잘 알고 싶어 한다. 그리고 직원 채용과정에 관여하기를 원하며 핵심 구성원들과 연결되어 있다고 느낀다.

당신은 리더의 자리가 그리 편하게 느껴지지 않을 수도 있다. 자신에게서 결함을 찾는 당신의 성향은 당신이 남 앞에 나서거나 큰 무대에서 선두에 서는 것을 꺼리게 만든다. 당신이 어떤 리더인지는 당신의 하위유형에 따라 달라진다. 자기보존 4유형은 리더의 역할을 맡았을 때, 자신을 증명해 보이고 자신의 부족함에서 오는 불안감을 떨쳐내기 위해 더욱 더 열심히 일할 것이다. 사회적 4유형은 자신의 능력을 의심하고 역량의 부족에 대한 느낌에 연연하여 리더로서의 능력을 상실하거나 자신이 속한 조직에 자신이 굳게 믿고 있는 진정성에 대한 가치관을 불어넣어 고결한 인격의 롤 모델이 될 수 있다. 항상 자신이 최고라는 것을 보여주려고 분투하는 타고난 경쟁자인 일대일 4유형은 리더로서의 역할을 즐긴다. 자격지심이 들거나 불안할 때 당신은 당신이 부족하고 결함이 있다는 감정에 휩싸일 수 있다. 이때 당신은 당신의 결정에 대해 의심하며 당신의 행동의 결과를 미리 짐작한다. 당신은 현실 파악을 위해 가까운 동료들에게 당신이 잘 하고 있는지에 관하여 객관적인 의견을 구하기도 한다.

최상의 상태에서 당신은 사람들의 감정에 민감한 동시에 자부심을 가질 수 있는 제품을 만들기 위해 열정을 쏟으며 영감을 주는 리더가 될 수 있다.

당신의 상사가 4유형일 때

4유형인 상사를 만날 때 가장 좋은 점은 당신의 상사가 당신과 개인적 관계를 구축하는 데 관심이 있다는 것이다. 만약 그들이 관여했다면 그들은 채용단계부터 어떤 사람을 뽑을 것인지 많은 생각을 한 후 당신을 선택했을 것이고 당신이 성공하는 모습을 보고 싶어 할 것이다. 그들은 또한 당신이 기대하는 이상으로 당신이 필요할 때 다가갈 수 있게 감정적으로 열려있으며 당신이 힘들 때 이야기할 수 있는 사람일 것이다. 그리고 만약 당신과 문제가 있다면 그 문제에 대해 터놓고 이야기할 것이다.

그러나 스트레스나 압박을 받고 있거나 자기인식이 부족한 4유형의 상사라면 자신의 감정적 반응에 빠져 허덕이며 자신의 감정에 초연해지지 못하고 일에도 집중하기 어려워할 것이다. 이러한 행동은 어떤 하위유형이냐에 따라 달라진다. 당신과의 연결을 끊고 자기희생적으로 일에 몰입할 수도 있고, 위축되고 자기비하적이 되어 모든 것을 부정적인 렌즈를 끼고 볼 수도 있다. 아니면 다른 이들의 실수나 능력부족이 자신의 성공에 영향을 줄 수 있다는 생각에 이를 바로잡도록 강압적으로 강요할 수 있다.

최상의 수준에 있는 4유형의 리더들은 다른 이들의 솔직한 의견과 피드백을 수용할 수 있으며 진심으로 당신의 기여와 노고를 감사하게 생각한다. 이들은 팀원과 일에 관해 소통하는 과정을 즐긴다. 이들은 자신을 지속적으로 의심하지만 신뢰할 수 있는 동료들로 이루어진 지지 그룹을 구축하여 어려운 의사결정을 내리고 의미 있는 결과물을 생산하며 다른 이들의 성공을 함께 축하한다.

당신의 부하 직원이 4유형일 때

당신의 직속 부하 직원이 4유형이라면 업무 진행 상황에 따라 항상 소통이 가능하고 연결된 상태를 유지할 수 있도록 개방된 커뮤니케이션 창구를 구축하는 것이 중요하다. 4유형은 자신이 이해와 지지를 받고 있다고 생각할 때 뛰어난 업무 능력을 발휘하며 자신이 속한 조직에 적합하지 않거나 어울리지 않는 사람이라는 감정에 민감하다. 만약 이들이 당신에게 이해받고 연결되었다고 느끼면 이들은 업무를 잘 수행하며 창의적인 의견을 제시한다.

그러나 하위유형에 따라 어떤 이들은 갈등을 피하려 하며 스트레스를 받았을 때 내면으로 물러나고, 어떤 이들은 자신의 감정을 사과하듯 표현하거나 화를 표출하고, 심지어는 업무를 진행시키기 전 자신의 감정을 이해하고 인정해 달라고 강하게 요구한다. 사회적 4유형의 경우 악감정이나 실망감을 놓아버리기가 힘들다. 일대일 4유형은 경쟁적인 성향을 보이거나 자신의 마음에 들지 않는 것에 대해 불평을 하며 자신의 욕구가 충족되기를 요구한다. 자기보존 4유형은 일에 관해서는 3유형과 유사해 보일 수 있다. 4유형이 자신의 능력이 인정받지 못한다고 느끼거나 자신의 감정이 고려되지 않는다고 느낀다면 매우 다루기 어려운 팀원이 될 수 있다.

만약 당신이 건강한 4유형과 함께 일을 한다면, 이들은 당신이 필요로 하는 것과 당신의 감정에 민감하며 자신의 가치를 증명하기 위해 열심히 일하며 팀과 조직에 뛰어난 공헌을 할 것이다. 만약 어떤 문제가 있거나 의견의 불일치가 있다면 이들은 기꺼이 열린 마음으로 이에 대해 논의하며 자신의 일을 통해 자신을 창조적으로 표현하는 것을 즐긴다. 4유형은 높은 감성지능을 가지고 있으며 동료들을 지지하고 의미 있는 방식으로 일하기를 원한다.

4유형과 원활한 업무관계를 유지하는 방법

- **그들을 이해하라** 4유형은 자신이 오해 받고 있다는 감정에 민감하기에 만약 당신이 진심으로 이들을 이해하려고 노력한다면 이들과 잘 지내는 최상의 방법 중 하나를 찾은 것이다. 그러나 다시 한 번 강조하건대 당신이 이들을 이해하는지 못하는지에 대한 판단은 당신이 아닌 4유형의 몫이다.

- **그들이 자신의 감정을 표현하도록 놓아두라** 이때 그들의 감정에 말려 반응하거나 그들의 오류를 지적하여 고치려고 하지 말아야 한다. 만약 당신이 그들이 자신의 감정을 터트리도록 놓아두고 그들의 이야기를 진심으로 들어준다면, 그들의 감정은 가라앉고 근본적인 문제가 저절로 해결될 수 있다. 만약 당신이 그렇게 하지 않는다면 그들의 감정은 사라지지 않을 것이며 문제도 해결되지 않을 것이다.

- **당신이 그들과 그들만의 특별한 업무능력을 소중하게 여긴다는 것을 보여주라** 4유형은 자신의 유일무이한 재능을 보여주는 일을 통해 인정받기를 간절히 원한다. 이들의 진가를 알고 있다는 것을 알려주기 위해 노력하라. 그리고 그 진가가 무엇인지 구체적으로 설명하라.

- **이들이 힘들어 할 때 긍정적인 면을 보라고 말하지 말라** 만약 당신의 4유형 동료가 어떤 문제에 대해 강하게 반대하거나 중요한 무엇이 빠져있다고 주장한다면 진지하게 그들이 이야기하는 문제의 본질에 대해 해결방안을 모색하거나 왜 그 부분에 대해서 더 이상 논의하지 않을 것인지를 명확히 설명하라.

- **자기 본연의 진실된 모습을 드러내라** 그들의 진정성을 향한 열정을 지지하라. 4유형들은 가식과 거짓된 모습을 감지하는 데 뛰어난 직관을 발휘한다. 그들과 마찬가지로 진실한 본연의 모습을 보여준다면 그들과의 업무 관계를 강화할 수 있을 것이다.

- **의미 있고 개인적인 차원의 관계를 형성하라** 그들이 진짜 누구인지 알기를 원한다는

것을 보여주고 그들의 이야기를 들어주고 자신도 본인의 개인적인 정보를 공유하는 위험부담을 감수함으로써 의미 있는 관계를 구축하라.

- **그들의 감정을 평가절하하지 않으면서 그들이 감정을 뛰어넘어서 볼 수 있는 시각을 갖도록 도와주라** 당신은 4유형의 감정표현을 인정함으로써 그들을 지지할 수도 있지만 또한 이들이 너무 과하게 표현할 경우 이에 대해 명확히 지적해 주는 것도 하나의 지지 방법이 된다. 한 가지 기억해야 할 점은 당신이 이들의 감정을 먼저 인정해주고 이 부분을 상기시켜야 이들은 방어적으로 반응하지 않고 당신의 이야기를 수용하고 이해할 것이다.

성장을 위한 과제와 제언:
자기 발견, 효율성, 그리고 업무 만족도의 향상

모든 유형이 먼저 자신의 습관적인 성향을 관찰한 후 자신이 무엇을 어떻게 생각하고 느끼고 행동하는지를 알아차림으로써 자신들의 자동반응을 관리하거나 조절하면 더욱 협동적으로 일할 수 있다. 4유형의 습관적인 자동반응을 촉발하는 주요 요소들은 남들이 자신을 오해하고 있거나 감정기복이 심하고 까다롭다고 치부된다거나 자기 본연의 모습으로 자신의 가치를 인정받지 못하거나 자신이 기여하는 부분이 무시된다고 느끼는 것이다. 이들은 이러한 촉발요인에 강하게 반응하는 자신의 모습을 먼저 관찰하고 자신의 반응 수위를 조절하는 것을 배움으로써 성장할 수 있다.

4유형이 자신을 곤란에 빠뜨리는 자동적 반응을 보일 때, 자신이 하는 행동을 알아차리고 잠시 멈춰 자신이 하는 행동과 그 이유에 대해 곰곰이 생각한다면, 이들은 점차적으로 자신에게 입력되어 있는 패턴과 신중하지 못한 반응을 조절할 수 있게 된다. 아래에는 4유형이 더욱 깊은 자기인식과 감정적인 지성을 키우고 더욱 만족스러운 직장과 가정생활을 할 수 있는 방법을 제시하고자 한다.

4유형이 유의해야 할 점들

- 4유형은 감정으로 사고하는 것과 머리로 사고하는 것의 차이를 객관적으로 알아차려야 한다.

- 인간관계에 비춰 자신의 감정에 대한 지속적 자각을 개발하라. 당신은 당신의 감정을 억누르는가? 감정에 과도하게 빠지는가? 무엇인가를 회피하거나 일상에서 오는 공허함을 피하기 위해 감정을 증폭시켜 극적인 드라마를 만드는가? 감정에 매달려 빠져 나오지 못하는가? 다른 이들에게 영향력을 행사하기 위해 감정을 이용하는가?

- 이미 유효기간이 훨씬 지난 과거의 감정에 매달려 그 감정을 넘어 전진하지 못 하는 자신의 성향을 깨달아라.

- 항상 자신을 남들과 비교하고 있는 모습을 알아차리라. 당신이 이러한 행동을 할 때 당신의 사고과정은 어떠한가? 타인과 자신을 비교할 때 어떤 기분이 드는가? 이러한 행동의 동기는 무엇인가? 결과는 무엇인가?

- 항상 결핍되어 있는 부분이나 잘못된 부분에 집착하는 자신을 관찰하라. 이러한 행동의 동기는 무엇이며 이는 어떻게 내 주위 사람들에게 영향을 주는가?

- 당신이 하고 있는 일의 긍정적인 면에 초점을 맞추지 못하는 자신을 알아차리라. 실질적으로 아주 좋은 것임에도 불구하고 무엇인가 더 나은 이상적인 것을 갈망하느라 진정한 가치를 보지 못하고 있는 것은 아닌지 알아야 한다.

- 자신의 가치를 입증하거나 자신의 내면 깊숙이 자리 잡고 있는 존재의 하찮음에 대항하기 위해 타인과 경쟁하는 것은 아닌지 관찰하라.
- 자신이 평범하거나 부족하다는 두려움을 피하기 위해 다른 이들에게 자신이 특별하게 보이기를 원하는 욕구가 있는지 살펴보아라. 그 아래 깊숙이 숨어있는 것이 과연 무엇인가, 그리고 이러한 욕구의 원인은 무엇인가?
- 과거에 집착하거나 오래된 상처나 실망감에 매달리는 자신을 관찰하라.

맹점

무지가 곧 해를 끼친다

4유형이 자신 속에서 보지 못하는 맹점은 다음과 같다.

- **'지금 여기'의 현재 상황에 존재하는 긍정적인 요소들** 4유형의 리더는 칼 융이 언급한 '긍정의 그림자'가 있다. 이들은 의식적으로 상황의 부정적인 면에 초점을 맞춤으로 본인이 인정하고 싶지 않은 내면의 '그림자' 혹은 '어두운 면'을 자신의 긍정적인 부분과 연결한다.
- **당신의 재능과 강점 및 긍정적인 자질** 4유형은 자신의 부족한 부분에 주의를 집중하는 경향이 있기에 자신이 가진 강점이나 역량을 보지 못 할 수 있다. 이들이 자신들의 재능을 볼 수 없다는 사실은 노력을 반감시키거나 자신이 원하는 것을 성취하는 데 장애가 될 수 있다.
- **과하게 '자기 참조'를 하는 경향. 모든 것을 나와 나의 감정을 중심으로 연결시키는 것** 4유형은 자동적으로 자신의 내면 경험인 감정과 생각을 주요 초점으로 맞춘다. 때때로 이들은 타인의 눈에 과하게 자기 자신에게 몰두해 자신에 관한 것이 아닌 경우에도 자신에 관한 것으로 만들어 버리는 자기 집중적인 사람으로 보일 수 있

다는 것을 알지 못한다.

- **당신이 특정 감정에 집중하는 이유는 당신이 대면하고 싶지 않은 내면 깊은 곳의 다른 감정들을 회피하기 위한 방편임** 4유형은 우울이나 슬픔 같은 어려운 감정을 대하는 것이 편하고, 이러한 감정을 대면할 용기와 힘이 있다. 이러한 이유 때문에 이들은 자신의 실패나 거절에 대한 두려움과 같이 자신들에게는 더 고통스럽고 내면 깊숙이 숨겨져 있는 감정을 피하고자 슬픔과 고통 같은 익숙한 감정을 피난처로 삼고 있다는 것을 보지 못 할 수 있다.

- **감사해야 할 것들. 일상에서 적극적으로 감사할 것들을 찾는 행동에서 오는 힘** 감사는 4유형이 자신의 삶의 긍정적인 면을 보도록 자신을 상기시키는 비교적 쉬운 방법이다. 이들이 자신의 긍정적인 자질을 인정하고 받아들이지 않는다면 의도적으로 감사를 표현한다는 것이 얼마나 삶에 행복과 활기를 가져다 주는지를 잊어버릴 수 있다.

자기통찰
성찰하고 이해하고 탐구할 것들

- 왜 특정한 감정을 놓아버리고 그 감정에 대한 반응을 초월하여 앞으로 나아가기 어려워하는가?
- 결핍에 집착하여 당신이 얻는 것은 무엇인가? 나에게 없는 것이나 부족한 것에 매달린 결과는 무엇인가?
- 자신을 남과 비교하고 그 비교대상보다 자신이 더 '낮다'거나 '못하다'라고 느끼는 성향이 있다는 것을 알아차려야 한다. 그리고 이렇게 비교하는 동기는 무엇인지를 이해하도록 하라.
- 어떻게 그리고 무엇 때문에 우울이나 분노에 집중하는가? 이러한 감정 뒤에는 무

엇이 숨어있는가?

- 당신이 타인의 이해와 인정을 필요로 할 때 무슨 일이 일어나는가?

- 당신이 극적인 드라마를 만들기 위해 당신의 감정을 증폭시킬 때 당신의 내면에는 어떤 일이 일어나고 있는가? 혹은 반대로 당신이 자기보존 4유형이라면 자신을 가학함으로써 혼자 어려움을 이겨나가려고 하거나 자신을 증명해 보이려고 할 때는 언제인가?

4유형이 활용할 수 있는 강점들

4유형은 아래의 자질들을 보유하고 있다는 점을 인지하고 이것에 주의를 기울여 최대한으로 활용하여야 하다.

- **관계 속 감정적 수위를 이해하는 능력** 미국 TV 시리즈 《스타트렉: 넥스트 제너레이션》에서 엔터프라이즈호의 카운슬러이며 타인의 감정을 감지할 수 있는 능력을 지닌 등장인물 '디에나'처럼 관계 속에서 일어나는 깊은 감정적 역동을 이해할 수 있는 4유형의 능력은 사람들이 관계 안에서 일어나는 일들을 이해하는 데 도움을 줄 수 있는 유용한 통찰을 제공한다. 감정에 대한 이러한 주의력을 평가절하하지 말고 이 지혜를 팀의 역동을 발전시키는 데 사용할 수 있다.

- **편안하고 기분 좋은 업무환경을 만들려는 노력** 4유형들은 사물의 겉모양이나 느낌에 높은 가치를 둔다. 이들은 자신을 둘러싸고 있는 물리적인 환경의 아름다움이 사람들에게 긍정적인 영향을 준다는 것을 잘 알고 있다. 4유형의 주의는 자연스럽게 사람에게 향하기에 팀원들이 일을 하는데 필요한 모든 것을 제공함으로써 이들이 지지 받고 있다는 느낌을 가질 수 있기를 원한다. 또한 감정적 영역에 초점을 맞추고 있기 때문에 자신의 팀원들이 일을 하는 데 방해가 되는 모든 감정적 요소들을 제거하고자 한다.

- **연결된 관계의 중요도와 가치를 인지** 4유형은 서로에게 연결되었다고 느끼는 사람들과 함께 일을 더욱 잘할 수 있으며, 함께 의미 있는 경험을 공유한 사람들이 중요한 결과물을 만들어낼 수 있다는 사실을 잘 알고 있다.

- **사람들이 피하고 싶어 하는 감정들을 대면할 수 있는 용기** 4유형은 발생하는 모든 종류의 감정들을 기꺼이 대면할 수 있는 의지를 표현한다. 이들의 위대한 힘은 바로 어렵고 힘든 상황을 피하지 않고 맞설 수 있는 용기이며 이를 헤쳐 나갈 수 있는 의지이다.

- **자신의 신념에 대한 열정과 용기** 타고난 열정가인 4유형은 자신이 하는 모든 일에 진정한 깊이를 더한다. 가슴에서 우러나오는 열정과 깊은 의미를 추구하는 욕구가 일을 향하게 되면 뛰어난 결과물로 도출된다.

자기관리

4유형의 도전 과제

- **자신의 감정을 환영하되 조절하라** 자신의 감정적인 성향을 강점으로 받아들이고 자신을 위해서 이러한 감정들을 관리해야 한다. 깨어있는 의식을 가지고 있으면 감정의 방향을 잡을 수 있고 초월하고 놓아버리는 것을 배울 수 있다.

- **긍정적으로 자기에 대한 자신감을 가져라** 자신이 소중하고 훌륭한 존재라는 사실을 외부의 인정이나 이해로 확인할 필요가 없다. 자신의 내면으로부터 자기 자신을 소중하게 여기는 법을 배워야 한다.

- **감정적 반응을 조절하라** 당신의 감정적 직관은 뛰어난 강점이지만 업무환경에서 자신의 감정적 반응을 표출하기 전, 잠시 멈추고 자신의 감정과 잠시 머무는 시간을 가져야 한다. 자신의 감정적 반응과 지적 통찰력, 그리고 상황의 맥락과 관련된 사람들의 감정이해 능력을 의식적으로 통합하는 것은 당신이 본인의 생각

과 감정을 더욱 효과적으로 표현할 수 있도록 도움을 줄 것이다.

- **부족한 필요를 감지하는 능력** 무엇이 필요하고 무엇이 부족한지 알 수 있다는 것은 큰 강점이지만 항상 이렇게 없는 것에 주의를 두면 과도하게 부정적이거나 비협조적으로 보일 수 있다.

- **깊이와 의미, 강렬함을 추구하는 것** 4유형은 의미 있다고 느껴지는 것에 큰 가치를 두며 피상적이거나 가벼운 것을 경멸하는 경향이 있다. 이것이 과하면 자신과 같이 깊이가 있거나 극적이지 않다는 이유로 타인에 대한 비판적인 판단을 내릴 수 있다. 의미라는 것이 중요하기는 하지만 어느 정도 가벼움을 허용할 수 있어야 한다. 사람들은 각기 다른 수준의 관계 형성을 위한 참여 능력을 가지고 있으며 이러한 다양성에서 나오는 여러 접근법들 또한 중요한 가치가 있다.

잠재력의 의식적 발현
'낮은 의식수준'을 인식하고 '높은 의식수준' 지향하기

4유형은 자신의 성격유형에서 비롯된 자기제한적인 습관들과 패턴들을 의식적으로 인식하고 자신이 가지고 있는 발전적인 능력을 구현함으로써 성장할 수 있다.

- 남들과 비교하고 경쟁하는 자신을 자각하고, 비교하는 사고방식에서 벗어나라. 있는 그대로의 자기 본연의 모습에 만족하고, 모든 이가 각기 다른 고유의 재능을 가지고 있으며 그들만의 문제와 고난이 있다는 사실을 기억하라.

- 어떤 특정한 감정 상태에 과도하게 빠지거나 몰입할 때 이를 의식하고 그 상태에서 벗어날 수 있도록 노력하라. 모든 감정들이 동등하게 중요하되 이 모든 감정들이 왔다가 사라지는 것이라는 점을 인지하고 자신이 수용한 감정의 평정의 상태에 도달하는 것을 목표로 하라. 감정이라는 것이 구름이라면 하늘을 봐야지 흘

러가는 구름에 집착하지 말아야 한다.

- 무엇인가 빠진 것이 있고 결핍되어 있다는 사실이나 실망감에 과도하게 집착할 때 이를 인지하고 의식적으로 상황의 긍정적인 측면이나 원활하게 진행되고 있는 요소들에 주의를 기울일 수 있도록 노력하라.

- 무엇을 잃을까 두려워하는 하는 마음이나 이해받지 못하거나 거부당할 것이라는 두려움을 갖고 있는 자신을 인지하고, 타인의 모든 행동을 사적인 감정에서 나오는 것이라고 받아들이지 말아야 한다. 자신에게 긍정적인 영향을 주지 못하는 일이나 사람들을 내려놓는 노력을 하라.

- 특정한 감정을 회피하기 위해 다른 감정에 집중하는 자신을 알아차리라. 더 깊은 어떤 감정으로부터 자신의 주의를 돌리는 방편으로 어떤 고통이나 슬픔, 혹은 좌절감을 곱씹을 때 이를 알아차리고, 진실이 무엇이든 간에 자신이 그에 대응할 수 있는 힘이 있다는 사실에 믿음을 가져라.

- 자신의 선함이나 긍정적인 자질을 포용한다는 의미에서 두려움을 피하기 위해 집착하는 자신의 부정적인 믿음을 의식하라. 자신이 부족하다는 자동적인 사고를 의심하고 이를 자신이 가지고 있는 많은 자질에 대한 믿음으로 대체하라.

4유형은 자신의 부족함이나 결핍이 존재하는 환경에 과도하게 초점을 맞추는 습관적인 패턴을 관찰하고 이에 의식적으로 대응하였을 때 자신의 특별한 잠재능력을 이끌어낼 수 있다. 또한 깊이 연결된 관계와 감정적 표현에 대한 욕구가 현실적으로 적절한 행동을 조화롭게 균형을 이룰 수 있게 함으로써 발전할 수 있다. 자기 자신의 가치를 보고 의식적으로 소중하게 여길 수 있을 때, 이들은 외부로부터 이해와 인정을 갈구하지 않게 될 것이다.

4유형은 자신에 대한 연민을 가지고 자신의 진정한 강점을 소중하게 생각할 때, 효과적인 소통을 통하여 자신의 진정한 모습을 보여줄 수 있으며 타인의 인정이나 성과에 대한 평가 없이도 큰 영향력을 발휘할 수 있다. 그리고 4유형이 가지고 있는 의미와 창의성을 향한 열정과 자신과 다른 이들의 진정한 역량에 대한 수용을 통합하면 이들은 깊은 감사와 존중, 열린 가슴을 통해 영감을 주는 리더가 될 수 있다.

박학다식한 전문적 리더

5유형의 리더십

당신의 주장을 뒷받침할 수 있는 데이터 없이는,
당신은 그저 하나의 의견을 제시하는 사람에 불과하다.

에드워드 데밍: 경영지도자

모든 것을 관통하는 그 무엇에 대해 배우라.
그리고 그것에 대해 철저히 배우라.

토마스 헉슬리: 생물학자

제8장
5유형의 리더십: 박학다식한 전문적 리더

5유형은 자신의 머릿속에 살고 있는 전형적인 사람이다. 때때로 '관찰자'나 '조용한 전문가'로 불리는 이들은 정보와 데이터에 관심이 있고, 지적이며, 정신적인 수준에서 사람들과 관계를 맺을 때 가장 편안함을 느낀다. 5유형은 자동적으로 데이터와 사실을 중시하며, 최상의 정보를 모아 분석함으로써 결과를 도출하는 방법에 관심을 둔다. 또한 상대와 안전거리를 확보한 상태에서 상호작용하고, 경계를 유지하며 감정이나 행동보다는 지식을 통해 사람과 관계를 맺으려 한다.

에니어그램 유형 중 가장 내성적인 5유형의 사람들은 세상에서 안전하게 살아가기 위한 방법은 곧 사적 공간을 유지하고 보호하는 것이며, 또한 사람들과 어느 정도 거리를 유지하는 것이라고 말한다. 이렇게 함으로써 그들은 자신의 내적 에너지가 고갈되지 않도록 보호하려는 것이다. 이들의 스타일은 특정한 방식으로 다른 사람들과의 관계를 제한함으로써 시간, 공간과 같은 다른 주요 자원과 에너지를 아끼는 데 주력한다. 무슨 일이 일어나던지 간에 감정으로부터 한발 물러나 정신적인 수준에 집중하는 것은 다른 사람들과 감정적으로 얽히게 되었을 때 생길 수 있는 잠재적인 피로감, 불편함, 스트레스를 피하는 데 도움을 준다. 5유형은 상대적으로 개인적인 감정을 공유하는 것을 꺼려하고 사실과 정보에 집중하며 그들의 개인적 공간과 경계를 유지하고자 한다.

　5유형은 자신의 경계를 유지하고 지적인 측면에 집중하는 의사소통 방식을 사용한다. 이들의 말하기 방식은 정확하고 간결해 보이거나 혹은 전혀 말을 하지 않을수도 있다. 이들은 이렇게 함으로써 업무를 처리함에 있어서 가장 관련 있는 사실과 통계에 집중한다. 그들이 불편함을 느끼거나 낯선 사람들과 함께 있을 때에는 다른 사람들로 하여금 그들이 혼자 있는 상태를 즐긴다고 생각하게 만들며, 그들의 침묵을 거만함이나 무관심으로 상대가 받아들일 정도로 그들은 그저 조용히 있다. 그러나 지적인 흥미를 불러일으키는 어떤 것에 대해 논의를 할 때, 그들은 매우 상세히 설명하며 정보를 공유하는 데 엄청난 즐거움을 느낀다.

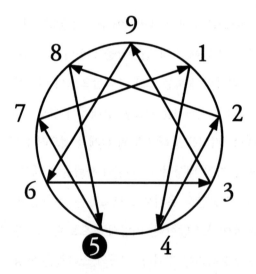

　5유형의 리더들은 에니어그램의 유형 가운데 가장 '사고형적 리더들'(thought leaders)이다. 이들은 데이터를 모으고 평가하며 그들이 하는 일과 관련된 분야의 지식을 마스터하는 것을 즐긴다. 그러나 리더십에 있어 인간적이고 정서적인 측면에 관해서는 어려움을 느낄지도 모른다. 종종 자기 비하적이고 부끄러움이 많은 5유형은 전형적으로 스포트라이트를 피하고 리더십에 대한 인정보다는 내적 보상에 더 행복해 한다. 이들은 자신들의 분야에서 전문가들을 리드하거나 새로운 기술에 혁신적으로 공헌하고 심층적 지식과 독창적인 시각을 결합시킨다. 그들의 관심이 무엇이든 5유형 리더는 세상을 이해하기 위해 지적인 통찰력을 가지고 몰두한다.

5유형의 특징
내면의 모습

다음의 특징들이 당신에게 적용된다면 당신은 5유형일 수 있다.

- 당신은 일을 진행하기 위해 필요한 모든 정보의 렌즈를 통해 당신이 하고 있는 일을 본다. 당신의 흥미를 끄는 것이 있으면 어떤 주제라도 연구하고 더 명확히 하며 그 일을 해내기를 즐긴다.
- 당신은 사람과 감정보다 데이터와 사실에 더 편안함을 느낀다. 당신은 자동적으로 일이 어떻게 진행되고 있는지를 정신적인 수준에 맞추고 지나치게 감정적으로 느끼는 것에서 벗어나려 한다.
- 당신은 혼자 있는 것을 즐기고 개인적인 시간을 많이 필요로 한다. 당신은 행복해지기 위해 다른 사람들과 어울릴 필요가 없다. 당신은 많은 시간을 사람들과 함께 하기보다 혼자서 보낸다.
- 당신은 상황을 객관적으로 보는 데 능숙하다. 당신은 어떠한 감정적인 반응이나 믿음, 지지, 애착 없이 순수하게 지적 능력을 통해 상황을 분석한다.
- 당신은 독립적으로 일하기를 즐긴다. 당신은 혼자 있을 때 가장 편안함을 느끼며 혼자서 일하기를 좋아한다.
- 당신은 지적 흥미를 가지고 있는 어떠한 것에 있어서 전문가가 되기를 즐긴다. 당

신은 읽고 연구하는 것이 사람들과 상호작용하고 그들의 감정을 다루는 것보다 훨씬 수월하다고 느낀다.

- 당신은 당신의 지적 관심을 끌고 흥미로운 어떤 것을 학습할 때 가장 즐겁게 일한다. 당신은 새로운 것을 배우고 지식을 얻을 때 만족감을 느낀다.

- 당신은 당신의 프라이버시를 매우 중요시한다. 당신은 당신이 중요시 하지 않는 사항들을 오랫동안 이야기하면서 당신의 사무실에 머무는 사람을 불편해한다.

- 당신은 칵테일 파티와 직업 인터뷰처럼 당신에 대한 정보를 공유하거나 가벼운 대화에 참여해야 하는 상황에 불편함을 느낀다. 개인적인 정보를 전달하는 것보다 지적인 측면에서 업무에 대해 대화하는 편이 훨씬 더 쉽다.

- 당신은 별로 감정에 휘둘리지 않는다. 감정이 올라오게 되는 경우에는 주위에 아무도 없이 혼자 남아 있을 때 그러한 감정을 느껴보고자 한다. 어떤 사람들은 당신을 냉담한 사람으로 느낄지 모르지만 당신은 잘 알지 못하는 사람들에게 당신에 대해 말하는 것을 좋아하지 않기에 여러 사람들과 함께 어울려야 하는 상황에서는 수줍음과 불편함을 느낀다.

- 당신은 사회 세계에서 참여자이라기보다는 관찰자이다. 당신은 흥미로운 사람들을 발견하지만 그들과 깊은 관계를 맺길 원하는 것은 아니다.

- 당신은 감정과 분리되는 경향이 있고 지적인 수준에서 타인과 관계 맺을 때 훨씬 더 편안함을 느낀다. 당신이 비록 민감하고 날카로운 관찰력을 가졌다 할지라도 당신의 감정을 타인과 공유하면서 그들을 사교적으로 대하는 것은 힘이 든다.

- 당신은 전문가적 소양을 기르고 조직이나 기업을 발전시키는 데 필요한 정보를 이용하는 것과 관련된 요직에 있는 것을 즐긴다. 당신은 지식과 정보를 모으는 데 탁월한 능력이 있고 주어진 특정 주제에 대해 심도 있게 연구하고 발표하는 것을 좋아한다.

5유형의 핵심전략

5유형은 어릴 적부터 간섭을 받고 무시당하고 그들의 영역이 타인에 의해 존중받지 못한 경험이 있다. 그래서 자신들의 사적인 공간을 보호하기 위한 요구를 하거나 요구한 것을 충분히 제공받지 못해 자신들의 부족한 자원들로 그럭저럭 살아야 했다고 말한다. 이들은 때때로 타인의 드라마 같은 일이나 감정적 격변을 다루고 자기 안으로 침잠하고, 감정으로부터 분리됨으로써 안정감을 찾으며, 그들의 머리와 지식을 통해 위안을 구하곤 한다.

5유형은 혼자만의 사적 공간에 머물거나 아니면 모든 것을 머리와 이성으로 판단하고자 하는 습관을 통해 사생활을 침해받지 않으려하고, 부족한 자원들을 계속 지켜나가며, 안전하고 흥미롭다고 느끼는 방식으로 세상과 관계 맺고자 한다. 나는 5유형 사람들로부터 종종 다음과 같은 이야기를 듣곤 한다. 5유형들은 에니어그램을 알기 전에는 자기가 좀 이상하다고 생각했었다는 것이다. 자기가 다른 사람들과 별로 어울리려 하지 않는 버릇을 가지고 있어서 이상하게 여겼는데, 에니어그램을 알고 보니까 그것은 단지 5유형의 기질적 특성임을 깨닫게 되었다는 것이다. 5유형들은 어린 시절 타인에게 의존하는 것이 그다지 안전하지 않음을 경험했기 때문에, 이로 인해 충분히 채워지지 않는 일종의 내적 결핍감을 지니게 된 것이다.

5유형이 감정을 드러내지 않고 감성적이지 않게 보일지도 모르지만 그들은 실제로는 매우 세심하다. 그들은 어떤 것을 민감하게 느끼고 경험한다. 그들은 인생을 살아가는 최고의 방법을 알려주는 내적 장치를 가동하면서 일을 수행해나감에 있어서 경계 즉 사적 영역을 유지하고, 타인의 욕구나 감정에 얽혀 들어서 에너지가 소모되는 것을 피하기 위해 자신의 정신세계에 집중한다. 5유형은 사람들로부터 일정한 거리를 둠으로써 사적 공간이 확보되고 데이터와의 지적 상호작용을 통해 일을 처리할 때 평온함과 행복감을 느끼곤 한다.

정신을 집중하고 사적 공간을 보호하고자 하는 전략은 5유형으로 하여금 정보를 수집하고 평가하고, 시간과 공간, 에너지를 통제하면서 그들의 사고 과정을 더 집중시킨다. 5유형의 리더는 자기 시간과 공간에 대한 강한 욕구를 갖기 때문에 혼자 생각하고 과업을 수행할 공간이 필요하다. 자립성과 자주성을 가진 이들은 자연스럽게 외부의 참견을 경계하고, 업무에 차질이 생길 가능성을 빨리 알아차려 필요할 경우 회피한다. 그들은 무의식적으로 사람들을 정신적 범주로 분류하곤 하는데, 그들이 타인과 얼마나 많은, 혹은 얼마나 적은 상호작용을 원하는지에 따라 분류한다.

그리고 5유형은 타인과 상호작용할 때 어떻게 경계선을 정하고 그 경계를 어떻게 자연스럽게 이용할지에 집중한다. 이들은 사회적 상호작용을 진심으로 즐길지도 모르지만 예민한 제한 시간이 존재한다. 예컨대 연락이나 접촉을 위한 관계가 특정 시간에 끝날 것을 미리 알 수 있다면 그들이 얼마나 오래 대화에 참여하며 관계를 맺어야 하는지에 대한 걱정이 줄어든다. 고등학교 수학 교사인 5유형의 내 친구는 수업시간 동안 학생들과 함께하는 것을 매우 즐긴다. 그것은 정해진 시간에 종이 울리고 수업이 끝나 학생 모두가 교실을 떠나면, 그녀는 다시 혼자만의 행복한 시간을 가질 수 있음을 알고 있기 때문이다.

5유형들은 또한 그들 자신의 에너지 수준에 맞춰져 있다. 내가 아는 5유형 중 한 사람은 이렇게 말한다. "하루를 시작할 때 나는 휘발유가 가득 찬 통 하나를 가지고 있다고 생각한다. 하지만 시간이 지날수록 나는 특정 과업과 상호작용이 그 연료를 고갈시킨다는 것을 알게 되었다." 특정한 경험들은 다른 경험보다 더 많은 연료를 소비하게 한다. 5유형의 관심은 어떤 상호작용이 자신의 에너지를 더 많이 혹은 덜 소비하게 하는지, 어떻게 더 큰 지출을 피할 수 있는지 혹은 가장 원하고 꼭 필요한 곳에 에너지를 쏟아야 하는지를 파악하는 데 있다.

5유형의 행성에서 바라본 세계

일반적으로 5유형은 흥미로운 것과 빠져들 만한 것들을 중심으로 세상을 바라본다. 5유형 리더는 의미를 발견하고 지지할만한 대의명분을 찾고자 한다. 이들은 자신이 확신하는 것에 대한 노력 및 그와 연관된 지적 능력을 통해 다른 사람들을 리드하되 일정부분 거리를 두고 일을 처리한다. 이들은 너무 강한 감정들은 낯설어하고 불편해한다. 하지만 이들은 여전히 자신이 의미 있고 중요하다고 생각하는 이슈, 연구, 사상들에 대해서는 매우 열정적 모습을 보인다.

5유형들은 지적인 관점을 가지고 세상을 바라본다. 이들은 어떤 것들에 대해 깊이 생각하며 학문과 지식에 목말라한다. 이들은 전형적으로 사람들이나 관계에 대한 욕구보다 정보와 지적인 이해에 대한 욕구가 더욱 크다. 그렇다고 해서 이들이 좋은 관계, 힘이 되는 관계를 필요로 하지 않고 원하지도 않는다는 것은 아니다. 5유형은 줄곧 사람들에게 둘러싸여 있기를 원하는 욕구가 덜하고, 관계를 맺을 사람을 덜 요구하며, 몇몇 믿을만한 소수의 사람들과 가까운 관계를 갖기를 선호한다.

5유형의 사람들은 개인 공간 및 사생활을 유지하고 그것을 염두에 두고 세상을 바라본다. 그들은 편안함과 안전함을 느끼는 세상살이에 관해 생각한다. 직장에서 그들은 업무와 어떤 요구가 이루어지는 정신적인 측면에서 사람들과 관계를 맺을지도 모르나 대개 자기의 개인적인 정보를 거의 공유하지 않는다. 그들이 동료들과 굳건한 관계로 발전할 수 있지만 개인적인 정보나 감정을 내보이고 공유하기에 충분히 편안하다고 느끼게 하려면 시간이 좀 걸릴지도 모른다.

5유형 리더의 주요 특성

다음의 특징들은 5유형의 리더십 스타일을 묘사한다.

- **관심을 가지고 능숙하게 정보를 처리하고 평가하는 능력** 지식과 정보에 대한 욕구가 큰 5유형은 데이터를 모으고 분석하는데 능하며 이러한 과정을 즐긴다.
- **객관성** 5유형은 감정을 생각과 분리하기 때문에 한 가지 상황에 대해 평가하고 이야기할 때 중립적일 수 있다.
- **적절한 경계와 사적 영역을 유지하는 데 집중함** 5유형은 사적 공간을 필요로 하기 때문에 타인이 공간을 필요로 하는 것을 이해한다. 이들은 타인의 사생활을 존중하고 비밀에 관해서는 믿을 만하다.
- **지적이고 사려 깊음** 5유형은 인지적이고 정신적인 수준에서 무언가를 할 때 가장 편안하게 행동한다. 이들은 정보를 모으고 깊이 사고하기를 좋아한다.
- **감정을 분리시킴** 이 특징은 이들을 매우 객관적인 사고가로 만들지만 때때로 그들이 공감력이 부족하거나 어떤 일을 감정적으로 처리하기를 원하지 않음을 의미하기도 한다.
- **사적이고 겸손함** 5유형은 자신들이 하는 일에 대해 많은 관심이 쏟아지는 것을 원하지 않는다. 부끄러움이 많고 내성적인 그들은 스포트라이트를 불편해하고 사람들의 눈에 띄지 않는 곳이나 집 또는 다른 사적인 공간에서 일하기를 선호한다.
- **구분하려는 경향** 생각이건 사람이든 간에 5유형은 자신의 인지적 분류 체계 안에 모든 데이터를 저장하기를 좋아한다. 이들은 자신이 알고 있는 것과 사람들이 자신에 대해 알고 있는 것을 통제할 수 있다. 예를 들면, 그들은 서로 많이 다른 사람들을 동일한 파티에 초대하지 않는다. 이질적인 사람들이 모이면 그들이 나누게 될 서로 다른 정보들을 자신이 통제할 수 없다고 느끼기 때문이다.

사고

5유형은 정신적 공간을 가장 편하게 생각하는 '머리 중심'의 유형이다. 이들은 생각하고 지식을 배우고 축적한다. 5유형의 사고는 일이나 삶에 대해 초점을 맞추고 있고 감정에 대해서는 방어적 입장을 취한다. 자신의 감정은 컨트롤하기가 어렵고 처리하기가 힘들기에 때로는 위협적이라고 느낀다. 또한 다른 사람들의 감정은 자기 자신의 내적 에너지를 고갈시킬 수 있다고 느낀다. 5유형은 자신의 사고능력과 자기 자신을 거의 동일시한다. 자신이 관심 있는 것들에 대한 깊은 생각과 이해의 능력을 제고함으로써 자기가 누구인지 알게 되고 세상에 어떠한 기여를 할 수 있는지 깨닫게 된다.

감정

5유형은 습관적인 대처 전략으로서 모든 일에 있어서 무의식적으로 감정을 분리한다. 그렇다고 그들에게 감정이 없다는 것이 아니다. 5유형의 일종의 적응 방식이자 세계 안에서의 권력과 통제력을 유지하는 방법으로 정신적 차원에서 감정과 생각을 분리하는 것이다. 그들은 혼자 있을 때 감정적으로 편안하게 느끼는 경향이 있다. 이들은 공공장소나 직장에서 크게 자신의 감정적인 부분을 드러내지 않는다. 이들은 자신의 감정을 홀로 완전히 경험할 때까지 기다린다. 만약 5유형이 작업 환경에서 자신의 감정을 드러낸다면 그것은 지적으로 흥미로운 점에 대한 일종의 흥분일 것이다. 또한 그들은 자신의 경계를 유지하기 위해 자신과 자기가 관심을 갖는 다른 사람에게 분노를 표시할 수 있다.

행동

5유형은 행동할 만큼 충분한 정보가 없다고 생각되면 자신의 행동을 연기한다. 그들은 일을 우선으로 생각하고 종종 한 가지 입장을 안정적으로 갖거나 계획을 실행하기 전에 더 많은 것을 배워야 한다고 믿는다. 5유형은 자신의 감정이나 육체적인 자아가 연결된 것을 느끼기 위해 애쓴다. 그들은 많은 부분에서 개인 공간을 필요로 한다. 대체로 조용하며 이로써 타인과의 거리를 유지할 수 있다. 또는 사무실 휴가 파티나 퇴근 후 술자리를 피할 수 있다. 그리고 동료와 개인 정보를 공유하는 경우는 거의 없다. 5유형은 팀에서 다른 팀원과 긴밀히 협력하는 것이 어려울 수 있다. 그들은 홀로 일하는 경향이 있고, 다른 사람에게 의지할 필요나 혹은 자기 일을 다른 사람의 공헌에 의존하는 것을 조심스러워 한다.

5유형의 주요 강점과 능력

- **정보를 모으고 평가하기** 5유형은 일을 하는 데 필요한 정보를 찾고 그들이 분석한 데이터로 의미를 도출하는 능력이 뛰어나다.
- **지적 이해와 사색하기** 5유형은 머릿속에서 머리를 통해 살아간다. 이들은 지적이고 빠르고 명민하고 깊은 사고력을 지니고 있다.
- **객관적으로 분석하기** 5유형은 보고 행하는 것은 무엇이든지 감정을 배제하면서 사려 깊고 공명정대하게 일을 잘 처리할 수 있다.
- **주체적으로 자기 일을 하고 혼자 머물 수 있는 공간을 제공하기** 5유형은 많은 부분 사적 공간을 유지하는 것을 선호하기 때문에 타인에게도 똑같이 마찬가지 방식으로 대하려 한다. 5유형 리더와 일을 한다면 일일이 간섭받지 않을 것이다.
- **자기충족적, 자율적, 독립적 환경구성** 5유형은 타인의 지지나 감독을 필요로 하지 않고 혼자서 독립적으로 일할 때 편안함을 느낀다.

- **겸손하며 자기비하적 특성** 5유형은 대중들 앞에 서는 것을 부끄러워하고 불편해하는 경향이 있다. 그들은 타인으로부터 주목받거나 인정받고 확인을 구하지 않는다. 학습과 지식에 의해 동기부여 되는 그들은 타인에게 그들이 가치 있는 존재임을 증명하려는 것이 아니라 단지 그들이 찾는 의미에 대한 작업을 수행한다.

과유불급

모든 것을 알고자 하는 노력이 과할 때 발생하는 문제들

- **정보를 모으고 평가하기** 5유형은 때때로 그들이 충분한 정보를 가졌다고 생각하지 않을 때 행동을 미루곤 한다. 그들은 데이터 안에서 길을 잃을지 모른다. 그들은 그들이 배우고 있는 것에 매우 흥미를 느끼지만, 데이터가 그들에게 알려주는 것을 빨리 옮기지 못한다.
- **지적 이해와 사색하기** 5유형들은 직관이나 직감, 감정, 눈치로 알아채는 것과 같은 다른 형태의 정보를 과소평가하는 경향이 있다. 그들은 지성을 과도하게 개발하고 감성 지능을 약화시킬 수 있다.
- **객관적으로 분석하기** 5유형은 정보와 감정을 분리시키는 데 뛰어나지만, 감정을 정보의 원천으로 사용하기 위해서 감정을 표현하는 데 어려움을 겪을지도 모른다.
- **주체적으로 자기 일을 하고 혼자 머물 수 있는 공간을 제공하기** 이것은 그들이 타인과 관계 맺는 것을 어렵게 하고 그들에 대한 정보를 충분히 공유할 수 없게 할지도 모른다.
- **자기충족적, 자율적, 독립적 환경구성** 상호의존은 5유형에게는 도전처럼 느껴질 것이다. 그들은 좋은 업무 관계를 맺는데 필요한 정도의 관계를 맺는 것이 힘들다는 사실을 알지도 모른다.
- **겸손하며 자기비하적 특성** 5유형은 사람들로부터 관심이 집중되는 것을 꺼리기 때

제8장 5유형의 리더십: 박학다식한 전문적 리더 **251**

문에 피드백을 주고받고, 성공을 축하하고, 팀에서 좋은 방식으로 칭찬을 받을 때 사람들 앞에 나서지 않는다.

다행스럽게도 5유형은 자신의 지식과 객관적인 식견에 대한 진정한 흥미를 가지게 되고 편하고 효율적인 업무 관계를 형성하면서 자신이 갖고 있는 몇몇 장애를 극복하게 된다. 이들이 가진 통찰력을 가치 있다고 여기고 그들이 생각하는 것을 타인과 함께 이야기할 때, 그들은 사적인 공간과 독립성에 대한 요구에도 불구하고 활동적인 토론자가 될 수 있다.

스트레스 상태와 최상의 상태
5유형의 의식수준이 낮을 때와 높을 때

5유형이 스트레스를 받아 그들의 의식수준이 낮아지면 현실과 동떨어질 수 있다. 대인관계의 스트레스, 연극, 갈등은 특히 혼자 있을 때 가장 편안함을 느끼는 5유형에게는 힘든 경험이 될 수 있다. 사람들과 상호작용하는 것이 5유형에게는 정말로 스트레스가 된다. 특히 격한 감정의 긴장 상태는 5유형으로 하여금 사람들과 상호작용하는 것을 차단하거나 타인을 피해 더 멀리 자기 안으로 침잠하게 한다. 그들은 이러한 자신의 감정을 타인에게 드러내고 싶지 않으므로 숨게 된다.

5유형은 스트레스를 받는다면 그것이 표정이나 행동에서 미묘하게 드러난다. 그들은 스스로 고립되고 완전히 눈앞에서 보이지 않고 접촉하기 힘든 곳에 있거나 가능한 한 혼자 집에서 일하며 타인으로부터 피하고자 한다. 5유형은 갈등을 싫어하고 감정적인 충돌을 다루려 하기보다는 그 현장에서 벗어나려 한다. 그러나 개인 영역이 침해받을 때 그들은 조바심을 보이고 화를 낼지도 모른다. 5유형은 때때로 당신이 그들의 공간을 침해하거나 그들과 친한 누군가를 홀대했다는 사실을 당신에게 알게 하기 위해 화를 내기도 한다. 그러나 5유형이 이와 같은 태도를 취할 때 그것은 누군가가 사적인 공간을 침입하는 것에 대한 당연한 반응으로써 스트레스에 대한 건전한 반발일지도 모른다.

높은 의식수준에 있을 때 5유형은 더욱 개방적이고 대화에 참여하려 하고 다른 사람들에게 말을 잘한다. 특히 강한 지적인 흥미를 가지고 있는 분야에 대해 말할 때 그들은 흥분과 열정을 보이고 자신이 관심 있는 주제를 공유하면 매우 활발히 참여한다. 또한 이들이 관찰하는 사물과 사람들에 대한 개인적인 통찰력을 반영할 때 이들은 온화함과 유머를 보이고 매우 재치 있다. 최상의 상태에서 이들은 혼자 있는 것을 여전히 좋아하지만 더 따뜻하고 사교적이고 친근하게 되어 타인을 좀 더 환대한다.

정서적이고 지적인 5유형은 사람들과 좋은 관계를 맺기 위해 감정을 표현하고 다루는 것을 배운다. 그들은 타인과 정기적으로 소통하고 더 많은 것을 공유하기 위한 능력을 배양해야 한다. 5유형이 비록 처음에는 불편함을 느낀다 할지라도 그들이 더욱 마음을 터놓고 일하면, 다른 사람들은 그들을 더 잘 알게 되고 이러한 유대관계에서 좋은 결과물을 얻을 수 있다.

세 종류의 5유형 리더

세 가지 본능에 따른 5유형의 하위유형들

에니어그램 모델에 따르면 우리 모두는 우리를 생존하게 하는 세 가지 주요한 본능적 욕구를 가지게 되지만 이러한 세 가지 충동 중 하나가 우리의 행동을 지배하는 경향이 있다. 5유형의 하위유형은 개인이 자기보존적 행동을 할 경우, 또는 사회적 그룹을 중시할 경우, 그리고 특정한 개인들과 일대일 관계를 맺는 본능적 성향에 따라 각기 다르게 표현된다.

자기보존(자기지향적) 5유형

자기보존 5유형은 사람들과 확고한 영역을 유지하는 것에 초점을 맞춘다. 그들은 집이나 사적인 공간에 홀로 있을 때 가장 편안함을 느끼고, 그들이 위협을 느낄 때마다 안전한 공간으로 침잠하려는 강한 욕구를 느낀다. 자기보존 5유형은 타인과의 관계를 최소화하기를 좋아하고 단지 몇몇 긴밀한 관계에 의미를 두고 안전함을 느낀다. 그들은 타인이 호의를 구할 때 긴장할지도 모른다. 그리고 타인의 부탁을 들어준다면 그에 따른 보답으로 사람들도 자신의 부탁을 들어주어야 한다고 생각하는 것을 원하지 않기 때문이다. 이들은 신중한 방식으로 그들과 타인과의 경계를 형성하기 때문에 우연히 누군가를 밖으로 내 보내지 않는다. 이러한 경계적 태도는 시간제한, 초대에 "싫어"라고 말하는 것, 이웃을 피하거나 괜히 친한 척 하지 않는 것과 같은 다양한 형태로 나타날 수 있다. 이로 인해 사람들은 그들이 원하는 것 이상으로 연락하고 관계 맺으려고 몰아붙이지 않는다. 5유형은 만약 누군가가 너무 가까워지기를 원하거나 업무 관계에서 과도하게 상호의존적이 된다고 생각되면 이를 위협으로 여기고 숨거나 자기 안으로 침잠하기 위한 방법을 찾기도 한다.

자기보존 5유형은 세 분류의 5유형 중에서 가장 속을 잘 털어놓지 않지만 겉으로 보기에 가장 따뜻한 사람이다. 그들의 친근함을 초대라고 생각하는 사람들을 경계하고 있음에도 불구하고 5유형은 자기 경계가 확실할 때 사람들을 챙기고 신경 쓴다. 그들은 홀로 있는 것을 매우 좋아하기 때문에 누구와 함께 시간을 보낼지 결정하는 데 있어서 까다롭다. 그들은 자신이 좋아하는 몇몇 사람들과 변함없는 친구가 될 수 있으나 그들과 함께 일하는 모두와 반드시 친구가 되기를 원한다는 말은 아니다.

리더로서 자기보존 5유형은 업무를 추진할 때 잘 해내기 위한 마음(관심과 염려)을 갖고 지적으로 큰 공헌을 한다는 점에서 동기를 부여하지만, 완수된 일의 공을 차지하지는 않을 것이다. 5유형은 원활한 업무를 위해서 사람들과 관계 맺길 원할 때 좋은 리더가 될 수 있다. 그들은 일이나 교제를 구분하기 위해 스스로 타인과의 소통보다는 업무 처리에 집중하라는 유혹을 받지만, 이러한 편안함을 추구하기보다는 더 많은 의사소통을 하면서 일해야 한다. 또한 그들의 업무와 관련된 가치나 이상들에 깊이 전념할 때 그들은 효율적이게 되고 리더들과 가까운 사이가 된다. 비록 리더들이 멀리서 어떤 것을 지시하고 그로 인해 5유형이 압도되고 지치게 된다고 할지라도 그들은 관심이나 인정을 받고자 하지 않는다. 오히려 이러한 상황을 피하기 위해 자신의 역할, 시간, 공간을 제한하는 자연스러운 대응을 취하고자 할 것이다. 그러나 함께 일하는 사람을 신뢰한다면 5유형은 마음을 터놓고 관계를 잘 맺는다.

사회적(그룹지향적) 5유형

자기보존 5유형과는 대조적으로, 사회적 5유형은 사적영역이 아닌 종종 일정한 거리를 두고 그들이 타인과 공유하는 가치관이나 이상에 집중한다. 이들은 사적 공간과 시간을 좋아하는 반면 그들의 주된 관심은 어떻게 하면 지식을 더 많이 쌓고 그에 대한 전문가가 되고 지식 체계를 발전시키기 위해 타인과 함께 일할 수 있는지에 있다. 5유형은 그들에게 중요한 가치를 우선으로 하며 그들의 삶에 의미를 찾고 구체화하는 대단한 이상을 가지기도 한다. 그들은 자기 분야의 전문가를 찾고 스스로 전문가가 되기 위해 일하면서 그들의 가치관이나 이념을 지키는 그룹에 가입하기도 한다. 그들은 또한 누가 '그룹 내'에 있고 누가 '그룹 밖'에 있는지를 민감하게 의식한다.

사회적 5유형들은 "아는 것(지식)이 힘이다"라는 생각이 지배적이다. 그들은 대화 주제에 대해 전문가가 되려고 노력하며, 어떤 것을 자기가 모른다는 것에 아주 민감하다. 그들은 그룹 구성원이 아닌 가까운 사람들이나 그들과 함께 살고 있는 가족보다 자신의 관심사와 가치관을 공유하는 사람들과 관계를 더 잘 맺는다고 느끼는 경향이 있다. 그리고 이들은 즉각적인 관계보다는 지적으로 자신의 가치관과 더욱 관련 있는 이들과의 관계를 중시하며 살고자 한다. 예를 들어, 그들은 자신의 일상 생활에 더 많은 관심을 기울이면서 일하는 것이 아니라 전문 집단의 구성원으로서 감성 지능이나 그러한 의식을 고양하는 것과 관련된 생각에 노력을 기울일지도 모른다.

이 유형의 리더들은 너무 열정적으로 단체나 조직에 헌신적이어서 그들의 가장 가까운 관계를 해치면서까지 그들의 모든 에너지와 관심을 쏟아 붓는다. 그들은 친밀한 관계와 정서적인 관계가 주는 의미와 좋은 측면을 그들도 모르게 빼앗겨 버리기 때문에 의미 없음을 느낄지도 모른다. 그래서 사회적인 5유형 리더들은 다른 사람들과 너무 많은 친밀함과 관계에 의해 위협감을 느끼지 않고 삶의 의미와 목적에 대한 욕구를 실현시키기 위한 방법으로 조직 내에서 자기 시간과 노력을 투자한다. 그들은 인식하지 못하지만 그들의 내면과 살아온 경험에서 비롯된 일련의 생각에 모든 에너지를 쏟아 붓는다. 이러한 집중은 종종 문제를 야기한다. 그러나 최상의 상태에서 5유형은 세상에 긍정적인 영향을 미치는 단체를 만들기 위해 지칠 줄 모르고 끊임없이 일한다.

일대일(관계지향적) 5유형

일대일 5유형은 다른 유형들보다 감정과 관계에 더 많은 관심을 가진다. 외형적으로는 다른 5유형들과 비슷하게 보이지만, 특정한 상황이 발생되면 관계에 더 많은 욕구를 갖고 자기감정에 많이 좌우된다. 이러한 이유가 그들이 왜 세 가지 유형 중에서 일대일 유형인지를 설명해준다. 예컨대 글쓰기, 비주얼 아트, 음악과 같은 예술적 취미나 창의적인 수단을 통해 이들은 내적인 면들을 표현한다.

또한 사회적 5유형들처럼 일대일 5유형들은 삶에 의미를 주는 가치관이나 이념을 추구하며 완벽하게 이상적인 관계를 원한다. 비록 그들이 사적 공간을 가치 있게 여기고 다른 5유형들처럼 내향적이라 할지라도, 그들은 그들이 정말로 믿고 마음을 터놓을 수 있는 사람들과 특별한 관계를 맺으려는 더 큰 열망을 가지고 있다. 그러나 5유형이 친밀함에 대한 더 큰 욕구를 가지고 있는 반면, 그들은 동시에 그들 스스로를 더 많이 공유하는 것에 대한 두려움을 가지고 있다. 그래서 자신들이 추구하는 동반 관계에 대한 이상은 더 높은 이상이 될 수 있다. 5유형은 타인으로부터 높은 수준의 믿음과 개방성을 요구하기 때문에 더 깊이 관계 맺을 사람들을 찾는 데 어려움을 겪을 수 있다.

리더로서 일대일 5유형은 그들이 하는 일에 대해 열정을 가지고 부단히 노력한다. 비록 그것이 항상 명확하지는 않아도, 그들은 함께 일하는 사람들과 관계 맺으려하고 사적인 방식으로 스스로를 더 많이 공유하길 원한다. 그들은 자기 일에 대해 감정적으로 강렬하며, 나아가 그들의 리더십을 월등히 향상시킬 수 있는 창의성과 열정이 있다는 점에서 훌륭한 리더가 될 수 있다. 그들은 그들의 공통 과제를 수행하고 그들의 목적을 달성시키기 위한 방법으로 팀 구성원들이나 조직과 강한 유대관계를 만들기를 원한다.

직장에서의 5유형

5유형은 종종 타인들과 함께 일하는 것을 힘들어 한다. 그 이유는 다음과 같다.

- 나는 일을 할 때 다른 사람들에게 의지해야 하는 것을 좋아하지 않는다. 나는 홀로 일하고 나 자신의 일을 하는 것을 좋아한다.
- 나는 내가 함께 일해야 하는 사람들과 많은 시간을 보내는 것이 어렵다. 특히 팀이나 협력자들이 내가 선택한 사람이 아닐 경우에는 더욱 그렇다.
- 때때로 나는 사람들과 어떻게 관계 맺을지 아는 것이 어렵고, 혹은 그들과 어떻게 하면 일을 잘 해낼지 알 수 있을 만큼 그들을 알아가는 것이 어렵다.

- 나는 타인의 감정을 다루는 것이 불편하고 만약 사람들이 일하면서 그들의 개인 사를 풀어놓을 때는 짜증나기도 한다.
- 나는 내 업무에 필요한 모든 정보들을 재검토할 많은 시간을 가지기를 좋아한다. 때때로 다른 사람들은 모든 관련 데이터를 완전히 검토하고 평가하는 그 중요성에 대해 나와 같은 의견을 갖지는 않는다.
- 때때로 사람들은 시간, 에너지, 그리고 개인 정보에 관해 내가 얘기하려는 것보다 더 많은 것을 묻는다.
- 업무와 결과들이 명확하게 제시되고 소통되지 않으면 사람들과 감정적인 문제를 초래할 수 있다.
- 업무 과정과 예상 결과가 명확하지 않을 때 의도적이지는 않으나 우연히 의존하게 될 수 있다. 그래서 나는 누군가가 어떤 일을 해야 하는지 모르는 상태로 일하길 원하지 않는다.

업무와 관련하여 아래와 같은 상황에서 5유형은 가장 큰 불만을 느낀다.

- 목적, 역할 그리고 구조가 명확하게 정의되지 않을 때
- 일이 효율적이지 않고 리더가 일의 과정을 생각하지 않을 때
- 사람들이 일을 대충해서 내가 그들의 실수를 처리해야 할 때
- 사람들이 내가 일하는 데 방해할 때
- 사람들이 개인사로 나를 끌어들이거나 그들의 감정을 받아주길 원할 때
- 사람들이 임박해서 업무를 넘김으로써 나를 놀라게 할 때
- 사람들이 나에 대한 사적인 정보를 공유하길 원할 때
- 사람들이 규정시간을 제대로 지키지 않을 때
- 사람들이 나의 사적 공간이나 시간을 방해하거나 혼자만의 시간을 많이 빼앗을 때

- 사람들이 내가 열심히 연구한 특정 주제에 대한 지식을 존중하지 않을 때
- 사람들이 직장에서 개인적인 일에 대해 얘기하느라 내 시간을 빼앗을 때, 개인적인 일에 관한 이야기는 업무가 끝난 후 별도의 시간에 나누는 것을 좋아함.

5유형이 남들과 좀 더 쉽게 일할 수 있는 방법

리더로서 5유형은 그들의 정보, 지식, 그리고 개인적인 자립에 관심을 두고 있다. 5유형은 자신이 하는 일을 다른 모든 이들이 이해하는 것은 아님을 깨닫는 것이 중요하다. 5유형은 자기 일을 하고 동료와의 관계에서 거리와 자율성을 유지함으로써 편안함을 느끼기 때문에 협업이 요구되는 현대적 환경에서는 어려움을 느낄 수 있다. 만약 5유형이 의식적으로 이러한 갈등 상황을 이해하여 독립적으로 일하는 것에 편안함을 느끼고 좋은 팀워크를 이루기 위한 간극을 메우기 위해 노력한다면 이들은 업무 관계를 더 쉽게 해결할 수 있다.

5유형은 덜 소통하고 조용한 성향과 경계에 대한 그들의 욕구를 이해하지 못하는 사람들도 많음을 아는 것이 중요하다. 5유형이 갖는 부끄러움은 그들을 차갑거나 거만하게 보이게 하지만 실제로 사회관계를 맺을 때 그들은 두려움을 느낄 수 있다. 이러한 성향을 자연스럽게 드러낼 수 있는 방법을 찾는다면 그들은 좀 더 쉽게 일할 수 있다. 그리고 동료에게 그들이 개인 공간과 독립을 필요로 함을 납득시킬 수 있다면, 그들은 더 많이 이해받고 개인공간도 가질 수 있게 된다.

5유형 리더는 종종 아침에 침대 밖으로 나와 일하기를 좋아하지 않고, 사무실 주위를 산책하기 싫어하고 자신이 사람들과 이야기하기를 원치 않음을 알게 된다. 하지만 5유형 역시 사람들과의 관계성을 친밀하게 유지해야 자신에게 유익하다는 점을 알고 있다. 조직을 더 좋게 만들기 위해 불편하더라도 의식적인 노력을 기울이면 5유형들도 자신의 일을 더 많이 즐기고 효율적이게 된다.

5유형과 함께 일하기

직장에서 5유형의 전형적인 행동 방식

만약 당신이 아래의 행동 패턴을 보이는 사람과 일하고 있다면 그 사람은 5유형일 수 있다.

- 그는 사무실로 가서 문을 닫고 자주 나오지 않는다. 간혹 업무와 관련 없는 내용을 가지고 그의 사무실에 들른다면 환영받지 못할 수도 있다.
- 그는 회의에서 많이 말하지 않는다. 그러나 그는 사람들이 하는 얘기에 아주 집중하며 듣고 있다.
- 그는 높은 수준의 수학이나 취미와 관련된 정신적 도전에 관한 문제들에 대해서는 장황하게 얘기하지만 개인적인 정보는 거의 말하지 않는다.
- 그는 팀에서 중요한 구성원이지만 근무시간일지라도 사회적인 모임에는 참석하길 원하지 않는다.
- 그는 때때로 많은 정보를 모으기 위해서 더 많은 시간이 필요하다고 말하면서 해야 할 일을 미룬다.
- 그는 다른 사람들과 함께 일하거나 대중들 앞에 나서야 하는 특정 프로젝트에 자발적으로 참여하길 꺼린다.
- 그는 어떤 주제에 대한 깊은 지식을 가지고 있기에 팀에서 중요한 멤버이다.
- 그는 사람들이 업무나 팀에 직접적으로 관련 없는 개인적인 이야기를 할 때, 그 이야기를 하는 그룹에서 빠져 나올 수 있다.
- 최상의 상태일 때 그는 깊은 통찰력과 객관적인 관점을 제시할 것이라는 신뢰를 받는다.
- 최상의 상태일 때 그는 가장 중요한 것에 집중하고 완벽한 전문가처럼 행동하기

때문에 직장에 긍정적인 영향을 끼친다.

깨어있는 5유형 리더의 강점

- 5유형은 높은 수준의 전문지식과 믿을 수 있는 정보를 제공할 수 있다.
- 그들은 심지어 타인이 감정적이었을지도 모르는 상황에서조차 그들의 객관성을 유지한다.
- 그들은 학습하고 자신의 지식수준을 높이는 업무를 진심으로 즐긴다.
- 그들은 야무지고 책임감 있고 사려 깊고 헌신적이다.
- 그들은 어떻게 하면 자신이 더 잘할 수 있는지 알기 원하고 노력한다.
- 그들은 대개 자기 업무로 불안해하거나 혹은 만족하지 못한다.
- 그들은 또 다른 무언가를 하기보다는 지금 하고 있는 것을 잘할 수 있길 원한다.
- 그들은 훌륭한 청취자이고 업무 문제에 관한 타인의 의견을 잘 수용한다.
- 그들은 적당하게 개인적 영역을 가지고 있으며 타인의 영역 또한 존중한다. 그들은 시간제한과 사적인 공간을 존중한다.
- 그들은 합리적이고 논리적이다. 그들은 명확하게 사고하며 타인 역시 명확하게 사고하도록 부추긴다.
- 그들은 위기 속에서도 감정기복이 심하지 않고 조용해서 개인적인 감정으로 인해 업무가 방해되는 것을 싫어한다.
- 5유형은 자신의 영역이 분명하고 편안함을 느낄 때, 따뜻하고 친근하고 유머감각을 보인다.

5유형과 함께 일하는 이들이 경험하는 문제들

- 그들은 때때로 당신에게서 멀리 떨어지길 원하는 것 같다. 심지어 당신이 업무 프로젝트를 논의하기 위해 그들을 부를 때조차 가능한 가장 짧은 시간 이야기하고

자 한다.

- 그들은 구조나 과정이 느슨하면 함께 일하기 어려워한다. 각자의 역할이 정해져 있지 않거나 예상결과가 명확하지 않을 때 힘들어한다.
- 그들은 직장에서 사람들에게 호의를 베풀지 않는다. 그래서 그들은 사람들의 개인적인 문제에 많이 동화되지 않는다.
- 그들은 사람들이 불필요한 대화로 시간을 낭비할 때 귀찮아한다.
- 그들은 잘 알지 못하는 일을 하기 싫어한다.
- 그들은 자신의 구체적 업무와 관련하여 다른 사람들에 의해 부화뇌동하지 않는다. 그들은 자신의 의견을 분명하게 말하고 싶어 하기에 타인에게 오해받거나 다른 사람들의 일에 연관되고 싶어 하지 않는다.
- 다른 사람들의 의견에 관여하거나 그것을 왜곡하지 않는다.
- 그들이 항상 협업하길 원하는 것은 아니다. 그들은 다른 사람들의 업무와 관련되는 것을 두려워할지도 모른다. 그것은 그들의 업무 처리 능력 때문이 아니라 자신이 맡은 업무를 누군가를 위해 기다려야 하기 때문이다.
- 그들은 일을 잘 못하는 누군가가 그들에게 의지하고 있다고 느끼지 않도록 경계한다.
- 그들은 개인 공간에서 혼자 있는 조용한 시간 그리고 명확하게 정의된 업무에 대한 강한 욕구를 가진다.

5유형과 리더십

자신의 에니어그램 유형을 아는 것이 업무에 어떻게 도움이 되는가에 관하여 5유형 리더들은 다음과 같이 말한다.

에드 맥크레이큰(Ed McCracken)은 1984부터 1997년까지 캘리포니아 실리콘 그래픽의 CEO였다. 실리콘 그래픽사에서 일하기 전에 그는 휴렛 팩커드(Hewlett Packard)의 그룹 매니저였다.

나는 15년 동안 휴렛 팩커드(Hewlett Packard)에 있었다. 당시 매니저들은 완벽한 사람을 위한 관점을 가지고 있는 것 같았다. 그들은 완벽한 매니저, 완벽한 엔지니어, 무엇이든 완벽한 사람이 되도록 코치했다. 매니저가 얼마나 여러 번 당신에게 내가 얼마나 더 많은 말을 해야 하냐고 말했는지 모를 정도였다. 나는 이해할 수 없다고 생각했다, '내가 어떻게 그럴 수 있어?' 완벽한 매니저든 무엇이든, 10유형은 존재하지 않지만, 사람은 많은 특성이 있고 다 다르다. 한 그룹의 사람들을 보면 모두 다른 춤을 추듯 에니어그램에도 10유형이 존재하지 않기 때문에 나와 그 외 모든 사람들도 10유형이 될 수 없음을 말해주었다.

내가 에니어그램을 처음 접하면서 특히 5유형을 알게 되었을 때, '난 5유형이 되길 원하지 않아'라고 생각했다. 그래서 나는 일주일 동안 내가 5유형이 아닌 것처럼 행동했다. 나는 모두가 그렇게 생각한 줄 알았다. 나는 5유형이 아닌 것처럼 한 행동은 마치 5유형이 5유형이 아닌 것처럼 행동하는 방식이었다는 사실을 스스로 깨달았다. 다시 말해 희망이 없었다. 그리고 나서 나는 5유형인 나를 수용하고 사랑하기 위해 생각을 바꾸고 노력했다. 그것은 꽤 빠른 과정이었다. 나는 업무 환경에서 사람들이 자신의 약점보다는 강점을 통해 일하도록 격려한다. 나는 약점만으로 가득한 사람이 아니다. 사람들은 주로 그들의 강점으로 일할 때 더 효율적이었다. 그것이 내 스스로 내가 누구이며 결점은 무엇인가에 대해 더 잘 알 수 있도록 시도했던 것들이다.

그 과정에서 나는 일반적인 것과는 다른 일탈적인 행동이라 생각했던 일들이 실제로는 꽤 건전한 행동이었음을 알게 되었다. 그것은 단지 사람들 사이의 차이에 대한 것이었다. 그래서 나는 차이점, 특히 사람들의 특별함에 대해 훨씬 더 많은 관심을 가지게 되었다. 내가 5유형임을 아는 것은 내가 잘하지 못하는 것을 외향적인 3유형처럼 행동하여 처리하기보다 내 강점을 이용해서 내 스스로를 더 편하게 느끼게 만들었다. 나는 내가 5유형이라는 점을 고려해 좋은 리더가 되려고 노력했다. 그래서 내 생각을 더 많이 표현하고 사람들이 나를 따르고 나를 볼 수 있도록 말로써 문제를 해결하려 했다.

아트 블럼(Art Blum)은 캘리포니아 산 라파엘에 있는 바이오테크놀로지 회사의 부사장이다.

나는 주목 받는 것을 선호하는 성향이 아니다. 그러나 내 코치가 나에 대해 말하기를 내가 말할 때 사람들이 내 말을 잘 듣고 나를 존경한다는 것이다. 그녀는 '진지함'이라는 단어를 사용했다. 나는 내가 더 활발히 상황을 장악해야 하는 때가 있다는 것을 알았다. 이런 상황에서는 8유형이 되는 것 같다. 내가 딱 좋은 사이즈의 그룹 리더일 때 나는 그런 역할을 했다. 나는 그렇게 할 수 있으며 그렇게 했었다. 그러나 이러한 방식이 내가 선호하는 것은 아니다. 코치는 나에게 다음과 같이 격려했다. 사람들을 책임지고 사람들에게 나를 큰 손인 것처럼 보이게 하라고 말이다. 실상 그것은 내가 항상 생각하던 것이다.

내가 그런 리더로서의 역할을 하고자 노력하면서 나는 많은 영광을 얻게 되었다. 나에게 기대되는 어떤 일을 할 때 그때가 내 일을 하는 것이고, 내가 진지하게 일할 때 나는 정말로 내 일을 하는 것이다. 비록 내가 5유형이고 혼자 있는 시간을 좋아한다 해도, 나는 문을 닫고 사무실에 앉아 사람들과 접촉하고 대화를 나눌 기회도 없는 사람이 되는 것은 원치 않는다. 이것들은 리더로서 정말로 중요하다. 나의 안전지대를 벗어나는 것이 이 일에서는 아주 중요한 일이다.

당신이 5유형 상사일 때

만약 당신이 5유형이라면 리더가 되는 것이 당신에게는 도전이 될 수도 있다. 이것은 당신이 사람들과 더 깊고 자주 관계를 맺는 것이 당신에게 편안하게 느껴져야

함을 의미하기 때문이다. 그러나 당신은 그룹 앞에 나서거나 적극적으로 능력을 발휘해야 할 때, 또는 정기적으로 많은 사람들과 개인적으로 의사소통하는 것을 부끄러워할지도 모른다. 반면에 당신은 탑 리더가 되고 팀원들의 생각을 조직화하고 명확히 하도록 도우며, 사람들이 학습에 더 열린 마음을 가지도록 이끌고, 자질에 대한 기준, 전문성, 영역에 대한 존중을 강화시킬 수 있는 기회를 즐길지도 모른다.

5유형 리더는 일반적으로 이용 가능한 정보에 근거하여 논리적이고 효과적인 행동 방침을 찾고자 한다. 그리고 업무가 어떻게 행해져야 하고 어떻게 구체화되어야 하는지에 대한 의견을 가질 것이다. 또한 명확하게 업무를 처리하고 책임감을 갖고 예상되는 업무 결과에 대해 명확히 하길 원할 것이다. 이것이 시간을 낭비하지 않고 사람들이 타인의 업무를 불필요하게 반복하지 않는 방법이라 생각한다. 이렇게 업무의 영역이나 경계가 명확하게 규정될 때, 5유형은 자신의 업무가 상대적으로 독립된 것이라 믿을 수 있다고 생각한다. 가장 좋은 수준일 때 5유형 리더는 독립적이면서도 타인의 생각을 들어주고 그들의 생각을 기꺼이 공유하기도 한다.

당신의 상사가 5유형일 때

5유형 리더와 함께 일할 때 좋은 점은 그들이 업무와 관련 없는 개인적인 문제로 당신을 귀찮게 하지 않는다는 점이다. 몇몇 5유형 리더들은 특히 그들이 스트레스를 받고 있는 상황에서 멀리 떨어져서 소통도 하지 않지만, 자기를 돌아볼 줄 아는 리더들은 사려 깊고 이해심 많으며 개방적인 마음을 가진다. 만약 당신의 상사가 5유형으로 경계를 확립하고 안전하게 의사소통하는 데 신뢰를 갖는다면 당신을 방해하지 않고 지원을 아끼지 않을 것이다. 특히 지적으로 공통의 관심사를 공유한다면 5유형들은 업무를 효율적으로 처리하고 그 과정에서 열정적이고 믿을 만한 파트너가 될 수 있다.

그러나 5유형 리더가 스트레스 상황에 있거나 충분히 의식화되지 못했을 때 당신이 기대하는 것만큼 의사소통하는 것을 꺼려할 수 있다. 타인에게 압도되거나 안전하지 못하다고 느낄 때, 5유형 리더들은 사람들의 대화에 참여하길 피하고 일반적인 방식으로 의사소통하는 것을 피한다. 그리고 팀 내에서 생기는 감정적인 문제들이 해결이 어렵거나 불가능하다고 여겨질 때 5유형 리더는 그러한 문제들로부터 떨어져있고자 한다. 이런 경우들은 5유형 리더를 냉담하고 무관심하거나 거만하다고 느끼게 만든다. 5유형들은 대체로 내적으로 너무 민감하기 때문에 무신경한 사람으로 기억될 수 있다.

반면 최상의 상태에서 5유형 매니저들은 직접적이고 합리적으로 문제를 처리해야 한다고 생각한다. 그들은 어떠한 감정적인 반응으로도 그들의 직원들에게 부담을 주지 않으며 솔직하다. 특히 그들은 상황을 객관적으로 분석하는 재능이 있고, 적당한 경계를 존중해주며 개인의 입장을 연구하고 업무를 조직하는 방법에 대해 명확하게 의견을 제시한다. 그래서 모든 사람들은 최선을 다하고 불필요한 의존을 피하며 논리적으로 일을 계획할 수 있다. 이들의 의사소통은 명확하고 시기적절하다. 상황이 긴박할 때도 그들은 침착해지고 신중함을 유지한다. 또한 최고의 결과를 가져오는 방법들에 대한 계획을 세우기 위해 사람들의 의견을 듣고자 한다.

당신의 부하 직원이 5유형일 때

당신의 부하 직원이 5유형일 때 당신은 관련 없는 문제(특히 감정적인 문제)를 결부시키지 않고 그들이 업무에 집중한다고 믿어도 된다. 그들은 독립적으로 혼자서도 일을 잘할 것이고 당신의 사적인 공간과 시간을 존중해 줄 것이다. 업무가 명확하게 정해져 있고 그들이 업무를 하기 위해 홀로 남겨질 때 5유형들은 가장 행복해하기 때문에 역할, 기능, 계획, 자료들이 명확하게 주어지면 5유형 직원들과 훨씬 잘 어울려 일할 수 있다.

5유형들은 대개 너무 감정적이거나 개인적인 문제들을 처리하길 원하지 않는다.

그래서 만약 어떤 개인적인 결정이나 반응에 관여할 사람을 원한다면 다른 유형을 찾는 것이 현명할 수 있다. 5유형은 복잡한 감정(특히 업무와 관련 없는)과 연관된 것 또는 이러한 종류의 토론 주제에 크게 스트레스를 받을 수 있다. 이들은 당신과 사회적 친교와 교류를 하는 것에 동의하지만 그러한 교류는 정상적인 근무시간 외에 이루어지는 것을 선호한다. 대인관계에 있어서 상호 간의 경계영역과 관련하여 말하자면, 당신이 시간제한, 사적 공간, 역할분담의 명료한 선을 지켜준다면 당신은 5유형의 부하 직원들과 훨씬 더 잘 지낼 수 있게 된다. 또한 5유형들은 놀라움을 좋아하지 않기 때문에 만약 당신이 말하기 어려운 어떤 것을 가지고 있다면 그들에게 작은 경고를 주고 적절한 시간과 장소에서 직접적이고 친절하게 말하는 것이 좋다.

나아가 당신이 5유형의 직원들과 좋은 관계를 가진다면 그들은 변함없는 지지와 믿을 만한 수행을 보이며 폭풍 속의 고요한 항구와 같은 역할을 하게 될 것이다. 그들은 당신의 영역을 존중해 줄 것이고 자신 있게 결정해도 될 믿을 만한 정보를 줄 것이다. 그들은 업무에 대한 인정을 받을 필요가 없고 지적으로 약간 어려운 문제들을 즐길 것이며, 독립적으로 일하는 것을 선호하기 때문에 감독할 필요도 없을 것이다.

5유형과 원활한 업무관계를 유지하는 방법

- **사적 영역과 시간 존중** 5유형은 당신이 적당한 시간제한을 두고 정확하게 일정을 지킨다면 당신을 인정할 것이다. 당신이 주말에 관해서나 개인적인 문제, 혹은 당신이 무엇에 화가 났던 간에 그들에게 갑작스럽게 다가가서 말하는 것을 피해야 한다. 약속을 잡을 때는 격식을 갖추고 업무 중에 개인적인 이야기를 꺼내지 말아야 한다.
- **대화하라** 하지만 짧고 신중하게 말해야 한다. 우리는 같이 일하면서 정기적으로 소통을 해야 할 필요를 느낀다. 5유형과 협업할 때는 정기적으로 그리고 요점만

짧게 대화하라. 그러면 소통이 잘 될 것이다.

- **간단하면서도 배려가 있는 대화** 이들은 소통에 불필요한 에너지를 소비하고 싶어 하지 않는다. 그래서 계획을 먼저 세우고 최적의 정보 교환을 위해 필요한 것에만 집중하고, 당신의 주제를 정확히 하고 주제에서 벗어나지 말아야 한다.

- **프로페셔널한 것을 좋아한다** 그들은 기업 환경에서 일을 잘하도록 훈련받은 사람에게 기대할 수 있는 기술, 매너, 좋은 판단력을 가졌다고 할 수 있는 동료를 환영한다.

- **극단적이고 복잡한 감정을 피해라** 그들은 직장에서 감정을 드러내는 것을 규범에 어긋난다고 생각한다. 5유형의 동료가 당신의 말을 듣고 대답을 잘하도록 하고 싶다면 감정을 드러내지 않도록 최선을 다해야 한다.

- **업무 외의 당신의 사적인 이야기는 넣어둬라** 5유형은 직장은 직장이기를 원한다. 그들은 일을 잘 끝내길 원한다. 그들 중 몇몇은 동료와의 사교를 즐길 수 있지만, 업무 시간 중이 아닌 오직 업무가 끝난 후에만 가능하다. 그들이 당신의 친구가 되길 기대하지 말고 아주 조금만 필요로 하고 원한다는 것을 알아야 한다.

- **명료하고 간결하고 직접적이고 짧고 효과적으로 소통하라** 5유형은 대인관계에 소비할 에너지가 한정적이라고 믿는 경향이 있다. 이들은 한정된 활력 에너지를 가져서 하나의 상호작용에 너무 많은 에너지를 사용하는 것을 조심해야 한다고 생각한다. 그래서 5유형과 이야기할 때는 말이 적을수록 낫다는 것을 명심해야 한다.

- **그들이 무언가 할 때는 혼자 내버려두어라** 혼자 할 수 있는 일을 할 때 그들은 자유, 적당한 사적 영역, 시간을 가지는 것을 좋아한다. 그들이 그 일을 끝내기 위해서는 필요하거나 별 의미 없는 일들로 그들을 귀찮게 하지 않는 것이 최선이다.

- **놀라게 하지 마라** 그들은 경계, 시간제한, 예상되는 기대효과가 무엇인지 알고 싶어 한다. 이들을 놀라게 하는 것은 혼자가 낫다는 생각을 부추기는 것이다. 생일 전날 서프라이즈 파티를 계획하더라도 그들을 놀라게 하는 것을 피해야 한다.

성장을 위한 과제와 제언:
자기 발견, 효율성 및 업무 만족도의 향상

모든 유형의 사람들은 자신의 습관적인 패턴을 관찰하고, 그들이 생각하고 느끼는 것들에 더 많은 자기통찰을 필요로 한다. 5유형도 자동적인 반응들을 조정하거나 수정하는 노력을 통하여 성장하고 업무만족도를 높여나갈 수 있다. 특히 5유형들은 다른 사람의 필요나 욕구에 의해 침해받는 듯한 느낌을 싫어하고, 다른 사람의 감정을 나누고 그들의 기대를 받거나 경계를 넘어오는 것을 불편해 한다. 5유형은 자신들의 주된 특징들을 관찰하고, 습관적인 반응을 수정하는 법을 배우며 성장할 수 있다.

5유형은 그들을 힘들게 하는 것들을 할 때 행동으로 나타난다. 이것을 알아차린다면 멈추고, 무엇을 하고 있는지, 그 이유는 무엇인지 되돌아보고, 자신들이 프로그래밍 되어있고 자동적으로 나오는 반응들을 수정하는 것을 배워나가야 한다. 다음은 5유형의 사람들이 좀 더 자각하고, 좀 더 현명해지고, 직장에서 만족할 수 있는 몇 가지 방법들이 있다.

자기관찰
5유형이 유의해야 할 점들

- 감정에 집중하여 관계를 가져라. 다른 사람들과 정신적으로 연결되는 것이 더 편한가? 혼자 있을 때 감정을 더 잘 느끼는가?
- 그 순간에 감정에 접근하는 것이 가능한지 불가능한지 관찰하라. 감정을 분리하고 어떻게 사고로 이어지는지를 알아차릴 수 있는가?

- 주변 사람이 감정적이거나 당신이 느끼기에 당신의 시간이나 에너지를 과도하게 가지려고 하면 당신은 어떻게 반응하는지 관찰하라.

- 에너지나 감정 수용에 한계가 있을 수 있다는 것을 어떻게 생각하는가? 당신이 쉽게 고갈된다고 느낄 때 어떤 두려움이나 감정이 있는가?

- 언제 그러한 느낌이 드는가? 어떠한 경우에 당신이 고립된다고 느끼는가? 당신이 가진 경계선을 만들거나 지키는 다른 방법에 대해 생각해보라.

- 다른 사람과 개인적인 이야기를 나누는 일이 얼마나 많이 그리고 얼마나 자주 있는가? 당신이 속 얘기를 할 때 편하게 느끼는 사람은 몇 명인가? 그러지 말아야 겠다고 생각하게 될 때는 언제인가?

- 많은 사람에 대해서 알지 못해 생긴 일과 혼자 있어서 느끼는 편안함에 대해 비교해보라.

- 다른 사람과 당신에 대해 이야기 나누는 것에 어려움이 있다면, 당신이 사람들에게 좀 더 개방적인 태도를 취하면 어떻게 될 것 같은가?

- 직장에서, 혹은 리더로서 안전하고 편하다고 느낄 때는 언제인가? 위험하거나 어렵다고 느껴질 때는 언제인가?

맹점
무지가 곧 해를 끼친다

5유형이 자신 속에서 보지 못하는 맹점은 다음과 같다.

- **감정의 관계와 가치** 안정을 느끼고 에너지를 아끼기 위한 방법으로, 5유형은 자동적이고 무의식적으로 감정을 분리하고, 감정은 중요하지 않다고 판단한다. 주된 심리적 방어기제는 감정을 모른 척하고 사회 세계와 관련된 불안감을 처리하도

록 하는 '고립'이다. 그들은 사고에 무의식적으로 집중하고, 그들이 감정에 대해 생각하는 자체를 감정을 느끼고 있다고 생각할 수 있다. 이러한 성향을 모르면 그들은 사람들과의 관계와 일이 연결된다는 것과 그들을 즐겁게 할 수 있는 감정을 어느 정도는 다시 느끼기 어려울 수 있다.

- **다른 사람과 개인적인 이야기를 나누는 것의 가치** 5유형은 그들의 사고와 감정을 혼자만 알고 있는 것이 최고라고 생각하는 사람들이다. 이들은 내면세계에 대해 소통하고 사람들과 관계를 맺을수록 그들의 소중한 에너지는 고갈되고 시간과 사적 영역의 경계에 위협을 받는다고 생각한다. 자신에 대해 더 나눌수록 사람들로부터 응원을 받을 수 있고 삶이 더 풍성해지며 내면이 건강해지고 관계가 돈독해진다는 것을 믿지 않는다.

- **힘과 에너지를 주는 대인관계** 5유형의 사람들은 대인관계가 자신의 에너지를 고갈시킬 수 있다고 믿는다. 하지만 대인관계는 에너지를 고갈시키기도 하지만 그것이 내면의 에너지 자원을 다시 재충전 시킬 수도 있음을 기억해야 한다.

- **갈등의 가치** 5유형은 갈등을 싫어하는데 왜냐하면 많은 에너지를 소비하는 극심한 감정기복과 예상치 못한 누군가의 비밀을 알게 될 수도 있기 때문이다. 그러나 갈등의 상황을 피하게 되면, 그들은 보호받기보다 고립될 수 있으며 진지한 대인관계를 맺을 수 없다.

- **그들이 가진 감정적인 힘과 풍부한 에너지의 양** 5유형은 자신의 경계영역을 지키고 자신의 정신세계로 도피함으로써 과잉반응 또는 에너지 고갈을 피할 수 있다고 믿는다. 하지만 이것은 참된 실재를 왜곡하는 것이다. 5유형들은 자기 속의 에너지가 쉽게 방전된다고 믿어버림으로써 자기가 실제로 가지고 있는 더 많은 에너지, 힘, 내적 능력들을 스스로 제한하는 경향이 있다. 이러한 잘못된 신념 때문에 스스로 움츠리게 되고 지원받을 수 있는 자원들을 차단하는 결과를 낳는다.

성찰하고, 이해하고, 탐구할 것들

- 5유형은 왜 다른 사람들과의 지적인 소통을 더 편안해 하는가? 타인과 있을 때 보다 혼자 있을 때 자신의 감정을 더 생생하게 느끼게 되는 이유는 무엇인가?

- 감정을 어떻게 그리고 왜 분리하고자 하는가? 이러한 분리가 어떤 도움을 주는가? 감정을 표현하는 것이 두렵거나 꺼려지는 이유는 무엇인가?

- 다른 사람과 감정을 나눈다면 어떨 것 같은가? 사람들과 감정적으로 연결되고 자신을 드러내는 것이 두렵다는 생각 뒤에는 어떤 믿음이 있는가?

- 당신 내면에 에너지가 많지 않다는 신념이 당신으로 하여금 내면의 역동적 자원들을 차단시키는 것은 아닌가? 이러한 신념은 잘못된 망상은 아닌가? 이러한 잘못된 신념이 당신으로 하여금 여러 방식으로 더 많은 에너지를 생산하지 못하게 만드는 것은 아닌가?

- 당신이 주로 머릿속에서만 살아가고 있는 삶의 결과는 무엇인가? 당신의 몸과 가슴에 좀 더 집중해서 연결된 삶을 살아가면 어떤 도움이 되겠는가?

- 어떤 경계선들이 당신을 안전하고 침착하게 하는가? 다른 사람과 소통할 수 있도록 당신의 경계를 살짝 풀어준다고 생각하면 어떠한가?

- 당신 자신에 대한 정보와 이야기를 나누지 못하게 제한하는 내면의 동기는 무엇인가?

5유형이 활용할 수 있는 강점들

5유형이 아래의 사항들을 알아차리고 관심을 기울이고 내 것으로 만들어 활용한다면 자신의 성장에 큰 도움이 될 수 있다.

- **좋은 경계선을 만들고 유지하는 능력** 5유형은 다른 사람의 사적인 시간과 사적 영역도 존중한다. 이들은 시간제한, 기대효과, 기대하는 결과, 역할과 책임의 가치를 말하는 것을 경청한다.

- **지적인 호기심과 지식, 아이디어에 대한 열정** 5유형들은 방대한 정보를 모으고 분석하는 과정을 즐긴다. 그래서 그들의 업무와 관련된 중요한 정보들을 사람들이 이용하고 배울 수 있도록 선도하는 전문가가 될 수 있다.

- **객관적인 사고** 사고에서 감정을 배제하는 특성으로 인해 어려운 상황에서 감정과 거리를 두고 분석하여 합리적이고 현명한 결과를 만들어 낼 수 있다.

- **전문적이고 겸손함** 감정의 덫에 대한 혐오는 특히 직장에서 전문가다운 행동을 하는 데 방해가 된다. 이들은 사려 깊고, 겸손하고, 공손하며, 다른 사람의 사생활을 존중해주기 때문에 다른 사람과 관계를 맺는 점에 관한 한 그들은 좋은 역할 모델이 될 수 있다.

- **전문가** 5유형은 지식에 대한 갈망이 있고 배우기를 좋아하는 점에 있어서 특정한 연구 분야에 많은 전문 지식을 축적할 수 있다. 이들은 자신들이 하는 일에 대해서 많은 것을 알고 있고, 항상 그들의 지식 기반을 확장하고 배우려하기 때문에 팀에서 중요한 역할을 수행한다.

자기관리

5유형의 도전 과제

- **감정과의 거리** 당신이 5유형이라면 지적인 대화를 나누려고 하고 감정적인 것과는 분리하려는 경향이 있다. 그러나 당신의 감정과 다른 사람의 감정은 둘 다 필요한 것이다. 당신이 자신의 감정을 직시하고 다른 사람과 감정적으로 소통함을 배움으로써 마침내 참된 성장이 가능해진다.

- **자주성, 독립성, 혼자 있기** 5유형은 자신의 영역을 통제하고 독립적으로 일할 때 가장 안정감을 느낀다. 그러나 혼자서만 일하고 사생활을 지키려고 하는 것에서 벗어나 좀 더 유연하게 하는 법을 배운다면, 지원을 아끼지 않는 사람들과 협업하며 좋은 관계를 맺을 수 있는 가능성이 커진다.

- **사적인 이야기를 나누는 것에 대한 어려움** 다른 사람과 개인적인 감정을 나누는 것은 위험하다고 느낄 수 있다. 하지만 직장에서 더 깊은 관계와 효과적인 팀워크를 형성하려면 당신의 한계를 넘어서야 한다. 당신이 신뢰할 수 있는 동료와 조금씩 사적인 이야기를 나누어 보는 것이 좋은 시작이 될 수 있다.

- **에너지 비축을 위한 지나친 염려** 당신의 방어 기제에 대한 문제의식을 깨닫지 못하기 때문에 성장에 어려움이 있을 수 있다. 특히 직장에서 당신이 사람들과 더 많은 관계를 맺게 되면, 자신의 에너지가 고갈될 것 같다는 염려도 사라지게 된다. 신체적 활동과 운동을 통해 당신이 생각보다 훨씬 더 많은 내적 자원을 가지고 있음을 발견하게 될 것이다.

- **자신이 가진 자원이 한정되어 있다는 생각** 내적 자원의 소진에 대한 두려움은 당신을 앞을 향해 힘차게 나아가지 못하게 한다. 보다 풍성하고 위대한 경험이 가능하도록 당신 자신을 개방시켜야 한다.

- **사생활 침범과 감정의 덫에 대한 두려움** 5유형에게 있어서 이러한 두려움에 대한 인식, 인정, 도전이야말로 두려움을 넘어 자신을 개방할 수 있게 하는 법을 배우게 해준다. "두려움을 느껴보라. 그리고 그 두려움에 도전하라"는 모토는 5유형으로 하여금 새로운 가능성을 향한 첫 발을 내딛게 해줄 것이다.

'낮은 의식수준'을 인식하고 '높은 의식수준' 지향하기

5유형은 무의식적인 행동과 그들의 성향과 관련되어 스스로 한계를 두는 습관을 인지하고 더 광범위하고 균형 잡힌 5유형의 성격들에 대한 능력을 배움으로써 성장할 수 있다.

- 다른 사람과 밀접하게 일하고자 하는 것과 자신의 경계선을 지키고자 하는 것 사이에 있는 불편함을 인식하며 협업과 개방성을 좀 더 즐길 수 있도록 노력해보라. 친밀한 관계를 맺으면 발생할 것 같은 문제들이 실상은 그렇게 큰 문제가 되지 않음을 경험해보라.

- 사람들로부터 떨어져 경계를 강화하고 싶을 때마다 더 많이 그리고 더 자주 경계를 풀어주는 시도를 해보라. 건강한 경계선을 유지하는 동시에 다른 사람과 더 원활한 소통을 유지하는 것은 당신의 삶을 더 풍요롭고 의미 있게 만들어 줄 것이다.

- 자기도 모르게 감정을 분리시키고자 하는 생각이 들 때, 오히려 감정을 더 파고드는 시도를 해보라. 현재 자신의 감정과 연결되는 능력을 키울수록 더 깊이 있는 삶을 살게 되고 사람들과 더 흥미롭고 매력적인 관계를 맺을 수 있음을 배워야 한다.

- 두려움을 의식하고 그것이 증폭될 때 그것에 도전하는 법을 배워야 한다. 당신이 느꼈던 두려움은 이미 벌어진 일이고 당신은 스스로 생각하는 것보다 더 강한 용기를 가지고 있다.

- 사람들과 대할 때 무엇이 당신을 주눅 들게 하고, 작게 만들고, 피하게 만드는지 생각해보라. 감정적 연결에 있어서 다른 사람들만큼 협력하고 소통할 수 있고,

의미 있는 방식으로 내가 가진 욕구와 건강하게 연결될 수 있다.

- 안전한 곳에 머물러 있으려고 하는 것은 결국 당신을 지지해주는 사람과 단절하는 결과를 초래한다. 이는 내면의 고갈을 초래하는 위협이 된다는 것을 알아야 한다. 당신이 사람들에게 하는 것보다 사람들은 당신을 더 많이 지지하고 인정해 줄 수 있다

5유형은 경계선을 지키고 에너지 고갈 및 노출에 대한 두려움으로부터 자신을 보호하고자 하는 자신의 특성을 알아차려야 한다. 변화를 통해서 자신의 강점을 강화시킬 수 있다. 외부의 요구에 대한 민감성을 인식하고 자신의 감정을 조심스럽게 느껴보는 단계를 밟음으로써 다른 사람들에게 자신을 더 개방할 수 있는 능력을 키우게 된다. 이를 통해 자신의 삶과 일, 다른 사람들과 깊은 관계를 맺을 수 있다. 5유형은 몸과 감정을 통해 체득된 경험들을 자신의 영리한 두뇌를 통해 접근하고 해석함으로써, 풍부한 경험이 가능케 되고 보다 유능한 성취를 이룰 수 있게 된다. 5유형의 분석력은 타고난 탁월한 능력임이 분명하다. 하지만 보다 훌륭한 리더가 되려면 이 위에 다음과 같은 것을 더해야 한다. 업무에 있어서의 인간적 측면을 중시하고 대인관계 능력의 본질적 가치를 인정함으로써 다른 사람들과 함께 어울리고 협업하는 즐거움을 느끼고 배워나가야 한다.

충실하게 지켜주는 리더

6유형의 리더십

내가 미래에 대하여 고민할 때 두려워하든 안 하든 결과는 같다.

오드리 로드: 작가, 시인, 인권운동가

모든 실수에 대한 가장 강력한 대응책은 곧 이성(reason)이다.
나는 이성 외에 어떤 것으로도 대체하지 않았고
또한 앞으로도 그러할 것이다.

토머스 페인: 정치가, 철학자, 정치이론가, 혁명가

제9장
6유형 리더십: 충실하게 지켜주는 리더

6유형의 전형적인 모습은 언제나 확실함과 안전을 추구하는 것이다. 하지만 6유형이 원하는 확실함과 안전은 여간해서는 확보되지 않는다. 6유형의 관심은 자동적으로 주변 사람들과 상황을 향해 있으며 그들이 얼마나 믿을 만하고 안전한지를 먼저 판단한다. 늘 의식하는 것은 아니지만 그들은 걱정이 앞서며 사람들을 시험하고 의심하는 경향이 있다. 그리고 끊임없이 질문한다. "당신은 믿을 만한 사람인가? 일이 잘못되는 건 아닌가? 최악의 경우에는 어떻게 대비해야 하는가?" 때로는 충성스러운 회의론자, 만약의 상황에 대비하는 사람이라고 불리는 6유형은 잠재된 문제들을 예측하고 집중함으로써 앞으로 일어날 수 있는 문제들을 해결하고 도전에 대비한다.

6유형은 잠재적인 위험이 많은 세상에서 늘 조심하고 나쁜 일이나 위협에 대비하면서 안전을 추구한다. 이들의 성격유형은 위험을 예측하고, 예기치 못한 상황을 관찰하고, 사람들의 감춰진 의도나 이면의 동기를 읽어내는 과정에서 형성된다. 이들이 타인을 신뢰하기까지는 시간이 걸리지만 한 번 믿게 되면 변치 않는 충성을 보인다. 6유형은 훌륭한 권위를 추구하지만, 힘 있는 자들이 약자에게 힘을 남용하는 것을 경험해왔다. 그래서 그들은 권위에 의문을 갖기도 하며 자신을 약자와 동일시하고 나아가서 약자를 지지하기도 한다.

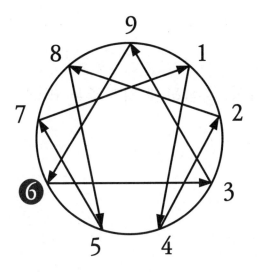

　6유형의 소통방식은 상황을 평가하고 잠재된 문제를 파악하기 위해 정보를 찾아
내는 경향이 있다. 이들은 대답보다는 질문을 많이 한다. 상대가 어떤 계획을 제시
하면 그것이 갖는 약점을 파악하고 이에 도전하거나 강화하는 방법을 찾으려 한다.
6유형은 모든 상황이 서로 연관되어 있다고 보고, 상황·행위자·사건·목표 그리고
실행 과정에 필요한 자료를 수집한다.

　또한 6유형 리더들은 위협과 위험평가, 문제해결, 그리고 발생 가능한 여러 가지
변수에 대비하기 위해 지금까지의 일을 분석한다. 이와 같은 자료들과 문제의식을
갖고 목표와 계획 및 사람들을 보호하는 방안들을 전략적으로 생각한다. 이들은 온
정적이고 감각적인 질문자이며 지적인 분석가이거나 확신에 찬 반대자이다. 그리고
의심과 의문을 갖고 문제해결에 필요한 예측과 분석에 대한 견고한 계획을 수립한
다. 이들은 예리한 통찰력을 갖고 열정적으로 평범한 사람을 도와주며, 열심히 노력
하는 사람들에게는 용기와 지지를 아끼지 않는다.

내면의 모습

다음의 특징들이 당신에게 적용된다면 당신은 6유형일 수 있다.

- 당신은 자신이 하고 있는 일이 잘못되지 않을까 걱정한다. 당신은 훌륭한 문제예방자이며 또한 문제해결자이다. 당신은 어떤 일의 진행 과정이나 모든 단계에서 일어날 수 있는 문제점들을 관찰하는 데 탁월하다.

- 당신은 절차와 결과를 점검하고 모든 것을 확실하게 계획대로 진행하기 위해 많은 질문을 한다. 사람들의 말에 회의를 품는 것을 해결할 수는 없지만, 당신의 진정한 의도는 문제를 파악하고 해결함으로써 어려움을 피하고자 하는 것이다.

- 당신은 사람들의 계획이 얼마나 확고한지 알기 위해 그들을 시험해 보려는 경향이 있다. 당신은 눈앞에 보이는 것을 그대로 받아들이기 힘들다. 당신은 최악의 시나리오가 발생하는 것을 막기 위해 그것을 미리 생각한다.

- 당신은 사람들과 처음 관계 맺는 단계에서 그들을 신뢰하기 어렵다. 당신은 그들이 믿을 만한 사람이라고 확신하기까지 상대를 알기 위해 시간이 걸린다. 신뢰할 만한 사람인지 알기 위해서는 그들을 관찰할 필요가 있기 때문이다. 일단 당신의 내부 감지기를 통해 그들을 알고 신뢰하게 되면 진심으로 믿는다. 그러나 당신이 신뢰하는 사람이 당신을 배반한다면 그것은 최악의 상황이 된다.

- 당신은 훌륭한 권위를 추구하고 함께 일할 리더를 찾지만 실제로는 반권위적 성향을 지니고 있다. 당신은 그들이 신뢰할 만한 대상인지 시험하며 신뢰할 수 없다면 지지를 철회하거나 반발하려 한다.

- 당신은 상대가 약자라고 할지라도 항상 지지한다. 당신은 자연스럽게 억압받고 힘없는 대상에 공감하며, 약자를 위해 일하는 데 많은 에너지와 열정을 동원할

수 있다.

- 당신은 열심히 일했더라도 성공을 누리는 자리를 불편해할 수 있다. 당신은 군중 앞에 서는 것을 좋아하지 않으며 성공은 위험하거나 어색하다고 생각한다.

- 당신은 종종 두려움을 갖고 행동하지만 두려움을 늘 인식하는 것은 아니다. 그래서 안전은 일종의 동기부여가 될 수 있고, 문제가 발생할 때 해결할 수 있는 아주 좋은 전략이 된다. 그리고 6유형인 당신도 두려움에 사로잡히지 않을 수 있다.

- 당신은 일을 그르치거나 결과가 좋지 않으면, 자주 이야기하기 때문에 어떤 사람은 당신을 비관주의자로 볼 수 있다. 하지만 당신은 자신을 현실주의자로 이해한다. 당신은 잠재적인 문제가 본질적인 것이라고 생각하기 때문에 이것에 주목한다. 그리고 계획에서 작은 빈틈이라도 현실적으로 판단해야 문제를 예방할 수 있다고 생각한다.

- 당신은 늘 질문거리를 생각하기 때문에 결정하는 데 어려움을 겪기도 한다. 당신은 때때로 어떤 태도를 취하거나 행동방식을 결정하는 것이 어렵다. 그것은 자기 생각에 대하여도 쉽게 의심하거나 의문을 제기하기 때문이다.

- 당신은 종종 어쩔 수 없는 반대(의견)자가 되거나 또는 악역을 맡게 된다. 누군가가 의견을 제시하면 자동적으로 반대 입장에서 논쟁하면서, 그것이 사람들이 진정으로 원하는 것인가 혹은 실행 가능한 것인가를 분명히 하고자 한다.

- 확실성에 대한 욕구는 당신으로 하여금 합리적인 의사결정에 도움이 되는 좋은 자료를 찾도록 한다. 최상의 해결 방안을 생각하면서 자연스럽게 논리와 이성을 사용한다. 모든 에니어그램 성격유형에서 가장 지적이고 논리적인 유형 중 하나인 당신은 이러한 사고과정을 통하여 안전함을 찾고자 한다.

- 당신은 합리적으로 상황을 분석하는 데 매우 탁월하고 통찰력이 있다. 당신은 사물을 시험하고 문제해결 과정을 즐긴다. 또한 정해진 틀 밖에서 사고하고 사람들을 잘 읽어내는 경향이 있다.

6유형의 핵심전략

6유형은 종종 어린 시절에 두려움을 유발하는 상황이나 신뢰할 수 없는 권위와 함께 한 경험들을 이야기한다. 그들의 부모는 예측 불가능한 사람들이었을 수 있다. 아마도 알콜 중독이나 정신병력이 있는 사람, 또는 일관성이 없고 무엇인가 신뢰하기 어려운 사람일지도 모른다. 그들은 이러한 상황에 대처하기 위해 다음에 무슨 일이 일어날지 예측하는 법을 배웠을 수 있다. 많은 경우에 6유형은 보호자인 아버지의 문제점과 그들로부터 충분히 보호받지 못한 경험을 이야기한다. 아버지가 지나치게 엄격하거나 폭력적이어서 좋은 보호자가 아니었거나 의지하기 어려웠든지 간에 6유형 아이는 보호자가 없어도 내면의 안전감을 얻기 위한 방법을 일찍부터 터득하게 된 것이다.

안전에 대한 확신에서 동기부여 된 6유형은 미래를 예측하는 능력이 탁월하다. 그들은 종종 세상이 위험하다고 느낀다. 사람들이 무슨 일을 하는지, 어디서 문제가 발생할지 관찰하면서 미묘한 단서를 찾아낸다. 다시 말해 사람들의 행위에서 모순을 발견하고 문제가 발생하기 전에 미리 알아차리는 능력이 일찍부터 개발되었기 때문이다. 모든 성격유형은 본질적으로 방어적인 태도에서 비롯되지만, 고전적인 의미에서 6유형은 훌륭한 방어 전략가들이다. 그들은 잠재된 문제의 상황을 능숙하게 파악함으로써 문제를 해결하고 방어할 수 있는 전략을 갖고 있다.

이러한 이유로 6유형은 직장에서 발생할 수 있는 모든 문제들을 생각하면서 계획이 잘못되기 전에 잠재적인 장애물을 처리하기 위한 전략을 세울 수 있다. 그들은 신뢰할 수 있는 직원이거나 열심히 일하는 사람들일 수 있다. 때로는 불안에 의해 동기부여를 받는다고 하더라도 말이다. 또한 상황을 과잉 분석하는 경향이 있으며 실행을 어려워한다. 그러나 6유형의 리더는 위험을 평가하는 능력과 충성심, 논리적 사고를 토대로 분석적이고 전략적으로 사람들을 관리할 수 있다.

위험 징후를 관찰하고 확실성을 추구하는 6유형은 환경과 사람들을 예민하게 감지하고 파악한다. 그들은 "누가 무엇을 하고 있는가?", "누가 신뢰할 수 있는 사람인가?", "그 사람은 이것에 대해 어떤 의도를 갖는가?", "누가 나에게 위해가 될까?", 그리고 "무엇이 잘못되고 있는가?" 등과 같은 질문을 끊임없이 던진다. 6유형의 리더는 사람들의 행동 방식과 그들의 행동이 이미 밝힌 의도와 일치하는지에 대하여 많은 주의를 기울인다.

그들은 신뢰하는 사람들과 함께 있을 때는 긴장을 풀고 업무에 집중할 수 있다. 하지만 새로운 상황이 닥치면 경계를 높이고 어떤 준비 태세를 유지할 가능성이 있다. 또한 그들의 환경에서 예측되는 위협을 정확히 알아내기 위해 무슨 일이 일어나는지 관찰한다.

직장에서 6유형은 자동적으로 계획이나 절차상 잠재적인 문제를 관찰하고 그에 대한 해결책을 모색한다. 이들은 과거에 어떤 문제가 있었는지를 기억하고 실수로부터 교훈을 얻으며 새로운 것과 반복되는 위협을 주의 깊게 관찰한다. 6유형은 사람들에게 똑같이 주의를 기울이지만 그들의 신뢰를 얻는 것은 쉬운 일이 아니다. 당신이 누구이고, 어떻게 행동하는지 알기 위해 당신의 모든 행동을 관찰할 시간이 필요하기 때문이다. 당신 안의 모순을 찾아내고, 숨은 의도를 파악하며, 당신이 말한 대로 행동하는 사람인지 확인하기 위해 시험한다. 그러나 결국 6유형은 당신이 정직하고 준비된 사람이라는 것을 알면 당신을 편하게 신뢰하려 할 것이다.

6유형의 행성에서 바라본 세계

일반적으로 6유형은 세상을 위험한 것으로 본다. 그들은 안전에 대한 위협이 늘 존재한다고 생각하고, 예리한 인식과 지각 능력, 날카로운 분석 기술을 통해 그 위험을 지속적으로 평가한다. 그러나 외부에서 감지된 위협은 불안을 유발하기 때문에 6유형은 자기 불안을 외부 환경에 투사하여 세상이 실제보다 더 위험하다고 해석한다. 그 결과 그들이 두려워하든 그렇지 않든 간에 습관적으로 세상은 위험하다는 생각을 증폭시킴으로써 악순환으로 나타날 수 있다.

그들은 언제든지 발생할 수 있는 위험요소를 감지하고 이것을 안전하고 확실하게 극복하고자 신뢰할 만한 좋은 권위와 확실한 외부 지원을 추구한다. 그러나 과거의 경험은 그들에게 경계를 늦추지 말고 사람들이 믿을 만한지 시험해봐야 한다고 가르친다. 그들은 모든 일에 조심스럽게 접근하는 대응전략으로 좋은 문제 해결자가 되지만 반대로 문제 유발자가 될 수도 있다. 또한 문제해결 과정을 즐기기 때문에 문제를 찾으려는 관점에서 세상을 볼 수 있고, 때로는 문제 자체가 존재하지 않는다는 것을 알 수도 있다.

또한 6유형은 특히 자기성취적 예언으로 인해 고통스러운 일을 겪기도 한다. 이들은 어떤 문제를 두렵고 위험한 것으로 상상하면서 그것이 진실이라고 생각하고 받아들인다. 그들은 현실이 서로 연관되어 있다고 생각한다. 당신이 그들에게 무엇에 대해 질문하면 그들은 종종 "그것은 ~에 달려있어"라고 대답할 것이다. 그들은 삶의 복잡성과 돌발성에 대한 예민한 인식을 가진 현실주의자들이다. 무엇보다도 그들은 준비를 중요하게 생각한다. 그들은 삶이 예측할 수 없다고 생각하고 어떤 문제가 발생할지 예견하고 대비하면서 위기 상황에서 침착하게 대처하는 경향이 있다.

6유형 리더의 주요 특성

다음의 특징들은 6유형의 리더십 스타일을 묘사한다.

- **자료 평가 및 연구 수행을 위한 탁월한 분석적 사고** 6유형 리더는 이론에 근거하여 사고하는 지적 능력을 갖춘 사람이다. 그들은 논리와 이성 그리고 추상적 사고가 필요한 분야에 유능하다.

- **훌륭한 문제 해결** 6유형은 평가와 위협 요소의 원인을 파악하는 데 탁월하다. 그들은 계획에 무슨 문제가 있는지를 살펴보고 잠재적인 문제가 발생하기 전에 확인하는 데 있어서 전문가이다.

- **잘못될 수도 있는 상황에 대한 대비와 숙련된 기술** 6유형 리더는 미래를 예측한다. 그들은 잠재적인 위험을 예측하고 돌발적인 상황에 대비하고 그것을 처리하는 데 능숙하다.

- **팀에 대한 보호와 지지** 6유형의 리더는 자연스럽게 그들이 신뢰하고 관련 있는 사람들을 보호하는 일에 동기부여가 생긴다. 기질적으로 권위에 대하여 의심하면서 동료나 직속 부하가 권력을 가진 사람에게 위협받지는 않는지 여러모로 경계하고 살피는 경향이 있다.

6유형은 왜 그렇게 생각하고 느끼고 행동하는가?

사고

6유형은 관념과 상황을 분석하고 위험을 평가하는 관점에서 생각하는 머리 중심의 사고유형이다. 그들은 능동적인 상상력을 통해 불확실한 세상에서 확실함을 찾고자 한다. 그들은 역설적인 사고를 즐기며 정신적으로 한 발 물러서서 다른 사람의 생각에 도전한다. 또한 자신이 견고한지를 확인하기 위해 자신의 위치를 시험하고, 잠재적인 약점을 파악하고, 그것을 해결하기 위해 종합적으로 사고한다.

6유형은 이성적이고 합리적인 사고를 중요시하고 사실과 자료에 근거하여 결정하는 고도로 논리적인 사람들이다. 그들은 끊임없이 사물에 대하여 의문을 제기하고 의심한다. 그리고 무슨 일이 일어나고 있는지 의심하고, 그들 자신을 의심하고, 그들의 의심조차 의심할 수도 있다. 그들은 한발 물러나 모든 근거 자료를 확인하고 평가하면서 좋은 해결책을 찾는 데 능숙하다.

감정

6유형은 감정보다는 머리에 더 많이 관련되어 있다. 그러나 모든 6유형의 공통적인 감정은 두려움이다. 어떤 6유형은 규칙적으로 두려움을 겪고 있으며, 그들이 겪는 두려움을 분명히 알고 있다. 다른 6유형은 무의식적으로 두려움을 관리하는 방법이 있기 때문에 의식적인 상태에서는 두려움이 드러나지 않는다. 또 다른 6유형은 자신의 행동을 안내하는 훌륭한 권위, 또는 일련의 규칙과 절차를 찾으면서 자신의 두려움을 완화한다. 어떤 6유형은 더 강하고 적극적으로 두려움의 근원으로 들어가 극복하고자 한다. 그러나 그들이 그것을 알고 있든 아니든 간에 대부분의 6유형은 주로 두려움에서 동기부여를 받는다. 두려움이 현실이 아니라 머릿속에 있다고 할지라도 여전히 죄책감과 수치심을 느낀다. 나쁜 상황을 밝혀내고 수정하는 방어 전략이 여기에서부터 나온다.

행동

6유형은 세 가지 하위유형 중 어느 유형인가에 따라, 그리고 그들이 처한 상황과 조건에 따라 매우 다른 방식으로 행동한다. 그들은 질문을 많이 하고 계획과 제안을 살피면서, 상대가 신뢰할 수 있는지를 알기 위해 무슨 일이 일어나는지 의심하고 시험한다. 그들은 항상 의무를 다하고 성실하지만, 때로는 분석마비에 빠져 행동하는 데 어려움을 겪을 수도 있다. 그들은 어려운 상황을 극복함으로써 불안을 완화하고 도전적인 상황을 피하거나 숨길 수 있다. 그들은 조직적이고, 정확하고, 효율적이지만, 우유부단하고 불확실하며 조직을 와해시킬 수도 있다. 그들은 상대를 잘 보살펴 주거나 우호적이지만, 유보적이고 방어적일 수도 있다. 어떤 6유형의 사람은 이렇게 말한다. "그것은 그들이 직면하고 있는 상황이나 그들이 생각하고 느끼는 것에 달려 있다. 그리고 투쟁·도주·보호 요청 중 어떤 반응을 갖고 자신의 두려움에 본능적으로 대응하는지 여부에 달려 있다."

6유형의 주요 강점과 능력

- **위험 및 위협을 정확하게 평가할 수 있는 능력** 6유형은 안전을 유지하고 확실성을 찾는 데서 동기 부여를 받는다. 어떤 프로젝트나 계획에서도 위험과 위협을 직감하는 재능을 갖고 있다.
- **좋은 문제 해결자** 6유형의 분석적 사고방식은 문제 상황을 해결하기 위한 최선의 방법을 찾고, 사안의 구성 요소를 분석하는 데 유용하다.
- **통찰력과 분석력** 6유형은 정확한 질문을 하고 관련 자료를 수집, 분석하며 진행 상황에 대하여 예리한 통찰력을 발휘한다.
- **과정에 대한 정밀함과 주의력** 독일은 6유형을 상징하는 국가라고 할 수 있다. '독일 공학'이라는 용어는 독일산 자동차 등 고도의 정밀성과 품질을 나타내는 생산품을 의미하는 것으로 널리 알려져 있다. 이처럼 6유형은 상황이 예측 가능하고, 양질의 제품과 결과가 산출되는 절차나 원칙이 정확히 지켜지면 안전함을 느낀다.
- **충성도와 신뢰성** 6유형과 신뢰를 구축하면 그들은 충성도가 높고 신임할 수 있다. 또한 그들이 신뢰하는 사람들에게서 동일한 특성을 발견할 수 있다.

위험이나 문제점을 찾고자 하는 노력이 과할 때 발생하는 문제들

모든 유형과 마찬가지로 6유형 리더가 자신의 가장 큰 강점을 남용할 때 그리고 더 많은 분야를 의식적으로 개발하지 않을 때, 이러한 강점은 오히려 아킬레스건이 될 수 있다.

- **위험 및 위협을 정확하게 평가할 수 있는 능력** 6유형은 위험과 위협을 주의 깊게 관찰하기 때문에 상황이 얼마나 위험한지를 과대평가하고 존재하지 않는 위협을 알아내려 할 수도 있다.

- **좋은 문제 해결자** 6유형의 특성상 있지도 않는 문제를 만들어 낼 수 있다. 그들은 부정적 자료는 과대평가하면서 긍정적인 자료는 과소평가할 수 있다.

- **통찰력과 분석력** 6유형은 의문을 제기하고 의심하고 끊임없이 분석하지만 행동으로 나아가지 못할 수 있다. 게다가 자신의 분석능력을 과대평가하여 정서적 측면을 발전시키지 못할 수 있다.

- **과정에 대한 정밀함과 주의력** 독일인들처럼 많은 경우 6유형은 정밀도와 절차를 엄격히 고집하며 유연성이나 흐름을 따라갈 여지를 남기지 않는다. 독일 어디에서든지 차 없는 도로에서 교통신호를 위반하고 길을 건너려고 시도한다면 함께 있는 독일인에게 꾸지람을 들을 것이다.

- **충성도 및 신뢰성** 6유형은 신뢰할 수 있고 충성을 보여줄 인물을 결정하는 기준이 높다. 그들은 당신을 신뢰하기 전에는 오랫동안 충성심을 드러내지 않을 것이다. 그리고 그들이 당신의 신뢰를 확신하지 못하면, 그들은 당신이 흡족할 만큼 신뢰하지 않을 것이다.

다행스럽게도 6유형은 안전에 대한 진정한 관심이 있기 때문에 사람들을 신뢰하고 생산적인 방식으로 업무에 참여하게 한다. 그리고 이것을 위해 모든 조치를 다하면서 최선을 다한다. 그들이 능동적으로 위험을 다루고 흥미로운 문제를 해결하는데 집중한다면, 그들은 분석 기술을 잘 적용하고 모든 일이 잘 될 것이라는 믿음을 갖고 훌륭한 협력 관계를 개발할 수 있다.

스트레스 상태와 최상의 상태
6유형의 의식수준이 낮을 때와 높을 때

6유형이 스트레스로 인해 의식수준이 낮을 때에는 불신에 차있고 편집증적일 수 있다. 그들은 두려움에 사로잡혀 사람들에게 끊임없이 의문을 제기한다. 무엇을 믿을 수 있는가, 누구를 신뢰할 수 있는가에 대한 증거를 요구하지만 어느 것도 그들을 만족시킬 수 없을 것이다. 때로는 내면의 두려움이 만들어낸 시나리오를 주변 사람들에게 투사하면서도 이 사실을 자각하지 못한다. 그들은 공개적이거나 은밀하게 다른 사람들에 대해 비판하고 반발하며, 대다수 의견이나 또는 권력자의 의견을 수용하지 않거나 권위 있는 사람조차 신뢰하지 않을 수 있다.

또한 6유형은 압박상태에서 자각이 부족하게 되면 움츠러드는 경향이 있다. 그들은 문제를 숨기고 다른 사람을 의심하면서 갈등을 피할 수 있다. 어쩌면 양면성을 드러내거나 매사에 의문을 갖고 결정하는 것을 어려워한다. 스트레스에 지친 6유형은 다른 사람들을 기쁘게 하거나 반항하기도 하며 내적 갈등에 휩싸일 수 있다. 그들은 두려움에서 비롯된 추상적 생각이나 이론적인 가능성 때문에 무엇인가를 신뢰하는 데 어려움을 겪으면서 길을 잃을 수 있다. 하위유형에 따라 분노를 다르게 표현하고 자신을 의심하거나 규칙을 엄격히 준수하면서 공격적으로 행동하고 협조를 거부할 수도 있다.

의식수준이 높은 단계에서 6유형 리더는 좀 더 자각적이고 정서적 습관을 의식한다. 모든 것에 관찰력이 있고 지적이며 이해력이 뛰어나다. 그들은 상황과 사람들을 잘 읽고, 주요 쟁점이 무엇인지 알아내고, 관련 있는 자료를 평가한 후 용기와 자신감으로 도전에 응한다. 그들은 특유의 분석력과 사람에 대한 깊은 관심을 통해 함께 일하는 사람을 파악하고 돌보며 상호 신뢰를 바탕으로 견실한 관계를 형성할 수 있다. 훌륭한 6유형 리더는 약자와 모든 사람을 동일시하며, 민주적이고 평등한 정책을 수립하고, 조직의 모든 위치에 있는 사람들의 요구를 진심으로 이해한다.

또한 6유형이 의식수준이 높은 단계에 머무를 때에는 두려움과 불안과 상관없이 전진할 수 있다. 그들은 위험상황을 현명하게 평가한다. 두려움과 반응에 대한 이해, 사실적 증거에 대한 명확한 분석 및 신뢰할 수 있는 조언자 및 동료의 의견을 조율함으로써 불리한 상황에서도 용감하게 행동할 수 있다. 현실을 신중하게 고려하여 자연적으로 발생하는 두려움에 대처할 수 있고, 직면하는 상황에 내재된 위험과 문제에도 불구하고 전진을 위한 최선의 방법을 발견하기 위해 자신과 다른 사람들에 대한 신념을 가질 수 있다.

세 종류의 6유형 리더

세 가지 본능에 따른 6유형의 하위유형들

에니어그램 이론에 따르면 우리의 생존을 도와주는 세 가지 주요 본능적 욕구가 있다. 그리고 세 가지 중 하나가 우리의 행동을 지배하는 경향이 있다. 6유형의 성격은 자기보존의 방향으로 편향됐는지, 조직과 관련하여 사회적 관계와 위치를 구축하는지, 또는 일대일의 유대감을 형성하는지에 따라 확연히 다르게 나타난다.

자기보존(자기지향적) 6유형

자기보존 6유형은 동맹과 자신을 보호해 줄 친구를 찾음으로써 두려움에 대처한다. 가장 적극적으로 두려움과 공포를 느끼는 6유형은 사람들을 자기에게 끌어들이기 위해 따뜻하고 친근하게 행동한다. 또한 다른 사람의 분노를 두려워하기 때문에 자신의 공격성을 숨기거나 억압한다. 그들은 일종의 불안감이나 분리 불안을 느낀다. 또한 그들은 준비가 안 됐거나 힘이 없다고 느낄 때, 자신의 권위가 충분하지 않다고 생각될 때 불안을 느낀다. 이런 이유로 세 가지 유형 중 가장 소극적으로 보인다. 그들은 질문은 많이 하지만 대답은 하지 않으며, 강한 확신을 위한 증거를 찾는 '증거 중독자'이다. 자기보존 6유형은 흑백이 아닌 회색의 관점에서 세상을 관찰하고 의심과 불확실성을 갖고 모든 문제를 바라본다. 그들은 다른 사람뿐만 아니라 자신도 의심한다.

자기보존 6유형은 불안과 결합된 두려움과 생존과 관련된 불안에 대처하는 법을 배워야 한다. 그들은 매우 따뜻하고 배려심이 있으며 동시에 명석하고 지적이다. 일종의 생존전략으로서 타인과 긴밀한 유대 관계를 맺을 수 있고 주변 사람들을 두려워하지 않을 수도 있다. 그러나 신체적 안전에 대한 두려움을 포함하여 많은 두려움을 갖고 있다.

리더십은 자기보존 6유형에게 도전 과제일 수 있다. 리더로서 자기보존 6유형은 주기적으로 두려움과 불안을 경험하게 되고 단호하게 결정하기가 어렵다. 그러나 의도적으로 권력과 권위를 갖고 강하게 보이려고 노력할 수 있다. 그들은 다른 사람들을 지지하고 지원하거나 비호하면 자신이 약하다고 생각한다. 그러나 자기보존 6유형 리더가 두려움에 대처하는 방법을 배운다면, 다른 사람들과 소통하고 그들의 필요와 우려에 사려 깊고 현명하게 조언할 수 있는 감각 있는 리더가 될 것이다. 또한 가장 두려운 위기 상황에서조차 6유형은 침착하고 안정적일 수 있다. 그들에게는 두려움 없이 상황에 잘 대처하고 어려운 환경에 대처할 수 있는 능력이 있다. 특히 스스로 자기 반응을 알아차리고 불안에 직면하며 용기와 자신감을 갖게 된다면, 6유형은 다른 사람들이 장애물을 극복하고 전진할 수 있도록 도움을 주는 친근하고 사려 깊은 리더가 될 수 있다.

사회적(그룹지향적) 6유형

사회적 6유형은 다른 하위유형에 비해 확실하고 뚜렷한 관점을 갖는다. 그들은 회색보다는 흑백의 관점에서 세상을 바라본다. 사회적 6유형은 일이 명확하지 않을 때 불안하기 때문에 자기 삶의 선택을 안내하고 두려움을 덜어줄 권위를 외부에서 찾아 불안을 해결하고자 한다. 이 권위는 사람일 수 있지만 이념 또는 사고체계 혹은 일련의 규칙과 지침이 될 수도 있다. 자기 불안을 진정시키기 위해 권위를 추구하는 사회적 6유형은 어떤 주의나 사상체계의 신봉자가 될 수 있다.

사회적 6유형은 안전한 행위라든가 좋은 사람과 나쁜 사람 또는 동쪽, 서쪽, 남쪽, 북쪽의 방향성을 안내하는 규칙과 준거를 가질 때 편안한 유형이다. 이들은 규칙에 복종하고 자신의 의무가 무엇인지 알기 원한다는 점에서 1유형으로 보일 수 있다. 그들은 업무체계 내에서 정확하고 이성적으로 사고하는 차분한 사람들이며, 효율적이고 질서정연한 절차를 선호한다. 그들은 자기보존 6유형보다 강해 보인다. 그것은 그들이 지키고자 하는 권위적인 체계가 무엇이든 간에 그 안에서 안전함과 확실성을 찾기 때문이다. 독일문화 속에서 사회적 6유형을 많이 찾아볼 수 있다. 독일인들은 수줍어하는 기질도 있으나 동시에 규칙을 준수하는 의지가 강한 사람들로 알려져 있다.

리더로서 사회적 6유형은 체계적이고 합리적인 규칙과 지침을 기반으로 명확한 구조를 만들고 싶어 한다. 그들은 절차, 규범, 역할 및 의무를 수립하고 명확히 함으로써 자신의 리더십을 표현하는 경향이 있다. 또한 자신이 고수하는 사고체계가 있고, 일의 추진과 기대치 설정을 위한 지침을 통해 동료들과 직속 부하들에게 동기부여 할 수 있다. 그들은 자신이 하는 일에 대해 매우 합리적인 접근 방식을 택하는데 자발적이기는 어렵다. 대부분의 사회적 6유형은 리더의 의무에 대해 분명하게 인식하고 행동하고자 한다. 그들은 가장 효율적이고 분별력 있는 방식으로 책임을 완수하며 열심히 노력하고자 한다. 때로는 지나치게 지적이고 추상적이어서 자신의 감정에 접근하는 것이 어려울 수 있다. 그러나 타인과의 관계에서 지극히 겸손하고 사려 깊지만 일을 대할 때에는 합리적이고 규칙에 근거한 정형화된 방식으로 접근한다.

일대일(관계지향적) 6유형

일대일 6유형은 가장 단정적이며 강력하고 반항적인 유형이다. 두려움과 불안에 대처하기 위해 다른 사람들을 협박하거나 궁지로 몰아넣는 태도를 취하기도 한다. 그들은 최선의 방어는 최선의 공격이라고 생각한다. 근본적인 불안에 대처할 때에는 위험이나 위험한 상황으로 나아가 싸우는 사고방식을 취한다. 그들은 때로는 공포대항 6유형으로 불리는데, 무의식적으로 내재된 두려움을 회피할 가능성이 많고, 일반적으로 두려운 감정을 인정하려 하지 않는다. 그러나 더 깊은 수준에서 그들은 두려움에 의해 동기부여를 받는다.

일대일 6유형은 다른 사람을 신뢰하는 데 많은 어려움이 있다. 그들은 항상 자신을 의지하며, 타인의 의견에 적극적으로 반대하며, 그 순간의 지배적 의견이 무엇이든 간에 밀어붙인다. 그들은 강해 보이지만 단지 용기 있게 보이려는 것뿐이다. 그들은 자기방어 전략 중 하나로써 무의식적으로 취약함과 두려움을 인식하려 하지 않고, 자신이 부정하는 두려움을 과장된 행동을 통해 드러내기도 한다. 그들이 공격적이며 도전적일수록 실상은 두려움을 더 많이 느끼는 것일 수 있다. 6유형은 권력이 있는 사람들을 반대하는 반란군이 될 수 있다는 점에서 8유형처럼 보일 수 있다. 하지만 6유형은 무모하게 위험을 감수하거나 팀 내에서 소란과 문제를 일으키게 될 수도 있다.

리더로서 일대일 6유형은 강력하고 권위 있는 것처럼 보이지만, 실제로는 보이는 것보다 취약하고 불안정할 수 있다. 그들은 반권위주의적인 태도를 취하고 행동 지향적인 경향이 있기 때문에 리더로서의 위치가 불편할 수 있다. 그럼에도 불구하고 그들이 두려움을 인식하고 의식적으로 그것을 관리하는 법을 배우면, 그들의 행동이 더 효과적일 것이다. 그들이 진정한 용기를 갖고 자신의 취약성을 이해하고 행동한다면, 일대일 6유형은 혁명 정신이 있는 훌륭한 리더십을 발휘할 수 있을 것이다. 그들은 단지 반항적이거나 공포대항의 충동이 아니라 모든 사람의 이익을 최대한 고려하고, 진정한 용기와 확신을 갖고 더욱 사려 깊은 방법으로 계획을 실행에 옮길 수 있다. 그들이 자신의 두려움을 인식할수록 더 깊은 의미에서 자신의 권위에 직면할 수 있다. 그리고 훌륭한 권위자가 이뤄낸 사례를 보면서 그들은 더 큰 비전을 위해 신뢰와 대담한 모습을 갖출 수 있게 될 것이다.

직장에서의 6유형

6유형이 때때로 다른 사람들과 일하는 것이 힘들다고 생각하는 이유는 다음과 같다.

- 내가 그들을 신뢰하지 않으면 누군가와 일을 잘 하는 것이 어렵고 사람들을 신뢰하는 것이 어렵다.
- 사람들에게 숨겨진 의도가 있다고 의심되면 사람들과 협력하기가 어려울 수 있다.
- 계획이나 프로젝트가 진행되기 전에 모든 세부 사항을 질문하고 시험하는 데 많은 시간을 소모한다.
- 다른 사람들이 나의 모든 의문점과 의구심을 이해하지 못할 때 실망한다.
- 직장에서는 내가 결정을 내릴 것을 기대하지만, 올바른 결정이 아니라면 결단을

하고 싶지 않다. 그것은 항상 누군가에게는 잘못된 결정일 수 있다.

- 나는 마치 컴퓨터와 같이 사람 중심이기보다는 자료 중심으로 일한다.
- 때로는 업무에 관한 신중한 접근 방식이 존중받지 못한다고 생각된다.
- 나는 함께 일하는 리더가 그 힘을 항상 공정하고 현명하게 사용할 것이라고 확신하지는 않는다.
- 때로는 내가 문제를 야기하거나 작업과정을 지체시키는 사람으로 보일 수 있다. 그것은 단지 모든 질문에 답하면서 부지런히 일하는지 확인하려는 것이다.
- 어려운 질문을 하는 사람은 항상 어렵다.

업무와 관련하여 아래와 같은 상황에서 6유형은 가장 큰 불만을 느낀다.

- 사람들이 내 질문과 의구심을 심각하게 생각하지 않을 때.
- 사람들의 계획을 강화할 수 있는 나의 판단력을 중요하게 생각하지 않을 때.
- 잠재적인 문제와 위협에 주의를 기울이면서 그들을 도우려고 하는데 사람들이 나를 부정적이거나 비관적으로 인식할 때.
- 사람들이 나를 무시하거나 내가 두려움에 싸여있다고 말할 때.
- 다른 사람들이 계획을 신중히 분석하기보다 속도를 우선시할 때.
- 동료가 당연한 노력을 다하지 않고, 적절한 안전예방 조치를 위해 고안된 절차를 존중하지 않을 때.
- 권위적인 위치에 있는 사람들이 권력을 잘못 사용할 때.
- 사람들에게 내 생각과 의견을 충분히 전달하지 못하거나 내 의견과 제안으로 사람들 사이에서 악역을 맡게 될 때.
- 위험을 평가하고 모든 돌발사고 및 각본에 확실히 대비할 수 있는 능력을 사람들이 존중하지 않을 때.

- 모든 자료를 충분히 검토하지 않은 상태인데도 사람들이 내게 결정을 내리도록 압력을 가할 때.
- 사람들이 내게 실행할 것을 요구하고 실행의 마지막 결정권이 내게 있을 때.

6유형이 남들과 조금 더 쉽게 일할 수 있는 방법

일반적으로 6유형의 사람들과 함께 할 때는 모두 그렇지는 않지만 계획과 제안을 시험하고 질문하는 데 많은 시간이 걸린다는 것을 기억해야 한다. 다른 사람들은 질문을 궁극적인 성공 계획을 위한 노력에 대한 도전이나 이견으로 여길 수 있다는 것을 깨닫는 것도 중요하다. 6유형이 질문하는 이유는 잠재된 문제를 미리 파악하고 업무를 잘 이끌기 위한 시도이지만, 다른 사람들은 제안을 반대하거나 훼방하려는 시도라고 생각할 수 있다. 6유형이 다른 사람의 작업을 뒤로 물리거나 질문할 때 자신의 선한 의도를 분명히 하면 도움이 될 것이다.

마찬가지로 6유형은 자신이 하는 일이 두려움에서 비롯됐다는 인식을 갖고, 이러한 지각이 상황을 정확하게 간파하고, 자신의 두려움과 불안이 투사되었다는 것을 알아차린다면 조직 내 모든 사람들과 일하기가 훨씬 수월해 질 것이다. 그들은 스스로에게 "내가 지나치게 걱정하고 있는가?", "나의 걱정이 우리의 노력에 도움이 되는가, 해가 되는가?"라고 물을 수 있다. "내 두려움은 근거 자료와 일치하는가? 객관적 현실과도 맞는가?" 등의 질문을 신뢰할 수 있는 동료나 친구들에게 하면서 피드백을 요청할 수 있다.

리더로서 6유형은 자신의 일에 대하여 깊이 생각하고 조직의 모든 위치의 사람들을 존중한다. 일반적으로 권위에 대하여 의심하는 6유형의 리더는 권력을 소유하고 행사하는 것과 관련된 불편함을 인식함으로써 교훈을 얻을 수 있다. 즉 권력에 대한 무의식적인 저항과 권력의 양면성을 의식할 수 있어야 한다. 직원들과의 의사소통에서 그들은 단호하고 명확하지 못한 어떤 감정이나 신념을 알아차리는 것도 중요하다. 또한 6유형이 배후에 갖고 있는 관심이나 불안에 대해 토론할 수 있는 사람이 있다면, 동료들을 혼란스럽게 할 수 있는 주저함이나 의구심 없이 어려운 문제를 정면으로 해결할 수 있다.

6유형과 함께 일하기

직장에서 6유형의 전형적인 행동 방식

에니어그램 6유형과 함께 일한다면 다음과 같은 몇 가지 규칙적인 행동을 발견할 수 있다.

- 임무를 부여받을 때마다 관리자에게 수없이 질문을 하는 것으로 보인다.
- 그는 의사 결정에 어려움이 있으며 자신이 원하는 것을 결정하기 전에 자료를 여러 번 검토해야 한다.
- 회의에서 그는 종종 반대 의견을 표명하고 토론을 지배하는 것으로 보이는 의견을 제시한다. 그래서 사람들의 의견을 시험하는 악역을 수행한다.
- 자신의 제안 및 결과물에 대해서도 많은 의심을 보인다.
- 조직의 권위에 도전한다.
- 사람들을 쉽게 신뢰하지 않는다. 그를 알게 되고 그가 당신의 생각을 지지하는 데 오랜 시간이 걸린다.
- 다른 상황에서 나타나는 부정적인 문제나 자료에 관심이 많다. 때로는 장래에 일어날 위험한 일에 대해 생각하기도 한다.
- 최악의 각본과 최상의 각본을 상상하며 회의에서 대부분 반대 입장을 취한다.
- 최선을 다해 팀을 지원하지만 그 밖의 사람들에 대해서는 팀에 반대하는 사람들이라고 생각한다.

- 항상 약자 편에 서서 약자의 어려움을 도우려 한다.
- 종종 계획과 관련된 모든 위험요소를 평가하는 데 중점을 둔다.
- 때로는 분석마비에 걸린 것처럼 보인다. 그는 하나의 문제를 반복적으로 생각하지만, 행동에 옮길 만큼 충분한 자신감은 없기 때문에 부서 동료를 화나게 만들 수 있다.
- 유머 감각이 좋은 편이어서 종종 자신의 무미건조한 재치로 부서를 즐겁게 한다.
- 문제해결자로서 생각하고 계획의 약점을 찾아냄으로써 업무 시간과 비용을 절약한다.

깨어있는 6유형 리더의 특징

- 그는 복잡한 문제들을 이해하고 명확하게 설명할 수 있다.
- 그는 매우 정직하고 직선적이며 겸손하고 신뢰할 수 있다.
- 그는 다른 사람들에게 신뢰를 주고 관심이 집중되면 불편함을 느낀다.
- 동료들이 잘못된 길을 가고 있다고 생각되면, 그들을 바르게 하며 주의를 주는 것을 두려워하지 않는다.
- 그는 모든 걱정을 도맡아 하기 때문에 당신은 따로 걱정할 필요가 없다.
- 위기 상황에서 침착하고 실제로 뭔가 잘못되었을 때 어떻게 대처해야 하는지를 알고 있다.
- 그는 사람들이 하고 있는 일에 동의하지 않으면 상위 단계에 호소할 것이다. 그는 권위에 의문을 제기하고 권력자에게 진실을 말한다.
- 그는 팀이나 부서가 잠재적인 위험을 피할 수 있도록 도와준다.
- 그는 종종 재미있고 재치가 있다.
- 그가 심사를 맡게 되면 질문할 필요가 있는 모든 질문을 생각한다.
- 그는 정해진 틀 밖에서 생각하는 것을 좋아한다.

- 그는 창조적이고 열정적인 문제 해결자이다.
- 그는 여러 각본을 상상하고 돌발적인 계획을 세우는 데 매우 능숙하다.
- 그는 항상 열심히 일한다.

6유형과 함께 일하는 이들이 경험하는 문제들

- 그들이 많은 질문을 할 때 업무처리 과정의 속도가 늦어진다.
- 그들은 종종 의사 결정에 어려움을 겪는다.
- 그들은 다양한 시각으로 문제를 볼 수 있고 모든 것에 대해 많은 질문을 할 수 있기 때문에 필요 이상으로 일을 복잡하게 만든다.
- 사람들에게 너무 많은 정보를 제공할 수 있다.
- 일의 양면성과 주저함에 발목이 잡혀 행동으로 옮기는 데 어려움을 겪을 수 있다.
- 신뢰하기까지 오랜 시간이 걸리며, 늘 자신을 시험하고 타인을 의심하는 것처럼 느껴져 짜증날 수 있다.
- 그들의 냉소적인 태도는 비판적이고 저항하는 것처럼 느껴질 수 있다.
- 다른 사람은 문제로 생각하지 않는 것에 많은 시간을 할애할 수 있다.
- 그들은 늘 의심하고 회의함으로써 사람들이나 팀의 자신감을 저해할 수도 있다.
- 그들은 명확하지 않고 복잡하게 대화하는 경향이 있다. 때로는 모호하며 분명하지 않고 직접적이지 않다. 그 이유는 문제 해결을 위한 1,000가지 방법을 모두 생각하고 그 방법들을 모두 포함하려 하기 때문일 것이다.
- 그들은 필요 이상으로 열심히 일한다.

6유형과 리더십

자신의 에니어그램 유형을 아는 것이 업무에 어떻게 도움이 되는가에 관하여

6유형 리더는 다음과 같이 말한다.

케이드 헬러는 비영리조직에 고객홍보마케팅(CRM) 계획 및 기술 전략을 제공하는 컨설팅 회사인 '헬러 컨설팅'의 창립자이자 수석 전략가이다.

에니어그램은 내게 정말 많은 도움을 주었다. 내가 6유형이라는 것을 알고서 나는 나의 불안감을 바로 인식하게 되었다. 그것은 반드시 내가 무엇에 대해 근심하고 있다는 것을 의미하는 것은 아니라는 것을 알게 해주었다. 그리고 내가 내면과 외부의 균형 잡힌 시각을 가질 수 있게 해주었다. 예컨대 에니어그램은 내면에서 사물에 대해 인식하는 것과 실제를 일치시키는 데 큰 도움을 주었다. 그리고 회사를 경영하면서 에니어그램 성격유형을 잘 알고 있는 것이 매우 유용했다. 나는 내 삶의 방식을 알게 되었고 그것들을 잘 지켜볼 수 있었다.

나는 공포대항 6유형이다. 나는 항상 영역을 지키는지 감시하고, 리더로서 최악의 경우가 생기지 않도록 조망하고 예견한다. 나는 위협을 살피는 경향이 있고 틈틈이 기회를 탐색하고자 했다. 그리고 실제로 기회를 놓치면 위험에 처할 수 있다고 스스로를 각인시켰다. 그러나 내가 위협 요소만을 찾고 있을 때 실제로는 기회를 찾지 못할 수도 있었다. 공포대항 6유형이기 때문에 최악의 상황은 일어나지 않았고 전진을 위한 긍정적인 목표를 세우면서 진행과정의 모든 것을 점검하는 방법이 매우 효과적이었다고 생각한다.

또한 내가 세운 특정한 목표를 달성하고 과거를 되돌아볼 때 내가 했던 많은 걱정들이 정확한 것이었는지를 생각해보고, 내가 이 과정에서 너무 많은 걱정들을 했다는 것을 알게 되었다. 나는 너무 많은 걱정을 했었다. 이 때문에 많은 에너지를 소진했고 시간과 에너지를 허비했다. 리더로서 나는 회사 동료들에게 내 스타일에 대하여 이야기한다. "나는 걱정을 많이 하는 편입니다. 나는 전혀 생기지 않을 어려움들에 대해 말할 수 있습니다. 이 부분을 알아주세요. 그리고 내가 너무 지나치지 않도록 여러분이 도움을 주세요."

　나와 제프리 사장은 15년 동안 함께 일했다. 그는 7유형이며 가끔은 진지하게, 또는 농담으로 이렇게 말한다. "당신은 걱정이 너무 많아요." 나도 그에게 이렇게 말한다. "고마워요. 아마 당신 말이 맞을 거예요." 그리고 나는 다시 그에게 이렇게 말하곤 한다. "나는 당신이 이런저런 것들에 대해 조금은 낙관적이라고 생각해요. 우리는 서로에게 관심을 가질 필요가 있어요.

당신이 6유형 상사일 때

　6유형 리더는 계획 및 진행과정을 완전히 검토하고 위험요소를 발견하며 문제를 찾고 해결해야 한다는 책임감을 느낄 것이다. 이때 당신은 자신의 능력을 예견된 위험을 처리하고 대비하는 데 사용하겠지만, 의사 결정과 시의적절한 행동을 취할 만큼 충분한 확신을 갖지 못할 수 있다. 또한 6유형 리더는 권위에 대해 의심하면서 권력을 표출하고 사람들을 관리하는 것에 대해 양가감정을 느낄 수 있다.

　팀을 자신감 있게 이끌어나가기 위해서는 자기 불신이라는 장애물을 극복해야 한다. 그리고 당신이 6유형 중 어떤 하위유형인가에 따라 자신을 과도하게 의심하거나, 외부 권위나 이념에 지나치게 의존하거나, 두려움을 피하기 위해 공격적인 행동을 취할 수도 있다.

　또한 6유형 리더는 자신을 좋은 문제 해결자라고 생각할 수도 있다. 이들은 문제 해결을 위한 올바른 접근 방식을 찾고 전진할 수 있다. 하지만 확실한 자신감이 없으면 생각만 하고 행동하지 않는다. 그러나 자신의 성향을 고려하여 위험에 대한 점검 습관과 자신의 능력을 신뢰하면서 균형을 맞출 수 있다.

당신의 상사가 6유형일 때

　6유형이 리더일 경우 가장 좋은 점은 공정한 대우를 받을 수 있고, 리더가 당신의 아이디어를 듣고 싶어 한다는 점이다. 그들은 문제 해결에 앞장서는 것이 그들의 역할이라고 생각하고 있고, 그들이 당신을 신뢰하고 의존해도 된다고 생각하면 당신은 탄탄대로를 걷게 될 것이다. 다시 말해 6유형이 보기에 당신이 정직하고 올곧고 믿을 만하며 진실하고 의지할 만하다고 생각되면 모두가 당신을 믿고 도울 수 있도록 할 것이다. 6유형은 사람들을 잘 읽으며 그들의 말과 행동이 일치하는지 지켜보기 때문에 가식적인 것은 통하지 않는다. 6유형 리더와 같이 일한다면, 신뢰를 구축하고 획득해야 한다는 점을 기억하는 것이 중요하다. 또한 6유형 리더의 질문, 두려움 및 우려를 존중하고, 당신이 보게 되는 그들의 부정적 감정을 잘못된 것으로 생각하지 말아야 한다. 더욱이 당신이 무례하면 그들과 같이 일할 수 없을 것이다.

또한 6유형 리더에게는 그들의 우려와 두려움이 잘못되었음을 알려주는 증거나 사실적인 정보를 제시하는 것이 훨씬 더 효과적일 것이다. 6유형이 리더라면 의사결정을 내리고 의심과 불확실성 속에서 사람들에게 무엇을 할 것인지 지시하는 것에 대해 많은 압박감을 느낄 것이다. 당신은 6유형 리더의 두려움을 이해하고 진정성을 갖고 안심시키고, 사실과 자료에 근거하여 자기 의견을 뒷받침하는 방식으로 그들을 지원할 수 있다. 정확한 분석과 효과적인 방법으로 문제를 해결할 수 있으며, 그들은 더욱 당신을 신뢰하고 당신의 의견에 동의할 것이다. 또한 6유형의 리더는 최선을 다해서 동료들을 믿고 신뢰하기 위해 노력할 것이다.

당신의 부하 직원이 6유형일 때

당신의 직속 부하가 6유형일 경우, 그들과 의사소통이 가능한 채널을 열어놓고 그들이 제기하는 문제에 대해 토론하면서 일하는 법을 배울 수 있다. 6유형의 직원들과 상호 신뢰를 얻는 것은 현명한 방법이다. 이렇게 함으로써 당신에게 두려움·불안을 토론하고 질문하는 것을 편안하게 느끼도록 하여 작업흐름을 늦추거나 미리 문제를 예방할 수 있다. 또한 6유형은 자신의 관심사에 따라 자유롭게 기분을 전환하고, 머리에서 나온 가상의 각본을 이야기할 때 오히려 좋은 성과를 올릴 수 있다. 그것은 이들이 가진 환상에서 사실을 분류하고, 통찰력과 예측의 차이를 말할 수 있도록 도와주는 것이다.

또한 그들이 어떤 종류의 6유형인지에 따라 당신의 권위 여부를 의심해보고, 당신과의 관계에서 피난처와 방향을 찾거나 당신을 신뢰할 수 있는지를 반복적으로 시험하고 질문할 수 있다. 6유형의 모든 하위유형과 좋은 관계를 형성하려면 당신의 행동이 일관되고 예측 가능하며, 말과 행동이 투명하고, 기대와 임무를 명확하고 신중하게 말해야 한다. 그리고 불안을 유발하는 경우, 대화를 지연하거나 이유를 설명하지도 않고 급박하게 방향을 전환하는 경우, 그들을 놀라게 하는 경우 등을 피하면 6유형의 직원들과 원활한 관계를 맺게 될 것이다.

긍정적인 측면에서 건강한 6유형과 함께 일하고 그들이 자기 인식을 개발하도록 돕는다면, 그들은 두려움과 불안을 갖고 질문을 하거나 문제를 찾는 습관을 스스로 극복할 것이다. 그리고 당신과 부서 내의 동료들을 신뢰할 것이다. 당신이 신뢰와 상호 존중을 키우기 위해 노력한다면 6유형은 권위를 의심하고 반항적일 수 있으나 충성심과 노력으로 당신에게 보상할 것이다. 따라서 6유형의 직원에게 말한 것을 이행하고 그들을 지원한다면, 그들은 두려움을 완화하고 당신 부서의 소중한 구성원으로 자리매김할 것이다.

6유형과 원활한 업무관계를 유지하는 방법

- **신뢰할 수 있어야 한다** 6유형 동료는 당신이 그들을 지원하는지 여부를 알기 위해 당신을 관찰하거나 당신의 이야기를 세밀하게 들으려 할 것이다. 당신이 생각하는 것과 당신이 하는 것, 그리고 그 이유에 대해 당신이 정직하게 개방한다면 도움을 얻을 수 있다. 그러나 누군가의 신뢰를 얻는 데는 시간이 걸릴 수 있음을 기

억해야 한다.

- **그들의 질문에 인내심을 가져야 한다** 6유형이 원하는 질문을 물어보는 것이 중요하다. 그들은 내용에서 벗어날 수도 있고 다른 사람들이 할 수 없는 어려운 질문을 하는 경우가 많다.

- **두려움과 걱정을 이해하고 존중해야 한다** 그들이 가진 두려움이나 불안감으로 그들을 판단하지 말아야 한다. 그들이 걱정하는 것이 무엇이든 간에 그들이 처한 입장을 이해하고 자신이 해야 할 일을 하도록 지원할 수 있어야 한다. 이를 통해 그들은 두려움을 줄일 수 있고, 두려움에도 불구하고 성과를 낼 수 있다.

- **위험을 평가하는 능력과 문제 해결 능력의 가치를 인정해야 한다** 6유형은 대부분의 다른 유형과 달리 모든 각본을 검토하고 비상 계획을 수립하고 프로젝트에 관련된 모든 검토와 균형을 찾아 실행한다. 이것에 대해 적극적으로 감사하게 생각해야 한다. 그들이 가치 있고 안전하다고 느낀다면 함께 작업하기가 더 쉬울 것이다.

- **철저한 분석이 가능하도록 수행할 시간을 주고 행동을 취하도록 도와야 한다** 6유형이 관찰한 것들을 제대로 다루지 않는다면 나쁜 결과로 나타나거나 문제가 될 수 있다. 그들에게 상황을 조사하고 문제를 해결하는 데 필요한 시간을 제공함으로써 그들을 지원하고 실행하도록 도움을 주어야 한다.

성장을 위한 과제와 제언: 자기 발견, 효율성 및 업무 만족도의 향상

모든 유형은 우선 자신의 습관적인 패턴을 관찰하고 이에 따른 사고, 감정과 행동에 대해 생각함으로써 보다 깊은 자기 성찰을 할 수 있다. 이러한 자기 성찰 과정에서 자동적으로 반응하는 주요 행동들을 조절하거나 관리하도록 노력해야 덜 반응적이고 다른 사람들과 보다 잘 협력할 수 있는 법을 배울 수 있다.

6유형의 경우 주변 사람이나 상황을 관찰하고 위험 징후에 놀라거나 동료가 신뢰할 수 없다는 것을 걱정하거나 위험을 인식한다. 그리고 이에 대해 과도하게 대비하는데 이러한 유발요인에 대한 습관적으로 반응하는 것을 완화시키는 방법을 배움으로써 성장할 수 있다.

또한 6유형은 자신이 곤경에 빠져있다는 것을 관찰하면서, 멈춰 서서 자신이 무엇을 왜 하는지 곰곰이 생각하고 점차적으로 습관적인 행동과 자동반응을 완화시킬 수 있는 방법을 배워야 한다. 더 나아가 6유형이 좀 더 자기 인식적이고 정서적이고 지적으로 만족할 수 있는 몇 가지 아이디어를 제공하고자 한다.

자기관찰
6유형이 유의해야 할 점

- 당신이 위협을 인식하는 방법의 정확성과 함께 당신의 머릿속에 있는 모든 방법에 주의하라. 실제 위험을 감지할 때와 그것을 상상하고 투사할 때를 식별하라.
- 두려움과 불안이 지속시키는 때를 발견하라. 당신이 두려워하는 것과 왜 두려워하는지 그 순간을 깨닫는 법을 배워라.
- 중요한 문제를 구분하고, 있지도 않은 잠재적인 문제를 찾아내고 해결하려는 경향이 있음을 알아야 한다. 필요 이상으로 문제 해결에 집착하는 것이 더 큰 문제를 발생시킨다는 것에 주목하라.
- 다른 사람들에 대한 신뢰를 어떻게 평가하는지 주의하라. 합리적인 기준을 적용하는가? 혹은 불가능한 수준의 근거를 요구하지는 않는가? 당신은 사람들을

정확하게 읽고 있는가? 자신의 두려움을 다른 사람들에게 투사하고 있지는 않는가?

- 문제에 대비한다면서 엉뚱한 곳에 초점을 맞추는 경향을 관찰하라. 당신은 정말로 현실적인가? 아니면 부정적인 자료에 너무 집중하는가?
- 자신의 힘과 자신감을 어떻게 관련시키는지 주목하라. 당신 자신을 의심하는가? 의심한다면 얼마나 자주, 그리고 왜 하는가? 당신은 내면의 권위를 다른 사람들에게 투사하고 그들을 보다 강력하다고 생각하는가? 당신의 힘과 선함을 유지하는 것이 어려운가?

맹점

알지 못하는 것이 곧 해를 끼친다

6유형이 자신에게서 종종 보지 못하는 맹점들은 다음과 같다.

- **자신의 능력과 권위** 6유형은 자신을 보호할 수 있는 힘과 권위가 자기 내부에 있다는 것을 의식적으로 알려고 하지 않는다. 대신 두려움과 불안에 대응할 수 있는 가장 좋은 방법은 자신에 대한 깊은 감각을 인식하고 개발하고 행동하는 것이다.
- **주어진 상황에 대한 긍정적인 자료** 6유형은 항상 잘못될 일에 대해 관심을 집중하는 경향이 있다. 대신 올바른 방향과 긍정적 자료에 관심을 기울여야 한다. 문제점을 발견하려는 경향과 실제로 작동하는 신호를 찾아내는 능동적인 노력 사이에 균형을 맞추면 도움이 될 것이다.
- **내적인 두려움을 외부 세계에 투사하려는 경향** 6유형은 안전감을 느끼기 위해 무의식적으로 투사와 같은 심리적 방어기제를 사용한다. 이들은 머릿속으로 위협들을 기록하고 그것이 외부에서 오는 것이라 상상하는 경향이 있다. 이들이 두려움

을 인식하고 수용하며 의식적으로 관리하기 위해서는 외부의 증거를 찾고 현실에서 실제로 일어났는지를 확인해볼 수 있어야 한다.

- **세계를 좋고 나쁨, 또는 무서움과 안전함으로 나누려는 경향** 6유형이 무의식적으로 사용하는 또 다른 방어기제는 어린 시절부터 선과 악을 구별하는 것이다. 이들은 종종 자신을 나쁘게 생각하고 다른 사람들을 좋게 여기거나 그 반대로 생각한다. 예컨대 자신을 보호하기 위해 죄책감을 느끼면서 타인을 나쁘게 보거나, 자신을 좋은 사람으로 느끼면서 타인을 의심할 수 있다. 어느 쪽이든 자신이 방어기제를 사용하고 있다는 것을 인식하고, 자신이나 다른 사람들을 나쁘다고 표시하지 말아야 한다.

- **감정과 직관이 훌륭한 정보의 통로가 될 수 있음** 머리 센터인 6유형은 사고와 분석을 통해 생성된 자료에 의존한다. 이것은 6유형의 중요한 강점이 될 수 있다. 하지만 6유형 리더는 내부와 외부 세계에 대한 원천적 정보가 되는 감정과 직관의 중요성을 간과할 수 있다. 자신의 감정과 직관을 중요시함으로써 끝없이 계속되는 사고의 악순환으로부터 벗어날 수 있게 된다.

자기통찰

성찰하고, 이해하고, 탐구할 것들

- 문제를 찾는 것을 멈추고 특정 위협에 집중하지 않는 것이 왜 어려운가?
- 다른 사람을 신뢰하는 것에 대해 어려운 점은 무엇인가? 사람들을 신뢰하기 위해 마음을 더 오픈하면 어떤 일이 일어나는가?
- 당신과 두려움의 관계는 무엇인가? 두려움의 주요 원인은 무엇인가? 어떤 조건에서 두려움이 발생하는가?
- 당신과 분노의 관계는 무엇인가? 당신이 자기보존 6유형이라면 분노를 회피하는

것을 인식하는가? 혹은 당신이 일대일 6유형이라면 분노를 빨리 표출하는 것을 인식하는가?

- 자신감과 권력에 대한 당신의 경험은 무엇인가? 어떤 것들이 불안을 느끼게 하는 가? 자신과 자신의 능력에 대해 더 많은 믿음을 가질 수 있는가?

- 반대 의견을 표하고 악역을 자처할 때 무슨 일이 일어나는가? 당신은 반대하는 위치가 당신이 느끼고 싶지 않은 두려움을 표현하는 방법이라고 말할 수 있는가?

- 스스로 어려움을 느끼거나 자신을 비난할 때, 왜 이런 일이 일어나는지 성찰할 때를 주목하라. 당신이 누구인지에 대해 받아들이기 어려운 점은 무엇인가?

- 성공과 실패가 두려운가? 이러한 두려움의 배후에 무엇이 있는가?

6유형이 활용할 수 있는 강점들

6유형이 적극적으로 주의를 기울이고 완전히 소유하고 활용하면 도움이 되는 것들은 다음과 같다.

- **문제를 관찰하고 분석하고 생각하며 해결책을 찾을 수 있는 능력** 6유형은 계획의 결함을 발견하고 해결책을 제시하는 데 탁월하다. 그들은 문제를 해결하고 기술, 역량 및 에너지를 동원하여 중요한 정보를 제공하고 이를 실행하는 데 유능하다.

- **문제가 발생하기 전에 예측하고 대응하는 능력** 비즈니스에서 성공의 핵심은 프로젝트 과정에서 발생할 수 있는 문제를 이해하고 목표에서 빗나가지 않게 하는 것이다. 기본적으로 6유형은 머릿속에서 각본을 만들고 돌발적인 계획을 세우는 데 매우 능숙하다. 이것이 그들을 우수한 프로젝트 관리자가 되게 한다.

- **역동성과 평등에 대한 민감성** 6유형은 권위 혹은 사람들을 착취할 수 있는 힘에 자연스럽게 주의를 기울이고, 민주적이고 평등한 시각을 갖는 경향이 있다. 리더로서 그들은 특별한 대접이나 칭찬을 바라지 않는다. 그들은 유능한 사람이 되기를

원하지만 모든 사람들에게 도움이 되는 정책을 결정하고 실행하기를 원하기 때문에 사람들의 충성도를 고취시킬 수 있다. 그리고 부서의 일원으로서 문제를 해결하기 위해 다른 사람들과 동등하게 일하기를 원한다.

- **위기 상황에서 침착하고 유능함** 6유형은 위험에 대비하기 위해 지나치게 생각하고 에너지를 소비하지만, 위기 상황에서는 자신의 힘과 자신감으로 잘 처리할 수 있다.
- **충성·지원·사람과 원인에 대한 헌신** 6유형은 신뢰를 쌓는 데 시간이 걸리지만 일단 어떤 대상이나 누군가를 확신하면 완전히 맡긴다. 이들은 자신이 하는 일이 사람들에게 도움이 되기를 바라며, 자신과 다른 사람들의 안전을 위해 열심히 일한다.

자기관리
6유형의 도전과제

- **두려움을 수용하고 관리하라** 당신에게 두려움이 발생하는 이유와 원인에 대해 알아차릴 수 있어야 한다. 두려움을 느낄 때 존중하고 동정심을 갖는 한편 두려움이 당신을 지배하지 않도록 용기를 갖고 그것을 관리하고 대응해 나가야 한다.
- **반권위적이고 반동적인 기질을 누그러뜨려라** 다른 사람들에게 당신의 명철함을 증명하거나 그들의 견해에 반대하는 방식으로 소통할 때, 그것은 당신이 완전히 인식하지 못하는 두려움에서 비롯된 것일 수 있다. 가식적인 강인함이나 상대를 누르는 행위의 이면에는 무의식적인 두려움이 자리하고 있다는 것을 자각해야 한다. 당신의 반권위적인 반응을 관찰하고 완화시키는 법을 배워야 한다.
- **걱정을 완화하라** 걱정을 멈출 수는 없다. 그러나 용감하고 긍정적인 것에 집중하려는 의지와 노력으로 걱정을 완화시킬 수는 있다.

- **직관, 통찰력과 투사의 차이를 구분하라** 직관적이고 통찰력 있는 자세를 인식하는 것이 중요하다. 그러나 직관과 투사를 구별하는 법을 배우는 것은 더욱 중요하다.
- **의식적으로 신뢰를 개발하라** 합당한 이유로 인해 사람들을 신뢰하는 데 어려움을 겪을 수 있다. 그러나 불신의 근원과 내용, 그리고 안전감을 갖기 위해 필요한 것을 이해함으로써 불신을 완화하는 법을 배울 수 있다.
- **문제 해결 의지가 더 큰 문제로 이어질 수 있음을 주의하라** 문제를 해결하고자 할 때 문제가 없는데도 도처에 문제가 널려있는 것처럼 보일 수 있다. 이러한 생각은 때로는 일을 어렵게 만들 수 있다. 문제를 해결하려는 경향을 자제하고 중요한 것에 에너지를 집중하고 유지해야 한다.

잠재력의 의식적 발현
'낮은 의식수준'을 인식하고 '높은 의식수준' 지향하기

6유형은 의식적으로 자신의 성격유형과 관련된 자기 습관과 패턴을 인식하고, 더 높은 수준과 광범위한 역량을 구현함으로써 성장할 수 있다.

- 두려움이 당신을 조종하지 못하게 하고 자신감·믿음·용기가 자라게 하라. 자신의 힘과 긍정적 자질을 향상시키고 두려운 환상에 직면하여 용기와 믿음을 키워나가도록 해야 한다.
- 신뢰할 대상을 결정하는 방식을 의식하고, 자신의 높은 기대 수준이 다른 사람과의 협업을 어렵게 하는 것을 주목하라. 완전히 안전하다고 확신하지 못하더라도 조금 더 일찍 마음을 여는 용기를 가져야 한다.
- 위협적인 것에 지나치게 집중하거나 회피, 의심 또는 양가감정이 생길 때를 인식하라. 보다 넓은 시야를 갖고 상황을 다르게 볼 수 있는 긍정적인 자료를 수용하

면서 도움을 얻는다.

- 지적 능력에 지나치게 의존하려는 경향을 인식하고, 감성 지능과 직관을 통해 더 많은 의미를 찾도록 하라. 몸과 마음의 상호작용을 통해 머리중심 성향을 보완하고 균형을 이룰 수 있어야 한다.

- 지적인 문제 해결자로서 자기 능력을 증명하는 방식을 인식하고, 자기를 넘어서 비전을 넓혀라. 자신이 생각하는 것 이상으로 자신에게 사고 중심의 삶에서 벗어나 직접 삶으로 들어갈 수 있는 능력이 있다는 것을 깨달아야 한다.

- 투사와 직관의 차이를 알아차려라. 두려움에서 비롯된 투사와 직관을 구별하고 직관을 더 사용하는 법을 배워야 한다. 그리고 다른 사람들을 더 많이 믿도록 마음을 열고 자신의 역량을 넓힐 수 있도록 노력해야 한다.

전반적으로 6유형은 위협 및 발생 가능한 문제에 지나치게 집중하는 습관을 관찰함으로써 지금보다 더 높은 잠재력을 발휘할 수 있다. 또한 창의적인 통찰력과 전문적인 분석능력은 일과 안전에 대한 강력한 강점이므로 이를 의식적으로 활용할 수 있어야 한다. 6유형은 자신의 감정과 용기를 계발하고 다른 사람들과 더 많은 관계를 구축하면서 위험상황에서 신뢰와 많은 재능을 기반으로 일터에서 더 큰 리더십을 발휘할 수 있다.

혁신적이고 낙천적인 리더

7유형의 리더십

창의력이란 서로 관련 없는 것들을 놀랍게 연결시켜 내는 능력이다.
리더와 팔로워를 결정짓는 것은 곧 혁신에 달려 있다.

스티브 잡스: 애플 창립자, 사업가

재미의 중요성을 결코 과소평가해서는 안 된다.

랜디 포시: 카네기멜런 대학교 컴퓨터공학과 교수

제10장
7유형 리더십: 혁신적이고 낙천적인 리더

7유형은 무엇보다 기분이 좋아야 하는 사람이다. 그들은 '미식가', 또는 '탐험가'라고 불린다. 그들은 행복한 상태에 있기를 원하며 기쁘고 관심이 있는 것과 창의적인 상상을 좋아한다. 그러나 기분이 나쁘면 멈출 수 없다는 무의식적인 믿음으로 인해 부정적인 감정을 두려워한다. 지적인 측면에서 7유형은 빠른 성향, 유연한 사고, 즐겁고 기쁜 것, 그리고 활기를 주는 것에 자동적으로 반응한다. 이러한 태도는 창의성으로 연결된다. 또한 최선의 선택과 경험에 대한 탐구는 그들을 계속 기쁘게 하는 것과 연결된다. 그들은 무엇이 자신들을 가장 기쁘게 하는지 모르기 때문에 모든 것을 할 수 있는 자유를 원한다.

7유형은 자신이 좋아하는 것에 집중하고, 즐거운 감정을 유지하려고 노력하며, 부정적인 감정을 피하려 한다. 그래서 근본적으로 제재 받는 것을 참지 못한다. 그들에게는 자유롭게 하고 싶은 일을 하고, 자기가 원하는 대로 느끼고, 다양한 선택 사항 중에서 고를 수 있고, 외부의 제한된 상황을 피하는 것이 중요하다.

7유형이 말하는 방식과 스타일은 다음과 같다. 그들은 '대개 말이 빠르고 즉흥적이다. 그들은 산만하고 정신없어 보이지만 사람들을 사로잡는 이야기를 하고 주제를 쉽게 바꾸며 열정적이고 매력적이다.'[18] 7유형은 보통 수다스럽고 친근감이 있다.

그들은 사람들과 소통하는 것을 좋아하고, 그들을 사로잡는 즐거운 주제나 사람들에게 열정적으로 파고든다. 자유로운 생각을 갖고 있고 다양한 주제에 대해 적극적인 관심을 표현한다. 그들은 종종 긍정적인 측면만 보고 부정적인 주제에 대해서는 민감하게 피하려고 한다.

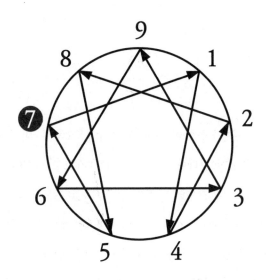

리더로서 7유형은 브레인스토밍에 능하고, 실현가능한 미래를 상상하며, 수없이 많은 아이디어를 만들어 낼 수 있다. 그리고 자유롭게 떠오르는 아이디어들을 제한 없이 연결할 수 있다. 미래지향적인 이상주의자처럼 새로운 상상력과 혁신을 추구하는 재능 있는 비전가이다. 그들은 기쁨을 추구하는 관계 연결가이자 또는 봉사하는 치어리더, 낙천적인 몽상가라고 할 수 있다. 이러한 특유의 특징과 상관없이 7유형 리더는 사람들에게 동기를 부여하고 보편적인 사고를 확장시키고 자유롭게 사고할 수 있는 기업가 정신이 있다.

내면의 모습

다음의 특징들이 당신에게 적용된다면 당신은 7유형일 수 있다.

- 업무를 할 때 긍정적인 자료나 요소들을 보면 마음이 끌린다. 미래를 상상하고 미래의 가능성과 그리고 당신을 즐겁게 하는 것을 배우기를 좋아한다. 그리고 지적으로 끌리는 것들을 찾는다.

- '밝고 빛나는 것'에 대한 증후군이 있다. 당신은 흥미 있는 생각거리와 머릿속이나 시야에 갑자기 떠오르는 매력적인 것들에 정신이 팔릴 때가 있다.

- 흥미로운 사람과 이벤트, 아이디어에 쉽게 현혹된다. 새로운 것을 배우고, 새로운 곳을 가고, 새로운 사람을 만나는 것을 좋아한다. 새로운 경험과 신기한 모험에 대한 짜릿한 느낌을 매우 좋아한다.

- 많은 것에 관심이 있지만, 그들 중에 어느 것 하나에 깊이 파고들지 않는다. 지적인 자극과 즐거움, 다양한 활동을 즐기지만, 그 경험들은 수박 겉핥기식으로 스칠 뿐이다. "모든 것들을 다 잘 하지만 탁월한 한 가지가 없다"는 속담이 당신에게 맞을 수 있다.

- 즐거운 것만 찾는다. 즐거운 것을 할 때 가장 행복하다. 적극적으로 행복함을 추구한다. 긍정적인 감정을 좋아하고 부정적인 감정을 좋아하지 않는다.

- 부정적인 것을 긍정적인 것으로 합리화한다. 예를 들어, 당신이 직원이라면 당신은 스스로를 '프리랜서 사업가'라고 생각한다. 7유형은 긍정적인 부분을 보고 희망을 잘 찾아내고 사람들 사이에서 자신을 최고라고 생각하고 무엇이든 훌륭하다고 믿는다.

- 업무를 수행함에 있어 거의 불평하지 않는다. 당신의 직업에 긍정적인 면을 부각

시킨다. 그러나 일이 지루하면 집중하기가 어려워진다.

- 어떤 방식으로든 한계나 제한받는 것을 좋아하지 않는다. 어떤 것이나 누구든지 당신을 제한하면 벗어나는 방법을 찾을 것이다.

- 기쁘지 않은 감정과 마주할 때는 불편해진다. 기분 전환이 필요하고, 무의식적으로 곤란하고 불편하고 고통스러운 반응을 피하려고 한다. 일이 잘 안 풀리면 누군가와 진지한 대화가 힘들 수도 있다.

- 즉흥적이다. 7유형은 열심히 일하고 결과를 만들어내기도 하지만 당신이 무엇을 하고 있는지 아는 것처럼 말할 수 있다.

- 선택사항이 많은 것을 좋아한다. 플랜 A가 실행되지 않았을 때 플랜 B, 또는 플랜 C가 있기를 원한다. 이것으로 인해 사람들이 당신을 신뢰하지 못할 수도 있지만, 당신은 이것을 유연하고 자연스러운 것이라고 생각한다.

- 계급을 좋아하지 않는다. 7유형은 선배나 후배와 친구가 될 수 있다고 생각한다. 상사와 친구가 되면 당신을 통제시키지 못할 수 있고, 부하 직원과 친구가 되면 그들에게 엄격하게 할 필요가 없고 심하게 통제하지 않아도 된다.

- 혁신적인 아이디어와 커다란 미래를 꿈꾸는 리더의 위치에 있기를 좋아한다. 브레인스토밍과 함께 고정관념을 벗어난 사고를 잘한다. 상상 속에서 미래에 일이 잘 풀릴 것이라고 믿으려고 한다.

7유형의 핵심전략

일반적으로 7유형의 사람들은 행복한 유년시절을 보낸 경험이 있다. 그들은 힘든 상황을 겪더라도 모든 것을 긍정적으로 바꾸는 편이라서, 이것을 긍정적인 측면에서 기억하려고 한다. 그러나 기억을 하든 못하든 대부분의 7유형은 고통스럽거나 무서운 경험, 또는 긍정적인 감정으로 도망가게 하는 유년시절을 경험했다. 고통이나 두려움으로부터 자신을 방어하기 위해서 자신을 기쁘게 하는 것에 집중하고 행복한 감정을 추구하고 발전시킨다.

또한 상상 속으로 피하는 버릇은 고통을 받아들이지 않고 두려운 감정을 피하고 기분 좋은 상태에 있고자 하는 것이다. 7유형의 가장 큰 믿음은 긍정적인 사고를 갖고 자신들을 기쁘게 하는 것에만 집중하도록 하는 것이다. 예컨대 그들이 좋아하는 사람, 흥미로운 생각, 좋은 음식, 좋은 장소들과 같은 것이다. 그들은 애써 긍정적이려고 노력하지 않아도 저절로 그렇게 된다. 그들은 문제를 해결하고 시련에 맞서려고 하지만, 문제가 있는 감정에는 대응하지 않는다. 7유형은 미래를 행복한 감정으로 당겨올 수 있는 것이라면 무엇이든 하는 경향이 있다. 그들은 불편한 현재를 피해 장밋빛 미래로 도망친다.

일반적으로 7유형은 두려움과 어려운 상황을 많이 경험하지는 않았다. 제한된 상황이나 고통, 불안에 대한 이들의 대응전략은 근본적인 두려움에 무의식적으로 반응하는 것이다. 이들은 종종 두려움보다 지루함이나 걱정이 더 낫다고 여긴다. 그러나 그들은 부정적인 감정을 알아차리고 회피하는 방식으로 즐거운 것에 집중하기보다는 다른 방법들을 발견할 수 있어야 한다.

7유형의 레이더 망
7유형의 주의와 관심

긍정적이고 기쁜 상태를 유지하는 것은 7유형을 더 흥분시키고, 자극시키고, 즐거운 것에 몰두하게 한다. 재미없거나 즐겁지 않은 것에는 관심이 없다. 그래서 흥미롭지 않은 업무를 맡았을 때 집중하기가 어렵고, 세부사항에 집중하지 못하는 경향이 있다. 내가 얘기해 본 대부분의 7유형은 서류 업무를 극도로 싫어한다. 만약 7유형이 직원이라면 그들이 지루한 일을 할 때 흥미로운 무언가로부터 방해받지 않도록 주의해야 할 수 있다. 그들은 신경 쓰지 않는 세부적인 것에 너무 오랫동안 집중하면 신체적으로 고통이 있을 수도 있다.

7유형은 사람을 좋아하고, 즐거운 활동에 참여하고, 흥미롭게 사고한다. 정신적인 특징으로 그들은 무의식적으로 부정적인 감정으로부터 피하고자 한다. 그래서 자기 일을 창의적으로 하면서도 상상 속에서 많은 시간을 보낸다. 그들의 상상은 활기차고 변화무쌍하다. 그들은 상상을 통해 새로운 가능성을 발견하고, 미래를 그려보고, 다양한 아이디어를 갖고 창의적으로 일한다. 이것은 그들이 많은 시간을 즐겁게 보내는 정신적 놀이터이다. 사실은 몇몇 7유형의 사람들이 현실보다 상상 속에 사는 것을 더 선호한다. 그들은 현실보다 그들이 생각하고 꿈꾸는 것이 더 진짜처럼 보이게 하는 방법으로 최적화된 미래에 대한 낙관적인 환상을 만들어낼 수 있다.

7유형의 행성에서 바라본 세계

일반적으로 7유형은 그들이 상상한 만큼 모든 것이 완벽하다면 세상이 진실할 수 있다고 생각한다. 때로는 낙관적인 세계 인식으로 인해 기쁘지 않은 현실에서 자기 앞에 무엇이 있는지 알아차리기 어려울 수 있다. 긍정적인 것으로 합리화하는 경향이 너무 강해서 자기가 생각대로 현실을 인지할 수도 있다.

7유형은 모든 것이 얼마나 훌륭한지 생각한다. 긍정적인 일과 그들이 기뻐하는 모든 이유를 의식한다. "세상은 자기가 하기 나름이다"라는 속담처럼, 세상에는 신나고 새로운 일들로 가득 차 있다고 믿는다. 그러나 그들은 종종 그들의 자유와 선택사항에 잠재적인 제한이 있다는 것을 안다. 이것으로 인해 그들은 수평적인 조직관계를 선호하고, 그들에게 업무가 위임되었을 때 부드러운 반항으로 대응한다. 그들은 지적인 매력이 있거나 영향력 있는 사람들을 조정해서 그들의 파티가 계속 되게 하고, 자유를 주장하며 갇힌 듯한 느낌을 피하고자 한다.

7유형의 리더는 가끔 세상을 더 좋게 만들고 싶은 욕구에서 원동력을 얻는다. 그들은 세상이 어떻게 나아질 수 있을지 상상한다. 그들이 바라보는 세상은 흥미로운 것들로 가득 차있고, 다양한 경험이 가능하고, 그들이 보는 모든 멋진 것을 경험할 수 있는 곳이다. 또한 그들은 지적인 관점에서 세상을 본다. 즐거움을 계획하고, 그들이 참여해서 성취하는 모든 것들에 대해 생각하는 정신적인 활동을 한다. 그들은 에니어그램의 머리센터 중에서 가장 감정적이지만, 5·6유형처럼 감정에 빠져드는 것보다 감정에 대해 생각한다.

7유형 리더의 주요 특성

다음의 특징들은 7유형의 리더십 스타일을 묘사한다.

- **상상력으로 가득한 풍부한 비전과 결과를 만들 수 있는 능력** 7유형은 미래에 대해 생각하기를 좋아한다. 그들은 기발한 방법으로 문제를 해결하고, 독창적이고 혁신적인 사고를 하는 리더이다.
- **좋은 브레인스토머** 7유형 리더들의 사고는 일반적이지 않다. 그러나 새로운 관점으로 어떻게 할 것인지를 끊임없이 생각하고 긍정적으로 접근한다.
- **융합적 사고방식** 그들은 다른 사람들은 찾지 못하는 연결성을 찾아내는 재능이 있다.
- **긍정적인 관점** 그들은 모든 것을 긍정적으로 합리화하는 데에는 달인이다.
- **많은 선택사항에 대한 선호** 그들은 갑자기 떠오를 수도 있는 기회를 잡기 위해 자유롭기를 원하고 다양한 선택사항을 갖고자 한다.
- **기분 좋은 일을 할 때 합리화하는 경향** 대부분의 7유형에게 피할 수 없는 합리화란 없다. 그들은 하고 싶은 일을 하는 데 그럴만한 이유를 찾으며, 통제를 피하고 그

들의 선택에 대해 안정을 느끼고자 한다. 종종 그들은 자신이 나쁜 행동을 합리화하고 있다는 것을 모르는 경우도 있다.

7유형은 왜 그렇게 생각하고 느끼고 행동하는가?

사고

그들은 아이디어를 갖고 놀고 새로운 생각을 즐기는 사람들이다. 그들은 상상 속에 살고 있다. 그리고 긍정적인 감정을 추구하고 부정적인 감정을 피하기 위해 즐거운 생각을 할 수 있는 공간이 있다. 이들은 가끔씩 '원숭이 같은 마인드'라는 별칭을 붙이는데, 7유형은 원숭이가 다른 나뭇가지로 왔다 갔다 하는 것처럼 생각이 이리저리 움직인다. 자기 자신과 다른 사람들을 기쁘게 할 줄 알고, 재치가 있다. 불편한 상황이나 제한적인 상황에서 벗어나기 위해 머리를 쓰고, 나쁜 상황을 재빨리 재구성하기도 한다. 타고난 쾌락주의자이고 반권위주의자로, 그들의 유연한 정신력은 기쁘지 않은 상황이나 권위, 권력 앞에서 무릎 꿇지 않고 대항한다.

감정

7유형은 기분 좋은 상황을 좋아하고, 기분이 나쁜 것을 싫어하며, 자신의 의지로 그것을 선택할 수 있다고 믿는다. 그들은 기쁨이나 흥분 같은 긍정적인 감정에 집중하고 두려움이나 고통 같은 부정적인 감정은 외면하고 무시하거나 또는 회피한다. 그들은 머리센터 중에서 가장 감정적이지만, 부정적인 감정의 가치를 보려하지 않고 고통을 피하는 것을 합리화한다. 무조건적으로 나쁜 기분을 불러일으키는 부정적인 측면은 무시하고 좋은 기분만 내려고 한다. 그들은 종종 따분함이 싫다고 하지만, 깊고 어두운 감정이 끓어오를 수 있을 만큼 느긋한 시간을 갖는 것을 원하지 않는다는 표현일 수도 있다.

행동

그들은 빠르게 행동한다. 생각도 빠르고 말도 빠르고 행동도 빨라서 사람들이 맞추기 어려울 수 있다. 그들은 산만하기 때문에 일에 집중하기 어렵다. 특히 일이 지루하거나 재미없을 때에는 약속을 이행하거나 제 시간에 업무를 마치는 것이 힘들 수 있다. 또한 새로운 아이디어를 선호해서 그들의 책상에는 일이 넘쳐난다. 에니어그램 수련 때 만났던 어느 7유형은 이렇게 고백한다. "마감일 일주일 전에는 할 일이 네 개였는데, 마감일 이틀 전에는 무려 열 개가 되었어요." 그러나 성공한 7유형들은 집중하지 못하는 부분을 보완할 수 있는 방법을 찾는다. 내가 아는 또 다른 7유형은 나중에 즐거울 수 있는 특정한 일을 먼저 한다고 했다. 그리고 7유형의 사람들은 성공을 축하하고 그 다음 단계를 계획하는 것도 잘한다.

7유형의 주요 강점과 능력

- **낙천적이고 긍정적인 태도** 7유형은 긍정적으로 생각하고 자기 일에 집중하며 최선의 시나리오를 상상한다. 그들은 일이 잘 풀리고 있다고 믿으며, 실제로도 그렇게 될 수 있다고 생각한다.
- **상상력이 풍부하고 창의적인 계획가** 그들은 계획하는 과정을 놀이로 생각한다. 그들의 상상력은 혁신적인 비전으로 가득하고 그것을 어떻게 달성할지 연결하는 것을 즐긴다.
- **빠른 성향** 그들이 회의를 이끌어가든지 프로젝트를 계획하든지 간에 자기 일에 열정을 갖고 멈추지 않고 계속 진행한다.
- **열정적인 지지자들** 그들은 동료들과 함께 일하며 일에 대한 순수한 즐거움으로 사람들의 동기를 자극하는 리더일 수 있다.
- **혁신적이고 진보적인 미래지향적 사고** 그들은 무의식적으로 미래에 어떤 일이 일어

날지 상상한다. 그래서 일어날 수 있거나 일어날 일에 대해 계획을 세우고 상상하는 재능이 있다.

- **부정적인 것을 긍정적인 것으로 전환시키는 능력** 그들은 무의식중에 부정적인 것을 기분 좋은 것으로 전환하는 능력이 있다. 그들은 긍정적인 자료를 쉽게 발견하고 희망을 이야기한다.

- **성공에 대한 축하** 그들은 승리와 성공에 대한 축하와 그 기대감이 일의 성패를 좌우한다는 것을 너무나 잘 알고 있다. 그리고 그들 자신이나 팀에게 이러한 기대감을 고취시키고자 특별한 것을 줄지도 모른다.

과유불급

모든 것을 긍정적으로 만들고자 하는 노력이 과할 때 발생되는 문제들

- **낙천적이고 긍정적인 태도** 7유형은 결과가 나쁠 수도 있다는 사실을 간과할 때 상상 속의 장밋빛 시나리오와 현실세계가 동떨어질 수 있다. 이러한 차이에 대해서는 6유형에게 물어보면 금방 알 수 있게 된다. 또한 7유형은 불편한 감정에 사로잡히는 것을 두려워한 나머지 갈등상황을 언급하려 하지 않는다.

- **상상력이 풍부하고 창의적인 계획가** 그들은 상상 속의 유토피아적 환상에 빠진 나머지 현실감을 잃을 수 있다. 현실성과 함께 환상은 중요한 것임에 틀림없다. 환상이 있어야만 그것을 이루기 위한 노력을 기울일 수 있다. 하지만 환상은 7유형이 쉽게 빠져드는 일종의 맹점과도 같다. 특히 일대일 7유형에게는 환상 그 자체가 현실보다 훨씬 더 매력적이고 훌륭하게 여겨진다.

- **빠른 성향** 7유형은 천천히 해야 할 일을 빠르게 함으로써 피상적으로 처리할 수 있다. 예컨대 세부사항에 집중하지 못하거나 신경 쓰지 못한 채 대충 넘어간다.

- **열정적인 지지자** 7유형은 가끔씩 특정한 대상에 대해 매우 열정적인 모습을 보인

다. 하지만 이것은 부담스러운 상황을 직면하지 않고 피할 수 있는 방법 중 하나로 채택된 것일 수 있다.

- **혁신적이고 미래지향적인 사고** 7유형은 가끔 감당하기 힘든 현실의 두려움을 피하기 때문에 현재의 상황을 놓칠 수 있다. 그러나 현재는 우리가 경험하는 모든 순간이다. 그들은 자신의 열정대로 살지 못하고 죽을 수도 있다.

- **합리화** 부정적인 상황을 긍정적인 것으로 덮어씌우기보다는 부정적인 상황을 이해하고 효과적으로 해결하는 것이 중요할 때도 있다.

- **성공에 대한 축하** 7유형은 실제로 목표를 달성하기도 전에 축하파티를 열고 싶어한다. 이것은 마치 7유형인 친구와 내가 카누를 타다가 거친 급류를 무사히 통과하기도 전에 이것을 미리 축하하다가 배가 뒤집혔던 것과 같은 문제를 일으킬 수 있다는 것이다.

다행스럽게도 7유형이 가진 긍정적인 마인드가 가끔은 의도하지 않게 일을 성공으로 이끌 수 있다. 그들의 낙천적이고 열정적인 태도에 느긋함을 갖고 균형감각을 유지한다면, 그리고 다른 관점에서 다양한 자료들을 고려한다면 성공적인 리더가 될 수 있다.

스트레스 상태와 최상의 상태
7유형의 의식수준이 낮을 때와 높을 때

7유형이 스트레스를 받거나 의식수준이 낮을 때, 그들은 혼란과 무질서를 만들며 급하게 행동한다. 스트레스를 받은 7유형은 집중하지 못하고 정신없어 보일 수 있다. 그리고 새로운 사실이나 누군가의 말을 받아들이기 어려울 수 있다. 실제로 일어나는 일들, 특히 실망이나 불안, 고통과 같은 나쁜 감정들을 실제로 대면하기가 두려워 긍정적인 환상으로 현실을 대신하기도 한다. 그리고 좋지 않은 상태에서 어두운 감정과 갈등으로부터 멀어져 말도 안 되게 낙천적으로 급하게 행동할 수 있다. 이들은 빨리 말하고 변덕스럽고 집중하지 못하게 된다. 그리고 무의식적으로 그들은 지적 매력으로 사람들을 조종하거나 다른 사람의 이익보다는 자신의 이익에 따라 결론을 내리고 한다. 그들이 두려워하는 것이나 권위적인 것으로부터 제한되거나 또는 불편한 감정에 사로잡히는 상황으로부터 필사적으로 피하려고 한다. 그래서 점점 도망가거나 공격적으로 변하거나 즐거움을 주는 것에만 집착할 수 있다.

그러나 의식수준이 높은 상태에서 건강한 7유형은 부정적인 것을 포함한 다양한 정보와 관점을 받아들이고, 느긋함과 긍정적인 그들의 성향 사이에서 균형을 유지한다. 상황을 좋게 만들 수 있다는 강인한 마인드를 가지고 어려운 일도 극복해낼 수 있다. 자기 인식이 강한 7유형들은 산만한 행동을 인식하고 점점 더 안정적으로 집중하려고 한다. 또한 그들은 더 깊고 더 오래 좋은 감정을 이끌어 낼 수 있는 해결책을 찾거나 문제를 극복하기 위해 관계나 갈등, 불편한 상황에서 더 오래 버티고자 한다.

정서적으로 건강한 7유형은 모든 감정을 느끼는 법을 배워서 고통스러운 감정조차도 풍부하고 더 만족감을 주는 경험이 될 수 있음을 이해할 수 있다. 그들의 타고난 긍정, 유머, 가벼움이 주는 좋은 상태일 때는 삶의 부정적인 측면까지도 수용하려고 한다. 그들이 고통에 대한 두려움을 받아들인다면 더 현실적이고 균형을 이루는 강인한 사람이 될 수 있다. 이러한 경험을 바탕으로 겉핥기식이 아니라 그 순간에 더 깊이 빠져드는 위험을 무릅쓰면서도 그들이 가장 원하는 것, 즉 삶의 가장 강한 자극을 얻을 수 있다.

세 가지 본능에 따른 7유형의 하위유형들

에니어그램 모형에 따르면 우리를 살아가게 하는 세 가지 주요 욕구가 있다. 그중 하나의 욕구가 우리의 행동을 지배한다. 7유형의 사람들은 자기보존형, 그룹 안에서의 대인관계, 일대일 관계에서 어떤 성향을 가진 사람인지에 따라 다르게 나타날 수 있다.

자기보존(자기지향적) 7유형

자기보존 7유형은 친구나 협력자들 간의 네트워크를 통해 자기가 원하는 것을 갖는 기회로 삼는다. 그들은 7유형의 다른 하위유형보다 더 불안감을 느낄 수 있다. 그러나 안전과 지지에 대한 그들의 욕구를 충족시키는 창의적인 방법을 찾음으로 이를 극복하고자 한다. 그들은 가장 현실적이고, 물질주의적이며, 쾌락주의적인 성향이 있다. 또한 아주 실용적이고 일을 잘 만들고 안정을 위해 부를 창조한다. 그러나 그들이 믿는 사람들만 의지하는 경향이 있고 '착한 마피아' 같은 친구, 또는 그들이 보호받고 싶거나 뭔가가 필요할 때 찾아갈 수 있는 협력자들을 주변에 둔다. 그들은 지원을 아끼지 않지만 때로는 그들의 이기심이 상대를 친근한 거래로 몰아가는지 알지 못할 수 있다.

또한 자기보존 7유형은 항상 좋은 기회를 잘 잡는다. 그들은 수다스럽고, 친근하고, 질 높은 삶을 즐기고 이것을 추구하는 사람이다. 7유형의 특성과 합쳐진 자기보존 태도는 하고 싶은 대로 하고, 원하는 것을 하며, 일하고, 먹고, 마시고, 자는 것과 같은 자유에 대한 보장을 추구한다. 그들은 자기 두려움을 알고, 심지어 약간의 피해망상도 있다. 그리고 그들의 미묘한 반권위주의적 태도는 누군가 그들의 활동이나 행동을 제약하려고할 때 나타나기도 한다.

리더로서 7유형은 현실적이고 실용적인 편이다. 그들은 대체적으로 다른 7유형들보다 좀 더 현실적으로 사업 환경을 평가하고, 낙천적 태도와 자기 유익을 바탕으로 결정을 내린다. 그들은 지적인 매력과 긍정적인 태도로 사람들을 설득하고 관계를 형성한다. 그렇다고 늘 자기 관심사만을 추구하는 것은 아니고, 주어진 계획이나 프로젝트가 순조롭게 진행되어 갈 수 있도록 일을 추진해나간다. 기본적으로 자기에게 좋은 것이 남에게도 좋은 것이라고 스스로를 합리화하면서 일을 밀고 나간다. 그래서 다른 부하 직원의 영향을 받거나 다른 권위적인 것에 굴복하는 것을 힘들어한다. 그들은 그들의 유머와 개인적인 매력을 어필하면서 관계를 풀어보려고 노력할수도 있고, 두려움을 떨쳐내려고 즐거운 것에 집중하려고 한다. 그들의 최고의 장점은 신중한 계획과 그들이 원하는 것에 대한 긍정적인 태도를 갖고, 같이 일하는 사람들을 지원하며 즐기면서 일 하는 것이다.

사회적(그룹지향적) 7유형

사회적 7유형은 일종의 '역유형'(counter-type)이다. 다른 7유형들은 자신의 경험, 필요, 결핍 등에 대해 집중하는 데 비해, 사회적 7유형은 다른 사람을 지지하고 돕는 일에 자신의 관심과 에너지를 쏟는다. 자기 내면의 고통을 피하는 방법으로서 타인의 고통을 경감하는 일에 앞장서기도 한다. 이들은 이기주의를 금기시 한다. 따라서 무엇인가에 대한 욕구가 일어나게 되면 그러한 욕구를 거부하거나 지연시키고 그것을 통해 오히려 자기가 속한 그룹에 봉사하고 기여하고자 한다.

사회적 7유형은 2유형처럼 많은 에너지와 열정을 다른 사람들에게 줄 수 있다. 그들은 자신은 적게 갖고 남들에게는 베풀어야 한다고 생각한다. 동시에 자기가 그 그룹을 지지하면, 그들도 자기를 지지할 거라는 기대와 희망이 있다. 사회적 7유형은 종종 다른 사람의 고통을 치료하거나 들어주거나 덜어주는 것과 관련한 직업에 끌린다. 자신이 고통을 느끼지 않으면서 고통을 덜 수 있다는 무의식이 작용하기 때문일 것이다. 과거의 제약으로부터 벗어나 새로운 경험에 더 개방적이고 자유로운 세계를 상상하며 만든 '뉴에이지 운동'은 어떤 점에서는 사회적 7유형의 사고방식을 문화적으로 반영한 것이다.

리더로서 사회적 7유형은 더 나은 세상을 꿈꾸는 열정적인 공상가이다. 유토피아를 꿈꾸고 낙천적인 시각을 갖고 있고 심지어 아프거나 큰 슬픔에 빠진 현실의 어려움을 겪는 사람들을 만날 때조차도 그렇다. 또한 7유형의 리더는 열정적으로 일하거나 근무환경을 개선하면서 자기가 하는 일을 더 효과적이고 즐겁게 만든다. 그들은 다른 사람들이 즐겁게 일할 수 있도록 지혜를 제공하고, 자신의 욕구를 희생하는 것으로 리더십을 나타낼 수도 있다. 그들이 이끄는 대로 사람들을 고무시키기 위해 자신의 열정을 이용할 수도 있다. 자신의 헌신을 인정받고 싶어 하지만, 보통 다른 사람들을 진심으로 칭찬한다. 이타적 행동과 함께 사람들의 삶을 개선시킬 수 있는 명랑하고 활기 있는 비전이 겸비된 모습이야말로 이들의 가장 큰 장점이라 할 수 있다.

일대일(관계지향적) 7유형

일대일 7유형은 무슨 일이 일어날지를 상상하는 이상주의적인 몽상가이다. 현실적인 자기보존 7유형과는 달리 이들은 현실을 이상화하고 장밋빛 안경을 끼고 살아간다. 그들은 순진하다고 할 정도로 심하게 이상적일 수 있는 '즐거운 사람들'이다. 이들은 상당히 열정적이고, 이들의 열정은 전염성이 강해서 다른 사람의 열정과 이상에 쉽사리 영향을 준다. 그들은 삶과 일을 매우 긍정적인 태도로 바라본다. 종종 심하게 기뻐하고 쾌활해지지만, 부정적인 상황에서는 크게 낙심하는 경향이 있다. 이들의 낙천적인 태도는 현실이 따분하고 재미없거나 괴로울 때와 같은 참을 수 없는 시간으로부터 주의를 돌릴 때 나타난다. 그들은 일이 어떻게 진행될지를 상상하고 그것이 마치 자신이 상상한 긍정적인 현실인양 행동하기도 한다. 이것은 많은 문제와 교통체증, 고통과 괴로움이 있는 현실세계보다 머릿속으로 창조한 행복한 세상에 살고 있는 것일 수도 있다.

리더로서 일대일 7유형은 모든 것이 괜찮다고 믿고 싶어 한다. 나도 괜찮고, 너도 괜찮고, 우리 모두 괜찮다고 생각하고 싶어 한다. 그래서 그렇지 않은 상황을 알아차리는 것은 그들에게 무리일 수도 있다. 그들은 생각한대로 일이 긍정적으로 잘 되기를 강하게 바라는 고결한 공상가일 수도 있다. 대신 일이 안 좋거나 어려운 감정에 관심이 없어서 그들은 문제를 일으킬 수 있다. 그들은 나쁜 일에 관심이 없기 때문에 보고 싶어 하지 않는다.

이처럼 자기인식이 부족할 때 7유형은 현실보다 상상에서 살고 있다는 것을 인지하지 못한다. 그러나 그들이 자기 기질을 이해하면, 현실감각을 갖고 이상과 균형을 맞출 수 있다. 또한 부정적 자료를 회피하는 경향이 있다는 것을 안다면, 주어진 상항에서 직원들에게 모든 데이터를 검토하도록 요청함으로써 균형을 이룰 수 있다. 열정과 낙천성 그리고 열의가 자신의 비전을 나쁜 방향으로 몰아갈 수 있다는 것을 안다면, 그들이 두려움을 과잉보상하려고 했다는 것도 알 수 있을 것이다. 이를 수정함으로써 7유형 리더는 자기가 상상한 훌륭한 것을 실현해 가는 데 더 많은 에너지를 쏟고 효과적으로 집중할 수 있을 것이다.

직장에서의 7유형

7유형은 종종 타인들과 함께 일하는 것을 힘들어 한다. 그 이유는 다음과 같다.

- 모든 사람들이 나만큼 긍정적이지 않다. 가끔 나의 견해에 대해 반대하거나 부정적인 자료를 되새긴다.
- 빨리 문제를 해결하고 다른 일을 하고 싶지만 사람들은 종종 생각보다 더 오랜

시간동안 무엇이 잘못되었는지 말하고 싶어 한다.

- 빨리 승부를 내고 싶은데 사람들은 나를 진정시키려고 할 때 짜증이 난다. 특히 상세한 설명을 하며 왜 일을 성취하기 어려운가에 대해 말할 때 화가 난다.
- 실수할 수 있는 프로젝트를 실천하는 것보다는 프로젝트를 구상하는 단계가 더 좋다. 이때에 더 많은 가능성과 즐거움을 경험하기 때문이다.
- 일을 보다 자유롭게 처리할 수 있기를 원한다. 하지만 현실은 규율이나 절차에 따라 일을 하도록 압박한다.
- 사람들은 나만큼 일을 즐기지 않는다.
- 다른 사람의 부정적인 기운이나 영향을 받아야 할 때 괴롭다.
- 권위에 따라 일하는 것이 싫다. 제약 받거나 다른 사람의 의견이 개입되지 않고 내가 하고 싶은 일을 하고 싶다.
- 내가 분위기 메이커라고 가끔은 사람들이 나를 너무 가볍게 생각한다.

업무와 관련하여 아래와 같은 상황에서 7유형은 가장 큰 불만을 느낀다.

- 회의가 지루하게 늘어질 때
- 내가 한 업무에 대해 부정적인 말을 할 때
- 다른 사람의 문제를 나에게 해결하라고 할 때
- 동료가 내 일을 제한하거나 내가 하는 일을 관리하려 할 때
- 원하는 만큼의 충분한 브레인스토밍 과정이 생략된 채 내가 제시한 의견을 무시할 때
- 같이 일하는 사람들이 친근하지도 않고 즐겁지도 않을 때
- 사람들이 내가 즐겁게 일하고 싶어 하는 것을 이해하지 못할 때
- 사람들이 너무 심각하게만 일하고 창의적으로 생각할 여유가 없을 때

- 문제의 원인을 찾기보다 오직 해결에만 급급할 때
- 처리할 서류가 아주 많거나 분위기가 관료주의적일 때
- 사람들이 이래라 저래라 간섭할 때, 특히 말도 안 되거나 의미 없거나 쓸데없이 어려울 때
- 내가 잘한 일에 대해 고마워하지도 않고, 틀렸다고 생각하고 흠을 잡을 때
- 누군가 "싫습니다" 또는 "그렇게 못 합니다"라고 말할 때
- 사람들이 별 것 아닌 일에 집중하느라 요점을 모를 때
- 지나치게 세밀하게 관리하고자 할 때

7유형이 남들과 좀 더 쉽게 일할 수 있는 방법

7유형 리더라면 모든 사람들이 자신만큼 빠르지 않다는 것을 이해하는 것이 중요하다. 어쩌면 다른 사람들처럼 속도를 줄이는 것이 이점이 될 수 있고, 중간지점에서 다른 사람들을 기다리며 업무 속도를 조정하는 것도 좋다. 7유형의 리더는 자신이 브레인스토밍을 잘 사용하고, 창의적인 아이디어를 만드는 능력을 갖고 있지만 그들의 동료나 팀의 멤버들은 아이디어의 홍수 속에 파묻혀 힘들어할 수도 있다는 것을 기억해야 한다. 그리고 자기가 제안하는 아이디어들이 모두 실행돼야 하는 것이 아니라는 점을 명확하게 말해주면 동료들이 더 편할 수 있다.

7유형의 사람들은 자기 참여적이어서 다른 사람보다 자신의 속마음, 느낌, 욕구에 더 집중한다. 이것은 나쁘다고 이해할 것이 아니라 단지 7유형의 성향이다. 그러므로 그들은 의도적으로 다른 사람의 요구를 고려해서 주변 사람과 맞춰갈 수 있어야 한다. 또한 7유형은 다른 사람들이 긍정을 자신만큼 우선순위로 두지 않는다는 것을 깨달아야 한다. 다른 사람들은 더 많은 인내심을 갖고 있다는 점을 이해한다면, 7유형의 사람들은 우아하게 물러날 수 있거나 견디는 법을 배우고 편안함의 범위를 확장할 수 있다.

마지막으로 7유형은 다른 사람들에 의해 제한받는 것을 민감하게 여긴다. 따라서 7유형의 리더는 그런 상황에서 부정적으로 반응하기 때문에 의식적으로 자기 반응을 제어해야 한다는 것을 배워야 한다. 그리고 상대방의 의견에 바로 반대하면서 거리낌 없이 권위에 대해 물을 수도 있다. 유머로 상황을 역전시키고, 지적으로 교묘하게 조종하고, 불쾌할 수 있는 상황에서 싸우기보다는 상황을 받아들이는 것처럼 매혹할 수 있다. 7유형이 자신의 성향을 안다면, 자신의 목표와 동기를 갖고 조직화된 계급 안에서 조금 더 의식적인 소통이 가능할 것이다.

7유형과 함께 일하기

직장에서 7유형의 전형적인 행동 방식

당신이 7유형과 같이 일한다면, 그들은 다음의 몇 가지 공통적인 행동양식을 보일 것이다.

- 그는 항상 웃고 있거나 즐겁고 기분 좋은 상태이다.
- 그는 말을 빨리 하고 가끔은 따라가기 어렵다.
- 그는 거의 모든 사람과 친구이고 모두 그를 좋아한다.
- 그는 항상 외출 계획을 하고 단체 모임을 좋아한다.
- 그는 새 아이디어와 계획을 얘기하는 것을 좋아한다.
- 그는 매우 미래지향적이다.
- 그는 유머러스하고 사람들을 자기편으로 잘 만든다.
- 그는 아주 열정적이고 그가 짠 혁신적인 계획에 대해 말할 때 활기차다.
- 분위기가 축 쳐졌을 때 전환하는 방법을 안다.
- 당신이 가진 문제를 그에게 말하면, 그는 "긍정적으로 생각해요"라고 말하며 당

신이 기분 나쁜 이유를 재구성한다.

- 그는 합리화를 잘한다.
- 그는 상사나 부하 직원과 친구가 된다.
- 그의 장점은 팀에 긍정적인 에너지를 주고 성공할 수 있도록 동기부여 한다.
- 그의 장점은 낙관적이기 때문에 사람들이 할 수 없다고 생각했던 것을 할 수 있도록 격려한다.

깨어있는 7유형 리더의 강점

- 그들은 즐거움을 추구하고, 주변이나 직장도 즐겁게 만든다.
- 사기를 증진시키고 사람들에게 성공적인 결과를 구상하도록 긍정적인 부분에 집중한다.
- 무언가를 계속 하고 있다.
- 그들은 쉽게 좋아하고 당신도 좋아하려고 한다.
- 진심으로 사람들에게 관심을 갖고 당신을 알아가고 싶어 한다.
- 안 되는 것에 머무르려 하지 않는다. 그들은 해답을 찾고 싶어 한다.
- 사업을 할 때 외향적이고 친근하다.
- 그들이 선호하는 방식이 있더라도 팀원의 말을 잘 듣고 수용해서 팀원들의 힘이 된다.
- 종종 사람들의 장점을 보고 최선을 다하도록 격려한다.
- 매력적이고 유머가 있다.
- 리더라도 부하 직원을 동등하게 대한다.
- 같이 일하는 사람들이 자유롭게 일할 수 있도록 해준다.

7유형과 함께 일하는 이들이 경험하는 문제들

- 일이 잘되고 있다고 말하기 어렵다.
- 그들은 참지 못하고 감정을 숨기지 못한 채 문제가 무엇인지 이해될 때까지 말한다.
- 그들은 흥미롭지 않은 프로젝트에 집중하기 어려울 수도 있다.
- 그들은 일을 많이 만들어서 회의에 지각하고 약속도 잊는다.
- 새로운 아이디에 너무 흥분해서 문제가 될 만한 것을 생각해보거나 실행 가능한 계획으로 발전시키지 못한다.
- 다양한 방면에 지식이 있지만 어떤 특정한 분야에 당신이 생각한 것보다 얕게 알고 있다.
- 자유로움에 대한 강한 욕구로 인해서 그의 부하 직원은 그로부터 설명이나 지시를 받지 못한다.
- 그들은 몹시 빨리 움직여서 무심코 사람들을 남겨두고 혼자 갈 수도 있다.
- 그들은 선택사항이 많기를 원하고 적절할 때에 행동으로 옮기지 않을 수도 있다.

7유형과 리더십

자신의 에니어그램 유형을 아는 것이 업무에 어떻게 도움이 되는가에 관하여 7유형 리더들은 다음과 같이 말한다.

마크 킨슬러(Mark Kinsler)는 미국 사무가구회사인 트렌드웨이(Trendway)의 회장이다.

나는 새로운 기회와 가능성에 매료되는 편이다. 현재 나의 역할은 회사의 시간과 자원을 무엇에 투자할지 굉장히 신중하게 생각해야 한다는 것이다. 가끔은 어떤 우선 순위에서 다른 것으로 전환하는 것이 아주 필요하다. 예컨대 당신이 나처럼 신중해야 하는 이유에 대해 사람들은 궁금해 한다. "당신은 도대체 뭐하는 거예요? 왜 거기에 관심을 가져요? 왜 그걸 생각하면서 시간낭비해요? 이제 막 이걸 끝냈는데." 하지만 나는 다양한 관점에서 보고 모든 선택사항을 분석하고자 한다. "이것이 우리가 다르게 할 수 있는 것이다."라고 말하는 것은 내가 회사를 운영하는 방식이다.

나는 현상이 아닌 것들을 검토하는 것을 좋아한다. 근본적으로 무언가를 바꾸고 싶다는 것을 뜻하는 것은 아니다. 그러나 모든 선택지를 탐색하고 '왜?', '왜 우린 이렇게 했지?', '다른 방법이 있는가?', '우리 회사에 적용가능한 아이디어인가?'라고 묻는다. 그것은 다양한 기회와 가능성을 검토하고 싶기 때문이다. 또한 7유형으로 가장 힘들었던 점은 그저 재밌기만 한 일만 하지 않는 것이었다. 그것도 좋지만, 잘해야 하는 일도 있고, 우선순위를 둬야 할 일도 많다. 당신의 시간과 에너지를 쓸 곳에 균형을 맞추고, 중요한 질문에 집중해야 한다. '어떤 전략인가?', 혹은 '전략적으로 이러한 기회의 우선순위를 어디에 둘 것인가?', '가장 효과적인 것은 무엇인가?' 이러한 과정은 내게 주어진 모든 선택사항과 생각할 것들의 우선순위를 균형 있게 잡아 주었다.

토드 피어스(Todd Pierce)는 빌&멜린다 게이츠 재단의 최고디지털책임자(Chief Digital Officer)이다. 그는 이전에 세일즈포스닷컴의 오퍼레이션 및 모빌리티 부사장과 지넨텍 사의 최고정보관리책임자(Chief Information Officer)와 전무였다.

에니어그램 유형을 아는 것은 내 삶의 모든 분야에서 적용될 수 있는 훨씬 더 풍부한 발전 도구를 발견한 것이었다. 에니어그램은 단지 리더들을 위한 도구가 아니다. 그것은 나를 더 나은 연인으로, 남편으로, 친구로 만들어주었다. 또한 이것은 나의 모든 역할에서 훨씬 깨어있고 생각할 수 있도록 했다.

구체적으로는 내가 7유형이라는 것을 알게 되면서 나는 조직에 지장을 주지 않으면서도 자신이 즐거워하는 다른 방법들을 찾도록 도와주었다. 게다가 에니어그램 다이어 그램의 선을 따라 나의 주 유형인 7유형과 연결된 1유형과 4유형은 나에게 직접적인 영향은 없지만 충분히 도움이 되었다. 이것은 내가 현실 판단을 할 때 의식하도록 도와주는데, 1유형의 단점과 4유형의 진정한 연결에 대한 욕구를 결합함으로써 나에게 진정한 개발 기회를 주기 때문이다.

당신이 7유형 상사일 때

7유형은 권한을 갖는 것이 어색하거나 불편하다고 느낄 수 있다. 그들은 기본적으로 반권위주의적이다. 그들은 창의성과 동료관계를 통해 영향을 주는 것을 선호한다. 정신과 의사이며 에니어그램 전문가인 나란호에 따르면, 7유형은 비계층적인 심리 환경에 살고 있다고 한다. 이것은 그들이 하고 싶은 대로 할 수 있는 자유를 원하고, 권위는 좋지 않다고 생각하는 것을 의미한다. 당신이 7유형이라면, 당신이 권위 아래에 있든지 혹은 당신이 권위자이든지 간에 정말로 권위에 대한 관심이 없다. 7유형은 계급을 좋아하지 않기 때문에 권위나 지위고하를 막론하고 조직에서 당신의 위나 아래 있는 사람들과 친구가 된다.

7유형의 좌우명은 "각자 방식대로 살아가자"일 수 있다. 당신은 통제받거나 제한받는 것을 원하지 않고, 매니저로서도 당신은 일하는 사람들을 통제하거나 제한하는 것을 싫어하며, 자유방임의 리더십을 더 원할 것이다. 당신은 사람들에게 직접 지시하는 것보다 자극을 통해 동기부여가 되는 기회를 주려하고, 흥미롭고 즐거운 것에 대해 긍정적으로 논의하거나, 또는 당신이 본 가능성과 선택사항, 일에 대한 열정을 표현하면서 부하 직원에게 영향을 주는 방법을 택할 것이다. 당신이 권위를 갖고 직원들에게 더 세밀하게 관찰해야 한다면, 당신은 힘들다고 느낄 수도 있다. 그러나 7유형의 장점은 자신이 정말 즐기는 일에 자신을 내던지고, 도전을 즐기고, 해답을 찾고, 긍정적인 결과를 이끌어냄으로써 사람들을 이끌어간다는 점이다.

당신의 상사가 7유형일 때

당신의 상사가 7유형이라면 그는 재밌게 일하기를 원하고 당신이 즐겁게 일할 수 있도록 격려한다는 것이 장점이다. 당신이 일을 잘 수행한다면 아마 아무런 개입도 받지 않을 것이다. 7유형의 리더는 당신을 독립적이고 긍정적이도록 격려하고 대부분의 경우 다 승낙할 것이다. 그러나 당신이 문제를 일으키거나 너무 부정적으로 소통하지 않고, 또는 리더의 활동을 제한하지 않는다면 그들과 잘 지낼 수 있을 것이다. 그들은 아마도 아낌없이 지원하는 브레인스토밍 파트너이고 자기 아이디어를 들어주길 원한다.

7유형은 권위적인 역할을 불편하게 느낄 수 있다. 그래서 계층적인 리더십에서 벗어나기 위해 당신과 친구가 되기를 원할 수도 있다. 스트레스를 받거나 또는 자기 인식이 낮아졌을 때는 집중하지 못하거나 과부하에 걸려 당신을 그냥 내버려 둘 것이다. 그들은 우선순위를 두지 못하고, 미리 공지 없이 코스를 바꿔 같이 일하는 사람들이 힘들 수도 있다. 그리고 더 즐거운 것에만 주목하거나 혹은 마치 그 일이 일어나지 않은 척하면서 문제나 갈등을 다루지 않으려 할 수 있다. 또 다른 7유형의 리더는 상황이 다시 즐거워지고 문제에서 빨리 벗어나기 위해서 정면으로 상황과 마주할 것이다. 무엇보다 7유형의 장점은 활기차고 열정적이기 때문에, 사람들에게 용기를 북돋아주며 그들을 지지하고, 최선을 다할 것이라고 믿는 사람들에게 긍정적인 분위기를 만들어 줄 것이다.

당신의 부하 직원이 7유형일 때

당신의 부하 직원이 7유형일 때, 그들은 '자유로운' 리더와 일하고 싶어 한다는 것을 이해해야 한다. 그들이 원하는 방식으로 일하도록 자유를 주는, 약간의 넓은 시야가 필요하다. 그러나 당신이 그들을 제약하고 있다는 생각이 들면 7유형의 부하 직원은 먼저 친구가 되려고 노력한다. 이러한 시도가 성공한다면 안정을 얻고, 성공하지 못하고 여전히 당신이 상사로 느껴지면 그들은 힘들어하고 대신 긍정적인 미래를 상상할 것이다.

7유형의 직원이 당신의 권위를 심각하게 받아들이지 않더라도 이것을 사적인 문제로 생각하지 말아야 한다. 그들은 당신이 상위의 권력을 갖고 있다는 조직 내 현실을 편하고 쉽게 생각하고 당신에게 친근하게 대하려 한다. 당신이 이것을 받아들인다면 당신과 친구가 될 수도 있다. 또한 7유형은 외부 권력에 제약받는 것에 민감해서 암묵적으로는 반항적인 태도를 갖지만, 대놓고 기분 나쁘거나 부정적인 태도로 반항을 드러내지는 않는다. 대신에 그들은 저항보다는 사교적인 태도로 이 상황을 수용할 것이다.[19]

주로 7유형은 일을 마칠 수 있도록 믿어주지만 세세한 것까지 관리하는 것을 원하지 않는다. 당신은 그들이 하고 싶은 대로 할 수 있도록 그들의 역량을 과하게 제한하지 않아야 한다. 만약 당신이 그들에게 건설적인 피드백을 주고 싶다면, 무엇이 긍정적인지 먼저 소통하는 것이 좋다. 그리고 나서 조심스럽고 상냥하게 그들의 업무에 대해 당신이 가진 비평을 전달한다면 당신의 메시지를 좀 더 효과적으로 전달할 수 있을 것이다. 7유형은 그들이 말하는 것보다 비판에 더 민감하고, 비난하는 피드백에 의해 상처받는다는 것을 기억하는 것이 중요하다. 어떤 7유형은 어느 순간에는 순진하다고 할 정도로 열정적이고 긍정적이다. 그래서 그들의 생각과 가치의 기준을 이해하기 위해서 그들의 관점을 탐구하는 것이 좋다.

스트레스를 받는 상황에서 7유형의 부하 직원은 업무가 버거워도 당신에게 말하지 않을 수 있으니 가볍게 살펴보는 것도 좋은 방법이다. 그들은 최우선순위에 집중하는 것을 어려워 할 수 있다. 그래서 당신이 무엇을 중요하게 생각하는지에 대한 당신의 요구와 생각을 전달한다면 도움을 줄 수 있을 것이다. 그러나 그들의 장점은 일을 완전히 즐긴다는 것이다. 그들은 당신을 기쁘게 하고 모든 것들을 조화롭게 하며 진보적이고 창의적일 것이다.

7유형과 원활한 업무관계를 유지하는 방법

- **낙관적이고 긍정적이기** 7유형은 기분 좋고 즐거운 사람들이 주변에 있는 것을 감사히 여긴다. 즐겁게 일하고 그러한 분위기를 유지하려고 노력한다면, 당신과 일하는 것을 매우 즐길 것이다.

- **상호 존중과 공감하며 일하기** 당신이 그들의 자유와 선호를 존중해준다면 그들도 그것을 기꺼이 존중해줄 것이다. 그들은 인정받길 원하고, 그들이 당신을 좋아하고 가까운 사람이라고 느낀다면 기꺼이 인정해줄 것이다. 좋은 팀의 선수가 된다면 그들은 당신과 한 팀이라는 것을 좋아하게 될 것이다.

- **과도한 부정과 비난은 삼가라** 7유형은 긍정적인 것에 집중하려고, 지나치게 부정적인 표현을 많이 하는 사람들을 성가셔하거나 심지어는 멀리하려고 할 수도 있다. 그들은 대개 정당한 비판에는 열려있지만, 분명하게 건설적인 목적을 갖고 있지 않다면 상처받고 화를 낼 수 있다.

- **규정이 불필요하게 엄격하다면, 예외 사항에 대해 유동적으로 허용하라** 당연히 어떤 규정들은 모든 사람들이 따라야 할 필요가 있지만, 가끔씩 유난히 제한적이고 중요하지 않은 규정을 어기는 것을 봐줄 수 있다면, 그들은 대단히 감사해 할 것이다. 그리고 그들이 맡은 일도 잘 해낸다.

- **가능하면 그들이 독립적으로 일할 수 있도록 하라** 그들은 원하는 일을 하는 데 있어서 자유롭게 일하기를 바란다. 일을 잘 마칠 수 있다고 믿어주고 그들이 무엇을 하든지 심하게 관여하지 않아야 좋아한다.

- **좋은 아이디어를 구체화할 수 있도록 여유를 주어라** 7유형은 자신의 상상력이 어디로 나갈지 모른다. 그들은 다른 선택사항과 가능성을 상상하는 것을 좋아한다. 브레인스토밍을 할 여유를 주고, 다음 단계에서 많은 아이디어들을 정리할 수 있다고 믿어주는 동료에게 감사해할 것이다.

- **그들에게 내포된 권위에 대한 불편함을 이해하라** 7유형은 대단한 반항아는 아니지만 외압에 의해 조정당하는 것을 좋아하지 않는다. 그들은 다정한 사람들이기 때문에 그들의 매력과 사교성을 표현함으로써 권위에 대해 은밀하게 반항할지도 모른다. 당신이 7유형과 함께 일하게 된다면, 이것을 이해하는 데 도움이 될 것이다.

성장을 위한 과제와 제언:
자기 발견, 효율성 및 업무 만족도의 향상

모든 사람들은 먼저 그들의 습관적인 패턴을 관찰하고, 그들이 생각하고, 느끼는 것들에 대해 생각하고, 더 많은 자기통찰을 얻고, 주된 특징에 대한 자동적인 반응들을 조정하거나 수정하는 노력들을 통하여 배울 수 있다. 7유형은 자신이 제한받거나 통제받고 있다고 느끼거나 다른 사람의 부정적인 기분이나 분위기를 마주하고 있을 때 알아차려야 한다. 그들은 자동적으로 나타나는 주요한 특징들을 먼저 관찰하고 살펴보고 수정함으로써 성장할 수 있다.

그리고 7유형은 자신을 힘들게 하는 일이 일어날 때, 자신의 행동으로 나타나는 것들을 발견함으로써 일단 멈추고, 무엇을 하고 있는지 그 이유를 되돌아보면서 서서히 배워나갈 수 있다. 7유형은 스스로 자각하고 좀 더 현명해짐으로써 직장생활에서 만족할 수 있는 몇 가지 방법으로 도움을 얻을 수 있다.

자기관찰
7유형이 유의해야 할 점들

- 긍정적이고 즐거운 것에 집중하고자 하는 욕구를 관찰하라. 당신은 부정적인 것

을 대면하는 것이 불가능하거나 싫은 이유가 무엇인지 확인해보아야 한다.

- 당신이 빠르게 움직이고 생각하고 말하는 이유를 확인하라. 조금 천천히 속도를 줄이고 무슨 일이 있어나는지 느껴야 한다.
- 하루 중, 어떤 상황에서 불안이나 두려움을 느끼는지 확인하라. 이것을 알고 무슨 일인지 살펴보아야 한다.
- 어떤 식으로든 당신을 제한하는 것에 대한 혐오를 느낀 적이 있는지 생각해 본다.
- 당신을 불편하게 만드는 일이 있을 때 마음에서 무슨 일이 일어나는지, 그리고 당신은 어떻게 반응하는지에 대해 생각한다.
- 어떤 감정을 많이 느끼고, 덜 느끼는지 당신 자신에 대해 관찰해라. 감정의 스펙트럼에서 긍정적인 감정을 좀 더 많이 느끼는가? 고통스럽고 부정적인 감정은 어떻게 느껴지는가?
- 특정한 감정을 느끼는 것에 대해 어떤 생각을 갖고 있는지 생각하라. 불편한 감정에 사로잡히면 어떤 생각이 드는가 혹은 어떤 두려움이 있는가?
- 항상 많은 선택지를 가지는 것이 중요한가? 그 이유는 무엇인가?

맹점

모든 것을 다 긍정적으로 보려는 것이 곧 해를 끼친다

7유형이 자신 속에서 보지 못하는 맹점은 다음과 같다.

- **즐거움·긍정·기쁨에 대한 추구는 고통을 피하는 수단** 7유형은 종종 불편한 감정에 대한 회피, 급한 성향, 그리고 항상 좋은 기분을 느끼고 싶어 하는 욕구가 고통으로부터 도망가는 것이라는 점을 이해해야 한다. 그러나 그들은 이렇게 말한다. "나는 그 설명들이 모두 맞다고 생각하지만, 고통을 피하려는 것은 아니다. 나는 그

렇지 않다." 이러한 생각이 7유형의 사각지대라고 할 수 있다.

- **깊숙한 감정의 진실을 마주하기 위한 고통과 불편함의 가치** 7유형은 나쁜 감정은 좋을 것이 없다고 생각하는 경향이 있다. 불편한 느낌과 감정에서 좋은 점을 찾는 것은 힘든 일이다. 그러나 우리의 감정은 일종의 내적 방어 체계를 나타낸다. 자신이 어떻게 느끼는가를 아는 것은 자기에게 무엇이 진정성 있는 것인지를 알게 되는 중요한 부분이다.

- **긍정적인 것에 대한 집착이 주변 사람에게 미치는 영향** 7유형은 진지해 보이길 원하지만, 의도치 않게 가볍거나 진지하지 않은 사람처럼 인식될 수 있다. 그렇게 보인다면 사람들은 그들을 신뢰하지 않으려고 할 것이다.

- **불편한 감정을 다루는 당신의 능력** 자기 인식을 하는 7유형이 불안, 고통, 불편함, 지루함과 같은 감정을 피하는 이유 중 하나는 부정적인 감정들을 터놓으면 영원히 거기에 매일지 모른다는 두려움 때문이라고 말한다. 그러나 감당할 수 없을 것 같은 느낌은 자연스럽고 본능적인 반응이다. 이것은 오히려 감정적인 강인함과 회복력을 키우는 데 도움이 된다.

당신이 무엇을 느끼든지 현재를 사는 것과 천천히 가는 것은 당신에게 긍정적인 영향을 준다. 7유형은 빠르게 행동하고, 무의식적으로 어떤 부정적인 감정이나 현재 일어날 수 있는 감당하기 힘든 일들을 피하려고 한다. 그들은 현재를 스치듯 지나고 미래에 초점을 맞출 때 더 빨리 움직이게 된다는 것을 알아차리지 못하는 경향이 있다. 그러나 지금보다 속도를 줄이고 현재에 더 깊이 집중하는 것은 7유형에게 많은 유익을 준다.

성찰하고 이해하고 탐구할 것들

- 당신은 항상 즐겁고 유쾌한 것들에만 집중하는 것이 왜 중요한가? 당신이 다른 감정이나 경험에 초점을 맞추게 되면 무엇이 두려운가?

- 당신은 미래에 집중하는 것을 왜 매력적으로 여기는가? 무엇이 당신에게 그렇게 앞서 나가는 생각을 하게 하는가?

- 당신을 빨리 움직이게 하는 것이 무엇인가? 빠르게 사는 것이 무엇을 가치 있게 하는가?

- 가장 두려운 것은 무엇인가? 이 질문을 생각하면 어떤 느낌이 드는가?

- 제한되는 상황이 왜 그렇게 참을 수 없는가? 다른 사람이 당신에게 제약을 가하는 것에 대해 왜 위협적인 느낌이 드는가?

- 선택사항들이 주어지는 것이 왜 중요한가? 여러 가지 선택사항이 있는 것이 당신에게 어떤 의미인가?

7유형이 활용할 수 있는 강점들

당신이 의식하기 시작하고 적극적으로 관심을 기울이고 완전히 내 것으로 만들어서 활용한다면 다음의 강점들이 도움이 될 것이다.

- **일을 즐겁고 유쾌하게 하는 능력** 이것은 삶의 질과 함께 일하는 사람들의 경험 역시 풍족하게 하는 선물이다. 이것은 일이 재미있다고 하는 사람들에게 해당되는 것은 아니다. 사람들은 일을 고되고 힘든 것으로 생각한다. 7유형의 이러한 강점을 다른 사람들이 배울 수 있고 직장 생활에 더 많은 의미를 줄 수 있다.

- **지적 매력** 7유형은 그들이 원하는 것을 할 때 매력적으로 변한다. 때로는 약속된 것을 요리조리 빠져나가거나, 불편한 권력들을 피할 때 이용하기도 하며, 이러한 재능은 직장에서 모든 사람들에게 쓸모가 있다.

- **긍정적인 생각의 힘** 부정적인 것들을 즉시 자동적으로 긍정적인 것으로 바꾸는 것은 매우 생산적이고 유용한 능력이다. 7유형이 마음속으로 상상한 것들은 대부분 정말 좋은 결과를 만들어낸다.

- **전염성이 강한 열정** 어떤 프로젝트나 계획을 흥미롭게 느끼는 것은 사람들에게 많은 영향력을 주고 사람들로부터 지지를 얻는다. 7유형은 다른 사람들이 파티에 오고 싶게 하는 매력이 있다. 그들은 자신의 열정과 재미를 표현하는 데 능숙하다.

- **인간관계의 즐거움** 7유형은 사람들을 좋아하고 사업적인 면에서 리더로서 많은 장점을 갖고 있다. 아이디어를 내고 상품을 팔고 홍보할 때, 동료나 고객과 대화할 때, 동료와 개인적 친분을 쌓을 때, 심지어 정수기 앞에서 얘기를 나눌 때에도 유익하다.

- **유연한 두뇌와 연관성을 찾을 수 있는 능력** 당신이 7유형이라면 다른 사람들이 종종 보지 못하는 것을 찾아 연결할 수 있는 영리함이 있다. 문제를 생각하고 창의적인 방식과 혁신적인 답변을 내놓기 때문에 어느 팀에서든 당신을 중요한 사람이라고 생각한다.

7유형의 도전 과제

7유형의 긍정성은 많은 장점에도 불구하고 마치 그것이 전부인양 여기는 단점도 있다. 모든 것을 긍정적으로 몰아가는 것을 멈추지 않으면, 7유형은 부정적인 것을 피하느라 중요한 것을 잃을 지도 모른다. 속도에 대한 욕구는 당신이 무언가를 벗어나기 위해 빠르게 행동한다고 보이게 할 수 있다. 당신이 천천히 행동하고 장미의 향기를 맡을만한 여유가 있다면, 현재를 더 많이 받아들이고 당신이 목표로 하고 있는 깊고 풍부한 삶을 경험할 수 있다.

7유형은 자기를 인식하고 자기 이해에 따라 행동하는 것을 살핌으로써 자신에게 가장 중요한 것이 자기 자신이라는 것을 알아차려야 한다. 지금의 태도가 나쁜 것만은 아니다. 그러나 당신이 이것에 대해 알지 못하고 과하게 행동한다면, 주변 사람들의 요구와 욕구를 넘어서게 되고 그 결과 그들로부터 멀어질 수도 있다. 또한 자신이 제한을 받는 상황이거나 회피에 대한 지나친 걱정, 그리고 선택사항이 거의 없는 상황마저도 나름대로의 유익이 있다는 것을 알아야 한다. 이러한 상황에 대한 두려움을 줄일 수 있다면 당신에게 도움이 될 것이다.

그리고 7유형이 현실과 반대로 상상 속에서 사는 경우가 있다. 특히 일대일 7유형은 상상 속에 살면서 긍정적이고 열정적이지만, 어떤 경우에는 현실과 괴리되어 더 나쁜 일들이 일어날 수 있다. 고통 받는 것에 대한 두려움을 더 의식한다는 것은 자연스럽게 나쁜 감정들로부터 자신이 벗어나게 되는 것이며, 당신을 조종하고 있는 어떤 두려움을 극복하게 되는 것이다.

잠재력의 의식적 발현
'낮은 의식수준'을 인식하고 '높은 의식수준' 지향하기

7유형은 무의식적인 행동과 자기 성향 그리고 이와 관련된 습관을 인지하고 자기 성찰을 하게 된다면 더 포괄적이고 균형 잡힌 성격으로 발전할 수 있다.

- 불편하고 고통스러운 감정을 피하지 말고 의식하라. 두려움을 느끼고 다양한 감정을 드러냄으로써 당신의 삶과 관계를 더 풍부하고 깊이 있게 할 수 있도록 한다.

- 당신을 조급하게 만드는 불안감이 생기면 이를 의식하고, 그것을 잠재울 수 있다는 것을 알아야 한다. 그 불안감이 점점 더 심하게 느껴지더라도 말이다.

- 원하는 것을 갖기 위해 당신의 매력을 이용하여 타인을 조종하기보다는 다른 사람들과 마음을 터놓고 나누면 오히려 원하는 것을 얻을 수 있다는 것을 배워야 한다.

- 당신이 무언가 합리화하려고 할 때 두려움을 피하지 말고 받아들여라. 나쁜 감정이 좋은 감정을 더 극대화 시킬 수 있다는 것을 직접 느껴야 한다.

- 당신이 보고 싶은 대로 사람들을 보거나 기대할 때, 당신이 현실에 살고 있다는 것을 깨닫고 그들을 있는 그대로 혹은 다른 사람들이 그들을 보는 것처럼 보아라.

- 당신의 관심사나 즐거움에만 초점을 맞출 때, 그것이 항상 당신이 생각한 것만큼 즐겁게 끝나지 않는다는 것을 명심하라. 다른 사람들의 즐거움도 생각하고 진지함을 배워야 한다.

- 흥분되거나 열의가 넘치는 것은 당신이 무언가를 피하고 있다는 징조일 수 있다. 열정이 모든 일을 망친다는 의미가 아니다. 그 순간에 무엇이 진정한 것인지 좀 더 생각해야 한다는 것을 의미한다.

일반적으로 7유형은 미래지향적이고 즐거운 일, 조직에서 다양한 역할을 맡고 싶어 하는 경향이 있다. 이것을 관찰하고 자기 행동과 감정, 그리고 많은 자료들을 갖고 지금의 관점을 확장한다면 자신의 강점을 강화할 수 있다. 더 나아가 7유형은 에너지와 유머, 피하고 싶은 모든 감정과 경험을 수용하고 긍정적으로 이끌어냄으로써 이전보다 창의적이고 낙관적인 비전을 갖고 혁신적인 목표를 성취할 수 있는 토대를 마련할 수 있다.

강하고 결단력 있는 리더

8유형의 리더십

거의 모든 사람들이 역경을 견뎌낼 수 있다.
그 사람의 성품을 시험해보려면 그에게 힘을 주어보라.

아브라함 링컨: 미국의 제16대 대통령

힘이 선량한 사람들을 보호하는 데 쓰이지 않는다면,
그 힘은 결코 축복이 아니다.

조나단 스위프트: 영국 풍자작가, 성직자, 정치평론가

과거에 힘은 근육과 같은 것이었다.
하지만 오늘날 힘은 사람들과 함께 조화하는 것을 의미한다.

마하트마 간디: 인도의 민족운동 지도자

제11장
8유형의 리더십: 강하고 결단력 있는 리더

8유형은 전형적으로 스스로를 크게 생각하고 과단성 있게 행동하며 일을 벌이는 사람들이다. 흔히 8유형을 가리켜서 '도전가', 또는 '통솔자'라고 부른다. 그들은 세상보다 자기가 더 크다고 생각하는 사람들이어서 쉽게 통솔자의 역할을 맡는다. 그들의 관심은 저절로 큰 그림을 향한다. 그들은 자신의 꿈을 현실로 만들고, 무엇인가 일을 벌이는 방향으로 나아간다. 그들은 주어진 상황에서 힘을 가진 사람을 금방 파악하고 그 사람이 힘을 정당하게 사용하는지 금방 알아차린다. 그들은 힘 있게 행동하는 것에 민감하기 때문에 종종 자기주장이 강하고 위협적으로 보이지만, 동시에 다른 사람을 보호하고 관대한 모습을 보이기도 한다.

8유형의 내적 프로그램은 다음과 같이 작동한다. 그들은 세상에서 항상 힘 있게 자기주장을 하고 약한 모습은 절대로 보이지 않는 방식으로 처신한다. 8유형의 운영 방식은 힘과 강함에 초점을 맞추고 앞을 향해 전진하면서 장애물을 헤쳐 나가고 필요하면 권위에 도전하는 방식을 취한다. 그들은 직접적이고 자기주장이 뚜렷하며 두려움이 별로 없어서 힘 있고 권위 있는 자리를 쉽게 차지하는 경향이 있다. 그들은 '힘 있는 리더'의 전형적 이미지에 부합한다. 그래서 서양 사업계의 고위 경영자 층에 많이 몰려 있다. 아마도 미국 CEO의 상당수가 8유형에 속한다고 할 수 있다.

8유형은 힘과 권위를 사용하는 방식으로 소통한다. 자신이 생각하기에 옳은 것을 강하게 주장해서 일을 성취해내는 방식이다. 그들이 말하는 방식은 직접적이고 강하고 권위적이며 때로는 퉁명스럽다. 다른 사람들이 이리 저리 에둘러 말하는 것을 보면 불편해하는 경향이 있다.[20] 그들은 다른 사람들보다 분노를 쉽게 표현하고 갈등을 좋아하지는 않더라도 갈등을 두려워하지도 않는다. 그들은 업무를 수행하면서 비속어를 쉽게 사용하고, 진실을 말하기 위해 자신에게 직접적으로 맞서는 사람을 존중하는 경향이 있다. 그들은 감정을 상하지 않도록 사탕발림을 하기보다는 차라리 당당하게 말하는 것을 선호한다.

8유형 리더는 전략적 사고를 하고, 힘 있는 곳에 주의를 집중하고, 자기 힘의 근거지를 확충하는 방식에 주력한다. 그들은 큰 그림을 그리는 데 집중하고 자기 밑에 사람들을 끌어 모으고 중요한 일을 계획하고 실천한다. 그들은 종종 위협적으로 보이지만 사람들을 놀라게 할 의사가 없다. 그럼에도 자신이 위협적이라는 말을 듣게 되면 의도치 않은 반응에 놀라기도 한다. 그들은 아무 말이나 행동을 하지 않아도 존재 자체로 일종의 힘과 에너지를 느끼게 한다. 그들은 실제 자신이 가진 힘과 일을

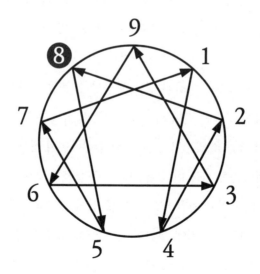

빨리 결정하고 완수하려는 열망을 결합시킨다. 그들은 억압받는 약자들을 보호할 뿐 아니라 반항적이면서도 사람들을 흡인력 있게 이끌어가는 모습을 통해 다른 사람들을 통솔하고 자신이 필요로 하는 것을 성사시킨다.

내면의 모습

다음의 특징들이 당신에게 적용된다면 당신은 8유형일 수 있다.

- 당신이 원하는 것을 이루어내는 힘의 관점에서 당신 자신과 당신의 일을 바라본다. 누가 힘을 갖고 있고 그것을 어떻게 사용하는가의 관점에서 모든 상황을 판단한다. 당신이 강한 것은 매우 자연스럽다. 당신이 다른 사람들이나 상황을 지나치게 통제하지 않도록 자신의 힘과 능력을 조절해야 하는 경우가 종종 있다.

- 누군가 당신이 압도적이라고 말할 때 당신은 당황한다. 왜냐하면 당신은 누구도 압도하거나 위협하려 하지 않았기 때문이다. 어떤 사람들은 당신이 마치 완력을 쓰는 사람처럼 보인다고 한다. 하지만 당신은 그저 평소대로 일하고 있을 뿐이다.

- 당신이 꼭 리더가 되어야 하는 것은 아니지만 당신은 별 어려움 없이 책임자 자리에 선다. 당신은 저절로 선두에 서게 된다. 당신이 실제 지도자가 아니라 할지라도 사람들은 종종 당신의 지시를 기다리곤 한다.

- 당신은 사람들이 진실을 말하고 직접적으로 소통하는 것을 좋아한다. 당신이 진실과 직접적인 것을 좋아하는 이유는 일이 어떻게 되어가고 있는가를 알고 그 상황을 통제하고 싶어 하기 때문이다.

- 당신은 스스로 규칙을 만들고 자신이 그 규칙보다 위에 서 있기를 좋아한다. 당신은 규칙을 준수해야 할 이유를 모르겠다고 느낄 때가 종종 있다. 특히 그 규칙

이 당신이 보기에 타당하지 않다고 느낄 때는 더욱 그러하다. 당신은 자신보다 다른 사람이 더 많은 힘을 가지는 것을 용납하지 않는다.

- 당신은 필요에 따라서 권위에 도전할 수 있다. 힘을 가진 사람이 그 힘을 잘못 사용하거나 현명하게 사용하지 않으면 그에게 도전할 수 있다.

- 당신은 열심히 일한다. 당신은 자신의 육체적 한계를 인정하지 않거나 무시하기 때문에 자신을 지치게 하고 다치게 할 수 있다. 당신 자신을 망각할 수 있고 지나치게 혹사시킬 수 있다. 즉 자신을 돌보는 일을 소홀히 할 수 있다.

- 당신은 두려움 없이 담대한 행동을 하고 결정적 행동을 할 수 있다. 당신은 두려움을 인정하려 하지 않는다. 당신은 무엇이든 할 수 있다고 느끼고 결코 수줍어하지 않는다.

- 자신의 의견을 드러내고 자신이 원하는 것을 추구하기 위해 목소리를 내는 것을 두려워하지 않는다. 자신의 견해에 대해 확고한 자신이 있고 당신이 옳다고 생각하는 일을 수행하는데 망설임이 없다. 자신이 믿는 진리와 객관적 진리를 거의 동일시 하는 경향이 있다.

- 강하고 담대하고 통제할 수 있는 위치에 있는 것을 매우 중요하게 생각한다. 당신은 자신의 힘과 능력을 당연한 것으로 여긴다.

- 누군가가 당신에게 잘못을 저지른다면 당신은 그 잘못을 바로 잡기 위해 상당한 힘을 쓸 것이고 그 사람에게 복수할 것이다. 당신에게 잘못된 일을 한 사람에게 굳이 복수하려고 계획하지 않았더라도 어느새 복수하고 있는 당신을 발견한다.

- 늘 화를 낼 필요가 없더라도 당신의 몸에는 화가 일종의 에너지처럼 흐르고 있음을 느끼고 있기에 화를 표현하는 것은 별로 어렵지 않다. 흔히 8유형은 화가 나 있는 전형적 유형이라고 생각하기 쉽다. 하지만 그것은 사실이 아니다. 다른 유형들도 자주 화가 나기 마련이지만, 8유형은 다른 유형에 비해 그 화를 쉽게 표현할 뿐이다.

- 당신은 자신이 가진 힘의 강도를 잘 모르는 경향이 있다. 주어진 상황과 사람들에게 자신이 미치는 영향을 가늠하기 어렵기 때문이다. 당신은 실제로 요청되는 것 이상으로 너무 많은 힘과 에너지를 사용하는 경향이 있다.

8유형의 핵심전략

8유형이 힘을 통해 적응하고자 하는 전략은 어린 시절 자신의 무력성에 대한 경험으로부터 생겨난다. 자기통찰 능력이 있는 8유형은 다음과 같이 이야기한다. 어린 시절에 자신의 필요가 제대로 충족되지 않았다. 이것은 일종의 트라우마가 되어서 그 결과 생존하기 위해서는 강해져야만 한다고 느끼게 되었다는 것이다. 그들은 어린 시절 자기가 아직은 어려서 그럴 능력이 없었음에도 불구하고, 자신이나 그 누군가를 스스로 지켜내야만 했던 경험이 있다. 또는 대가족 속에서 힘없는 작은 아이가 생존경쟁에서 스스로 살아남아야만 했던 경험을 가진 경우도 있다. 이처럼 외롭고 가엾은 경험을 통해서, 8유형은 다시는 약자의 위치에 서지 않고 스스로의 힘과 능력을 통해 살아남고자 하는 적응 방식을 구축하게 되었다.

8유형은 세상을 '강자'와 '약자'로 양분하여 생각한다. 그리하여 약자가 되지 않고 강자가 되기로 작정한 나머지, 자신의 연약성 자체를 인정하려 하지 않는다. 많은 경우 8유형들은 자신의 힘과 능력에 대한 감각을 유지하기 위해서 자신이 약했던 기억이나 경험들을 부인하려 한다. 그래서 그들은 다음과 같은 핵심적인 적응전략을 사용한다. 외부와 상호작용에 있어서 두려움이 없으며 압도적이어서, 세상에서 중요한 일들을 감당하기 위해 어떠한 도전도 불사한다.

8유형의 이러한 특성이 일터에서 그들을 리더가 되게 한다. 특히 서양 세계에서 8유형은 전형적인 리더의 모습을 보인다. 이는 곧 강인할 뿐 아니라 일을 되게 만들고 엄청난 양의 업무와 일의 무게를 감당해 내는 리더를 의미한다. 8유형은 종종

CEO의 위치에 오른다. 그들은 자신의 힘과 능력을 표출함으로써 자신감, 능력, 과단성, 용감성을 대변하는 사람으로서 자기 이미지를 형성한다. 국제적 기업의 복잡성을 간파하고, 수백만 달러를 좌우하는 결정을 해야 하는 높은 위치에 오른 8유형의 대응전략은 자신의 힘을 극대화하고 자신의 약점을 극소화함으로써 이러한 도전들을 능히 감당할 수 있는 자신감과 능력을 드러내는 방식을 취하게 된다.

8유형의 레이더망
8유형의 주의와 관심

강력한 힘을 유지하는 전략을 구사하는 8유형은 힘과 통제에 대해 주된 관심이 있다. 그들은 타인에 의해 통제되거나 무엇을 하라는 지시를 받는 것을 좋아하지 않는다. 그들은 자신의 신체적 한계를 포함하여 제약이나 규칙들에 주의를 기울이지 않는다. 그들이 주의를 기울이는 것은 힘을 가진 사람이 누구인가, 그 힘을 어떻게 사용하는가, 누가 유능하고 누가 유능치 않은가, 누구를 신뢰할 수 있고 누구를 신뢰할 수 없는가, 누가 자신의 돌봄과 지원을 필요로 하는가이다. 그들은 또한 큰 그림에 주의를 기울인다. 보다 큰 목표가 무엇이며, 이를 위해 무엇을 해야 하는가, 그 일을 수행하는 좋은 방안이 무엇인가 하는 것에 주의를 기울인다.

8유형 리더는 힘의 토대를 형성하는 것에 주의를 집중한다. 자신의 영향력을 확대하고, 일도 열심히 하고 놀기도 열심히 논다. 그들은 해결해야 할 문제가 무엇인지 살펴보고 그 일을 효율적으로 처리하기 위해 활용할 수 있는 사람이 누구인지를 살펴본다. 8유형은 특별한 상황이 아닌 이상 모든 일들을 보이는 그대로 바라본다. 그들은 본질을 잃어버린 쓸데없는 말들을 알아차리고 그런 말을 하는 사람을 묵과하지 않는다. 그들은 자신이 성취해야 할 과제가 발생했을 경우, 자신의 약점이나 육체적 한계를 포함한 그 무엇도 그들을 중단시킬 수 없다. 그들은 또한 자신의 육체적 필요와 욕구를 충족시키는 일에 있어서도 최선을 다한다.

8유형은 사회적·인간적 불의에 민감하기 때문에 누군가 부당한 대우를 받거나 보호가 필요한 상황을 금방 알아차린다. 자신의 보호를 필요로 하는 누군가가 있을 경우 그들은 금방 행동으로 옮긴다. 일전에 한 8유형의 사람으로부터 이런 말을 듣고 감동을 받은 적이 있다. 그가 불쌍한 핏불견 한 마리를 구조한 후에, 그 개를 위로하고 안심시키기 위해서 밤새도록 그 핏불견과 함께 개집에서 밤을 보냈다는 것이다. 도움이 필요한 사람을 돕는 일이건 어려운 과제를 성취하는 일이건 간에 8유형은 행동하고 통제하고 일을 완수하기 위해 상당한 힘과 에너지를 사용한다.

8유형의 행성에서 바라본 세계

대체로 8유형은 세상을 다음과 같은 관점에서 바라본다. 즉 힘이 어떻게 사용되거나 오용되는가, 일을 수행하기 위해 힘이 어떤 방식으로 사용되는가 하는 관점에서 세상을 본다. 8유형은 다음과 같은 신념을 갖고 있다. 누군가 강하지 않다면 그는 곧 약한 것이고, 강한 것은 좋은 반면 약한 것은 나쁜 것이기에 자기 자신은 강해져야 한다는 것이다. 그들은 자신이 필요로 하는 것을 얻기 위해 자신의 힘을 사용하는 것을 주저하지 않는다. 그들은 상황을 통제하고 자신이 돌보는 사람을 보호하려 한다. 그들은 무의식적으로 자신의 약함을 부정하고 세상에서 자신의 힘을 발휘하는 것에 주의를 기울인다. 즉, 자신에게 대항하는 사람을 지배하고 자신이 지지하는 대의를 수행하고자 한다.

8유형은 또한 정의와 공평의 관점에서 세상을 바라본다. 그들은 자기 및 자기가 보호하는 사람들이 공정하게 대우받도록 세상과 싸울 수 있고 혁명을 일으킬 수 있다. 그들은 불의를 교정하기 위해 행동하려 한다. 그들은 타인에 의해 조종 받는 것을 싫어하고 자신이 법보다 위에 있는 것처럼 믿는 경향이 있다. 그들은 규정을 만들기도 하지만 그것이 자기에게 해당되지 않는다고 생각되면 그 규정을 어기거나 무시하기도 한다. 정의 실현, 또는 어려움에 있는 누군가를 도와야겠다는 필요가 느껴질 때 현행법과 상관없이 그것을 행동으로 옮긴다.

자신의 강력한 존재감 및 행동 지향적 기질과 함께 8유형은 다양한 자극에 반응하고 육체적 쾌락에 빠지는 경향이 있다. 그들은 맛있는 음식, 즐거운 시간, 좋은 도전 등 세상에서 욕망 충족을 추구하는 장 중심형의 특성을 지니고 있다.

8유형 리더의 주요 특성

다음의 특징들은 8유형의 리더십 스타일을 묘사한다.

- **많은 에너지와 분명한 존재감이 있다** 8유형은 실제로는 신체의 크기가 작더라도 물리적으로 압도하는 느낌을 주는 경향이 있다. 그들은 또한 오랜 시간 업무를 해도 잘 지치지 않는다.
- **'할 수 있다'는 마음자세를 갖고 있다** 8유형은 무슨 일이 있어도 일단 일을 끝낸다. 그들은 자신에 대한 상당한 자신감이 있다. 그래서 자신이 마음먹은 일은 무엇이든 할 수 있다고 생각한다.
- **힘 있고, 강하고, 두려움이 없다** 8유형은 자신의 권위를 행사함에 어려움이 없다. 그들은 자신의 무게감을 행사하고 어려운 과제들을 쉽게 떠맡는다.
- **과단성이 있다** 8유형은 위험이 있다 하더라도 중요한 결정을 함에 있어서 별 어려움이 없어서 빠르게 결정한다. 그들은 다른 사람들이 우유부단하게 우물쭈물하면 힘들어 한다.
- **갈등을 두려워하지 않는다** 8유형은 사람들과 직면하거나 해결해야 할 문제를 직접적으로 거론하는 것을 두려워하지 않는다.

- **솔직하고 직접적이다** 8유형은 변죽을 울릴 필요를 느끼지 않는다. 그들은 직접적인 의사소통을 하기에, 사실을 갖고 일하고 사람들로부터 사실에 관한 이야기를 듣고자 한다.

8유형은 왜 그렇게 생각하고 느끼고 행동하는가?

사고

8유형은 분석보다는 행동을 선호하는 장 유형이다. 그들은 매우 지적일 수 있다. 하지만 그들은 사고나 감정보다는 행동을 우선한다. 그들의 사고는 힘의 역학 관점에서 상황을 판단하고 관련된 사람들의 강점과 약점에 주목하고 일을 완수하기 위해 필요한 행동에 주의를 기울인다. 8유형의 사고는 통제를 중심으로 움직인다. 타인에 의해 통제되지 않으면서 어떻게 통제를 수립하고 유지할 것인가, 그리고 통제를 통해 사람들을 어떻게 동기화할 것인가를 중심으로 생각한다. 하지만 8유형은 자신의 약점에 대해서는 깊이 생각하지 않는 것처럼 보인다. 자기 약점에 대한 생각을 회피하는 것이 그들로 하여금 더 행동에 몰두하도록 만드는 것 같다.

감정

8유형은 강렬하고 열정적인 경향이 있기에 본래는 깊은 감정을 지닌 사람들이다. '장 센터'에 속한 8·9·1유형은 분노라는 '핵심감정'과 연관되어 있다. 8유형은 불의를 교정하고 불쾌감을 표현하고자 하는 열망이 올라올 때 쉽게 감정을 드러낸다. 많은 경우 8유형들은 분노를 일종의 에너지의 촉발로 표현한다. 이 분노 에너지는 8유형의 몸속에 흐르는 것으로 격렬한 감정을 몸으로 느끼는 것이며 감정과 몸을 상호 연결시킨다. 8유형은 슬픔, 고통, 수치 등의 약한 감정을 거부하기는 하지만 사랑, 행복, 실망 등 그들이 느끼는 감정은 그것이 무엇이든 간에 깊이 있고 강렬하게 느낀다.

행동

8유형은 '본능적 앎'에 따라 행동하고 통솔하는 유형이다. 그들은 사고하기 전에 먼저 행동으로 옮기는 경향이 있다. 그 행동에 얼마 정도의 힘을 투입할 것인가에 대해 종종 잘못된 판단을 하기도 한다. 어떤 8유형 리더는 이러한 경향을 가리켜 '준비-발사-조준'이라고 부른 적이 있다. 그들의 강력하고 역동적인 모습과 큰일을 멋지게 해내려는 열망은 주위 사람들에게 많은 영향을 미친다. 하지만 그들은 자신의 영향이 얼마나 되는지, 그리고 다른 사람과의 관계에 있어서 그들의 힘을 얼마나 사용해야 하는지 둔감한 경향이 있다. 그들은 일을 완수하고, 자기 몸에 흐르는 에너지 방출을 위해 때로는 영향력과 열정을 가지고 아주 담대하게 행동한다. 그들은 자극적 경험에 대한 욕구가 많을 뿐 아니라 일도 열심히, 노는 것도 열심히 한다. 그들의 생활유형은 '너무 길게, 너무 요란하게, 너무 늦게'까지 일하고 노는 사람들이라고 할 수 있다.[21] 그들은 자기 전능감에 취한 나머지 자신을 망각하고 자신의 약점을 부인한다. 그 결과 일이나 삶에 있어서 모든 도전을 택하려 하고 강렬함을 유지하려 한다.

8유형의 주요 강점과 능력

- **큰 그림을 볼 수 있는 능력** 8유형은 큰일들이 바른 방향으로 잘 진행되도록 하기 위해 주어진 상황의 여러 측면을 살핀다.
- **힘든 도전들을 대응할 수 있는 자신감** 8유형은 자기의심을 하지 않는다. 그들은 늘 자기에 대한 분명한 자신감이 있으며, 어려운 과제를 맡아서 성공적인 결과를 이끌어내는 능력을 과시하기를 좋아한다.
- **대범한 행동과 함께 어떠한 상황에서도 통제력을 유지하는 능력** 8유형은 실패에 대한 두려움이나 사람들이 자신을 싫어할지 모른다는 두려움을 갖지 않는다. 그들은

결과가 불투명하고 위험이 있을 수 있다고 예상되더라도 일을 벌이고 그 일을 되게 만든다.

- **사람들을 지도하고 동기화시키는 능력** 8유형은 자기가 좋아하는 사람들을 보호한다. 그들은 자기가 좋아하는 사람들을 돕기 위한 방안으로 그들을 강하고 유능하게 하기 위해 힘을 발휘한다.
- **갈등을 다룰 수 있는 자신감** 8유형은 자신의 연약성을 의식하지 않기 때문에 다른 사람들에 비해서 갈등에 대해 별다른 염려를 하지 않는다. 리더십은 종종 갈등을 다루어야만 하기에 이러한 특성은 8유형이 가진 상당한 장점이라 할 수 있다.

과유불급

자신이 가진 힘의 위력을 인식하지 못할 때 발생되는 문제들

모든 유형들과 마찬가지로 8유형의 리더 역시 자신의 강점을 지나치게 남용하면 그것이 오히려 자신의 아킬레스건이 될 수 있다. 8유형의 최대의 강점은 역시 그가 가진 강함이기에 그것이 어떻게 잘못될 수 있는가를 파악하는 것은 어려울 수 있다.

- **큰 그림을 볼 수 있는 능력** 8유형은 큰 그림에만 주로 관심하기 때문에 디테일한 것들을 힘들어 한다. 그들은 크게, 그리고 멀리 내다보면서 길을 가기에 사소한 것들은 저절로 해결되리라 생각하지만 때로는 이것이 문제를 야기하게 된다.
- **힘든 도전들을 대응할 수 있는 자신감** 종종 약간의 자기의심은 필요하다. 8유형은 큰 도전들을 다루는 데에 익숙해 있기 때문에 모든 일에 지나치게 많은 힘과 압박을 가하는 경향이 있다.
- **대범한 행동과 함께 어떠한 상황에서도 통제력을 유지하는 능력** 8유형은 종종 자신의 행동에 대한 충동을 누그러뜨리거나 강도를 조절할 필요가 있음을 인식하지 못

한다. 그들은 너무 많은 힘과 통제를 사용하는 나머지 모든 일을 자기가 하게 되고 다른 사람의 자발성과 창의성을 억누르는 결과를 초래하게 된다.

- **사람들을 지도하고 동기화시키는 능력** 8유형은 자신도 모르게 타인들에게 위협을 주기 때문에 그들을 잘 안내할 수 있는 기회들을 놓치게 된다. 자신의 연약성에 대한 인식의 결여로 인해 다른 사람들에게 위협적인 사람으로 보이고 그 결과 그들과의 직접적 대화와 원활한 상호작용을 어렵게 할 수 있다.
- **갈등을 다룰 수 있는 자신감** 갈등을 쉽게 여기는 8유형의 경향으로 인해, 그들은 다른 사람들을 직면하는 언행을 하고 이로 인해 실제로 갈등이 생겨나게 된다. 실상은 갈등을 벌이기보다는 외교적인 다른 방법으로 갈등을 예방하는 편이 훨씬 더 유익하다.

다행스럽게도 8유형의 진지한 관심은 일을 완수해내고 자기가 속한 조직의 최선의 이익을 이루고자 하는 것과 연결되고 있다. 이것은 자신의 힘과 능력을 최선의 결과를 얻기 위해 좀 더 잘 조절하려는 방향으로 움직여 갈 수 있게 해준다. 8유형이 자신의 성격 유형적 특성을 파악하기 위해 많은 에너지를 사용함으로써, 그들은 다른 사람에 대한 자기 영향력을 조절할 수 있게 되고, 나아가 보다 다양한 자질들을 개발할 수 있게 된다.

스트레스 상태와 최상의 상태
8유형의 의식 수준이 낮을 때와 높을 때

8유형이 스트레스로 인해 자신의 '낮은 차원'에 놓이게 될 때, 그들은 거칠고, 퉁명스럽고, 공격적이고, 통제적이 된다. 그들은 무능하게 보이는 것을 참지 못하고 자기만이 일을 해낼 수 있는 유일한 인물이라고 확신하면서 자기에게 방해가 되는 사람에게 분노를 터뜨리게 된다. 그들은 '우리와 그들'로 편을 가르는 태도를 취하고 실수를 하는 사람에게 분노를 퍼붓는다. 8유형 리더는 심리적 압박을 느끼게 되면 규칙을 어긴 사람을 공개적으로 모욕하고 처벌하게 된다. 그들은 충동적으로 행동함으로써 명백한 잘못을 범하게 된다. 자기에게 잘못을 범한 사람에게 보복하되 이것은 보복이 아닌 정당한 행동이라고 믿는다.

또한 자기통찰이 부족한 8유형은 자신의 진리가 객관적 진리라고 믿기에 사람들을 자기 방식으로 밀어붙인다. 그들은 자신이 늘 정당하고 바르다고 믿기 때문에 "내가 하자는 대로 하거나 아니면 떠나라."라는 식의 태도를 취한다. 그들은 다른 사람들의 말을 마음을 열고 듣는 것 같지만 실상은 열린 소통을 별로 원하지 않는다. 그들은 자신의 힘을 남들과 동등하게 나누는 것을 하지 못한다. 그들은 남들도 자기처럼 똑같이 행동해도 된다고 생각할 정도의 상호 신뢰를 가지기 어려워한다. 자기의 연약성을 느낄수록 그 연약성을 거부하는 방식으로 행동한다. 자신이 가진 힘을 남용하고 검증되지 않은 과도한 분노를 표출하고, 결과를 생각지 않고 충동에 따라 행동함으로써 자신의 성공을 스스로 무너뜨리게 된다.

그러나 8유형의 '높은 차원'은 다음과 같다. 자기의식적인 8유형은 자신감과 헌신을 바탕으로 사람들을 동기화하고 활력을 불어넣는다. 그들은 차분하고 견고한 힘을 소유함으로써 사람들로 하여금 큰 목표를 성취할 수 있도록 도와준다. 그들은 필요하다고 느낄 때, 적절한 균형 잡힌 통제를 사용하고 사람들로부터 피드백을 구한다. 이를 통해 자신이 취하게 될 행동에 대해 보다 신중하게 생각하는 여유를 갖게 된다. 또한 자기통찰이 있는 8유형은 자기가 의도하지 않았어도 다른 사람들에게 위압감을 줄 수 있음을 이해하게 된다. 그들은 자신의 연약성을 보다 잘 인식한다. 그래서 사람들과의 공감과 교류를 보다 잘 하게 되고 이렇게 함으로써 다른 사람들이 자기에게 편하게 다가올 수 있게 하고 마음속 얘기를 털어놓을 수 있게 하고 그들과 협력할 수 있게 만든다.

이처럼 '높은 차원'의 삶을 살게 될 때, 8유형은 다음과 같은 것을 할 수 있게 된다. 예컨대 자신의 능력과 대담함을 인식하는 동시에 자신의 힘을 활용하여 다른 사람들이 그들의 힘을 자유롭게 사용할 수 있도록 조용히 한발 뒤로 물러설 수 있다. 그들은 자신의 적극성과 함께 자신의 연약성과 인간미를 보여줄 수 있다. 자신의 개인적 이야기와 함께 자신의 부드러운 인간적 모습을 보여줌으로써 다른 사람들과 자연스럽게 섞이고 융화될 수 있다. 건강한 8유형은 자신을 잘 돌아볼 수 있게 됨으로써 자신을 망각하고 일에만 몰두하는 것으로부터 벗어나게 된다. 그들은 자신의 타고난 지도자로서의 능력과 함께 자신의 한계를 잘 인식할 수 있다.

세 종류의 8유형 리더
세 가지 본능에 따른 8유형의 하위유형들

에니어그램 모델에 의하면 모든 사람은 자신의 생존을 위한 세 가지 본능적 유형이 있고, 이 세 가지 유형 중에 한 가지가 더 우세해서 행동에 더 많은 영향을 미친다. 즉 8유형 중에도 자기보존, 사회적, 일대일 8유형이 있다.

자기보존(자기지향적) 8유형
강하고 담대하고 두려움이 없는 자기보존 8유형은 물질적 안정에 대한 관심이 크다. 그래서 자기보존 8유형은 다른 두 하위유형에 비해서 부의 축적과 풍부한 자원의 유지를 위해 노력한다. 그들은 은행에 충분한 돈을 갖고 있음에도 불구하고 여전히 재정적으로 충분치 않다고 느낀다. 그들은 자신이 원하는 것을 취할 수 있는 방법을 알고 있다. 그들은 자신의 욕망을 충족시킬 수 있는 다양한 방법을 알고 있고 교환, 흥정, 협상 등을 통해서 자신이 원하는 것을 손에 넣고자 한다.
자기보존 8유형은 일종의 5유형적 특징이 있는 8유형이라 할 수 있다. 다른 사람들을 지배하거나 지나친 영향력을 발휘하려 하지 않는 보다 내성적이고 조용한 8유형이라 할 수 있다. 그들은 가족 또는 자신과 가까운 소수의 사람들을 보호하고 싶어 한다. 그들은 8유형 중에 가장 방어적이고 무장을 하고 있는 8유형이다. 그들은 자신의 감정, 그중에서도 자신의 연약한 감정을 좀처럼 드러내지 않는다. 그들은 자신이 필요로 하는 것을 얻는 데 상당한 재능이 있음에도 불구하고 다른 사람들에게 아쉬운 소리를 하는 것을 매우 힘들어 한다. 그들은 따뜻하고 우호적일 수 있지만 다른 두 유형에 비해서 남들과의 소통이 활발하지 않은 편이다. 그들은 일을 벌이기는 하지만 자신이 하는 것을 타인과 의논하거나 설명할 필요를 별로 느끼지 않는다.

자기보존 8유형 리더는 다른 사람들의 의견을 청취하려 하지 않고 자신만의 결정을 내린 후 그것을 빨리 행동으로 옮긴다. 안전을 위한 필요가 커질수록 그들은 보다 전략적이 되고 자기 이해타산에 민감하다. 자신의 계획 성취를 위해서 도움이 필요하다 하더라도 최소한의 도움만을 구하는 경향이 있다. 그들은 매우 조용한 힘을 지니고 있다. 그들은 자신의 힘을 비축하기 위해 감정의 영역을 무시하는 경향이 있다. 이것은 자신의 연약성을 경험하지 않기 위한 하나의 방책이다. 그래서 자신의 필요를 채우거나 목표를 달성하기 위해 그들은 자신에 관련된 정보나 이야기들을 회피하는 경향이 있다. 그들은 약하거나 무능한 것에 대해 인내력이 약하다.

사회적(그룹지향적) 8유형

사회적 8유형은 8유형의 역유형이다. 대체로 8유형들은 어느 정도 반사회적 기질을 지니고 있다. 그들은 권위나 전통을 넘어서는 것을 두려워하지 않으며 사회의 규범을 지키려고 하지 않는 경향이 있다. 하지만 사회적 8유형은 다른 사람들을 보호하고 우정을 지키고자 하는 기질 또한 있다. 그래서 사회적 8유형은 일종의 반사회적 8유형이라 할 수 있다. 그들은 권위와 규칙에 쉽게 반기를 들 수 있는 사람이지만 동시에 다른 사람들을 보호하고 지지하고 싶어 한다. 그들의 심리적 원형에는 강한 아버지로부터 연약한 어머니를 보호하려고 나선 어린아이의 원형이 들어있다. 즉 자신을 지킬 수 없는 약한 사람들을 도우려고 가부장제에 저항하기 위한 힘을 키우려고 하는 것이다. 그들은 연대를 통해서 행동하려 한다.

또한 사람들을 돕고자 하는 경향으로 인해 사회적 8유형은 덜 공격적이고 보다 친절하고 따뜻한 모습을 지니고 있다. 하지만 그들도 8유형이기 때문에 직접적으로 표현하며 적극적이고 강하다. 동시에 2유형 같은 특성을 지니고 있기에 다른 사람들을 위해 돕고 행동하는 것이다. 흥미롭게도 그들은 그룹, 또는 선두그룹에서 일종의 도피처를 찾는다. 자신의 연약성을 피하기 위해 보다 친밀한 일대일 관계를 필요로 하는 경향이 있다. 그들은 리더의 위치에 서는 것에서 더 안전감을 느낄 수 있다. 이를 통해 상황을 통제할 수 있고 여러 사람들에서 자신의 연약함을 피하고자 한다.

사회적 8유형은 자기 팀과 동료들을 강력한 힘으로 보호할 수 있다. 그들은 사람들을 안내하고 지도하고, 자기 날개에 보호하기 위해 엄청난 에너지를 발휘한다. 그들은 자기가 늘 리더가 되어야 한다는 필요를 느끼지 않는다. 하지만 자기가 속한 그룹이 일종의 안내를 필요로 할 경우에는 저절로 리더의 위치로 이끌리게 된다. 누군가 힘이 없는 사람이 힘 있는 사람에 의해 부당한 일을 당하거나 억압당하게 될 때, 사회적 8유형은 바로 개입해서 힘없는 사람을 보호하고자 한다. 그들은 다른 사람들 앞에서 자신의 감정을 드러낸 적이 거의 없다고 말한다. 하지만 그들은 스스로 연약하다고 느끼는 사람들에 대해 상당한 동정심을 갖고 있다. 이처럼 사회적 8유형은 자신의 연약함을 느끼지 않는 대신 다른 약한 사람들을 보호하고 돌봐주려 한다. 사회적 8유형은 자신의 지지를 필요로 하는 사람에게 사랑과 돌봄을 제공한다. 하지만 그러한 사랑과 돌봄을 자신은 별로 필요로 하지 않는다고 느끼는 경향이 있다.

일대일(관계지향적) 8유형

일대일 8유형은 가장 반사회적 성향을 가진 반항적 8유형이다. 그들은 항상 모든 것의 중심에 서서 사람들의 주의를 자신에게 집중시키는 것을 좋아한다. 그들은 규칙과 규범을 어기고 목소리를 높임으로써 얻게 되는 힘을 좋아한다. 그들은 8유형 중 가장 감정적인 유형으로서 상당히 강도 있는 열정을 표현하는 것을 좋아한다. 일대일 8유형은 선동적 기질을 갖고 있어서 전통적 권위나 전통적 방식에 반기를 들고 나쁘게 행동하는 것에 대해 프라이드를 느낀다.

다른 두 유형과 달리 일대일 8유형은 보다 화려하고 힘을 추구하고, 사람들을 자기에게로 끌어당기는 특성이 있다. 그들은 모든 사람과 모든 것을 통제하려 하고 다른 사람들이 자신의 의지에 온전히 복종하도록 만들고 싶어 한다. 그들은 유혹할 수 있는 상당한 힘을 가지고 있고 인생의 쾌락을 추구하고 모든 욕구를 마음껏 즐기고 싶어 한다. 그들은 아드레날린이 솟아나는 경험을 좋아한다. 게임을 즐기고 회사를 차지하고 모험과 같은 강렬한 경험들을 좋아한다.

리더로서 일대일 8유형은 책임자가 되는 것을 좋아한다. 그들은 자신의 에너지로 방을 가득 채우고 다른 누구보다 오래, 그리고 크게 말함으로써 상황을 지배하고자 한다. 그들은 타인들이 어떻게 생각하는가에 상관없이, 그리고 숙고하는 시간 없이 열정적으로, 그리고 빠르게 행동에 옮긴다. 그들은 약하고 무능하고 느린 사람들을 못 견뎌한다. 일대일 8유형들은 대체로 명민하긴 하지만 그들은 사고하는 것보다는 느끼고 행동하는 것을 더 좋아한다. 그들은 일대일의 관계에 주의를 기울이고 자신의 힘과 비전에 사람들을 끌어들이고 복종시킴으로써 사람들을 리드한다. 그들은 자신의 열정과 자신감으로 사람들을 역동케 한다. 하지만 자신의 한계와 자기 행동이 초래할 부정적 결과에 대한 인식이 부족하다. 또한 그들은 자기의 힘을 남들과 공유하는 것과 타인의 리더십에 복종하는 것을 힘들어 한다.

직장에서의 8유형

8유형이 종종 타인들과 함께 일하는 것을 힘들어 하는 이유는 다음과 같다.

- 그들은 나처럼 유능하지 않다.
- 약하거나 내가 신뢰하지 않는 사람들과 함께 일하는 것이 힘들다.
- 사람들이 결정을 못 내리고 우물쭈물하는 것을 보고 있기가 너무 힘들다.
- 일이 어떻게 돌아가는가를 알고 싶지만 사람들이 나를 끼어주지 않으려 한다.
- 나는 행동하고 싶은데 사람들은 나를 말리고 방해한다. 그들은 사소한 것들로 힘들어 하거나 전원 일치된 의견을 억지로 도출하고자 한다.
- 사람들은 내가 위협적이라고 말한다. 하지만 나는 단지 내 일을 수행할 뿐이다. 나는 어느 누구도 위협하려 하지 않는다.
- 사람들은 사소한 일에 너무 많은 시간과 에너지를 낭비하는데 내가 보기엔 그것들이 전혀 중요하지 않아 보인다.
- 사람들은 내게 진실을 말해주지 않는다.
- 사람들은 직접적으로 표현하지 않고, 자신의 솔직한 요구를 속에다 감춰놓고 쓸데없는 잡동사니 정보들만 나열하고 있다.
- 사람들은 나처럼 분명하게 큰 그림을 보지 못한다.

업무와 관련하여 아래와 같은 상황에서 8유형은 가장 큰 불만을 느낀다.

- 사람들이 연약해서 일을 해내는데 정말 필요한 것들을 하지 않을 때
- 사람들이 내 뒤에서 불분명한 것들을 간접적으로만 표현할 때
- 나는 단지 일을 추진하고 있을 뿐임에도 불구하고 사람들이 나를 지배적이라고

생각할 때

- 사람들이 우유부단해서 상황을 분석만 하고 행동을 하지 않으려 할 때
- 느린 사람들
- 사람들이 힘들다고 하소연만 하고 문제 해결을 위해 움직이지 않을 때
- 사람들이 자신이 생각하는 바를 솔직히 말하지 않을 때
- 사람들이 진실을 얘기하지 않고 변죽만 울릴 때
- 사람들이 나를 제한하거나 방해할 때
- 사람들이 나의 세세한 부분까지 간섭하고 지시할 때
- 나의 열정과 에너지를 일종의 적개심이나 조급함으로 치부할 때
- 힘을 가진 자가 사람들을 함부로 대할 때
- 다른 관리자들이 나의 팀 멤버들을 혼란스럽게 지시할 때

8유형이 남들과 좀 더 쉽게 일할 수 있는 방법

8유형 리더는 모든 사람이 행동지향적인 것은 아님을 인식할 필요가 있다. 다른 유형의 사람들은 일을 실천에 옮기기 위해 더 많은 시간이 필요할 수 있다. 따라서 8유형은 다른 사람들과 함께 일하기 위해서는 자신의 속도를 늦추고 행동을 향한 충동을 완화시키도록 의식적인 노력을 해야 한다. 이렇게 함으로써 사람들마다 다양한 결정방식이 있음을 깨닫게 되고, 서로 간에 필요한 타협과 조정이 가능해진다. 8유형의 단호함은 강점임이 분명하다. 하지만 그들이 성급함을 누그러뜨리고 행동하기 전에 좀 더 생각하는 시간을 가질 수만 있다면, 그들은 결정이 늦는 사람들로 하여금 보다 효율적으로 행동하도록 도와줄 수 있게 된다.

또한 8유형이 위와 같이 할 수 있을 때, 그들은 자신이 다른 사람들에게 위협이 될 수 있음을 알아차리게 된다. 그들이 자신의 힘을 조절하고 자신의 개인적 이야기를 공유함으로써 자신의 개인적 특성을 알리고 친화적이 될 수 있다면 사람들은 그

들을 편안하게 느끼고 가까이 다가갈 수 있게 될 것이다. 보다 친절한 태도를 취하는 것 역시 많은 도움이 된다. 그렇다고 해서 억지로 웃으라고 주장하는 것이 아니다. 이것은 뭔가 불편하고 민망할 수 있다. 하지만 8유형은 비언어적 행동을 통해 좀 더 따뜻한 모습을 보임으로써 다른 사람들에게 위압감을 주는 자신의 모습을 경감할 수 있다.

8유형은 리더에게 필요한 자신감과 힘을 갖고 있다. 그래서 그들은 권위의 자리에서도 편안하게 있을 수 있다. 8유형은 자기 방식으로 일처리 하는 것을 좋아한다. 이것은 자신의 일을 능숙하게 처리하는 데 도움이 된다. 하지만 자기 생각을 바로 행동에 옮기려고 하는 욕망을 조절하고 다른 사람들의 의견을 귀담아 듣게 된다면 다른 사람들과 훨씬 더 협업을 잘 해낼 수 있게 된다.

8유형이 종종 자기는 직장 상사가 되고 싶은 마음이 없다고 말하는 경우가 있다. 하지만 8유형이 낮은 위치에서 늘 남의 지시를 받아야만 하는 상황에 놓이게 되면 그것은 참 어렵고 힘든 일이 될 것이다. 직장 상사가 아닌 8유형들은 다음과 같은 것을 명심할 필요가 있다. 단순하게 다른 사람의 지시를 따라야만 하는 상황에 놓일 때 불편함과 저항의 충동을 느끼겠지만 그 때에 의식적으로 잘 인내하는 지혜가 필요하다.

8유형과 함께 일하기

직장에서 나타나는 8유형의 전형적인 행동 방식

당신이 직장에서 함께 일하는 사람이 다음과 같은 행동을 지속적으로 하고 있다면, 아마도 그 사람이 8유형일 경우가 많다.

- 자기 그룹의 멤버들로부터 자연스럽게 존경을 얻는다.

- 남들이 너무 길게 설명하는 것을 듣기 힘들어 하며, "요점만 말해요"라고 다소 화가 난 듯이 말한다.

- 직장에서 저속한 말들을 쉽게 해서 사람들을 놀라게 하고, 쓸데없는 말을 늘어놓는 것을 참기 힘들어 한다.

- "내 방법대로 하지 않으려면 떠나라"는 식의 태도를 보인다.

- 자신이 싫어하는 어떤 행동을 누군가 할 때 그 사람을 직면하는 것을 어려워하지 않는다.

- 그가 나에게 아무 말도 하지 않고 있는데도 여전히 그의 존재가 뭔가 위압적으로 느껴진다.

- 주위의 사람들보다 빨리 결정하고 빨리 행동한다.

- 그는 쉽게 화를 내지만 조금 지나면 금방 또 괜찮아진다. 그래서 별다른 뒤끝이 없다.

- 그는 주위의 사람들에게 주로 지시를 한다. 그런 지시들을 쉽게 잘 하는 것을 인정할 수밖에 없다.

- 그가 책임을 맡게 되면 안심이 된다. 그는 자주 리더의 역할을 한다.

- 그가 나와 한번 싸움을 하고 난 후에 그가 나를 존중하는 것처럼 보인다.

- 그는 늘 직접적이고 자신이 느끼는 것을 숨기지 않는다.

- 당신이 늘 그와 같은 편에 서고 있음을 알 수 있다.

- 어떤 사람들은 그가 매우 공격적이고 지배적이라고 생각한다. 하지만 당신은 그가 적극적이고 유능하다고 생각한다.

- 최상의 상태에서 그는 사람들에게 자신감과 담대함을 불어 넣는다.

- 최상의 상태에서 그는 외부의 공격으로부터 자신이 속한 집단을 위해 분연히 일어선다.

깨어있는 8유형 리더의 강점

- 그들은 자신감과 열정을 갖고 사람들을 인도하고 자신이 속한 집단과 동료들에게 힘을 불어 넣는다.

- 그들은 자신이 생각하는 그대로를 말한다. 그들은 당신으로 하여금 자기 말의 진정한 의도가 무엇인지 의아해하지 않도록 만든다.

- 그들은 갈등을 두려워하지 않는다. 가장 바른 행동을 이끌어내기 위해 당신은 가끔씩 그들과 논쟁을 벌일 필요가 있다.

- 당신이 그들의 팀원이 된다면 그들은 당신의 뒤를 지켜줄 것이다.

- 그들은 큰 그림을 보고 있으며 당신도 큰 그림을 볼 수 있도록 도와준다. 그들이 도달하고자 하는 곳을 당신에게도 보여줄 것이고 당신이 그곳에 도착할 수 있도록 나름의 계획을 갖고 있다.

- 그들은 끝없이 토론만 하는 것을 용납하지 않는다. 그들은 행동에 옮기고 실천한다.

- 그들은 진실로 열심히 일한다.

- 그들은 위임을 잘 한다. 그들이 당신의 유능함을 신뢰하게 되면 당신이 소신 있게 행동할 수 있도록 자유를 허용한다.

- 그들은 유능함을 존중한다. 그들은 혼자서 모든 일을 다 하려고 하지 않는다.

- 그들은 강한 자기 의견을 갖고 있으며 그것을 주장하는 것을 두려워하지 않는다.

- 그들은 자기 신념에 대한 용기를 갖고 있으며 다른 사람들에게 그러한 신념과 용기를 불어넣는다.

- 그들은 상당한 에너지를 갖고 있고 자기가 하는 일들에 이 에너지를 투입한다.

- 그들은 크게 도전하는 마음과 높은 목표를 갖고 있다. 그들은 큰일을 수행하기 위해 도전하는 것을 좋아한다. 자신에 대한 반대에 봉착할 때 그들은 더 많은 에너지를 얻게 된다.

- 그들은 당신이 성공하는 것을 원한다. 그들은 자기 사람들이 역동적이고 자율적으로 일하는 것을 원하고 그 사람들이 소속팀의 목표달성을 위해 공헌하는 것을 원한다.

8유형과 함께 일하는 이들이 경험하는 문제들

- 8유형은 강렬하기에 사람들에게 위압적이 될 수 있다. 8유형으로부터 위압감을 느낄 때 사람들은 그를 직면하거나 전체 이야기를 들려주기를 꺼려한다. 특히 그것이 안 좋은 이야기일 경우에는 더욱 그렇다.
- 8유형은 자신의 진리를 객관적 진리와 혼동하는 경향이 있다. 그들은 자신과 다른 견해들을 별로 중요시 하지 않을 수 있다.
- 8유형은 좀 더 충분히 숙고하거나 동료들의 판단을 기다리지 못하고 너무 빨리 행동에 옮기는 경향이 있다.
- 8유형은 저돌적일 수 있어서 그들의 분노를 불건전한 방식으로 표현할 수 있다.
- 8유형의 스타일은 지나치게 권위주의적이거나 독재적일 수 있다.
- 8유형이 앞으로 전진하는 데 몰두한 나머지 자기 앞에 방해가 되는 사람들을 무시하고 나아갈 수 있다.
- 자기 말만하고 타인의 말에 주의를 기울이지 않을 수 있다.
- 다른 사람에 의해 피해를 당했다고 생각하면 보복하려 한다.
- 8유형을 어떻게 도울 수 있는지 알기가 어렵다. 왜냐하면 자신의 약점이나 연약성을 드러내거나 공유하지 않기 때문이다.
- 8유형은 큰 그림에 집중하는 나머지 중요한 세부사항들을 놓치는 경향이 있다.
- 8유형은 때로는 규칙을 어기는 수도 있다. 그들은 경계를 넘어서거나 중요한 절차와 과정들을 무시할 수 있다.
- 8유형은 감정적으로 어려운 경험을 하고 있는 동료들과 공감하지 않는데, 그들

은 그러한 감정적 경험을 피하고 싶어 한다.

8유형과 리더십

자신의 에니어그램 유형을 아는 것이 업무에 어떻게 도움이 되는가에 대해 8유형 리더들은 다음과 같이 말한다.

캐롤 앤더슨(Carol Anderson)은 아동개발연구센터의 사장이다. 아동개발연구센터는 캘리포니아주의 155개 아동돌봄센터의 커리큘럼을 개발하고 관리하는 회사이다.

에니어그램을 통해서 내가 8유형임을 깨닫고 배우게 된 것은 내게는 대단히 중요한 일이었다. 나는 외양이 강해보이고, 일을 잘 지시하고, 힘과 통제를 중시하는 것 등이 전형적인 8유형의 모습임을 깨닫게 된 것은 여러모로 중요한 발견이었다. 나는 아이디어를 개발한 후 팀에 가져올 때는 이미 '요리가 다 된 상태'에 도달되어 있는 경우가 많았다. 언젠가 한 사람이 나에게 이렇게 말했다. "정말로 우리의 의견을 듣고 싶으신 겁니까? 아니면 그저 승인도장이 필요한 겁니까?" 이 질문을 듣고 나는 스스로 이렇게 느꼈다. '오!' 그야말로 놀라운 '아하'의 순간이었다. 이후로 나는 에니어그램을 통해 좀 더 상호소통과 공동 작업을 하고자 노력하였다. 일반적으로 8유형은 공동 작업을 별로 좋아하지 않는다. 주로 스스로 하는 것을 좋아한다. 하지만 나는 좀 더 다른 사람들의 의견을 경청하는 법을 배우게 되었다.
에니어그램을 통해서 서로 다른 다양한 관점들을 이해하려 노력하고 있다. 다른 사람들 앞에서 자신의 연약성을 오픈하는 법을 포함해서 많은 것들을 배우려 하고 있다. 여전히 노력이 많이 필요하다! 그러나 나는 내가 무슨 일을 하고 있는가를 사람들에게 알리고 공유하려 한다. 이렇게 자신을 알리고 나누는 것은 중요하다고 생각한다. 대부분의 중견 리더들이 자신을 폐쇄하고 사람들과 불통하고 있다고 생각한다. 이러한 자기 노출에 대해 그 사이의 균형에 대해 더 많이 배우고 노력해야 한다고 생각한다.

돈 매더는 미국 남부에 있는 가구업체 레이지보이(La-Z-Boy)의 부사장이다.

에니어그램을 배운 것은 나로 하여금 더 좋은 리더가 될 수 있도록 해주었다. 내가 어떤 사람인가, 그리고 왜 내가 현재 나의 모습으로 살아가는가를 이해할 수 있게 도와주었다. 나는 8유형으로서 세상보다 내가 더 크다고 생각하는 유형이며 주위로부터 많은 관심을 받아왔다. 거기에다가 나는 평생을 체력단련을 해왔고 상당한 체구를 갖고 있다. 그래서 위압적이지 않아 보이려고 노력해왔다. 그럼에도 불구하고 내가 위압적이라는 피드백을 줄곧 받았다. 나는 결코 위압적이려고 하지 않았지만 무언가에 대한 관심과 열정을 가지게 되면 그것이 곧 위압적인 모습으로 비쳐지곤 한다는 것을 알게 되었다. 그래서 나는 스스로 좀 더 조심해야 할 필요를 발견하였다.

리더로서 나의 강점은 과단성 있고 기꺼이 행동하려 하고 실패를 두려워하지 않는다는 것이다. 나는 언제나 행동파의 기질을 갖고 있고 죽어라고 말만 하는 것을 매우 싫어한다. 행동파나 숙고파나 둘 다 극단으로서의 문제가 있다.

나는 8유형으로서 직면을 사용한다. 리더십 위치에 있는 많은 사람들이 개인의 판매실적 등의 어려운 문제를 직접적으로 직면하려 하지 않는다. 하지만 나는 직면하는 것을 두려워하지 않는다. 그렇다고 해서 내가 직면을 좋아하는 것은 아니다. 그러나 판매 실적의 문제가 있는 사람들과 일하게 될 때 그 사람을 도울 수 있는 최선의 방식은 그 이슈에 대해 솔직한 대화를 나누는 것이다. 사람들이 이러한 문제에 대해 솔직하지 못한 경우를 많이 봐왔다. 판매실적이 부진한 사람을 조용히 해고하려고만 하지 그 사람이 좀 더 분발할 수 있도록 구체적인 도움과 노력을 회피하는 경우가 많다. 직면하는 것은 강점이 될 수 있다. 하지만 사람을 직면해야 할 때가 있고 감싸야 할 때가 있다. 조직의 높은 위치에 있는 사람들에게 늘 직면할 수는 없다. 얼마나 밀어야 하고 또 얼마나 당겨야 하는가를 분별할 수 있어야 한다.

　8유형으로서 내가 가진 리더십의 과제는 다음과 같다. '준비-발사-조준'과 같이 지나친 행동지향은 너무 성급함에 틀림없다. 직면을 언제 어떻게 사용할 것인가, 그리고 언제 어떻게 직면을 사용해서는 안 되는가를 아는 것은 중요하다. 감정에 휘둘리지 않도록 해야만 한다. 감정을 조절할 수 있도록 시간을 끄는 법을 여러 해에 걸쳐서 개선해나가고 있다.

스펜스 테일러는 의학박사이며 내과의사협회 부사장이자 그린빌 의학임상대학교의 총장이다.

　내가 일하는 기관과 관련하여서 에니어그램을 활용할 때, 에니어그램은 자기 깨달음 및 성장의 관점에서 볼 때 나의 맹점에 대해 잘 볼 수 있게 해주었다. 나는 일대일 8유형으로서 반항적인 동시에 나 스스로 규칙을 정한다. 일대일 8유형은 정확히 나에게 해당한다. 의학대학원에서 모든 사람들은 컴퓨터 기반 훈련을 받게 되어있다. 하지만 나는 컴퓨터 기반 훈련을 거부한다. 나는 외과 과장과 같은 태도를 갖고 있었다. 이것이 곧 나의 맹점인 것이다. 이러한 맹점을 자세히 관찰함으로써 상당한 내적 성장이 이루어지게 된다.

　우리는 팀 구성원들 내에 들어있는 맹점을 공유하는 방안으로서 에니어그램을 사용한다. 나의 방어기제가 어떻게 사용되는가를 파악하기 위해서 경영관리팀에서 에니어그램을 사용하는 것이다. 또한 에니어그램은 나의 관찰기록을 보다 잘 이해하는 데에도 도움이 된다. 에니어그램은 팀 구성원들의 성격 유형을 이해하는 데 많은 도움을 준다. 8유형은 상당히 위압적인 느낌을 준다. 8유형들을 만나면 그들은 강하고 정직하고 상당한 추진력이 있음을 보게 된다. 8유형은 다른 유형들과 구별되는 분명한 특징을 갖고 있다. 서로의 성격유형을 알고 나의 말을 상대방이 어떤 식으로 받아들이는가를 아는 것은 업무추진을 위한 상호관계의 효율성을 상당히 제고시켜주었다. 내가 8유형이고 상대방이 나의 말을 그들의 성격유형에 따라 다르게 해석한다는 것을 아는 것은 상당한 도움이 된다.

에니어그램을 배우면서 나는 나 자신에게 이렇게 말하게 된다. '너는 사람들을 위협하고 있어. 사람들을 위협하는 한 나는 의학대학원의 훌륭한 리더가 될 수 없어.' 과거에는 전혀 이런 생각을 한 적이 없었다. 나는 내가 상당한 웅변가라고 생각했었다. 하지만 사실은 사람들이 위협감을 느꼈던 것이다. 8유형은 상당한 감정 에너지를 동반하고 있지만 그것에 대해 전혀 의식하지 못했던 것이다. 나는 여전히 큰 존재감, 큰 사람, 큰 모든 것들에 대해 성장을 향한 작업을 계속 하고 있다. 그래서 나는 늘 생각해야 한다. '내가 사람들을 위협하고 있는가?' 나에게는 강렬함이 있다. 에니어그램이 아니었다면 결코 깨달을 수 없었던 것들을 깨닫게 되었다.

여기에 또 하나의 예가 있다. 나는 9유형인 사람과 매우 밀접하게 업무를 함께 하고 있다. 지난 몇 년 동안 그녀는 내가 위협한 사람들의 마음을 편안하게 해주는 일을 하고 있다. 이 일에 그녀는 상당한 능력을 보여 왔다. 그녀는 탁월하고 훌륭하지만 아마도 내가 그녀를 종종 어렵게 했을 것이다. 그래서 요즘 나는 이렇게 얘기한다. "웬디, 이제 나는 입을 다물 테니까 당신의 의견을 한번 말해보세요. 나는 당신의 비전을 좋아해요." 그녀가 9유형이라는 것을 알기 때문에 나는 그녀가 다음과 같은 것을 공감하도록 노력한다. 나에게 있어서 그녀는 중요하고 그녀의 의견이 훌륭하기에 자신의 생각을 좀 더 많이 표현해달라고 부탁하는 것이다. 에니어그램을 공부하지 않았더라면 이러한 통찰이나 시도를 할 수 없었을 것이다.

제넷 마기오는 로쉬-제넨텍의 조직개발 및 변화경영 팀장을 맡고 있다.

나는 아주 교과서적인 8유형이다. 8유형의 3가지 하위유형에 대해 배우게 되니까 비로소 내가 왜 이렇게 감정적인지를 깨닫게 되었다. 나는 늘 내가 왜 이렇게 감정적인지 의아해했다. 나는 늘 혼자서 이런 생각을 했다. '왜 나한테 이렇게 하는가? 왜 그들은 나에게 더 친절하지 않은가? 왜 내가 아닌 내 동료에게 먼저 안녕이라고 인사하지? 물론 그녀는 참 멋지다. 하지만 왜 모든 사람이 2유형인 그녀만 참 멋지다라고 생각하고 나는 멋지다고 생각하지 않을까?'

내가 일대일 8유형에 대한 설명을 읽은 후에야 비로소 나 자신에 대해 공감할 수 있게 되었다. 일대일 8유형에 대해 배움으로써 내가 다른 8유형들과 다른 이유에 대해 깨닫게 되었다. 나는 평균적인 8유형보다 더 감정적이고 다른 8유형들보다 개인적으로 가까운 관계성을 필요로 한다. 하지만 그것이 그렇게 잘 되지는 않는다.

나 자신에 대해 알게 된 것들은 다음과 같다. 나는 강함에 매우 집중한다. 이러한 강함에 대한 집중이 상호연결에 어려움을 초래한다. 일대일 8유형으로서 나는 누군가, 그리고 그 무엇과 연결되고 싶어 한다. 내가 원한다면 나는 당신이 나의 최고의 친구가 되기 원한다. 최고의 친구가 될 수 없다면 나는 당신에 대해 더 이상 관심이 없다. 나는 남편에게도 이미 말한 것처럼, 남편을 포함한 그 누구도 나의 삶에 전적으로 들어오도록 하지 않는다. 내가 당신을 전적으로 신뢰한다 하더라도 당신은 언제든 죽을 수 있기 때문이다. 자신의 죽음 앞에서는 아무도 자유로울 수 없다. 누구도 완전히 장담할 수는 없지만 당신이 나를 배신하거나 나와 이혼하지 않으리라 생각된다. 하지만 당신은 언제든 죽을 수 있다. 내가 당신에게만 전적으로 의존한다면 당신이 죽은 후에 나는 어떻게 살 수가 있을까?

하지만 에니어그램 용어를 사용하게 되면 나는 남편에게 좀 더 쉽게 말할 수 있게 된다. '나는 당신에게 완전히 나 자신을 개방할 수 없어요. 내가 나를 완전히 개방한다면 어떤 일이 일어날까요?' 나는 이런 사실을 명확히 깨닫게 된다. '누구도 나를 온전히 돌봐줄 수 없기 때문에 내가 나 자신을 돌봐야만 한다.' 나도 나 자신을 온전히 돌보지 못하는데 누군가가 나를 온전히 돌본다는 것을 믿기는 어렵다. 그래서 나는 이렇게 말하게 된다. '당신이 나를 돌볼 수 없다면 나를 방해하지 말아주시오.' 나에게서 이런 말을 듣는다면 남편은 충격을 받게 될 것이다.

하지만 8유형은 자신의 약한 모습을 보이려 하지 않는다. 자신의 약점을 드러내려

할 때 8유형은 강하게 반발한다. 약점을 드러내려 하면 나는 더욱 강해지게 될 것이다. 8유형에 관한 설명을 읽으면 읽을수록 8유형의 연약성을 느끼게 되는 것이 염려된다. 에니어그램은 자신이 말하고 싶지 않고 인정하고 싶지 않은 것들을 들추어내서 보여준다. 에니어그램은 자신을 개방하고 대화를 할 수 있도록 도와준다. 에니어그램의 도움 없이 자신의 약점에 대해 대화하는 것은 매우 어색하다. 예를 들면 "나는 좀 더 연약해지는 법을 배우고 싶어요"라고 말할 수는 없지 않은가? 특히 8유형이 이렇게 말하는 것은 참 어려운 일이다.

리치 홈버그는 디트로이트 공영방송의 사장이다.

에니어그램을 통해 생겨난 내 인생 최대의 변화는 내가 내 인생 자체보다 더 큰 존재임을 깨닫게 되었다는 사실이다. 아내는 내가 방 안의 산소를 다 소모시킨다는 말을 하곤 했다. 내가 8유형임을 알게 되면서부터 나는 자신에게 이렇게 이야기한다. '조금만 기다려. 좀 더 천천히 해.' 속도를 줄인다는 것은 좀 더 관찰하고 생각할 시간이 필요하다는 것이다. 함께 일하던 직원 중에 임신을 한 여직원이 있었다. 두 세 주 내에 출산할 예정이었다. 그녀는 상냥하고 일을 잘 하는 훌륭한 직원이었다. 에니어그램을 공부하기 전인 5년 전이었다면 나는 아마도 일이 바빠서 이런 카드 정도만 하나 보내고 말았을 것이다. '모든 것들이 잘 되어가기 바랍니다. 안녕.'

8유형으로서 나는 내가 어떤 하나의 생각에만 몰두한 나머지 잘못된 방향으로 나아가고 있는 것은 아닌지 살펴보아야 한다. 하지만 나에게 가장 큰 이슈는 내가 무대에서 내려와야 할 때가 언제인지를 파악하는 것이고 이것은 내게 정말 어려운 이슈이다.

당신이 8유형 상사일 때

8유형 리더로서 당신은 자신이 권위 있는 자리에 있을 때 편안해 한다. 무엇이 일어나는가, 그리고 어떤 식으로 일이 진행되는가를 조종할 수 있는 힘을 가지는 것을 좋아한다. 사람들이 당신의 비전을 이해하고 그것을 실현하기 위해 행동할 수 있는 당신의 능력을 스스로 기뻐한다. 당신은 사람들을 역동적으로 움직여서 분명한 결정을 하고 올바른 일을 시작하고 장애물을 극복하고 행동해 나가도록 리더십을 발휘한다.

하지만 리더로서 사람들을 상대하게 될 때 가장 많은 도전이 생긴다. 사람들과 관계맺기, 상호간 이해가 가능하도록 의사소통하기, 문제가 되는 것들을 건설적으로 해결하기 등을 하는 것은 쉽지 않을 수 있다. 누군가가 일을 잘 하지 못할 때, 당신은 그가 향상될 수 있도록 공감하는 일에 어려울 수 있다. 특히 그가 자기 일에 최선을 다하지 않고 있을 때 더욱 그러하다. 당신의 직원들에게 무엇을 할 것인지 요구하기 전에 그들의 이야기를 주의 깊게 듣거나 깊은 인간관계를 맺거나 하는 것은 어려울 수 있다. 최선을 다해 노력할 때 다음과 같은 것은 가능하게 된다. 당신을 돕는 직원으로부터 피드백을 받고 사람들이 당신을 어떻게 생각하는지 알게 되고 당신의 부드러운 면모를 보여줌으로써 사람들이 당신과 좀 더 긴밀한 관계를 형성할 수 있도록 도와줄 수 있다.

당신의 상사가 8유형일 때

자신의 상사가 8유형인 것은 매우 좋은 경험일 수 있다. 왜냐하면 8유형은 직장에서의 높은 직위에 있는 것을 편안해하기 때문이다. 8유형 상사는 신뢰할 수 있다. 그들은 권위를 갖고 직접적으로 당신이 할 일을 지시할 것이고 당신이 자신의 일을 진행하도록 허용할 것이다. 8유형은 자기 밑에 있는 사람이 자신감을 갖고 자기 일을 처리해나가도록 자유와 자율을 어느 정도 허용한다. 그리고 당신이 독립적으로 일을 처리할만한 능력이 있음을 확신하게 되면, 일을 그르치지 않는 한 당신에게 자율적으로 일할 수 있도록 자유를 허락한다.

그러나 당신이 일을 잘못하게 되면 8유형 리더는 당신에게 직접적으로 말할 것이다. 당신이 일을 제대로 못하면 8유형 리더는 현실을 직시하게 하고 잘못을 교정하려 할 것이다. 당신이 일을 잘하게 되면 그에 대한 평가도 직접적으로 듣게 될 것이다. 그들의 칭찬은 미사여구 같은 지나친 수식어나 과도한 찬사와는 거리가 멀다. 8유형은 요란한 치장 없이 단지 솔직하게 있는 사실을 담백하게 말한다.

한편 8유형 리더의 단점도 있다. 8유형 리더는 너무 퉁명스럽고 공격적이고 위협적이기도 하다. 당신의 일을 수행하기 위해 필요로 하는 정보도 충분히 전달해주지 않고 당신을 알기 위한 시간도 충분히 가지지 않는다. 그들은 당신의 의견을 수용할 만큼 충분히 개방적이지 않은 것 같다. 그들은 불만을 품고 조용히 앉아 있거나 아니면 충동적이고 과도하다. 가끔 당신은 8유형 책임자로 하여금 행동을 좀 천천히 하도록 할 수 있는 방안을 찾을 필요가 있다. 이를 통해 8유형 책임자가 시도하려는 행동에 대해 좀 더 깊이 생각해 볼 시간이 필요하기 때문이다. 그리고 8유형은 자신에게 속한 멤버들을 보호하고 지원한다. 그들은 일을 성공적으로 완수하기 위해서 필요한 것들을 기꺼이 수행하고자 한다.

당신의 부하 직원이 8유형일 때

당신과 일하는 직속 부하 직원이 8유형이라면 그 직원은 상당한 에너지를 투입해서 열심히 일할 것이기에 신뢰할 수 있다. 8유형은 열심히 일하고 열정과 강렬함을 갖고 업무에 임한다. 특히 상사와 좋은 관계를 갖고 있을 때 그들은 더 헌신하고자 한다. 당신이 그 직원을 큰 그림 속에 넣고 그 속에서 그가 감당해야 할 일이 무엇인지를 알려주면 그는 상당한 동기부여를 받게 된다. 그에게 더 많은 자유와 독립적 역할을 맡길 때 그는 더 많은 일을 잘 해낸다. 그로 하여금 너무 많은 간섭을 받는다는 느낌을 받지 않도록 배려할 필요가 있다.

만일 그가 당신의 권위에 반항하거나 도전하게 된다면 당신 밑에 힘 있고 자신감 있는 8유형을 둔다는 것은 어려운 일이 될 것이다. 8유형은 자신이 규정 위에 있다고 생각하고 심지어 자기 상사로부터도 일일이 할 일을 지시받는 것을 좋아하지 않는다. 당신의 8유형 부하 직원과 함께 일하기 위해서는 그의 능력에 대한 인정, 어느 정도의 자유와 함께 직접적이고 명확한 의사소통이 중요하다. 또한 상호존중과 함께 당신의 분명한 능력을 보여주는 것이 필요하다. 이렇게 함으로써 당신의 리더십을 인정하게 되고 자기 멋대로 행동하지 않게 된다.

무엇보다도 8유형 부하 직원에게 진실을 이야기하고 그의 의견을 존중하는 것과 그들의 참여를 중시하는 것을 보여줄 필요가 있다. 그들에게 피드백을 줄 때에는 가능하면 명시적인 것이 좋다. 그들이 자신의 약점을 잘 드러내지 않고 당신도 그들의 약점을 눈치 채지 못한다 하더라도, 그들도 역시 약점을 갖고 있을 수밖에 없음을 기억해야 한다. 이러한 특성을 알고 있어야만 그들이 좀 터프하거나 강렬해도, 그리고 그들이 긍정적인 피드백을 쑥스러워 하더라도 여전히 그들에게 친절히 대할 수 있다. 하지만 8유형의 직원은 최상의 상태일 때 충직하고 헌신된 일꾼이고 이상한 태도를 취하지 않는 노동윤리를 지닌 일꾼이다.

8유형과 원활한 업무관계를 유지하는 방법

- **변죽을 울리지 말라** 진실을 말하고 사탕발림을 하지 말라. 그들에게 무언가를 부탁하기 위해서 이메일을 보낼 경우에는 요청사항을 글머리에 바로 올리고 저 뒤에 감추지 말라.
- **장광설을 늘어놓지 말라** 그들이 핵심요점만 원할 때 간략하게, 직접적으로, 그리고 요점 있게 말하라.
- **유능함을 보이고 독립적으로 일할 수 있는 모습을 보이라** 8유형 직원은 자기가 도와주지 않아도, 당신 스스로 일을 잘해내고 시간에 맞춰서 일을 잘 끝내는 모습을 보게 될 때 기뻐하며 당신을 신뢰하게 된다.

- **일을 해낼 수 있게 그를 도와주라** 중요한 것이 아니라면 그들이 하는 일에 간섭해서 일을 늦추는 것을 하지 말라. 그들이 행동파인 것을 이해하고 그들이 앞으로 나아가고자 하는 것을 도와주라. 그들이 행동하기 전에 그들이 잠시 기다리는 것을 원한다면, 그 뜻을 명확히 전달하고 필요한 좋은 안내를 명확히 제공하라.

- **그들에게 필요한 정보를 알려주라** 무언가를 숨기거나 그들의 지위를 약화시키지 말라. 8유형들은 일이 어떻게 되어 가는가 알고자 하고 그것을 통해 업무진행상황을 통제하고 싶어 한다. 이러한 것들을 잘 처리하면 모든 것이 잘 진행될 수 있다.

- **그들과 갈등상황에 처하게 되는 것을 두려워하지 말라** 8유형과 함께 일한다는 것은 곧 갈등을 보다 능숙하게 다루는 법을 배울 수 있는 기회로 보는 것이 좋다. 당신이 그와 동의하지 않을 때 물러서기보다는 그들과 맞설 때 그들은 당신의 리더십을 신뢰하게 된다.

성장을 위한 과제와 제언: 자기 발견, 효율성 및 업무 만족도의 향상

에니어그램의 모든 유형들은 즉각적 반응을 피하고 다른 사람들과 보다 잘 협업하는 법을 배우기 위해 다음과 같은 것이 필요하다. 보다 많은 자기통찰을 위해서 자신의 습관적 경향, 즉 자신의 사고, 감정, 행동에 대한 성찰, 그리고 자신의 자동적 반응 조절을 위한 노력이 필요하다. 8유형에게 있어서 즉각적 반응과 분노를 유발하는 것들은 다음과 같다. 자신의 진취적 행동이 막히는 것, 부정직하거나 우유부단한 사람과 함께 일하는 것, 힘을 오용하거나 타인을 억압하는 것 등을 보았을 때 자신의 즉각적 반응과 분노를 조절하는 과정을 통해 8유형은 성장하게 된다.

8유형은 자신을 문제에 빠뜨리는 일을 하는 자신을 바라볼 수 있을 때, 그리고 자신이 왜 그런 일을 하는지 성찰할 수 있을 때, 그들은 점차 성숙해지게 되고 즉각적 반응이나 자동 프로그램에 따라 행동하는 것을 조절할 수 있게 된다. 이제 8유형의 자기발견, 감성적 성숙, 업무만족을 높일 수 있는 방안들에 대해 살펴보고자 한다.

자기관찰
8유형이 유의해야 할 점들

- 행동하고자 하는 자신의 경향성을 관찰하라. 이러한 행동 뒤에 무엇이 잠재되어 있는가? 당신 방식으로 일을 추진하지 않으면 어떤 일이 발생하는가? 행동의 속도를 지연시키는 것이 얼마나 어려운가?

- 충동적인 자신의 경향을 관찰하라. 당신의 충동을 초래하는 조급성을 관찰하라. 무엇이 당신을 조급하게 하는지, 그리고 그것에 어떻게 반응하는지 살펴보라.

- 마음에서 올라오는 분노와 공격성을 관찰하라. 무엇이 분노를 유발하는가, 분노가 얼마나 빨리 올라오는가, 분노를 어떻게 다룰 것인가 등에 대해 좀 더 면밀하게 관찰하라.

- 모든 것을 통제하고 모든 것에 대해 언급하고자 하는 욕망 뒤에는 무엇이 잠재되어 있는가?

- 상황이 당신의 힘과 통제를 넘어서 있을 때 어떤 일이 일어나는가? 이런 상황에서 당신은 어떻게 반응하는가?

- 당신의 행동, 감정, 소비 등에 있어서 과도함을 추구하는 당신의 경향성을 살펴보라. 당신의 과도함과 강렬함을 조절하는 것은 얼마나 쉽거나 또는 어려운가?

- 다른 사람들에 대한 당신의 영향력을 올바로 판단할 수 있는가? 가능한 이유와

불가능한 이유는 무엇인가? 당신이 원하는 영향력을 늘 가지게 되는가? 그렇지 않다면 어떤 일이 생기는가?

- 당신은 당신의 연약성을 느낄 때가 있는가? 느끼지 않는다면, 어떤 점에서 그러한가? 느낀다면, 어떤 상황에서 그렇게 느끼는가? 당신이 느낄 수 있는 연약한 감정을 다른 사람과 소통할 수 있는가?

맹점

자기 힘의 위세가 얼마나 과도한가를 모르는 것이 해를 끼친다

8유형이 자신 속에서 보지 못하는 맹점들은 다음과 같다.

- **자신의 연약성, 즉 약점, 한계점, 연약한 감정 등** 8유형은 흔히 자신의 연약한 감정을 부인하고 이러한 감정을 멀리 하기 위한 수단으로 강하고 힘 있는 모습에 집착하는 경향이 있다. 8유형이 자신의 약점을 인식해야 하는 이유는 다음과 같다. 첫째, 8유형의 약점은 그들이 느끼고 자신에 대해 인식하는 실재의 한 부분이다. 둘째, 그들의 약점은 그들의 강점과 함께 서로 균형을 맞춘다. 셋째, 그 약점 때문에 다른 사람들이 그들에 대해 친근감을 느끼며 다가갈 수 있다. 넷째, 이러한 약점은 당신으로 하여금 타인들과 점점 깊이 만날 수 있도록 하는 통로가 된다.
- **속도 지연의 가치와 신중한 사고** 8유형은 행동하기 전에 충분한 숙고해야 함에도 불구하고 그 필요성을 느끼지 못할 때 중요한 문제가 발생한다.
- **다른 사람들에 대한 8유형의 영향** 8유형은 자신이 타인들에게 어떤 영향을 주는가를 의식함에 따라 타인들과 함께 일할 수 있는 역량이 증가된다. 그들은 자신이 원하는 것에만 주의를 기울이기 때문에 자신이 어느 정도의 영향을 주는가를 잘 모른다.

- **특정한 일을 위해서 사용하는 많은 힘** 8유형은 실제로 필요한 것보다 훨씬 많은 힘을 사용하는 경향이 있다. 그들은 가벼운 대응이 실제로는 더 효과적임을 알 필요가 있다.
- **특정 상황에 있는 사람을 돕고자 하는 8유형의 충동** 특정한 상황이 자기에게 일어날까봐 두려워하는 8유형의 투사를 그 속에 반영하고 있다. 타인을 보호하고자 하는 열망이 8유형의 건강한 특성이긴 하지만, 때로는 이러한 열망이 8유형 속에 있는 자신의 연약성을 직시하지 못하게 만들기도 한다. 이러한 투사는 자기 무의식에 들어있는 연약성을 타인들에게 전가하고자 할 때 발생한다. 뭔가 보호가 필요하다고 느껴지는 사람을 바라볼 때 8유형의 투사가 바로 작동한다. 8유형은 다음과 같은 것을 인지할 필요가 있다. 즉, 타인을 보호하고자 하는 열망은 곧 자기 속의 연약성을 직시할 필요가 있다는 일종의 징표가 된다는 것이다.

자기통찰

성찰하고 이해하고 탐색할 것들

- 강하고 힘 있는 것이 왜 그렇게 중요한가? 그렇지 못할 때 어떤 일이 일어날까? 자신의 약한 모습을 상상이나 할 수 있을까?
- 당신의 분노는 무엇에 대한 것일까? 심층부에서 실제로 올라오는 감정은 무엇인가? 그러한 감정이 당신에게 어떤 영향을 미치는가? 그 감정이 당신을 어떤 식으로 어렵게 하는가?
- 상황을 통제할 수 있다는 당신의 느낌은 단지 방어적 환상일 뿐인가? 심리학에서는 이러한 환상을 가리켜서 '전능적 통제'라고 부른다. 이것은 일종의 '마술적 사고'(magical thinking)이다. 마술적 사고는 자기가 모든 것을 통제할 수 있다고 스스로 믿지만 실상은 통제가 불가능한 것을 가리킨다.

- 타인에게 당신의 부드러운 내면을 보여주는 것이 왜 그렇게 어려운가? 당신의 부드러운 감정은 어떻게 된 것인가? 부드러운 감정을 느끼고 소통하는 것이 왜 그렇게 어려운가?
- 타인이 당신을 돌보고 지원하도록 하는 것을 어렵게 하는 것이 무엇인가?
- 타인들이 당신을 위협적으로 느끼도록 당신이 행동할 때, 당신 마음속에서는 어떤 일이 일어나고 있는가?
- 당신의 연약성을 억누르는 것의 좋은 점과 좋지 않은 점은 무엇인가?

8유형이 활용할 수 있는 강점들

8유형들은 다음과 같은 자신의 능력을 의식하고 활용할 필요가 있다.

- **자신감, 힘, 강함** 8유형이 자신감, 힘, 강함이라는 분명한 수단을 사용하지 않는다는 것은 매우 힘든 일이다. 자신감과 힘은 8유형에게는 숨 쉬는 것처럼 자연스러운 것일 수 있다. 하지만 다른 유형들은 일상에서의 자신감을 당신처럼 가질 수 있기를 원한다. 역설적이게도 8유형이 자신의 연약성과 접촉할 수 있게 된다면, 당신의 힘은 더욱 강력해지게 될 것이다.
- **갈등과 큰 도전 앞에서도 두렵지 않음** 두려움을 몰아내는 당신의 능력은 당신으로 하여금 불안에 흔들리지 않고 많은 일을 할 수 있도록 해준다.
- **다른 사람들을 보호하고 지원하는 능력** 당신과 함께 일하는 사람들은 여러 방식으로 당신의 힘을 전달받을 수 있도록 당신을 의지한다. 이러한 능력은 당신이 리더이든 아니든 간에 당신이 어디에서든 중요 인물이 될 수 있게 한다.
- **대범하고 관대함** 당신이 보통은 잘 드러내지 않는 당신의 부드러운 모습은 당신이 돌보는 사람들에게 보여주는 관대함이나 당신이 중요시 하는 일들에 쏟아 붓는 열정 등을 통해서 드러난다. 당신이 이러한 대범함과 관대함을 가질수록 당신은

더 훌륭한 성품의 소유자로 나타나게 된다.

- **큰 그림을 보고 과단성 있게 그 일을 추진하는 능력** 모든 기관과 단체들은 가능성을 향한 위대한 비전을 제시하고 발전시키는 사람을 필요로 한다. 당신은 이러한 비전을 품고 있을 뿐 아니라 그것을 위해 사람들을 동기화시킨다. 이것은 곧 위대한 일을 위해서 사람들을 동기화시키고 영감을 불어넣는 중요한 일을 할 수 있다는 것이다.

자기관리
8유형의 도전 과제

- **타인들을 압도하는 경향성** 다른 사람들이 당신을 두려워하지 않는다면 당신은 그들과 더 일을 잘 해낼 수 있다. 당신이 원치 않더라도 당신이 다른 사람들을 압도하는 경향이 있음을 알아차리면, 당신의 행동을 의식적으로 조절할 수 있고, 이렇게 하면 다른 사람들과 더 좋은 관계성을 형성할 수 있다.
- **자신의 진리를 절대적 진리로 착각함** 당신의 타고난 능력을 고려해볼 때, 당신이 종종 자기방식을 옳다고 느끼는 것도 이해할 만하다. 하지만 실상은 그렇지 않다. 당신이 다른 사람들의 방식에 귀를 기울이고 그들이 옳을 수 있음을 인정할 때 당신은 훨씬 더 좋은 성과를 거둘 수 있다.
- **타인들의 말에 귀를 기울이지 않음** 당신이 조금 속도를 줄이고 타인들의 피드백과 의견을 참고하게 되면 일들이 보다 순조롭게 풀려나가게 된다. 그들은 당신이 생각하는 것보다 훨씬 더 많은 장점들을 갖고 있다.
- **천하무적이 되고 싶은 경향성** 천하무적이 되고 싶은 마음을 비우고 다른 사람들과 좀 더 많은 것을 순조롭게 공유함으로써 그들과 더 많은 협력과 관계 맺기를 할 수 있게 된다. 처음엔 어색하겠지만 자신을 더 많이 드러내고 공개함으로써 당신

주위에 더 많은 사람들이 찾아오게 되고 그러한 분위기에 더 잘 적응할 수 있게 될 것이다.

- **제약과 규칙에 항거하고자 하는 경향성** 다른 모든 사람과 마찬가지로 당신 역시 법보다 위에 있을 수 없음을 인정할 필요가 있다. 어떤 종류의 제약이든 당신에게도 적용되게 마련이다. 리더 역시도 자기 제한을 수용하는 것이 모범이 되고 귀감이 된다.

- **과도하게 행동하는 경향성** 8유형으로서 당신은 상당한 에너지를 갖고 있다. 당신의 선택에 따라서 얼마나 많은 에너지를 투입할 것인가를 조절하는 것은 매우 유익하고 필요한 것이다.

잠재력의 의식적 발현
'낮은 의식수준'을 인식하고 '높은 의식수준' 지향하기

8유형은 자기유형의 높은 차원과 관련된 특성 및 자기제한을 잘 의식함으로써 보다 높은 의식수준으로 성장할 수 있다.

- 단지 자신의 분노를 표출하기보다는 분노가 어떤 방식으로 올라오는가를 관찰하고 그 속에 무엇이 들어있는가를 살펴보는 것이 필요하다. 자신의 공격성을 이해하고 조절하기, 분노 뒤에 숨어 있는 상처와 두려움을 깨닫기 등을 통해 이러한 상처와 두려움과 소통하는 것이 도움이 된다.

- 자신의 연약성에 대한 자각이 얼마나 어려운 것인지를 인식하라. 연약함을 포용하기 위해서는 상당한 내공이 필요하다. 훌륭한 지도자는 자신의 연약성을 적절히 표출할 줄 안다. 이것을 통해 사람들은 당신을 더 인정하고 사랑할 수 있게 된다. 단지 당신의 리더십을 위해서가 아니고 당신이 입은 갑옷 뒤에 있는 진정한

당신을 위해 이것은 중요하다.

- 자신만을 강하게 주장하는 것은 진실이 아닌 통제의 환상만을 가중시킨다는 것을 인식하라. 행동지향적 경향성을 잠시 내려놓고 만물의 조화에 대한 깊은 통찰을 견지해보라. 이것을 가리켜서 '골디록스 원리'(Goldilocks principle)라고 부른다.

- 그들에게 기회도 주지 않은 채, 당신이 주위 사람들을 무능하거나 허약하다고 여기지는 않는지 돌아보라. 속도를 줄이고 자신을 공유하고 다른 사람들과 깊이 있게 공감하라. 그렇게 함으로써 그들과의 협력을 위한 보다 든든한 토대를 형성할 수 있게 된다. 모든 사람이 유능한 것은 아니지만, 상당수의 사람들이 당신이 생각하는 것보다 더 유능하고 숙련되어 있다.

- 당신이 큰 그림에만 집중한 나머지 중요한 디테일들을 놓치고 있지는 않은지 주목하라. 행동하고자 하는 당신의 조급함을 내려놓고 다른 사람들과 함께 작은 것들을 나누도록 하라. 이를 통해 당신의 계획이 가장 훌륭하게 완성될 수 있다.

- 당신이 행동에만 몰두해 있음을 인식하고 행동을 사고와 감정과도 조화시키는 법을 배워야 한다. 주어진 상황을 좀 더 면밀하게 조사하고 당신의 감정을 효율적으로 활용함으로써 좀 더 효율적으로 그리고 지혜롭게 행동할 수 있어야 한다.

전반적으로 볼 때 8유형은 자신의 연약성을 거부하고 행동으로 보상하려는 잘못된 습관을 고침으로써 그들의 높은 차원에 도달할 수 있게 된다. 부드러움과 연약성을 수용할 때에만 참된 힘이 가능함을 8유형이 깨닫게 됨으로서 다음과 같은 것들이 가능하게 된다. 즉, 참된 자신의 모습을 타인들에게 보여줄 수 있게 되고, 자기의 행동이 참된 힘을 가지게 되면, 행동의 능력뿐 아니라 8유형의 지적, 감정적 능력까지 활용할 수 있게 된다. 그들이 자신의 에너지를 잘 갈무리하고 자신의 담대함과 부드러움을 조화시킬 수 있을 때, 비로소 더 좋은 업무관계를 구축하게 되고 보다 훌륭한 방식으로 자신의 열정을 표출할 수 있게 된다.

평화롭고 조화로운 리더

9유형의 리더십

가장 훌륭한 리더는
그가 존재하는지 의식조차 할 수 없게끔 인도하는 사람이다.
수행하는 일들이 리더가 원하는 대로 이루어졌을 때
리더의 목표는 이루어진 것이다.
그 때 사람들은 '우리가 이 일을 해냈다'라고 말하게 된다.

노자

노를 젓지 않는 사람은 배를 흔들어댄다.

장 폴 사르트르

제12장
9유형 리더십: 평화롭고 조화로운 리더

9유형은 타인에게 초점을 맞추고 갈등을 피하고자 하는 조화로운 사람들이다. 불편함과 긴장을 회피하려는 욕구 때문에 때로는 과도할 정도로 타인에게 순응하고, 모든 사람들의 의견에 귀를 기울이며 그들을 아우르고자 한다. 9유형은 다른 사람의 의제에 초점을 맞추고 흐름을 따르며 자신에게는 관심을 두지 않고 다른 사람들을 지원한다. 때로는 '중재자', 혹은 '평화주의자'라고 불리기도 하는 9유형의 관심은 자동적으로 모든 것이 평화롭고 순조롭게 잘 진행될 수 있는 환경에 집중된다. 그들은 비록 간과되기를 원하지는 않지만, 사전에 미리 자신의 견해는 중요하지 않다고 무시하고 목소리를 내지 않는다. 이러한 모습은 이따금 그들이 간과되는 결과를 가져온다.

일반적으로 9유형은 이 세상에서의 평온함을 찾는 방법으로 타인과의 분리나 균열을 피하는 경향이 있다. 그들은 모든 사람들이 화목하게 잘 어울릴 때 가장 만족스러워한다. 그래서 자동적으로 어떤 경우라도 배를 흔들려고 하지 않는다. 즉, 사람들 간의 갈등을 중재하려고 발을 들여 놓거나 혹은 자신의 생각이 타인과 반대라고 생각하면 아예 의견을 내지 않는다. 그들은 자신의 의제에 대해서는 마치 잠을 자는 듯한 경향이 있으며 때로는 자신의 분노에 대하여서도 그렇다. 이것은 갈등을 일으킬지도 모르는 자신의 소망, 욕구, 감정들을 무시하도록 동기화되어 있기 때문이다.

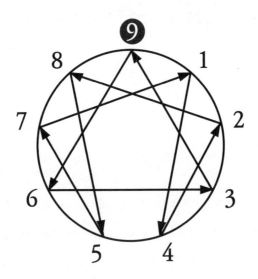

9유형의 의사소통 방식은 소란을 일으키지 않고 동의를 끌어내려는 욕구를 반영한다. 그들은 '네'라는 말을 많이 한다. 그리고 '아니요'라는 말을 하기 힘들어 하며 때로는 정말로 아니라고 생각되더라도 '네'라고 답한다. 그들은 전체 그림을 보여주기 위해 길게 이야기를 늘어놓기도 하며, 토의 중에도 모든 측면을 다 표현할 수 있도록 한다.[22] 9유형은 각 개인의 시각을 깊이 이해하는 데 탁월하며, 이러한 측면이 그들로 하여금 중재자 역할을 하게 한다. 그러나 모든 사람들의 목소리에 귀를 기울이고, 서로 상충하는 견해들을 풀어서 갈등을 해결하고자 하는 평화주의자 같은 욕구 때문에 정작 자신의 시각은 잘 알아차리지 못하며 때로는 그것이 무엇인지도 모를 수 있다.

9유형의 리더는 섬세하고 겸손하게 타인들을 지원하고 수용하려는 경향이 있다. 그들은 전형적으로 관심의 중심에 서기를 원하지 않는다. 호감을 주고, 느긋하며, 부드럽게 합의가 되도록 추진해나가면서, 모든 사람들이 좋아하고, 모든 사람들에게 유익하도록 일을 진행시킴으로써 뒤에서 지원하기를 원한다. 그들은 실용적이고 매우 강력한 기여자이며, 열심히 일하지만 겸손한 조력자이거나 관계 중심적이고 섬세한 동반자이기도 하다. 그러나 사람들에게나 일을 위해 가장 좋다고 생각되는 것을 고수하고, 어떠한 대가를 기대하지 않고도 끊임없이 타인들의 열망을 지원하고자 한다. 이들은 팀이나 조직 혹은 커뮤니티를 위해 자신의 이익을 기꺼이 희생하고 타인들의 복지에 진정한 관심을 보인다.

9유형의 특징
내면의 모습

다음의 특징들이 당신에게 적용된다면 당신은 9유형일 수 있다.

- 당신은 "대부분의 사람들에게 가장 좋은 것이 무엇일까"라는 렌즈를 끼고 일하고자 한다. 사람들이 서로 잘 지내고, 함께 일하는 것을 즐기기를 진정으로 원하고, 그들이 긍정적으로 협력하고 지원받는다는 느낌을 가질 수 있도록 하기 위해 당신이 할 수 있는 것은 모두 하려고 한다.
- 당신은 조화를 좋아하고 갈등을 싫어한다. 주변 환경이 긴장으로부터 자유로울 때 기분이 좋다. 긴장과 갈등은 분리를 초래하고, 분리는 고통스럽다고 믿기 때문에 피하고자 한다.
- 당신은 논란을 중재하고 자신의 견해를 아주 외교적인 방식으로 갈등상황을 피하며 말하고자 한다. 종종 당신은 자신의 상황 속에서 평화를 회복하거나 유지하기 위해 아무 생각조차 없이 말과 행동을 하거나 혹은 그렇게 하기를 회피한다.
- 당신은 자신보다 타인의 의견에 더 맞추려는 경향이 있다. 당신은 아주 자연스럽

게 자신보다 타인들이 원하는 것에 더 많은 관심을 집중한다. 이러한 경향성이 나타나는 이유 중 하나는 종종 자신이 무엇을 원하는지 당신 자신도 모른다는 사실이다.

- 당신은 어떤 일에 대하여 분명한 의견이 있음에도 불구하고, 저녁으로 무엇을 먹고 싶은가를 결정하기 어려워한다. 9유형은 정치나 최근 사건들에 관해서는 편안하게 자신의 목소리를 내지만, 좀 더 개인적이거나 일과 관련된 것일 때에는 어려워한다. "저녁 먹으러 어디로 가고 싶으세요?"와 같은 질문에 대한 대답은 보통 "잘 모르겠네요. 당신은 어디로 가고 싶으세요?"이다.

- 감정적으로 당신은 상당히 침착하고 안정되어 있다. 당신은 대체로 감정의 고저를 경험하지 않는다.

- 당신은 열심히 일을 하지만 관심의 중심에 서기를 원하지 않는다. 무엇인가 당신에게 중요할 때 많은 시간과 에너지를 쏟아 붓는다. 그러나 당신에게 초점이 맞추어지면 매우 불편해한다.

- 당신은 때로는 다른 의견들의 가치는 즉시 알아차리면서, 자신이 정말로 원하는 것을 알아내는 데에는 어려움이 있기 때문에 결정을 내리는 것이 어렵다. 타인들과 잘 지냄으로써 마찰을 피하고자 하는 경향은 자신이 원하는 것에는 '잠자고 있다는 것'을 의미한다. 당신은 때때로 자신이 원하는 것보다 자신이 원하지 않는 것을 더 의식하게 된다.

- 당신은 거의 화를 내지 않는다. 화를 느끼고 표현하는 것이 당신에게는 불편하다. 비록 9유형은 장 유형의 분노 타입이기는 하지만, 무의식적으로 자신의 분노의 정도를 낮춤으로써 불편한 순간이나 타인과의 불협화음을 만들어내지 않고자 한다.

- 당신은 '아니요'라는 말을 하기 어렵기 때문에 '네'라고 대답한다. 그러나 진정으로 원하지는 않기 때문에 '네'라고 말한 것을 따르지 않을 수도 있다. 9유형은 비

록 '네'라고 말한 것을 실제로 원하지 않는다는 사실을 알고 있을지라도, 어느 누구도 기분이 나쁘거나 불편하지 않도록 하기 위해 그렇게 말한다. 그래서 '네'는 어쩌면 '나는 그 일을 하지 않을 거야. 혹은 그 일에 관하여 잊어버릴 거야'라는 의미일 수 있다.

- 리더로서 당신은 모든 사람들의 의견을 듣고, 가능하다면 언제나 합의에 의하여 결정이 내려지기를 원한다. 누군가의 의견을 듣지 못하였을 때에는 다른 사람들도 동일한 고통을 느끼지 않도록 한다. 따라서 당신은 모든 사람들에게 자신의 생각을 말 할 수 있는 기회를 주고, 그들 모두에게 자신의 기여가 중요하다는 것을 알도록 확인시키고자 한다.

- 조화로움에 대한 당신의 욕구는 전체 흐름과 함께 흘러가게 하면서, 배를 흔들어대는 것은 피하고자 한다. 당신은 잘 지내는 데 능숙하다. 당신은 관계에서 조화로움을 유지하는 것이 때로는 자동적으로 자신을 비워버리고, 어떤 장면에서는 자신을 빼버리는 것을 의미한다. 그것이 바로 당신이 하는 일이다.

- 당신은 자연스럽게 사람들의 모든 견해를 알 수 있고, 그들의 의견을 서로 나누어 공통분모를 찾고자 하기 때문에 불일치를 중재하는 데 능숙하다. 그래서 사람들이 모두 자신의 목소리를 내고 서로를 이해함으로써 논란이 해결될 수 있도록 돕는 도전을 즐긴다.

9유형의 핵심전략

9유형은 어린 시절에 자신이 간과되었던 느낌, 그리고 자기 주변에 목소리가 더 크고 강한 힘을 가진듯한 사람들과 같이 있었던 경험이 있다. 이들은 다른 사람들과 잘 지내는 적응전략으로 자신의 목소리를 내고 싸우는 대신 무의식적으로 포기하고, 타인들의 소망에 순응하기 위해 그들과 융합하는 것이 더 쉽다고 여긴다. 그래서 자신의 감정에는 관심을 덜 기울인 채 다른 사람들과 분리될지도 모른다는 끔찍한 감정을 물리치고, 세상에서 중요하게 여기는 타인들과 연결되어 안정감을 찾고자 한다.

9유형은 그들의 중요한 관계가 방해나 위협을 받게 되면 매우 불편하기 때문에 조금이라도 잠재적인 소원함의 징후가 있으면 자동적으로 적응한다. 그들이 정말로 잘 지내고 무슨 일이 일어나는지에 신경 쓰지 않는다면, 긴장이나 결별이 생기지 않도록 타인과 조화롭게 지내는 것이 그들에게는 더 쉬운 일이다. 즉, 9유형은 자신이 정말로 원하는 것이 무엇인가, 그리고 자신의 핵심 욕구와 욕망을 충족시키기 위해 그들에게 어떠한 행동들이 중요한가에 대한 의식을 낮춘 경험이 있다. 우리 모두는 어느 정도 자신에게 방심하기는 하지만, 9유형은 갈등이나 사람들과의 결별의 경험을 피하기 위해 보다 적극적으로 자신의 욕망으로부터 자신을 분리하는 습관을 가진 원형적 모습을 보여준다.

9유형의 이러한 특성은 타인, 팀, 조직을 위해 희생적으로 일하게 만든다. 9유형은 다른 사람들에게 서비스를 제공하거나 목표를 성취하기 위해 그들이 무엇을 원하는지에 민감하며, 자신의 의제를 밀어붙이는 대신에 타인의 의제를 존중한다. 이것은 9유형의 의제가 회사에 좋을 경우에는 문제가 될 수 있다. 또한 9유형들은 더 큰 선을 고려하고 더 많은 전체를 지원하고자 한다.

9유형의 레이더 망
9유형의 주의와 관심

9유형은 분리를 회피하고 조화를 유지하기 위해 타인을 지지하는 전략을 세운다. 그들은 타인과 주변 상황에 관심을 기울이도록 만들고, 자신의 주변에 무슨 일이 일어나고 있는가를 알아채고, 비교적 평화로운 분위기와 적개심이나 불편함의 아주 작은 징조가 나타나도 조율하고자 한다. 또한 자기 자신의 업무를 살피면서도 그것보다 타인의 의제에 더욱 집중한다. 9유형에게는 타인의 계획에 따르는 일이 쉬운 일이다. 자신의 계획대로 할 필요가 없고 타인을 돕기 위해 무엇인가를 할 때, 자신의 경험을 잘 세우고 편안하기 때문이다.

또한 9유형의 리더십은 모든 사람들이 행복하고, 지지 받고, 관심 받는다고 느끼고, 일을 할 때 모든 사람들에게 역할을 주고자 한다. 가능한 모든 사람들의 동의를 얻어 서로 협조하고, 갈등이 생겨도 완화시키려고 한다. 일을 할 때는 타인의 프로젝트를 더욱 발전시키고, 조직 전체의 삶의 질을 증진시키기 위해 엄청난 에너지를 쏟거나 시간을 투자한다. 자신에게 중요한 것에는 관심을 쏟지 않을 뿐만 아니라, 때로는 더 의미 있는 것보다는 덜 중요한 것에 관심이 끌리기도 한다. 가령 자신의 성공을 위한 핵심적인 보고서의 마감일이 다가오는데도 그 일은 미루고 책상서랍 정리를 하기도 한다. 그들은 습관적으로 자신에게 가장 필수적인 것에는 관심을 보이지 않고 불필요한 것에 자주 한 눈을 판다. 그들이 개인적인 의제에 집중하기 어려워하듯, 자신의 안녕을 살핀다는 것은 위협적이라고 생각한다. 그들은 사람들로부터 분리되어 홀로 떨어져 자신을 살피는 것은 위협적인 것으로 여긴다.

9유형의 행성에서 바라본 세계

일반적으로 9유형은 세상을 상호 연결된 곳으로 바라본다. 그곳에서는 사람들이 공동의 목적으로 연합되고 어느 누구도 뒤쳐지거나 빠지지 않았을 때, 모든 것이 더욱 행복하고 평화롭게 된다고 생각한다. 그들은 이 세상에서 자신의 가치나 중요성에 회의를 품고, 자신은 중요하지 않다는 내재된 가설을 설정해 놓은 것처럼 느껴진다. 어린 시절 그들의 목소리는 드러나지 않았고 의견은 간과되었기 때문에, 무의식적으로 자신의 중요성이란 타인을 돕고 자신이 겪었던 것처럼 어느 누구도 간과되지 않도록 하는 데 있다고 믿고 있다.

9유형은 평화를 이루고 사람들 간의 강력한 연합을 구축하는 것이 세상에 대한 소명이라고 느낀다. 그들은 합의란 매끄러운 상호의존이나 더 큰 연결을 향한 좋은 부합에서 나온다고 믿으며, 종종 마찰을 줄이고 인간관계나 집단 내의 상호이해를 증진시키기 위한 역할에 이끌리기도 한다. 깊이 생각할 필요도 없이, 조직이나 개인들을 전부 아울러서 생각하고, 더욱 조화로운 세상을 실행하는 데 도움을 주고자 한다. 또한 서로 다름을 수용하지만, 그 다름이 완전히 이해되거나 수용되지 않았을 때 발생되는 붕괴를 극복하는 데 도움이 되고자 한다. 코치로서, 연구소의 부소장으로서, CEO 혹은 대표로서 9유형은 모든 사람들이 잘 어울리는 것이 더 나은 세상이라고 보며, 어떻게 해서든지 그렇게 되도록 돕는 것을 목적으로 삼는다.

9유형 리더의 주요 특성

다음의 특징들은 9유형의 리더십 스타일을 묘사한다.

- **훌륭한 중재자이자 촉진자** 9유형 리더는 모든 것들이 견고한 구조를 따르고, 모든 사람들이 다 알 수 있도록 하는 회의나 집단을 만드는 데 탁월하다. 그들은 아주 자연스럽게 다른 견해들에 귀를 기울이고 동의하는 부분을 알아내고 다른 견해들의 진실과 합법성을 듣는다.
- **느긋하고 상냥함** 이들은 수용적이고, 친절하며, 융통성 있고, 지지적인 유형으로 주변과 느긋하게 지낼 수 있는 특성이 있다.
- **우유부단함** 어떤 이슈에 대하여 모든 면을 이해하고 있으며, 자신이 선호하는 것을 결정하는 데 어려움이 있다면, 무엇을 할 것인가를 결정하는 것이 도전 과제가 될 것이다. 9유형은 원하는 것을 모르거나 발생할 갈등을 회피하려고 하기 때

문에 때로는 담 벽 위에 앉아 있듯이 꼼짝 하지 않는다.

- **융합을 위한 과도한 적응** 9유형은 타인과 조화롭게 지내는 방법으로 타인이 원하는 것에 맞춘다. 그러나 그러한 적응은 자신을 완전히 지워버릴 정도로 과도하기도 하다.
- **능동적 공격 대신에 수동적 저항** 9유형은 화를 내는 것은 분리의 위협과 기타 다른 즐겁지 않은 경우를 만들어 낸다고 생각하므로 자신의 분노를 무시한다. 그러나 감정은 피한다고 해서 사라지는 것이 아니다. 9유형의 분노는 마치 동의한다고 말하고는 실제로는 하지 않는 것처럼 수동적 저항으로 나타난다.
- **편안함의 애호가** 9유형 리더는 위대한 일을 할 수 있다. 그러나 그들을 몰아가는 핵심적인 동기 중 하나는 편안하게 있고 싶다는 욕구이다. 이러한 욕구는 평화를 선호하고, 변화를 싫어하며, 인정받는 것에 대한 어색함 등이 이면에 도사리고 있다.

9유형들은 왜 그렇게 생각하고 느끼고 행동하는가?

사고

9유형은 판에 박힌 일상적이고 구조화된 것을 좋아하고, 일이 이루어지는 과정을 생각하고자 한다. 그러나 그들의 사고는 주로 주변 사람들에게 맞추어져 있다. "사람들의 기분이 좋은가?", "모든 사람들이 잘 지내고 있는가?", "다른 사람들이 무엇을 원하는가?", "내가 그들을 위해 무엇을 하기 원하는가?", "타인들이 기분 상하지 않도록 내가 어떻게 행동할 수 있는가?", "어떻게 하면 프로그램을 가장 잘 해내고 사람들을 지지할 수 있는가?" 등의 생각이다. 때로는 융합을 추구하고, 타인을 지지하고 그들의 의견에 따라가는 그 모든 것들이 내면의 반발을 일으키기도 한다. 9유형의 방어의 제1전선은 잘 지내기 위해 노력하는 것이지만, 실제로는 타인의 의제에 동의하고 싶지 않다는 사실을 깨달았을 때 뒷골이 굳어지는 느낌을 받는다. 그러면 이들은 아무런 놀라움도 없이 그것에 저항하거나 자신이 원하지 않는 일에서 벗어날 방법에 관해 상당한 정신적 에너지를 쏟아 붓는다.

감정

장형인 9유형은 자신의 육체에 고착된 불활성화된 에너지를 가지고 살아간다. 그러므로 생각이나 감정을 느끼기보다는 행동을 할 것인가, 하지 않을 것인가에 더 맞추어져 있다. 그들은 공명정대하며 안정적이다. 그리고 슬픔, 고통, 그리고 행복이나 만족감 등과 같은 감정의 범주를 즉각 느끼기는 하지만 낮을 경우에도 그다지 낮지 않다. 9유형은 특히 자신이 화가 났지만 화난 줄 모르거나 화가 난 것을 인정하려고 하지 않을 때에는 이따금 자신의 감정을 알아차리는 데 시간이 필요하다. 분노에 대한 그들의 무의식적인 저항은 아주 중요한 방식으로 그들의 성격을 형성한다. 9유형은 8유형과 1유형과 함께 '분노의 삼각형'에 속하지만, 분노로 인한 갈등을 회피하기 위해 분노를 무시함으로써 분노를 감소시킨다. 이따금 9유형은 자신의 분노를 전혀 언급도 하지 않고, 고집스러움, 수동적 저항, 그리고 적당한 좌절감 같은 분노의 수동적-공격형의 형태로만 비쳐질 정도로 분노를 억누르는데, 이것이 그들의 행동에서 나타나기도 한다.

행동

9유형은 편안히 머물기를 좋아한다. 그리고 그들의 많은 행동 패턴들은 개인적 안락함을 유지하기 위해 필요한 것들과 연관된다. 여기에는 갈등을 회피하거나 상호 관계의 붕괴, 변화에 대한 저항, 결정하지 않는 것, 그리고 타인의 안건에 융합되는 것들이 포함된다. 9유형은 다른 사람이나 다른 의제에 초점을 맞춤으로써, 상대방과의 정신적인 경계는 사라지고 중요한 사람의 태도나 계획에 지나치게 흡수되어 버린다. 그리하여 자신을 잃어버리거나 잊어버린다. 따라서 직장에서의 친밀한 관계를 포함한 다른 여러 관계가 약간이라도 깨어지면 매우 위협적이고 파괴적으로 느낄 수 있다. 앞에서 언급한 것처럼, 다른 사람들이 원하는 대로 해주기는 하지만 아무 말도 없이 수동적인 공격형으로 저항하고 인정받지 못한 분노를 표현할 수 있다. 그러나 이런 행동에 대하여서는 더욱 침묵한다. 만약에 그들이 지나치게 통제되거나 무시당한다는 느낌을 받았다면, 그들은 드러내어 갈등을 일으키지는 않더라도 자신을 주장하는 방식으로 은밀하게 협조를 중단할 것이다.

9유형의 주요 강점과 능력

- **희생적으로 타인을 지지하기** 9유형은 다른 사람들이 성공하도록 돕는 데 초점을 둔다. 어떠한 대가를 바라지 않고, 타인의 아이디어들이 고려되도록 하고, 그들의 목표가 채택되도록 노력한다.
- **사교성** 9유형은 이슈나 문제에 대한 모든 측면을 알고 공유된 동의를 조율하기 위해 심층적 대화를 하는 능력이 탁월하다. 그들은 사람들을 불쾌하게 만들지 않고 영향력을 발휘하기 위해 어떻게 일들을 해나가야 하는지 잘 안다.
- **민주적임** 9유형은 그들의 성향상 매우 공평하고, 편애하지 않고, 어떤 사람이 다른 사람보다 더 중요하다고 생각하지 않는다.
- **합의도출** 9유형은 다른 의견들 속에서 공통된 진리를 아주 쉽게 찾아낸다. 이런 측면은 그들로 하여금 사람들이 매우 강렬하게 동의하지 않을 때조차 합의를 이끌어 내는 방법을 찾는 데 탁월하게 만든다.
- **상냥하고 친절함** 9유형은 정말로 친절하고 배려가 깊기 때문에, 거의 항상 함께 일하기 좋은 사람이다. 그들은 문제를 일으키지 않기 위해 자신의 방식을 버리며 친절하고 사려 깊다. 그리고 일에 대한 공을 차지할 필요도 느끼지 않는다.

평온함을 유지하려는 노력이 과할 때 발생되는 문제들

다른 모든 유형과 경우와 마찬가지로 9유형 리더들도 자신의 가장 큰 강점을 남용하거나 좀 더 폭넓은 자신의 전문성을 의식적으로 발전시키지 않는다면, 그러한 강점들은 오히려 아킬레스건이 될 수 있다.

- **희생적으로 타인을 지지하기** 9유형은 자신보다 타인의 안건에 더 많은 관심을 보인다. 그러한 행동 때문에 그들이 반드시 해야 할 필요가 있는 일에 주의를 기울지 않고, 이로 인해 자신과 타인에게 문제가 될 수 있다.
- **사교성** 9유형은 자신이 말하는 것들을 아주 미묘한 틀에 맞추거나 또는 갈등을 일으킬까봐 지나치게 두려워서, 정말로 무엇이 진실인가에 관한 충분하고 명백한 소통을 하지 않는다.
- **민주적임** 일을 수행하기 위해서는 어떤 의견은 다른 의견들보다 더 중요하다. 그러나 9유형은 갈등이나 불공평을 방지하기 위해 이러한 현실을 회피하려 한다. 이러한 태도는 결국 지위상의 차이들을 고려하지 않음으로써 문제를 야기하게 된다.
- **상냥하고 친절함** 9유형은 일을 수행할 때 생겨나는 대립과 갈등으로 인해 난관을 겪는다.

9유형은 일을 수행함에 있어서 타인들의 조화를 유지하며 일을 해나가는 것에 많은 관심이 있다. 하지만 합의와 동의를 늘 유지한다는 것은 결코 쉬운 일이 아니라는 것을 이들은 경험하게 된다. 9유형은 모든 사람을 동시에 기쁘게 해주고자 하는 노력의 한계를 경험하는 동시에 갈등을 매번 회피할 수는 없으며 때로는 갈등도 필요하다는 이해를 필요로 한다. 그들이 이것에 초점을 맞출 때 대인관계에서의 안락함 뿐 아니라 팀 전체의 발전을 위해 에너지를 효과적으로 배분할 수 있을 것이다. 9유형은 가끔씩 통제력을 잃고 분노를 폭발하는 경우가 있지만 대개는 분노를 드러내기를 회피하는 경향이 있다. 또한 9유형의 분노는 상대방의 요구를 무시하거나 업무를 끝내는 데 너무 많은 시간을 끄는 것을 포함한 수동적 저항의 형태로 나타난다.

스트레스 상태와 최상의 상태
9유형의 의식수준이 낮을 때와 높을 때

9유형이 스트레스를 받아 의식수준이 낮아지면, 자신의 분노를 수동적-공격형 방식으로 나타낸다. 이들은 고집스럽고 저항적이거나 타성에 젖어 일을 미룬다. 또는 갈등을 일으키지 못하더라도 소리 없이 드러내고 있을 수 있다. 그들은 자신이 정말로 폭발하도록 내버려둔다면 어떤 일을 할지 두렵기 때문에 부분적으로 자신의 분노를 회피한다. 아주 드문 경우이긴 하지만 그들이 자기 통제를 상실하고 폭발할 때가 있다. 그러나 대부분은 자신의 분노를 드러내기를 회피한다. 이러한 모습은 그들로 하여금 요구를 무시하거나 작업을 끝내는 데 시간을 끈다던가 하는 문제적 행동을 포함한 소극적 저항으로 드러난다.

의식수준이 낮은 9유형은 압박을 받게 되면 물러서거나 시무룩하게 보이며 신경질을 낸다. 일을 하겠다고 동의하고서도 나중으로 미루고 하지 않거나 결정을 내리는 것을 회피함으로써 타인의 일을 지연시킨다. 9유형이 의식수준이 낮을 때에는 자신이 간과되거나 무엇을 하라는 지시를 받는 데 매우 민감해진다. 누군가가 명확하게 그들의 의견을 묻지 않는다면, 팀에 참여하기를 무언으로 거부하거나 다른 사람들이 앞으로 나가는 탄력을 지연시킬 수 있다. 그들은 갈등이나 분노를 공개적으로 말하는 것을 회피하고, 겉으로는 잘 지내는 듯이 보이지만 잘못되었다고 느끼는 타인들을 향하여 자신의 분노를 은밀하게, 그리고 수동적으로 표출한다. 그러나 행동으로 나타나지는 않는다.

9유형 리더가 자신의 성격프로그래밍에 대하여 더 알아차리고 높은 의식수준의 상태가 되면 완벽한 팀플레이어를 할 수 있다. 느긋하고 적응력이 높은 그들은 불평을 늘어놓거나 자신의 기여를 인정받고자 하지 않고, 프로젝트를 앞으로 밀고 나가기 위해 매우 열심히 일할 것이다. 감정지능이 높은 9유형 리더는 자신의 필요나 욕구보다 팀이나 조직을 우선시한다. 때로는 마음이 통하고 재미있기도 하다. 그들은 자신을 지나치게 심각하게 받아들이지 않고, 자신의 감정이나 반응을 뒤돌아보기 위해 잠시 멈춘 후에, 힘든 감정이나 문제들을 민감하고 우아하게 포장한다. 타인들에게 의심하는 것의 좋은 점을 보여주고, 차원 높은 길로 안내하며, 사업의 더 좋은 측면을 위해 가장 중요한 것이 무엇인가에 초점을 맞춘다.

높은 의식수준의 상태에서 살아가는 9유형은 자신의 분노를 알아차리고 이해할 때 건설적인 방식으로 다룰 수 있다. 그들은 자신이 싫어하는 것이 문제가 되기 이전에 그에 관하여 소통할 수 있어야 한다. 그리고 갈등을 피하고자 하는 자신의 성향을 알아차리고, 개방적이고 반응적으로 이슈들을 제기하는 법을 배워야 한다. 건강한 9유형은 필요하다면 자신의 감정들을 정리할 시간을 요구한다. 그리고 때로는 그들이 원하는 것을 깨끗하게 정리하고 자신의 감정과 욕구를 타인들과 공유하기 위해서 시간이 걸린다는 점을 이해할 수 있어야 한다. 9유형이 자신의 습관과 성향을 더욱 알아차리는 작업을 하게 되면, 약간의 불편함을 받아들이는 것이 중요하다는 사실을 깨닫게 된다. 그리하여 자기 자신과의 강한 연결을 바탕으로 타인들과 더욱 완벽하게 관계를 맺을 수 있다.

세 가지 본능에 따른 9유형의 하위유형들

에니어그램 모델에 의하면 우리에게는 생존을 돕는 세 가지 본능적 충동이 있다. 이 세 가지 중에 한 가지가 우리의 행동을 지배하는 경향을 갖게 된다. 9유형의 경우 자기보존에 대한 편향, 사회적 관계를 맺고 집단에서 자기의 위치 정하기, 혹은 일대일 결합 등에 따라 매우 다른 모습으로 표현된다.

자기보존(자기지향적) 9유형

9유형은 대개 '자기 망각'의 고통을 겪는다. 즉, 본질적으로 "나는 누구인가"라는 자신의 존재에 대한 깊은 지각에 대해 눈을 감아 버린다. 그리고 자신으로부터 차단되는 고통으로부터 관심을 분산시킨다. 자기보존 9유형은 신체적 안락함과 활동에 집중함으로써 자신의 깊은 욕구나 분노와 같은 감정들로부터 자신을 분산시킨다. 그들은 자신의 의제, 소망, 감정들을 무시하고, 먹고 자고 독서하고 TV를 보는 등의 신체적인 만족에 집중하거나 글자 맞추기 등을 한다. 이러한 활동들은 자신의 존재, 그리고 존재에 대한 모든 것에 대한 알아차림으로부터 그들을 분산시킨다.

자기보존 9유형은 다른 두 가지 하위유형보다 더 신경질적이고 고집이 세고 강한 존재감을 가진 실용적인 사람들이다. 그들은 자신의 삶을 구조화하고, 안정되고 평화로움을 느끼기 위해 아침에 커피를 마시면서 책을 읽는다거나 하루 일과를 마치고 TV를 보면서 맥주를 마시는 등의 익숙하고 일상적인 일과에 의지한다. 하지만 그들의 일상적인 것과 습관들이 타인에 의하여 방해를 받게 되면, 괴팍하게 반응하거나 혹은 방해 받지 않도록 조용히 숨어 지낸다.

이들은 다른 두 하위유형들보다 더욱 홀로 있고 싶어 한다. 그리고 일들이 잘 작동하기 위해 모든 조각들이 어떻게 짜 맞추어져야 하는지를 알아차릴 수 있는 특별한 능력을 갖고 있다. 그들은 큰 그림을 보고, 각 부분들이 어떻게 커다란 전체와 맞추어지는가를 알 수 있다. 하지만 타인에 의하여 압박이나 통제를 받게 되면, 아무런 이야기도 없이 움직이기를 거부한다.

또한 권력행사의 대립적인 점에 불편을 느끼고, 즐거운 유머, 목표에 대한 긍정적 초점, 그리고 타인의 안녕과의 관계 등을 통하여 사람들을 고무시키고자 한다. 무엇보다도 그들은 일의 성취를 위해 모든 사람들이 계획이나 프로젝트에 참여할 수 있도록 실용적인 단계를 취하는 방법을 안다. 그들이 자신들의 분노에 대하여 건강한 방식으로 연결되면 될수록, 자신과 타인에게 모두 유익하고 건설적인 방식으로 권력을 행사하는 데 편안함을 느끼게 될 것이다.

사회적(그룹지향적) 9유형

사회적 9유형은 집단과 융합됨으로써 차단의 고통으로부터 자신을 분산시킨다. 9유형 내의 역유형인 사회적 9유형은 때로는 리더의 역할을 맡기도 하며 매우 열심히 일하는 사람이다. 친화적이고 유쾌한 그들은 타인들이 부여한 책임을 만족시키기 위해 억지로 리더가 되기도 한다. 그들은 자신의 팀, 집단, 혹은 지역사회를 열심히 지원하느라고 일 중독자처럼 보인다. 그러나 동시에 자신의 욕구들은 계속 무시하고 망각한다. 나란호는 사회적 9유형에 대해 "그들은 모든 것에 있어서 충만한 삶, 사실상 자기 자신을 제외하고는 모든 것이 충만한 삶을 살아간다"라고 하였다.

9유형은 마음 깊은 곳에서 자신이 명목상 소속되어 있는 집단에 속하고 있지 않다는 느낌을 종종 가지게 된다. 그래서 소속의 경험을 갈구하면서 열심히 일하지만, 모든 시간과 에너지를 집단에 쏟아 넣었을 때조차 소속감을 느끼지 못한다. 사회적 9유형은 자신의 분노와 마주하면서 유익을 얻기도 하지만, 소속되지 않은 이면에 숨겨진 슬픈 감정으로부터도 유익을 얻기도 한다. 깊은 감정을 더욱 의식하고, 자신이 원하고 필요로 하는 것을 얻으려는 자신의 노력에 더욱 초점을 맞출 때, 그들은 타인의 칭찬을 더 수용하고 궁극적으로 사물의 부분을 더욱 잘 느낄 수 있다.

사회적 9유형은 탁월한 리더이다. 그들은 팀을 위해 일하고, 불평하지 않고, 그들의 노력을 타인이 알아차리도록 하지 않는다. 그들은 자신이 지지하는 집단에게 아주 너그럽게 모든 것을 제공해주지만 어떤 인정이나 대가를 요구하지 않는다. 자신을 낮추고, 겸손하며, 주목받기를 싫어하며, 누구도 알아차리지 못할 만큼 뒤에서 더욱 열심히 일한다. 그들은 리더의 역할에 징집되었다고 말을 하기는 하지만, 대개는 좀 더 많은 집단의 이익 추구를 위한 것이라면 그 어떤 것이라도 하면서 리더 역할을 즐긴다. 그들은 비록 우유부단하고 확신이 없을 수도 있지만, 최소한의 일들이 발생하지 않도록 쉬지 않고 일하며, 집단이나 팀의 거대한 목표를 위해 희생적이고 지치지 않고 지원한다.

일대일(관계지향적) 9유형

일대일 9유형은 달콤하고, 부드러우며, 친절하다. 그리고 세 개의 하위유형 중에 가장 덜 공격적이다. 그들은 자신으로부터 스스로를 분산시키기 위해 다른 사람들에게 융합한다. 자신들이 내면적으로는 안착할 수 없는 목표를 찾아서, 그리고 자신의 삶에서 배우자, 부모, 친한 친구, 매니저, 가까운 동료들과 같이 중요한 사람들의 견해, 태도, 감정들을 무의식적으로 받아들인다. 그들은 타인의 감정과 욕구에 너무나 초점을 맞추어서, 자신이 무엇을 원하고 생각하는지 알기 어려워한다. 그리고 자신과 타인이 느끼는 것과의 차이를 알지 못할 수도 있다. 자신이 원하거나 생각하는 것을 알아차릴 때, 그들은 그것을 표현하는 데 어려움을 느낀다. 특히 친밀한 사람들이 생각하고 원하는 것과 자신의 것이 다를 때에는 더욱 그렇다.

일대일 9유형은 자기 혼자 느끼는 분리 감정을 회피하기 위해 친밀한 관계 속에 도피처를 마련하면서, 사람들 간의 경계선의 존재를 무의식적으로 부정한다. 그들은 내면적 지지를 위해 타인에게 의지하기 때문에 자신이 누구인가에 대한 느낌이 없으며, 자신감도 갖지 못한다. 그리고 자기 자신을 지원하기 위한 행동을 할 때는 상대방이나 자신도 완전히 알아차리지 못하게 9유형다운 경험을 지배하려는 사람에 대항하면서 몰래 반항하고, 행동으로 옮길 때도 아주 은밀하게 한다. 9유형 중에 가장 감정적인 일대일 9유형은 일종의 육체적 분리를 경험할 때까지, 자신이 얼마나 타인에게 융합되어 있는가를 깨닫지 못한다. 그런데 이것은 오히려 그들로 하여금 자신이 독립적인 개인이라는 사실을 발견할 수 있도록 한다. 진정한 관계는 두 사람이 모두 각자의 모습 그대로 완전히 보는 것이지만, 일대일 9유형은 자신의 두발로 스스로 서 있지 않고 심지어는 자신의 두발로 서 있지 않다는 사실조차 모르기도 한다.

리더로서 일대일 9유형은 민감하고 유능하다. 그들은 타인의 시각을 깊게 이해하는 특별한 재능을 갖고 있으며, 타인에게 귀를 기울이는 능력으로 상대방의 감정에 공감한다. 이따금 우유부단하고 불안정하지만, 그들이 독특한 개인으로서 자기 존재감을 주장하는 방식을 발견할 수 있다면 자신의 일에 커다란 보살핌, 희생, 그리고 개인적인 창의성을 나타낼 수 있다. 그들이 독립적인 행동이나 자신의 권위 표현에 대한 두려움을 극복하고 일을 할 수 있을 때, 그들은 다른 사람들과 더불어 위대한 길을 보여준 사려 깊고 세심한 리더가 될 수 있다. 자신이 누구이며, 자신의 특별한 힘이 무엇인가를 발견하기 위한 작업을 하면 할수록, 그들은 자신이 한 일에 자신의 소리를 더 많이 낼 수 있다. 그리고 무엇보다도 그들은 사람들에게 겸손하고 부드럽게 지낼 수 있는 방법을 알고 있다.

직장에서의 9유형

9유형은 종종 타인들과 함께 일하기를 힘들어 한다. 그 이유는 다음과 같다.

- 사람들이 과업이나 계획을 명확하게 설명하지 않고 나에게 결과를 내거나 행동을 하도록 압력을 가한다.

- 나는 사람들이 행동하는 것보다 더 많은 것을 알고 있다고 생각한다. 그래서 나는 그들과 잘 지내다가 나중에 그들 자신이 무엇을 하고 있는지를 모른다는 사실을 발견하고, 결국 그들과 함께 끌려간다.

- 내가 함께 일하는 사람들은 나처럼 커다란 그림을 이해하지 못한다. 그리하여 결국 우리가 해야 할 일을 보는 방식의 차이가 생기게 된다.

- 내가 어떤 이유로 선발되어 주목받는 일은 힘이 든다.

- 나는 무엇인가 잘못할까봐 그리고 일을 그르친 것으로 드러날까봐 염려한다.

- 나는 무엇인가를 잘 해내서 성공한 것으로 나타날까 염려된다.

- 나는 어떠한 갈등도 싫어하는데 사람들과 함께 일하는 것이 때로는 갈등이 된다. 비판적인 피드백을 받는 것조차 갈등으로 느껴진다.

- 나는 사람들이 반드시 나의 의견을 물어보거나 내가 생각하는 것에 귀를 기울이지 않으면 모욕감을 느낀다.

- 나는 모든 사람들이 이야기를 많이 하고 의견을 강하게 표현하면 대화에 끼기가 어렵다.

- 사람들은 때로는 나에게 빠른 결정을 내리기를 기대하지만, 나에게는 시간이 필요하다.

- 사람들은 때로는 권위적으로 행동을 하며, 모든 사람들이 다 참여하고 있는지 확인하지 않는다.

업무와 관련하여 아래와 같은 상황에서 9유형은 가장 큰 불만을 느낀다.

- 사람들이 합의된 방향에서 벗어나고 전체의 필요들을 고려하지 않을 때

- 기대하는 것이 명확하지 않기 때문에, 내가 문제에 휘말리는 잘못된 일을 하게 될 때
- 사람들이 나에게 행동하기를 기대하지만, 그러한 행동이 프로젝트의 더 큰 목표에 어떻게 부합되는지 알 수 없을 때
- 전략적인 방향이 명확하지 않고, 우리가 무엇을 하는가를 알지도 못하면서 행동하라는 요청의 압박으로 인해 실패할 수밖에 없는 상황에 놓였을 때
- 사람들이 피할 수도 있었던 갈등에 놓였을 때
- 팀의 모든 사람으로부터 동의를 얻지 않고 자신들이 원하는 것을 마음대로 하려고 할 때
- 내가 관여하고 무엇인가 이야기를 해야만 하는 프로젝트나 계획에 관하여 내 목소리가 간과되었을 때
- 내게 영향을 미치고 내가 참여해야만 했던 중요한 결정들에 관한 정보를 받지 못했을 때
- 사람들이 내가 원하지 않는 것에 '아니요'라고 말하기 어렵게 만들었을 때
- 내가 그것을 원하는지 물어보는 대신에 자동적으로 나에게 어떻게 하라고 지시할 때
- 나의 원만한 성향을 당연한 것으로 받아들여서 나를 압박하거나 자신들이 원하는 것은 무엇이나 협조할 것이라고 가정하거나 나의 의사를 아예 물어보지도 않을 때

9유형이 남들과 좀 더 쉽게 일할 수 있는 방법

9유형은 함께 일하기에 편하고 수월하다. 그들은 자신이 정말로 그것을 원하는가를 결정하지 않고도 타인의 소망이나 의견에 잘 따른다. 9유형은 자신이 어떻게 느끼는가, 무엇을 원하는가를 명확히 하는 것이 일하는 데 도움이 될 것이다. 그러

나 자신이 원하는 바를 파악하는 것이 9유형에게는 어려운 일이다. 9유형이 자신의 욕구를 자기 의지대로 다루는 법을 배우려면 시간이 꽤 걸린다. 이러한 법을 배우기 위해서는 충분한 공감과 충분한 공간을 필요로 한다. 9유형이 자신의 욕구와 마주하지 못하는 이유는 좀 더 힘을 가진 타인들과 잘 지내야 할 필요성이 있었거나 또는 자신이 정말 원하는 것을 알게 되었을 때 비난 받았거나 배척당했던 경험과 연관이 있다.

9유형이 자신의 견해, 욕구, 의제에 좀 더 다가가고 확고히 할 수 있다면, 실제로 그들은 함께 일하기 더욱 수월할 것이다. 결정을 내리기 어려워하고, 어디로 가야 할지 모르며, 반대의 목소리를 분명히 내지 않고, 수동적으로 저항하는 누군가와 함께 일한다는 것은 일종의 도전이며 갈등이다. 비록 불일치의 위험이 있더라도 자신이 정말로 원하는 것을 보다 편안하게 말하는 것이 실제로 모든 사람들에게 더 유익하다.

리더로서 9유형은 다양한 시각을 보고, 이해하며, 사람들이 공통의 비전을 쉽게 발전시켜 나가도록 돕는 재능이 있다. 9유형의 이러한 강점 속에 들어있는 부정성은 그들이 정말로 생각하고 있는 것을 표현할 수 없다는 점이다. 상대방의 의견을 명확하게 할 뿐만 아니라 자신의 의견도 말할 수 있는 능력을 개발함으로써, 9유형 리더는 더욱 강력해지고 더욱 효과적인 파트너가 될 수 있다. 이와 유사하게 그들이 갈등을 두려워하지 않게 되면 보다 다양한 역할을 할 수 있을 것이다. 9유형이 그렇게 원만할 수 있다는 것은 대단한 능력이다. 그러나 필요한 상황에 따라 좀 더 확고하게 자신의 의사를 표현할 수 있는 능력을 개발할 수 있다면, 9유형의 리더십은 모든 사람들에게 도움이 될 것이다.

직장에서 9유형의 전형적인 행동 방식

당신이 함께 일하는 사람이 아래와 같은 행동들을 규칙적으로 한다면 그는 9유형일 것이다.

- 그는 회의 중에는 조용하지만 모든 사람들이 말하는 것에 주의를 기울이고 동의하는 듯이 보인다.
- 그는 정말로 좋은 사람이다. 모든 사람들이 그를 좋아한다. 그는 어느 누구에게도 불쾌하게 대하지 않는다.
- 그는 동의를 잘하지만 자신의 일을 다른 사람들보다 늦게 마친다.
- 점심을 어디 가서 먹을지 물어볼 때마다 반대로 당신은 어디로 가고 싶으냐고 되묻는다.
- 그는 자신이 원하는 것보다 원하지 않는 것에 대하여 더 많이 알고 있다.
- 그는 자신의 팀을 지원하기 위해 열심히 일하지만 대가를 바라지는 않는다.
- 그가 중요한 결정을 내릴 필요가 있을 때 그는 중립적인 태도를 취한다.
- 그는 갈등이 터질 것 같을 때마다 마술처럼 사라져 버린다.
- 그는 그룹의 사람들이 어디로 갈 것인가에 대하여 다양한 의견이 나오면 항상 중립을 지키는 것 같다. 그리고 대개는 그들이 타협하도록 돕는다.
- 당신이 겸손하게 요구하지 않고 약간 억양을 높여서 무엇인가를 하라고 하면 그는 대개 그 일을 하지 않는다.
- 그는 회의에서 의견을 제시하지 않지만 자신에게 생각을 묻지 않으면 무시당한 느낌을 갖는다.
- 그는 다른 사람들을 무리하게 도우려고 하지만 자신이 한 일에 대하여 고마움을

표시하면 당황해한다.

- 그는 항상 당신의 시각을 이해하고 지지하기 때문에 당신에게 문제가 생겼을 때 이야기하기 좋은 사람이다.
- 그는 결코 드러내놓고 누군가에게 도전하거나 불평을 하지 않지만, 만약에 화가 났다면 상대방이 하라고 요청한 것을 잊어버린다.
- 신속한 결정을 해야 하는 프로젝트를 할 때, 그와 함께 일하는 것은 어려울 것이다. 그는 종종 당신이 해야만 하는 것을 언제 요구해야 하는지 모른다.
- 무엇보다도 그는 즐겁고 유쾌하며 이러한 모습이 일을 더 즐겁게 만든다.
- 무엇보다도 그는 당신이 지원을 필요로 할 때 항상 의지할 수 있는 사람이다.

깨어있는 9유형 리더의 강점

- 그들은 사람들로 하여금 인정받고 함께 하는 느낌을 갖는다.
- 그들은 사람들의 말에 경청하는 방법을 알고 그들의 목소리에 귀를 기울였다고 느끼도록 만든다.
- 그들은 사람들로 하여금 자신들의 의견이 가치가 있다는 것을 알도록 만든다.
- 그들은 일이 잘못되었을 때, 비난하기보다는 해결책에 더욱 초점을 둔다.
- 그들은 일이 잘 안되었을 때, 사람보다는 시스템을 비난한다.
- 그들은 시스템이나 회의과정을 개선할 방법을 찾음으로써, 사람들이 일할 때 더 좋은 경험을 가질 수 있도록 한다.
- 그들은 재미있다. 그들은 심각한 상황이라도 농담을 하여 가볍게 만든다. 이러한 것은 과업에 초점을 두고 함께 일하기 더욱 쉽게 만든다.
- 그들은 이야기를 건네기 편하다.
- 그들은 타인들에게 공을 돌리고 겸손함과 너그러움의 본보기를 보여준다.
- 그들은 잘 받아들인다. 그들은 사람들의 가장 좋은 점에 초점을 맞추고 뒤에서

타인을 비난하는 일이 거의 없다.

- 그들은 사람들이 어떤 일을 성취하는 방법에 대하여 다양한 의견들이 있을 때, 공통분모를 찾을 수 있도록 돕는다.
- 그들은 위트가 있고 점잖으며 친절함으로 긴장을 완화시키는 방법들을 자동적으로 찾아낸다.
- 그들은 열심히 일한다. 사익을 위해서나 주목받거나 권력을 위한 욕구에서가 아니라 팀이나 조직의 목적을 더욱 실행시키기 위한 진정한 욕구로부터 열심히 일한다.

9유형과 함께 일하는 이들이 경험하는 문제들

- 그들은 충분히 일치하거나 동의하지 않으면 어느 한 쪽 입장에 서거나 결정을 내리기를 어려워한다.
- 그들은 과업 완성이나 일거리를 치울 때 작업과정을 늦출 수 있다.
- 그들은 자신들이 갖고 있는 진정한 생각을 말하기 주저한다. 갈등 회피전략으로 그들은 항상 자신들의 완벽한 시각을 공유하지 않는다.
- 그들은 미루는 경향이 있다.
- 그들은 어떤 일을 하는데 '네'라고 말할지 모르지만 실은 '아니요'라는 의미일 수 있다. 결국에는 이루어지지 않았음을 발견하게 될 수 있다.
- 그들은 현재 일어나고 있는 일에 수동적으로 저항하지만, 자신에게 무슨 일이 일어나고 있는가를 말하지는 않는다. 그리고 왜 그 일에 반대하는지, 왜 화를 내는지도 말하지 않는다.
- 그들은 드러내놓고 의견을 제시하는 것을 회피한다. 그들은 타인들이 원하는 대로 하고, 자신이 원하는 것이 아니기 때문에 아무 말 없이 그저 함께 하지 않을 뿐이다.

- 그들은 행동을 취할 필요가 있을 때 문제가 될 정도로 수동적이다.
- 그들은 자신이 리더가 되었을 때조차 일의 주도권을 가지려 하지 않는다.
- 그들은 화가 난 듯이 보이지만 무슨 일이 일어나고 있는가에 대하여서는 아무 말도 하지 않는다.
- 그들은 그저 자신의 생각이나 의견을 적극적으로 제시하는 대신 자신에게 질문을 던지거나 자신을 이끌어 내주기를 원한다.

9유형과 리더십

자신의 에니어그램 유형을 아는 것이 업무에 어떻게 도움이 되는가에 관하여 9유형 리더들은 다음과 같이 말한다.

앤디 버켄필드는 캘리포니아 샌프란시스코에 있는 광고회사인 덩컨 채넌(Duncan Channon)의 파트너이며 CEO이다.

아주 당연한 이야기처럼 들리겠지만, 효과적이려면 자신을 이해해야만 한다. 자신이 누구인가, 어떻게 일하고 있는가에 귀를 기울이면 당신은 더욱 효과적이 될 수 있다. 그리고 '나는 이 일에서 도움이 필요 하네' 하고 인식할 수 있다. 9유형인 나는 갈등을 회피하는 경향이 있다. 그래서 '이 순간에 내가 갈등을 회피하고 있는가? 내 성향 때문에 이 이슈에 대하여 평화로운 해결책을 찾고 있는 것은 아닌가? 이 순간에 그래서는 안 되는 것이 아닌가?' 등에 대하여 주의 집중한다. 그러므로 나의 내부에 프로그램 되어진, 즉 내가 계획되어진 방식에 대한 알아차림의 단계를 갖는 것은 나를 더욱 효과적이게 만든다. 나는 상황을 무시하거나 내면의 작동방식이 특정한 일을 다루는 데 어떻게 영향을 주는가를 알아차리지 못하는 것이 아니라 그 상황에 대한 나 자신의 지식을 활용할 수 있다.

'당신이 리더라면 상황을 어떻게 다룰 것인가? 어떻게 행동할 것인가?' 하는 것이 그 직책의 주요 업무이다. 나는 사람들을 대하는 사업, 즉 서비스 사업에 종사하고 있다. 나의 직책은 문제를 해결하도록 안내하고, 팀이 다음 단계에 도달하도록 돕는 것이다. 9유형인 나의 편견이 무엇인가를 분명하게 알고 그 일을 하는 것은 정말로 대단한 힘이 있다.

이것이 나의 9유형다움의 결과일지도 모르겠다. 하지만 내가 잘하는 일들을 칭찬하거나 인정하는 대신에 내가 작업할 필요성이 있는 것들을 명확하게 한다는 의미에서 에니어그램의 활용을 고려하는 경향이 있다. 그러나 확실히 상황을 보면, 나는 이 특별한 평화로움을 지키는 소명을 이룰 준비가 더 잘 되어 있는 것 같다는 생각을 하는 순간들이 있다. 그리고 내가 특별히 이 과업을 잘하는 이유 중에 하나는 내가 프로그램되어 있는 방식과 잘 맞아 떨어지기 때문이다. 그리고 나의 9유형다움이 내 눈에 들어와서 작동하였던 것이다.

토드 태퍼트는 남캘리포니아 그린빌에 있는 그린빌헬스시스템의 문화 학습시스템의 최고 학습경영자이며 전문개발 리더십 아카데미의 상무이다.

내가 사회적 9유형이란 사실을 안 것은 정말로 많은 도움이 된다. 무엇보다도 이전에는 이따금 '게으른 9유형'이라는 스테레오타입과 연결되는 어려움을 겪었다. 이것을 알고 난 후에는 내가 생산적이고 활동적이란 느낌이 든다. 또 다른 도움은 일할 때 어려운 상황들을 바라보는 렌즈를 제공해준다는 점이다. 최근 정책상 중요한 변화에 대한 전달을 받지 못한 상태에서 작업 중에 사고가 일어났었다. 마치 자동조정장치처럼 나는 나에 대한 더 많은 증명은 필요하지 않다는 생각을 했었다. 그러나 이제는 에니어그램에 의한 자기 알아차림 작업을 통하여 다른 이야기가 있는지를 생각하게 되었다.

그리고 사회적 9유형으로서 나 자신에 관하여 생각해 보고, '너는 더 큰 조직의 이익을 위해 무엇인가 하도록 요청받았으니 그저 그 일을 하면 된다'라고 생각했었다. 그리하여 이러한 생각과 더불어 나는 다른 사람들이 염려할 필요가 없는 리더처럼 살았다. 그때는 그들이 무엇을 생각하고 있는가를 내게 언급할 필요 없이 한 달도 지나갈 수 있거나 혹은 내가 그 작업고리에서 빠졌다는 것이 나에게 중요하다는 사실을 그들은 생각하지도 못할 수 있다. 지금까지 나는 일들이 잘 되도록 해 왔으므로, 그들은 무심코 나를 당연하게 여겨왔을 것이다.

에니어그램을 사용함으로써 내게 주어진 큰 통찰력은 잠시 중단하고 내가 어떻게 반응하고 있는지를 주목할 수 있다. 또한 타인과의 관계에서 정말로 어떤 일이 일어나고 있는가를 알아차릴 수 있는 것이기도 하다. 사회적 9유형으로서 나는 다른 무엇, 즉 내가 믿는 것을 위해 일하고자 하는 것이 나의 DNA 속에 있다는 사실을 알고 있다. 일을 하면서 무엇인가를 움직이기 위해 개인적 희생을 하는 것이 나에게는 어렵지 않다. 나는 비전을 갖고 그것을 앞으로 밀고 나가는 창조적인 능력을 갖고 있다. 그리고 비록 내가 한 일들에 대하여 과업을 완전히 혼자 독차지하는 것이 어려울 수 있지만 커다란 차이를 만들어 낼 수 있는 창조적인 아이디어를 갖고 있다.

예를 들면 이곳 헬스시스템에서 시작된 전문인개발 리더십 아카데미는 우리가 무엇을 할 것인가에 관한 나의 아이디어이고 비전이었다. 함께 일하는 사람들로부터 많은 도움을 받기는 하였지만, 추진력은 바로 나였다. 그렇게 말하고 주장하기는 어렵지만 그러나 그것은 사실이었다.

당신이 9유형 상사일 때

당신이 9유형 상사이고 리더의 역할을 잘할 때, 당신이 리드하는 사람들은 자신들이 최고라고 생각하는 일을 하는 데 완벽하게 동기부여를 받게 될 것이다. 무엇보다도 9유형 리더는 집단의 이익을 우선한다. 그리고 진정으로 일을 이루어내기 위해 팀의 일원으로서 일하는 것을 즐기기 때문에, 사람들로 하여금 그들 스스로 일을 해냈다는 느낌을 안겨준다. 당신은 자신의 노력과 능력에 대하여 겸손하고, 함께 일하는 사람들을 위해 진정한 팀워크를 보여주는 모델이 된다.

또한 당신의 긍정적 태도는 당신이 리드하는 사람들을 격려해준다. 당신은 잘 한 일을 인정해주는 데 주저하지 않고, 문제가 생겼을 때는 그에 머물기보다는 해결책에 초점을 맞춘다. 그리고 각기 다른 사람들이 어떻게 함께 일할 수 있는가를 알아내고, 그들의 개인적 강점들을 끌어내는 재능을 발휘하고, 타인들과 협력하여 거대한 일들을 성취하도록 한다. 당신이 효과적이면서도 인간적인 방식으로 이끌 수 있는 힘과 능력을 갖게 된다면, 그것은 당신의 직원들과 조직 모두에게 실제로 도움이 될 것이다. 당신이 한 일과 타인을 리드하는 너그러운 방식에 대한 자신의 공적을 인정하는 법을 약간이라도 배우게 되면, 당신은 정말로 어떻게 먼저 일을 끝낼 수 있는가에 대한 더욱 강력한 실질적 사례를 제공받을 수 있을 것이다.

당신의 상사가 9유형일 때

9유형의 상사를 두면 좋은 점이 많다. 9유형의 리더는 다가가기 쉬울 것이다. 여러 가지에 관하여 진심으로 이야기할 수 있고, 지지받는다는 느낌을 갖게 될 것이다. 그리고 당신 편에 서서 힘을 부여해주는 느낌을 갖게 하고, 당신이 독립적으로 행동하고, 역할이나 직업에서 성장하도록 할 것이다. 9유형 리더는 함께 지내기 편하고, 쉽게 좋아진다. 그들은 당신의 이야기에 귀 기울이는 느낌을 주고, 일에 투입한 당신의 의견이 경청되고 고려될 것이라는 사실을 알게 될 것이다.

또한 9유형 리더는 은밀하게 당신과 경쟁하지 않고, 헌신적으로 당신을 승진시키려 하기 때문에 당신은 성공하게 된다. 자신을 추켜세우기 위해 당신을 끌어내리려고 하지 않는다. 특히 9유형 리더는 당신이 팀원이라는 사실을 믿고, 당신이 많은 것을 성취할 수 있도록 조화로운 관계를 맺고자 할 것이다.

9유형 리더에게 도전적 과제는 당신과 함께 작업할 때 그들이 항상 강하기만 한 존재는 아니라는 점이다. 특히 작업에서 개선할 점이 있을 때 그와의 의사소통이 분명하지 않을 수 있다. 그것은 리더가 당신을 불쾌하게 만들까봐 두려워하기 때문이다. 이와 마찬가지로 당신의 피드백에 대해서도 생각만큼 개방적이지 않을 수도 있다. 왜냐하면 당신의 방식에 대한 부정적인 정보를 언급해야만 하는 갈등에 직면하기를 원하지 않기 때문이다. 자신이 하고 있는 일에 관하여 확실하지 않다고 느끼거나 어느 방향을 택할지 결정하지 못한다면, 그들은 두려움으로 인해 접근하기 어려워한다.

그리고 9유형 상사의 하위유형도 각기 다른 역할을 한다. 자기보존 9유형은 보다 고집스럽지만 더욱 강하다. 사회적 9유형은 믿기지 않을 정도로 열심히 일하고 생산적이며, 일대일 9유형은 당신의 요구에 대하여 아주 친절하고 세밀할 것이다. 9유형의 리더가 자신감을 가지면 가질수록 리더십이나 결정을 내리는 것이 더욱 강력해질 것이다. 한편 갈등을 다루거나 분노에 직면하는 법을 배우지 못한다면, 그들은 수동적이거나 회피적이 될 것이다. 무엇보다도 9유형 리더는 당신이 편안하게 함께 일할 수 있고, 특히 팀에 관여하는 태도나 일을 통하여 타인을 돕고자 하는 헌신적 자세에 대해서는 존경할 수 있는 사람들이다.

당신의 부하 직원이 9유형일 때

당신과 일하는 부하 직원이 9유형일 때, 특히 그들과 좋은 관계를 맺게 된다면 그들은 협조적이고 열심히 일할 것이다. 그들에게 핵심적인 주도권이나 결정에 대하여 그들에게 직접 물어보는 것이 중요할 것이다. 그리고 당신이 그들의 의견을 중요시하고, 그들의 의견을 포함시키고자 한다는 사실을 분명히 알게 하는 것이 중요하다. 9유형은 어떤 것의 일부가 되고자 하지만, 반드시 앞장서거나 중심에 있거나 자기만의 길을 고집하지 않는다. 그러므로 그들의 견해가 무시되지 않는 한, 개별적으로 기여하는 것을 더욱 편안하게 생각한다. 그리고 그들이 좋아하고 가깝다고 느끼는 사람들을 지원하기 위해서는 자신에게 손해가 될지라도 일을 한다.

만일 9유형의 직원이 스스로 알아차리지 못한다면, 수동적이거나 수동적 공격성을 보이는 그 직원과 문제가 생길 수 있다. 그들은 늦장을 부리거나 특별한 과정이나 일을 진행할 때 게으름을 피울 것이다. 내가 알고 있는 9유형의 사람은 최근에 상사로부터 휴가수첩에 다음 달 휴가계획을 적었느냐는 질문을 받았다고 하였다. 그녀는 상사에게 "휴가수첩에 기입해야 했나요?"라고 말했고, 실제로 수첩을 사용할 계획이 없음에도 불구하고 휴가수첩에 대해 알아봤다고 했다. 9유형은 일을 할 때 규칙을 따르기는 하지만, 그런 규칙이 공정하다고 생각되지 않거나 규칙이 적용되는 것에 기분이 상하게 되면, 그저 그 규칙을 준수하지 않고 아무 말도 하지 않는다. 그러나 무시당했다거나 압박받는 느낌만 없다면, 9유형은 함께 하기 좋은 훌륭한 동료 직원이 될 것이고 보다 큰 조직의 이익을 위해서 언제라도 행동할 것이다.

9유형과 원활한 업무관계를 유지하는 방법

- **항상 평화롭고, 친절하며, 개인적인 연결을 갖도록 노력하라** 9유형은 친절하지 않아야 할 이유를 모른다. 그들은 친절과 따스함으로 리드하며, 그런 사람이 아니라는 증거가 있기 전까지는 신뢰할 만하다고 가정한다. 당신이 함께 일하고 있는 9유형은 자신들을 사적으로 알고자 하는 당신의 노력에 감사하며, 서로 잘 어울릴 수 있는 긍정적인 분위기를 만들고자 한다.
- **9유형을 포함한 모든 사람들의 의견을 존중하라** 9유형은 가능한 합의에 의한 리드를 좋아한다. 그들은 모든 사람들의 의견을 모으는 것이 가치 있다고 믿고 민주적이고 사교적인 경향을 보인다. 당신이 그들을 포함한 모든 사람들의 견해에 대하여 존경심을 분명하게 보여 준다면, 9유형은 아마도 당신을 존경하고 함께 일하고자 할 것이다.
- **갈등과 비판에 대한 그들의 민감성을 이해하라** 절대적으로 필요한 경우가 아니라면,

문제를 일으키거나 갈등을 조장하지 마라. 누군가 갈등을 일으킬 것 같이 위협적으로 자신의 분노를 분출하거나 하고 싶은 대로 행동하는 것을 보면, 9유형은 불편해하고 움츠리거나 분노를 보인 그 사람에게 분노를 터뜨릴 것이다. 때로는 그들 자신도 평화주의자로서 엄청난 분노를 표출하기도 할 것이다. 그들은 누군가가 다른 사람을 화나게 만들면 자신도 화를 낼 것이다. 당신이 아주 작은 갈등을 일으키기라도 했다면 그들 뒤를 한 바퀴 돌아서 반드시 갈등을 해결하려는 노력을 하라.

- **9유형에게는 요청받지 않았을지라도 의견을 낼 것인가를 물어보아라** 9유형과 함께 일할 때, 자신의 의견을 적극적으로 제시하지 않기 때문에 곤란을 겪기도 한다. 그들은 회의 중에는 조용히 있다가도 아무도 그들이 생각하는 것에 관하여 물어보지 않는다는 사실에 짜증을 내기도 한다. 그러므로 그들에게 어떤 의견이 있는가를 반드시 물어보라. 그리고 그룹의 전반적인 방향의 반대되는 의견을 표현할 때는 물어보고, 그들의 피드백을 지지하는 것이 특히 중요하다.

- **그들이 참여할 수 있도록 직접적으로 그들의 협조를 요청하라** 9유형과 함께 일하는 리더라면 그들이 말 없는 강력한 투쟁 속에서 고집스럽게 당신의 의지에 저항하는 것을 알아차리게 될 것이다. 9유형을 움직이려고 하는 대신에 그들에게 무엇을 생각하고, 어떻게 느끼는가를 물어보고, 그들의 동의를 원한다고 직접 이야기하고, 그들에게 그들만의 이유에 대하여 그렇다거나 아니라고 말할 자유를 주어야 한다.

- **팀에 대한 그들의 기여를 분명하게 인정하라** 그들이 팀이나 리더십, 혹은 더 큰 조직에 도움을 주었을 때 지나치게 드러내거나 당황스럽지 않은 방식으로 그들을 인정하는 모습을 보여주어야 한다.

성장을 위한 과제와 제언:
자기 발견, 효율성 및 업무 만족도의 향상

모든 유형들은 먼저 자신의 습관적인 경향을 관찰함으로써, 타인들과의 협력에 덜 반응하고 더 잘 협조하는 법을 배울 수 있다. 보다 많은 자아통찰력을 얻기 위해 타인들이 생각하고, 느끼고, 행동하는 것을 생각하고, 주요한 방해물에 대하여 자동적으로 나타나는 반응을 잘 다루고 조절하려는 노력이 필요하다.

9유형은 처음에는 관찰을 통하여 성장하기 시작하다가 점차 갈등이나 비난과 같은 주요 장애물들, 즉 자신의 기여에 대한 언급이나 인정을 받지 못했거나 '아니요'라는 말을 할 수 있는 기분이 안 되거나 경계선 짓기에 대한 자신의 습관적 반응들을 조절하는 법을 배우면서 성장한다. 9유형이 문제가 되는 행동을 하는 자신을 볼 수 있을 만큼 충분히 자신의 행동을 관찰한다면, 그리고 멈춰서 지금 무엇을 하고 있으며, 왜 하고 있는가를 돌이켜 본다면, 그들은 서서히 자신의 프로그래밍과 자동 반응들을 조절하는 법을 배울 수 있게 된다. 9유형이 좀 더 자기 인식적이 되고, 정서적으로 현명해지고, 일터나 가정에서 만족스럽도록 도움을 줄 수 있는 몇 가지 제안을 하고자 한다.

자기관찰
9유형이 유의해야 할 점들

- 자기 자신이나 자신의 의제보다 타인이나 타인의 의제에 더 많은 관심을 보이는 경향이 있음을 관찰하라. 자신보다 타인을 우선시 하고 자신을 나중에 둘 때의 느낌에 주목하라.

- 분노에 대한 당신의 경험에 주목하라. 어떤 일들이 당신을 화나게 하는가? 그리고 어떻게 반응하는가? 합법적인 반응일 수도 있음에도 불구하고 분노를 언급하지 않는 경우는 언제인가? 언제 분노를 표현하고 언제 표현하지 않는가?

- 수동적 공격성을 보이는 행동들에 주목하라. 자신의 분노를 더욱 의식하여 보라. 그러면 직접적으로 표현하기를 원하지 않지만, 화가 나서 저절로 나오는 행동을 볼 수 있을 것이다.

- 당신의 생각이 간과될 것이라고 미리 가정하는 경향을 관찰하라. 자신의 목소리가 들리지 않을 것이라고 미리 생각하기 때문에 의견 내기를 주저하는 모습에 주목하라. 그리고 이러한 주저함에 따른 결과들에도 주목하라.

- 결정을 내리는 것이 얼마나 쉬운가 혹은 어려운가를 관찰하라. 당신이 결정하려고 고민할 때 어떤 일이 일어나는가? 어떤 결정이 다른 결정들에 비하여 더 쉬운가 ? 어떠한 상황에서 중립을 지키고자 하는가?

- 어떠한 상황에서 당신이 원하는 것을 알기 어려운가? 자신이 원하는 것을 모를 때 어떻게 반응하는가?

- 주목을 받는 데에 대한 불편함이 당신의 힘을 완전히 소유하지 못하게 만들지 않는지에 주목하라. 당신이 리드할 수 있는 능력이 있음에도 불구하고 잠재적으로 지나치게 겸손함으로써 나타나는 결과들에 주목하라.

맹점

마음의 평안에만 집착하려 하는 것이 곧 해를 끼친다

9유형이 자신 속에서 보지 못하는 맹점들은 다음과 같다.

- **당신의 의제와 당신이 원하는 것, 그리고 그것이 중요한 이유** 9유형에게는 다른 사람

들처럼 욕구와 우선순위를 갖고 있다는 생각이 떠오르지 않을 것이다. 그리고 자신이 원하는 것을 표명하지 않으므로, 그저 일반적인 기준에 의해 다른 사람들이 원하는 것에 자리를 내 줄 것이다. 이러한 것으로 인해 나중에 당신은 분개하게 되지만, 그것은 어느 누구에게도 좋지 않다. 당신이 원하는 것이 무엇인가를 묻고, "나는 모른다"라는 대답이 나와도 연민을 갖고 계속 질문을 던지기를 배우는 것이 도움이 될 것이다. 그리고 궁극적으로 타인들과 잘 지내기 위한 전략으로써 모른 척 해온 자신의 욕구와 연결하는 법을 배우게 될 것이다.

- **당신 자신의 분노와 수동적-공격성 행동들** 9유형은 자신의 분노를 알아차리지 못하는 경향이 있다. 그리하여 자신이 느끼지 못하거나 혹은 인정할 수 없는 분노를 간접적이고 은밀한 방식으로 실행에 옮기게 된다. 당신이 자신의 분노를 인식하고 받아들일수록 타인에게 수동적으로 저항하는 방식으로 자신의 분노를 분출하여 문제를 일으키는 경우가 감소할 것이다.

- **타인들의 인정과 지원을 위한 당신 자신의 욕구** 긍정적이든 부정적이든 간에 주목받는 것에 대한 불편함은 그들이 자신의 기여나 공적에 대하여 인정받고자 하는 욕구를 덜 인정한다는 것을 의미한다. 당신이 타인의 인정을 받아들이는 법을 배우지 않는다면, 결국 긍정적 피드백을 회피하는 고리에 갇히게 될지도 모른다. 9유형은 자신이 한 일에 대하여 인정받으면 오히려 사기가 올라간다는 사실을 알 필요가 있다.

- **조화를 위한 욕구가 실제로 어떻게 갈등으로 이어지는가** 당신이 확고한 태도를 취하거나 분명한 의견을 보이지 않으면 실제로 불화를 가져 올 수 있다. 사람들이 의식적이고 직접적인 방식으로 함께 일하게 되면, 어쩔 수 없이 자연스럽게 불일치가 발생한다. 사람들이 당신이 무슨 생각을 하는지 알 수 없다면, 일을 분명하게 파악하고 진행하기 어려울 수 있다.

- **타인과 소통할 때 명확함의 결여** 평화로움과 긍정적인 모습을 유지하고자 하는 당

신의 욕구는 중요한 정보를 감추거나, 지시나 피드백을 할 때 분명하지 않게 만든다. 갈등과 긴장에 대한 회피욕구는 개선을 위한 건설적인 비평과 같이 명확한 의사소통이 있어야 할 때조차 당신으로 하여금 그저 긍정적으로 있는 편이 낫다고 생각하게 한다.

- **당신 자신의 스트레스** 9유형인 당신은 괜찮지 않을 때에도 '나는 괜찮아'라고 말할 것이다. 당신은 타인들을 위해 '괜찮아'라고 말해야 한다고 믿는다. 그러나 자신이 괜찮지 않은 순간을 인정하지 못하는 것은 당신 자신이나 타인에게 도움이 되지 않는다. 그런 상황에서 계속 일을 하게 되면 큰 문제로 이어질 수도 있다.

자기통찰

성찰하고 이해하고 탐색할 것들

- 자신이 무엇을 원하는가를 아는 것이 왜 어려운가? 당신이 원하는 것을 좀 더 알려고 하면 어떤 문제들이 생기는가?
- 타인보다 자신이 우선적으로 생각하는 것에 초점을 맞출 때 어려운 점은 무엇인가? 당신에게 가장 중요한 것에 주목하기를 적극적으로 회피하는 방식은 무엇인가? 그리고 그 이유는 무엇인가?
- 당신의 분노의 정도를 낮추는 이유는 무엇인가? 당신이 자신의 분노를 완전히 느끼는 것에 어떤 두려움이 있는가?
- 모든 사람의 목소리가 들리는 것이 왜 중요한가? 누군가의 목소리가 간과되거나 들려지지 않는다면 어떤 느낌이 드는가? 그런 느낌들은 어디에서 오는가?
- 시선 집중을 받으면 무엇이 힘들게 느껴지고 불편한가?
- 갈등에 대해서 어렵고 무서운 것이 무엇인가? 갈등은 어떤 느낌을 주는가? 어떠한 갈등이라도 회피하기 위해 무슨 일을 하는가? 그리고 그 결과들은 무엇인가?

- 당신의 능력만큼 힘을 가질 수 있음에도 드러내려 하지 않는 이유는 무엇인가? 당신의 힘을 갖고 표현하는 것을 숨기려는 습관들은 무엇인가?

9유형이 활용할 수 있는 강점들

이 감정들은 9유형 자신이 처한 상황에 대해 완전히 깨닫고 적극적으로 주의를 기울이고 영향을 주는 데 도움이 된다.

- **큰 그림을 보고 각 조각들이 어떻게 맞추어지는가를 볼 수 있는 능력** 일의 큰 맥락을 이해하고 각각의 부분들이 전체와 어떻게 조화를 이루는지 파악할 수 있는 당신의 능력을 높이 사는 것이 중요하다. 이러한 힘을 많이 가질수록, 당신은 일을 성사시킬 수 있는 조직을 지휘할 수 있는 힘을 더 많이 갖게 된다.
- **큰 프로젝트를 끌고 나가기 위해 다른 사람들과 일할 수 있는 능력** 당신은 중요한 일이 이루어지도록 사람들로 하여금 조화롭게 일하도록 동기를 부여하는 여러 가지 방법을 알고 있다. 당신이 모든 사람들의 기여에 가치를 두고, 그들의 참여에 귀를 기울이고자 하는 노력은 사람들에게 힘을 부여하고, 당신 팀으로 하여금 누가 공과를 취할 것인가를 염려하지 않고 중요한 사회 문제를 해결하거나 업무를 성공적으로 이끌어 가도록 한다.
- **논란을 중재하고 어려운 상황을 매끄럽게 다룰 수 있는 능력** 갈등에 대한 불편함이 갖는 긍정적 면은 사람들이 서로 분열되었을 때 앞으로 끌고 나갈 방도를 쉽게 알아낸다는 점이다. 어려움이 생기면 당신은 처음에는 서로 동의하지 않았던 사람들에게도 서로를 이해할 수 있도록 도움으로써 논쟁의 상황을 극복해나간다.
- **세심함과 다양함 속에서 통합할 수 있는 능력** 모든 사람들의 목소리에 귀를 기울이고, 가능한 모든 결정이 합의로 이루어지도록 하려는 진정성 있는 욕구는 차이를 인정하고 수용하도록 할 뿐만 아니라 사람들을 통합시킨다.

- **자신의 이익보다 더 큰 선을 앞세우는 희생적 경향** 당신은 다른 사람들이 유익한 목표들을 향하도록 자연스럽게 이끌면서 희생적인 리더십으로 사람들을 격려해준다. 당신은 사람들과 함께 일하는 것이 단순히 각자 일하는 것의 총합보다 얼마나 더 좋은가를 보여주는 존재의 모델이 된다. 당신이 이점을 기억한다면 도움이 될 것이다.

자기관리

9유형의 도전 과제

- **갈등회피** 갈등은 때로는 건전하고 필요하다. 그러므로 당신이 갈등을 회피하는 이유를 이해하고 회피하려는 욕구를 중재함으로써 갈등을 의식적이고 생산적인 방식으로 끌어안는 것이 필요하다.
- **분노회피** 당신이 갈등을 회피하기 때문에 때로는 무의식적으로 자신의 분노에 눈을 감아버리는 경향이 있다. 그러나 당신의 분노는 관심을 필요로 한다는 중요한 시그널일 수 있다. 분노는 또한 힘과 연관된다. 그러므로 당신은 리더로서 보다 효과적으로 분노를 드러내고, 분노를 억누르려는 당신의 습관을 중재할 수 있다면 자신의 권력을 의식적으로 행사할 수 있을 것이다.
- **수동적-공격성 행동방식의 경향** 당신이 자신의 분노를 더욱 느끼고 받아들이고 표현할 수 있을 때, 당신은 자연스럽게 수동적–공격성 행동을 덜 하게 될 것이다. 가령, 작업 속도를 늦추거나 어떤 것들에 대하여 잊어버리거나 규칙과 과정을 고수하기를 조용히 회피한다든가 하는 행동들을 덜 하게 될 것이다. 자신이 하는 일에 더욱 적극적이 되고 사전에 행동하게 되면, 당신은 더욱 직접적이고 강력하게 될 것이다.
- **타인을 우선시함** 당신이 자신보다 타인들에게 얼마나 더 많은 관심을 쏟는가를 알

아차리는 것이 중요하다. 자신을 좀 더 돌보고, 타인을 조금 덜 우선시함으로써 균형을 맞출 수 있다면, 당신이 진정으로 원하는 것을 위해 보다 강력한 행동을 취할 수 있을 것이다. 자신을 돌보는 것은 타인을 섬기는 가장 좋은 방법 중에 하나이다. 자신의 삶에서 자신에게 더욱 우선권을 부여할 때, 타인들은 당신의 더 좋은 부분을 가지게 될 수 있다.

- **목소리가 들리지 않거나 포함되지 않은 것에 대한 민감성** 이따금 당신의 목소리가 들리지 않거나 제외되고 간과되는 것에 대해 당신이 민감하게 반응을 하는 방식은 자신을 더욱 간과하고 제외시킬 수 있다. 이것은 당신 자신을 포함시키는 것을 잊고, 다른 사람들이 쉽게 당신을 중요하지 않은 존재로 생각하게 만든다. 자신이 좀 더 적극적으로 행동한다면 가볍게 여겨지거나 잊혀지지 않을 확률을 높일 수 있다.

잠재력의 의식적 발현
'낮은 의식수준'을 인식하고 '높은 의식수준' 지향하기

9유형들은 의식적으로 자신의 성격유형과 관련이 있는 자기 자신을 제한하는 습관과 패턴을 깨닫고, 자신 성격보다 높거나 다양한 능력을 구체화하는 법을 배움으로써 성장할 수 있다.

- 당신이 어떻게 자기 자신과 자신의 욕구에 눈을 감아버리는가를 배워라. 그리고 자신을 점점 더 자주 표현하려는 도전을 시도하라. 당신 자신을 세상 저 밖에 내놓기를 즐기라. 살아 있고 깨어있는 과정의 일부로 나타나는 모든 불편함이 주는 도전을 즐기도록 하라.
- 당신의 분노에 무슨 일이 일어났는가, 그리고 왜 일어났는가에 관하여 더 많이

배우라. 그리고 소리 높여 더 많이 표현하는 실험을 하라. 분노가 어떻게 당신의 힘과 연결되어 있는가를 정확하게 경험하도록 하라. 그리고 약간 화가 나더라도 이 세상에서 좀 더 힘을 갖는 것이 얼마나 좋은가를 경험해 보라.

- 당신이 원하는 것보다 당신이 원하지 않는 것에 관하여 어떻게 더 많이 아는가, 그리고 그것이 어떻게 수동적 저항 속에 갇히게 되는가에 주의 집중하는 법을 배우라. 스스로 분노가 어떻게 수동적으로 흘러나오는가를 좀 더 의식하고, 비록 분노가 타인들과 건전한 긴장을 유발시킨다 할지라도, 당신의 목표를 찾는 통로로 사용하라.

- 자신이 무엇을 원하는가를 알고, 점차적으로 자신의 욕구에 다가가는 것이 왜 그토록 어려운가를 알아야 한다. 당신의 욕구와 소통하는 것이 모든 사람들에게 더 많은 혜택을 준다는 사실을 믿어라. 당신의 명확함과 당신 자신을 포함하는 능력은 당신에게 깊은 소속감을 안겨 줄 것이다.

- 당신의 생각을 말하지 않고, 의견을 사전에 적극적으로 주장하지 않음으로써 어떻게 효과적으로 자신을 지워버리고 있는가를 알아 차려라. 요청을 받거나 초대 받지 않고도 자신의 목소리를 내기 위해 필요한 것이 무엇인가 찾아보라.

- 때로는 합의를 도출하는 것이 불가능하거나 혹은 오히려 더 바람직할 때가 있으며 시도할 필요가 있을 수 있다. 혹은 어떤 사람들이 다수가 결정한 것을 좋아하지 않는다고 하여도 괜찮을 수 있다는 사실을 배워라. 합의에 따른 한계들을 인정하지만, 여전히 균형을 이루고 모든 사람의 참여를 위한 공통분모를 찾아내는 당신의 재능을 활용하라.

일반적으로 9유형은 그들의 욕구, 우선권, 특히 분노와 같은 감정들을 관찰하고 그것들에 대항하여 작업함으로써 고차원적인 잠재력을 성취할 수 있다. 자기 자신에게는 잠에 빠져드는 경향을 더욱 인식하고 자신의 경험에 정신을 차리면, 타인들

에게 하듯이 자신을 가치 있게 여기고 지지하는 법을 배울 수 있다. 9유형이 자신의
분노나 힘, 또는 의견을 표현하는 데 있어서 자신의 내적인 장애물을 의식적으로 극
복한다면 그것이 어떤 결과를 가져오든지 간에 그들은 세상에 자신을 내놓음으로써
그들 자신의 삶과 일, 그리고 타인의 일을 개선시킨다는 사실을 알게 될 것이다.

조직 및 실제 삶 속에서의

에니어그램 리더십

과거의 방법은 새로운 미래를 창조할 수 없다.

마샬 골드스미스: 저자 및 경영자문코치

경영과 관련하여 나는 에니어그램만 사용합니다.
그 외의 다른 방식에는 관심이 없습니다.
에니어그램은 단순하면서도 우아합니다.
에니어그램은 성장모델이기 때문에 다른 어떤 이론보다 우수합니다.
다른 프로그램과 달리 에니어그램은 성장과 진보와 발전을 목표로 하기
때문에 신뢰할 수 있습니다.

엔드류 그린버그: 최고경영자, 그린버그 전략연구소

제13장
조직 및 실제 삶 속에서의 에니어그램 리더십

당신은 지금까지 에니어그램의 내용을 읽고 다음과 같은 중요한 질문들을 던지게 될 것이다.

1. 에니어그램이 우리 조직에 도움이 될 수 있을까? 사업적으로 어떤 영향을 미칠 수 있는가? 에니어그램을 도입하면 어떤 면에서 조직 향상이 가능한가?
2. 에니어그램을 어떤 방식으로 도입할 것인가? 최고의 결과를 달성하기 위해 이를 어떻게 사용할 것인가?

마지막 장에서는 이러한 질문들에 대해 논의하면서 조직의 성공을 위해 에니어그램을 도입한 실제 사례들을 제시할 것이다. 여기에 성공 사례를 공유해준 분들에게 다시금 깊은 감사의 말을 전한다. 지난 20년에 걸쳐 에니어그램은 점점 더 대중화되었다. 에니어그램 성격유형을 접한 많은 이들이 자기 내면에 관한 통찰력과 그에 따른 인생의 변화와 성숙을 경험하게 되었다.

많은 이들이 스스로 이런 질문을 자신에게 던진다.

"나의 성격유형 관련지식을 어떻게 활용할 것인가?"

또한 조직을 이끄는 리더들은 이런 질문을 하게 된다.

"이제 에니어그램의 입문 교육을 마쳤으니 지속적인 효과를 얻기 위해서는 어떤 방식으로 이것을 사용할 것인가?"

이제 긍정적인 리더십, 효율적인 협력 관계, 전문성 강화, 조직의 성장과 개발을 위해 에니어그램을 활용할 수 있는 방법을 논의하고자 한다. 실제 사례에서 볼 수 있 듯이 다양한 방면의 성장과 개발이 공통된 주제로 나타난다. 에니어그램은 하나의 고착된 고식적 체계가 아니다. 에니어그램을 효율적으로 응용한 결과, 사람과 그룹 모두에게 긍정적인 변화를 가져올 수 있었다. 몇몇 리더들은 여기서 에니어그램을 고도 성장기에 사용함으로써 효율적인 리더십, 글로벌한 문제 해결에 도움을 얻게 되었고 그 사례를 공유하고 있다.

에니어그램의 효과
리더십과 전문성 개발

"간략하게 말해서 리더들은 남을 이해하기에 앞서 우선 자신을 이해해야 합니다. 자아인식은 자신을 객관적으로 볼 수 있는 능력을 요구합니다. 연구결과 자아인식이 강한 리더들은 그렇지 않은 사람들에 비해 보다 효율적이고 성공적인 리더십을 가진 것으로 나타났습니다. 효율적인 리더들은 먼저 자기계발을 통해 다른 이들의 계발을 도울 수 있게 됩니다."

- 테레사 로쉬: 애질런트 테크놀로지(Agilent Technology)사의
전임 부사장 및 최고교육관리자

"에니어그램의 가장 뚜렷한 특징은 자기 자신을 제3자의 눈으로 볼 수 있는 객관적 관점을 가질 수 있게 도와 준다는 것입니다."

- 진 할로란: 애질런트 테크놀로지(Agilent Technology)사의 전임 인사부 상무

모든 공동체의 개발은 개인의 향상을 그 밑바탕에 두고 시작된다. 그것이 사업 파트너 사이의 관계형성이든 리더십과 팀 활성화이든 또는 단체 교육 프로그램이든 상관없다. 리더는 한 개인으로서의 자기인식을 통해 자신을 이해하고 자신의 행동에 대해 책임을 짐으로써 열린 자세로 다른 사람들의 자아성찰을 도울 수 있어야 한다.

데이브 에잇킨은 아프리카의 탄자니아에 있는 은행 FNB의 CEO로서 8유형의 리더십을 수행하지만 7유형의 특성도 지니고 있다. 그와의 인터뷰에서 볼 수 있는 것처럼, 에니어그램을 이용한 교육 프로그램이 그의 리더십 향상에 크게 기여했음을 볼 수 있다.

처음 나의 유형을 알게 되었을 때, 에니어그램 이론이 나의 실체를 얼마나 잘 설명해주는지를 보고 많이 놀랐습니다. 한 번도 정신과 전문의와 상담을 한 적은 없었지만 에니어그램을 통해 나 자신에 대해 훨씬 깊은 이해가 가능해졌습니다. 이러한 자아인식은 강렬한 도구가 되었죠. 나의 인생을 적극적으로 설계하고 향상시킬 수 있었습니다. 또 중요한 것은 한 가지 관점에서만 보는 것을 탈피할 수 있었다는 것이죠. 다양한 관점이 존재한다는 것을 받아들일 수 있었고 여러 시각으로 볼 수 있는 능력은 다양한 상황들을 처리할 수 있게 해주었습니다. 이 훈련을 받은 후 나에게 얼마나 많은 변화가 일어났는지, 내가 얼마나 더 수용적이 되었는지에 대해 아내가 말해 줍니다. 에니어그램 교육을 통해 얻은 가장 큰 변화는 나에 대한 비판을 보다 겸허히 수용할 수 있는 마음자세가 생겼다는 것입니다. 저는 이제 제가 어떻게 하면 더 효율적인 리더가 될 수 있는가에 대해 직원들에게 묻곤 합니다.

크리스 홀더는 오토데스크 정보보안 총책임자이다. 그가 에니어그램을 처음 접한 것은 젠테크의 정보교환 및 보안 부책임자였을 때이다. 그는 지금까지 에니어그램을 오토데스크의 팀 구성원들과 함께 활용한다. 그는 에니어그램의 9가지 유형을 이해함으로써 다른 이들과의 공감대 형성 능력을 키움으로써 더욱 효율적인 리더로 거듭나게 되었다.

에니어그램이 저에게 가장 도움이 된 부분은 다른 이들과의 공감대를 향상시킨 점입니다. 계속해서 자의식을 키워 나갈 수 있다는 이점도 있지만 가장 큰 부분은 다양한 유형의 사람들을 이해할 수 있다는 것입니다. 이제는 다른 이들을 제 기준으로 판단하지 않습니다. 제가 생각하는 기준은 개인의 기준일 뿐이지 단 하나의 확립된 기준이 아니며, 그것은 존재하지 않는다는 것을 깨닫게 되었습니다. 나 외에도 다른 여덟 가지 유형의 사람들이 있다는 걸 이해한 결과, 그에 부합하는 진실 또한 존재한다는 것을 깨닫게 된 것이죠. 저에게는 새로운 세상이 열렸습니다. 다른 이들을 이해함으로써 그들과 공감대를 형성할 수 있는 능력이 생기게 된 것이죠. 서로 다른 관점을 갖고 있음을 명확히 깨닫게 된 것입니다.

스펜스 테일러 박사는 피지션 인게지먼트(Physician Engagement)의 부회장이며 사우스캐롤라이나의 그린빌대학 의료클리닉 학장이다. 그는 또한 혈관외과 전문의이며 그린빌 헬스시스템의 외과과장을 역임하였다. 그와의 인터뷰 내용을 통해 그의 선임자가 에니어그램을 통해서 그에게 어떤 도움을 주었는가를 볼 수 있다. 자기가 존경하는 사람이 자신에게 필요한 개선점을 지적해줌으로써 자신이 8유형임을 깨닫게 된 것이다. 이를 통해 그는 효율적인 리더로 성장하였고 그 결과 새로운 의학기관을 성공적으로 이끌 수 있게 된 것이다. 단지 직업뿐만 아니라 그의 인생 또한 변화할 수 있었다고 이야기한다. 그는 한때 에니어그램을 의심했지만, 이제는 그린빌 헬스시스템에 있는 에니어그램학부의 교수로서 에니어그램을 의학전문인들이 적합하게 사용할 수 있도록 돕고 있다.

몇 년 전 저는 4년제 의대를 새롭게 시작해 달라는 부탁을 받았습니다. 저는 8유형이기에 제의를 받게 되면 완전 앞으로 돌진했습니다. 그들은 제가 잘 해나갈 것이라고 말했고, 저 또한 잘 이끌 수 있다고 확신했습니다. 이것을 구축하게 된다면 제 것으로 만들 수 있다는 식이였죠. 하지만 그 후, 그들은 저에게 계속 참여할 것을 원했지만, 제가 조직을 혼자 이끌 수 있을지는 확실하지 않다고 했습니다. 제게는 그 소리가 불공평하게 들렸습니다. 그들은 제가 좀 더 정치적 수완이 필요하다고 하면서 사우스캐롤라이나대학의 전 학장인 앤드류와 함께 일할 것을 권했습니다. 앤드류가 신설된 의대를 이끌 것이고 저는 그를 도와서 함께 일할 수 있다는 것입니다. 앤드류는 정치적 수완이 상당했고 자기인식도 분명했습니다. 앤드류는 저를 코치했습니다. 저는 너무나 화가 났습니다. '이건 너무 불공평해. 내가 모든 일을 했는데 지금 이 자가 들어와서 공을 차지하는 동안 나는 계속 그의 보조업무만 하라고?'라는 생각에 분개했습니다.

이 시기에 의대가 설립되는 과정에서 저희는 주요 현안들을 다뤄야 했습니다. "얼마나 많은 학생들이 수강해야 하나? 입학 기준은 무엇인가?" 관계자들의 참여 아래 이러한 질문에 대한 답을 제시해야 했습니다. 회의 중간쯤 앤드류는 저를 옆으로 끌어당기더니, "잠시 당신을 지도해줘도 될까?"라고 물었습니다. 저는 "네, 선생님. 무엇을 코치하고 싶으세요?" 그는 "당신 스타일을 바꿔야 해"라고 말했습니다. 저는 "무슨 말씀이시죠?"라고 물었습니다. 그가 대답했습니다. "당신은 마치 밴드 리더처럼 리드하고 있어." 저는 그 말에 동의했습니다.

"당신은 팀을 이끄는 방식을 배워야 해. 당신은 모든 이야기를 앞서서 하고 있어. 당신은 누구의 말도 듣고 있지 않아. 당신은 사람들을 다그치고 있어. 밴드 리더가 아니라 목동처럼 인도하는 법을 배워야 해. 당신은 더 뒤로 물러나야 한다고." 그래서 나는 "우리는 이 양들을 뒤따라갈 시간이 없습니다"라고 말했습니다. 그가 말하기를, "당신은 지금 사람들을 긴장하게 만들고 있어. 그들의 감정적인 에너지를 느낄 수 있어? 너는 이 사람들을 두렵게 하고 있어." 그것은 저에게 놀라운 깨달음을 주었습니다. 그는 권유했습니다. "당신은 이제 아무 말도 하지 말고 1시간 동안 입을 다물 수 있겠나?"

앤드류는 주요 질문들과 그 해결책을 찾아가는 과정을 통해서 사람들을 인도하였습니다. 저는 뒤에서 그를 보고만 있었습니다. 그러나 사람들은 답을 생각해냈고 앤드류는 매우 능숙하게 "그거 흥미롭네요. 그것에 대해 좀 더 이야기합시다"라고 했습니다. 그 후에 그는 저에게 이렇게 말했습니다. "이것이 리드하는 방법이라네. 모두가 의미 있는 공헌을 했다는 생각이 들도록 말이지. 그것이 당신이 목동이 되는 방법이기도 하지. 당신은 사람들을 더 잘 리드해야 하네. 그렇지 않으면 실패할 수 있어."

이것은 큰 깨달음이었습니다. 그 시점에서 저는 에니어그램이 진짜일지도 모른다고 생각했습니다. 저희는 에니어그램 컨설턴트와 함께 일해 왔고 저는 그가 완전히 멍청이라고 생각했었습니다. 그러나 그 시점에서 나는 나 자신에게 말했습니다. '아마도 그는 멍청이가 아니고 내가 멍청이일 수도 있겠군.' 그것은 강렬한 깨달음이었고 저의 8유형의 에너지를 보게 된 순간이었습니다.

에니어그램 효과
업무 관계 향상

"에니어그램은 사람들이 힘든 상황에서 어떻게 반응할 것인가에 대한 이해도를 높여 주고, 지도자로서 그들을 도울 수 있게 해줍니다."

- 데이브 에잇킨 탄자니아 FNB의 최고경영자

에니어그램을 가장 효과적으로 사용하는 방법은 직장환경을 보다 조화롭고 생산적으로 만드는 방식이다. 이는 곧 이 책의 앞부분에서 지적했듯이 관계개선에 관한 것이다. 오늘날 모든 일들이 점점 더 글로벌해지고 있지만 여전히 구성원들 사이의 좋은 상호관계, 즉 서로를 보다 잘 이해하고 팀으로서 조화를 이루는 것이 가장 중요하다는 것은 분명하다. 새로운 기술을 습득하고 활용하기 위해서는 더 많은 사람들이 협력할 수 있어야 한다. 이를 위해 대인관계 속에서의 긴장을 최소화해야 하고, 업무 환경 속에서 서로를 이해하고 받아들여야 할 필요성이 점점 고조된다. 다음에 나누게 될 사례들은 에니어그램 성격 유형을 통해 상호이해를 바탕으로 보다 분명한 신뢰를 확립하고, 서로 간의 시각 차이를 이해함으로써 업무관계를 어떻게 개선시킬 수 있는가에 대한 가능성을 보여준다.

앤디 버킨필드는 샌프란시스코에 있는 던킨과 쉐넌 광고사의 파트너이다. 그는 에니어그램 이론과 통찰을 사용하여 고객에게 봉사하고 직접 보고서를 이해하는 능력을 향상시키는 방법에 대해 이야기한다. 그는 또 에니어그램을 사용하는 리더십 그룹에 속해 있다.

직장 동료와 저는 에니어그램에 대해 처음 알았을 때 우리는 한 고객과 일하고 있었습니다. 저희는 고객이 6유형이었음을 알고 난 후 그를 위해 일할 방법을 찾고 조율하는 것이 더 쉬워졌습니다. 사람들을 이해하고 평가할 수 있는 명확한 구조를 갖는다는 것은 제게 상당한 도움을 주었습니다. 그것은 갈등을 겪거나 뭔가를 성공적으로 해결할 수 없는 순간에 도움이 되는 참조자료를 갖는 것과 같았습니다. 유형을 참고하고 이해하는 것은 '아, 지금 그녀는 위협을 느끼고 있고 주위 사람들을 신뢰하지 않고 있구나'하며 아는 것입니다.

에니어그램은 두 가지 측면에서 관계 개선에 도움이 되었다고 생각합니다. 자신의 성향이 무엇인지는 아는 것은 분명히 모든 부분에서 도움이 되지만 다른 한편으로는 상대방을 이해할 수 있는 것 또한 정말 귀중한 것입니다. 예를 들어 2유형은 거절하는 것에 서툴며 모든 사람들에게 '예'라고 말하는 욕구가 강해 자신을 힘들게 합니다. 거절하는 법을 배워야 하는 것입니다. 이것은 제 직원의 실제 예입니다. 그녀는 거절하지 못해 진짜 해야 할 일에 충분히 시간을 할애할 수 없었습니다. 우리는 그것에 대해 이야기를 나누었고, 이후 저는 그녀를 도울 수 있었습니다.

스티브 저벳슨은 벤처 캐피탈 및 지분 회사 DFJ(Draper Fisher Jurvetson)의 파트너이다. 스티브는 스탠포드경영대학원에서 에니어그램을 처음으로 접했다. 그는 3유형으로서 에니어그램을 사용하여 상호이해를 높이고 관계를 개선함으로써 일과 생활 전반의 건강한 성공을 이룰 수 있었다.

에니어그램의 가장 큰 장점은 사람들과의 관계, 특히 나의 업무 관계에 대해 배울 수 있다는 것입니다. 그룹의 다양성을 받아들이는 것 외에도 적어도 두 번의 경우에서 전에는 이해하지 못했던 누군가를 정말로 이해하게 되었습니다. 하나의 사례로, 함께 한 동료 중 한 명은 내가 효율적이고 신속하게 일을 처리하기 위해 행한 모든 것이 그를 불편하게 만들었다고 느꼈습니다. 그는 6유형이었고 내가 일하는 방식을 매우 불편해했습니다. 내가 일처리를 성급하게 하면서도 별로 걱정할 필요가 없다고 말하는 것이 그를 더욱 더 걱정스럽게 만들었습니다.

또 다른 예로 최근 함께 일하는 파트너 중 한 명은 나와 너무 달라서 종종 서로를 이해하지 못하는 경우가 많았습니다. 나는 그를 매우 윤리적인 행동을 하는 경직된 사람으로 봤습니다. 이제는 그가 1유형인 것을 알게 되면서 이제는 서로 힘을 합쳐서 일을 나누면서도 서로의 장점을 인정하고 존중합니다. 예를 들어 그는 투자자와의 상호관계를 잘 해내는 사람입니다. 투자자들이 세부사항에 중점을 두고 모든 것을 완벽하게 하고자 하면, 투자자로 하여금 그와 대화하도록 해줍니다. 나는 다음 단계가 무엇인지, 성취도가 얼마나 높은가에 대한 답을 찾고 비즈니스의 마케팅과 포지셔닝 및 미래에 더 관여하고 있으며, 그는 비즈니스를 성공적으로 운영할 수 있는 구조 및 프로세스와 같은 실제적이고 구체적인 것을 담당합니다.

돈 매더는 가구업체 레이지보이(La-Z-Boy)의 부사장으로서 8유형이다. 그는 동료들과 관계를 개선하고 팀의 이해를 돕기 위해 에니어그램을 활용하였다. 에니어그램은 팀 구성원에 대한 이해와 효율적이고 성공적인 업무수행을 위해 무엇을 해야 하느가를 볼 수 있게 해주기에 큰 도움이 되었다고 말한다. 여기서 업무 관계를 명확히 하는데 에니어그램의 힘을 어떻게 활용할 수 있었가를 살펴볼 수 있다.

　　최근 에니어그램 유형에 대한 지식이 두 사람 사이에 큰 영향을 끼친 예를 보았습니다. 야망이 큰 3유형과 그와 아주 다른 동료가 서로를 이해하는 데 힘들어하고 있었습니다. 다행히도 에니어그램 컨설턴트는 성격유형을 인식하고 3유형 동료의 특성과 동기 부여를 이해하도록 도와주었습니다. 이로 인해 그와 대화하는 방식을 변경할 수 있었습니다. 그러자 관계는 180도 변화되었습니다. 정말 놀라웠죠. 리더십 컨설턴트에게 감사드립니다. 3유형의 특징과 의사소통 전략을 알려주신 것에 대해 감사드립니다.

　　아트 블럼은 캘리포니아에 본사를 둔 생명공학기술 회사인 바이오마린 제약회사의 인허가업무를 담당하는 규제과학부서의 부사장이다. 아트는 자신의 비즈니스 코치의 추천으로 에니어그램을 접하게 되었다. 그 코치는 리더의 자질을 개발하고 팀을 지원하는 데 도움이 될 것이라며, 아트에게 에니어그램에 관심을 갖도록 독려하였다. 지적 탐구를 추구하는 5유형인 아트는 특히 여러 종류의 에니어그램 관련 서적을 독파하고 에니어그램의 렌즈를 통해 사람에 대해 관심을 갖는 일을 즐거워했다. 인터뷰에서 그는 에니어그램의 성격유형이 자신과 함께 일하는 사람들을 더 잘 이해하고 원만한 관계를 맺을 수 있도록 도와주었다고 말한다.

　　에니어그램을 통해 나는 1유형인 동료가 회의 중 아무 말도 하지 않고 앉아 있다면 그건 그가 관심이 없다는 뜻이 아니라 정보를 입력하고 있으며, 어느 시점에 중요한 이야기를 할 것임을 알았습니다. 반면 8유형 동료는 우리를 설득하려고 듣기 좋은 말로 돌려 이야기하지 않고 자신의 생각을 정확히 단도직입적으로 말하는 것을 이해하게 되었습니다. 이러한 통찰은 모든 이가 참여하여 우리가 목적하는 바를 이루며, 그 과정에서 각 유형이 어떻게 효과적으로 기여할 수 있는지를 깨닫는 데 매우 큰 도움이 되었습니다.

개인적으로 제가 에니어그램을 통해 얻은 가장 큰 유익은 각각의 사람들에게 더욱 관심과 흥미를 갖게 되었다는 점입니다. 나는 그들이 어떻게 생각하고 움직이는지 배우고 있으며 이는 개인적인 삶에까지 확장되었습니다. 나는 내가 에니어그램에서 배운 통찰을 아내에게 적용하였고 이는 상당히 큰 도움이 되었습니다. 5유형은 연구하고 탐구하는 유형이며 이러한 이해방식은 또한 제 전문이기도 합니다. 나는 나의 이러한 특징을 비즈니스 업무분야와 사적인 삶 모두에서 관계를 강화시키기 위해서 최대한 활용하려고 노력하고 있습니다.

에니어그램 효과
팀의 역동과 성장 이해

"나는 팀 구성에 대하여 많은 생각을 합니다. 에니어그램은 특정한 팀들이 왜 특정한 방식으로 기능하는가, 어떤 리더십 유형이 효과적이거나 비효과적인가 하는 것을 이해하는 데 큰 도움이 된다고 생각합니다. 제가 생각했을 때 가장 흥미로운 것은 팀원 각자가 타인을 이해하기 위해서 자기 자신의 유형을 이해해야 한다는 것입니다. 그렇게 함으로써 각각의 사람들이 다른 의식수준을 갖고 있다는 것을 알게 되고 유형별로 어떤 전형적인 갈등을 겪게 되는지 알게 됩니다."

- 아라쉬 퍼도시: 드롭박스의 공동창업자 및 최고기술책임자

현대 비즈니스 환경에서 생산적이고 성공적인 조직을 구축하는 데 가장 중요하면서도 가장 어려운 측면 중 하나는 적절하게 기능할 수 있는 팀을 구성하고 유지하는 것이다. 팀원 개인뿐만 아니라 다수의 일대일 관계들, 그리고 상호의존적으로 연결된 팀들의 복잡한 체계를 관리하고 조직과 조직원들을 이끌고 안내하는 것은 최고의 리더들에게도 매우 어려운 일이다. 리더십 도구로서 에니어그램의 가치는 팀원

들과 팀의 내부관계를 돌보는 것과 관련하여 더욱 분명하게 나타난다.

크리스 하우더는 오토데스크(건축, 미디어, 엔터테인먼트의 이용을 위해 3차원 디자인 소프트웨어에 초점을 맞춘 미국의 다국적 기업)의 사장이다. 크리스 하우더는 다양한 관점을 받아들이고 어떤 상황에 대하여 터놓고 논의하기 위해 판단과 비판의 여지없이 중립적 언어로 기술된 에니어그램을 사용했다. 그는 에니어그램이 어떻게 소통을 촉진시키고, 팀의 상호의존성을 관리하는 데 다각적으로 도움을 주었는지에 대하여 이야기한다.

에니어그램을 통해 유형을 이해하는 것은 당신이 길을 찾는 데 도움을 주는 과정입니다. 이것은 '나는 이 사람을 이해함으로써 효과적으로 소통하고 갈등을 관리하여 함께 성과를 내고 싶다'라는 것과 깊은 관련이 있다고 생각합니다. 에니어그램은 함께 일하는 이들에 관하여 알아야 하는 것들을 알게 해줌으로써 팀원들과의 상호작용을 더 의식적인 방향으로 향하게 할 수 있는 전체적인 틀을 제공합니다. 에니어그램은 열린 사고를 유지하면서 생산적인 관계를 구축하기 위해 여러 가지 방법으로 적용해 볼 수 있는 도구입니다.

나는 사람들이 평가 받고 있다거나 내가 그들의 생각을 읽을 수 있는 어떤 비밀 암호책을 갖고 있다고 생각하지는 않습니다. 에니어그램은 진정성 있는 방식으로 관계를 경험할 수 있도록 합니다. 에니어그램 유형은 사람을 이해할 수 있는 일종의 안내서 역할을 합니다.

내 생각에 우리 그룹이 받은 가장 큰 혜택은 모든 팀원들이 서로를 이해할 수 있었다는 것입니다. 내가 에니어그램과 관련해서 중요하게 생각하는 것은 에니어그램의 통찰을 일상의 언어로 소통하는 것이며 이는 균형감과 세심한 주의를 필요로 합니다. 가령 누군가의 이야기를 듣고 즉각적으로 "그건 네가 4유형이라서 그래"라고 말한다면, 그는 무시당하고 있을 뿐 자신이 진정으로 이해받고 있지 않다고 느낄 것입니다. 하지만 만약 이를 일상의 언어로 통합하여 전달한다면 사람들은 마음을 열고 다르다는 것이 나쁜 것이 아니며, 모든 이들이 다 같아야 하는 것은 아니라는 것을 알게 됩니다. 또한 이 다름이 팀에게 도움이 되는 요소로 활용될 수 있다는 것을 이해할 것입니다.

나는 이렇게 말합니다. '이 문제에 관하여 우리는 다양하고 폭넓은 사고가 필요하다. 이를 위해 우리의 유형이 어떤 역할을 할 수 있는가? 어떻게 그것을 잘 활용할 수 있는가? 여러 다른 관점의 의견을 들어보았는가?' 이는 팀원들이 두려움이나 망설임 없이 나서서 행동할 수 있는 여건을 만들어줍니다. 얼마 전 평소 같으면 나에게 다가오지도 않을 팀원이 나에게 다가왔습니다. 우리는 솔직하게 대화를 나누었습니다. 그는 나에게 "내 생각에는 당신이 보낸 이메일의 내용이 좀 가혹하다고 느꼈어요. 내가 당신에게 이 이야기를 하는 이유는 우리가 솔직하고 직접적으로 대화하기로 했기 때문이에요"라고 말했습니다. 그는 우리가 합의한 사항에 대해 책임을 져야 한다는 자신의 욕구를 표현하고 있었던 것이었습니다. 대화를 통해 그는 내가 말한 내용 중 오해하고 있는 부분이 있다는 것을 알게 되었고, 우리는 서로를 더욱 잘 이해할 수 있게 되었습니다.

에니어그램은 사람들이 성격의 다양성에 대해 논의할 수 있는 문을 열어준다고 생각합니다. 그리고 그 다음은 서로 어떻게 다른 방식으로 소통이나 갈등과 같은 문제를 대하는가에 대해 편안하게 대화를 나눌 수 있게 해줍니다. 이러한 상황에서 사람들은 '당신의 직위에 관계없이 나는 당신의 이야기를 듣고 있으며 당신을 이해합니다'라는 메시지를 전달할 수 있습니다. 이는 감성지수와 성장이라는 두 단어를 팀의 공통언어로 유지할 수 있게 해줍니다.

돈 매더는 레이지보이의 부사장으로서 팀에서 일어나는 중요한 역동을 어떻게 이해할 수 있었는가에 대해 이야기한다. 그는 팀에서 일어나고 있는 일들을 명확히 파악함으로써 자기 팀의 강점을 이해하고 효율적으로 활용할 수 있게 되었다.

나는 뉴올리언스에서 컨설턴트와 함께 진행한 워크숍에서 8명으로 구성된 간부급 리더십 팀에게 에니어그램 성격유형 테스트를 했습니다. 우리는 각자의 유형에 관해서 이야기를 나누었는데 흥미롭게도 여덟 명 중 여섯 명이 8유형이었고, 나머지 두 명은 1유형이었습니다. 에니어그램은 우리가 8유형과 1유형의 차이를 이해할 수 있게 해주었으며 어떻게 그 차이를 활용할 수 있는지를 알려 주었습니다. 이것은 매우 중요한 과정이었습니다. 8유형 여섯 명은 모두 너무 흡사했고, 총기를 조준하기 전에 발사하듯 행동이 앞서는 경향이 있었습니다. 두 명의 1유형 중 한 명은 완벽주의 계획자 스타일이었는데 우리는 그가 과도한 책임감을 느끼지 않고 항상 완벽하게 일을 처리하려고 자신을 몰아붙이지 않도록 도움을 주는 방법을 알게 되었습니다. 그리고 그는 우리가 한걸음 뒤로 물러서 행동을 취하기 전 계획단계를 준비하여 더욱 성공적인 결과를 가져올 수 있게 도와주었습니다. 중요한 것은 서로의 강점을 어떻게 활용하여 시너지 작용을 증대시킬 수 있는가 하는 것이었습니다.

모리 글라덴은 미시간에 본사를 둔 대규모 가구업체인 허먼 밀러(Herman Miller Inc.)의 신제품 관리와 시설유지관리 부장이다. 모리는 신입사원 교육과정에 에니어그램을 포함하여 함께 일하는 모든 팀에게 에니어그램 이론을 폭넓게 적용하고 있다.

나는 10년 전쯤 팀원들이 어떻게 서로를 더 잘 이해하고 소통할 수 있을까를 고민하던 중 에니어그램을 접하게 되었습니다. 그 당시 나는 10명으로 구성된 신제품 운영팀의 팀장이었는데 다른 두 엔지니어링팀과 함께 에니어그램 세션을 가졌습니다. 나는 즉시 에니어그램이란 것이 타인을 이해하는 데 매우 흥미로운 접근법이라는 것을 느꼈습니다. 오랜 기간 동안 관리직에 종사하며 이미 다른 여러 프로그램들을 접하고 배운 경험이 있었는데 내가 에니어그램을 처음 배우면서 느낀 것은 우리가 과거에 사용해왔던 다른 어떤 프로그램보다 훨씬 더 쉬우면서도 공감할 수 있다는 것이었습니다. 그리고 사람들은 에니어그램 언어를 사용하여 대화하기 시작했습니다. 나는 언어가 매우 중요하다고 생각합니다. 제품개발 관련 업무에서 서로 이해할 수 있는 동일한 언어를 사용한다는 것은 가장 중요하고 또한 가장 큰 힘입니다.

우리가 유형을 배우고 얼마 지나지 않아 팀원들은 서로 이렇게 대화하기 시작했습니다. "그는 왜 저렇게 행동하지? 아, 맞아. 그는 1유형이라 과정 중심적이지." 이렇게 자신을 이해하고 서로를 이해할 수 있게 되었을 때 나는 이들이 더욱 효율적으로 협력할 수 있게 지원하고 그들의 입장을 이해하며 내가 그들과 일하는 방식을 그들에 맞게 조율할 수 있습니다.

나는 생산성을 높이기 위한 방안으로 에니어그램을 일상 업무의 일환으로 도입했습니다. 3유형인 나는 이를 통해 팀원들이 자신의 업무를 완수하기를 원했습니다. 내가 깨달은 것은 당신이 성장하고 발전하여 어떤 수준에 도달할 수 있도록 도와주는 과정이 있다면, 얻고자 하는 결과는 언제나 나온다는 것입니다. 따라서 에니어그램을 통해 팀원들이 먼저 서로를 이해할 수 있도록, 나는 이러한 기준을 제시한 것입니다.

진 할로란은 할로란 컨설팅 회사 대표이며, 애질런트 테크놀로지사의 전(前) 인사부 상무였다. 애질런트 테크놀로지사에 재직 당시 진은 에니어그램을 자기통찰 과정의 일환으로 컨설턴트의 지도하에 진행하였다. 이 과정에서 직원들은 개인 작업과 대화 그리고 팀 작업으로 이루어진 조직화된 인력개발 과정을 통해 자신의 유형에 대한 지식을 활용하였다.

우리는 에니어그램을 '자기통찰 코칭'이라고 부르고, 이 과정을 세 가지 방식으로 나누어 사용하였습니다. 이는 에니어그램을 사용한 개인코칭, 관계에 대한 대화나 관계일치, 그리고 팀 작업으로 나누었습니다. 관계일치 대화는 언제나 리더의 주도하에 진행되었습니다.

이 과정에서 사람들은 자신의 에니어그램 유형에 대해 이야기를 나누었고 자신이 전체적으로 하나의 그룹으로서 어떻게 교류하는지에 대해서 논의했습니다. 그리고 그들은 자기에게 부족한 유형과 어떤 유형의 특징을 더 활용해야 하는지에 대해서 이야기하였습니다. 예를 들어 누군가가 "나는 너무 경직되어 있으며 모든 것을 너무 흑백으로 볼 수 있다는 사실을 깨달았어요. 이를 고치려고 많은 노력 중입니다. 내가 어떤 질문을 던질 때는 매정하거나 비판적인 마음으로 그런 것이 아닙니다"라고 말했습니다.

그 당시 대략 80명 정도의 인원이 에니어그램을 접하게 되었던 것 같습니다. 그들은 자신을 이해하고 묘사하기 위해 에니어그램의 언어를 사용하였습니다. 8유형들은 자기 유형을 말하지 않았고, 4유형들도 대부분 자기 유형에 대해 인정하지 않았습니다. 하지만 이 과정은 우리 모두에게 큰 도움이 되었습니다. 그리고 팀장들 중 몇 명이 그룹 작업의 일환으로 에니어그램을 사용하기 시작했습니다. 그들은 자기 팀에 5유형은 한 명 정도밖에 없다는 사실과 그 한 명마저 자기들이 별 관심을 두지 않았다고 이야기했습니다. 그 이유는 5유형이 팀에 어울리지 않고 혼자 일하는 것을 선호하였기 때문이라는 것을 알 수 있었습니다. 이러한 과정 후 그들에게는 변화가 일어났습니다. 이들은 의도적으로 그룹 전체가 보유하고 있는 능력과 성향을 참작하기 시작했습니다. 이것은 매우 흥미로운 변화였습니다.

자기 자신을 바라보지 못한 채 습관적 자동반응에 빠져서 혼란과 분열을 일삼던 사람들이 자신의 습관적 행동을 알아차리기 시작했습니다. 자기도 모르게 무의식적으로 다른 이들이 말하는 중간에 끼어들고, 자기가 하고 싶은 이야기만 했으며, 끝낼 수 있는 단계에 다다른 업무를 끊임없는 논란으로 지체시켰으며, 조직 내에서 다양한 문제를 일으키고 있다는 것을 깨달았습니다. 이러한 깨달음은 새로운 자기발견과 자기조절을 가능케 하는 동기가 되었습니다.

또 다른 요소는 팀의 역동성을 고려하는 것이었습니다. 예를 들어 나의 동료인 테레사의 그룹은 8유형이 자신들의 팀에 미치는 힘을 이해해야 함을 깨달았습니다. 팀원 중 세 명이 8유형이었고 일을 완결시킬 수 있도록 밀고 나가는 열정과 다음 목적을 설정하고 계획하는 그들의 역량은 값진 것이었기 때문입니다. 특히 자기 팀이 전체적으로 계획을 실행으로 옮기는 힘이 약하다는 것을 알게 되었을 때 그들은 8유형 팀원들을 새로운 눈으로 보기 시작했습니다.

의식적이고 전문적인 새로운 문화 창조

"우리는 조직이 추구하는 더 큰 아이디어를 위해 에니어그램을 활용합니다. 그것은 곧 의식적 리더십과 의식적 프로페셔널리즘입니다. 이것이 우리 조직의 핵심 초점이기에, 자아인식과 감성지능을 키우는 데 도움을 줄 수 있는 전문가들을 초청하여 '의식적'이라는 개념을 중심으로 조직문화를 만들고자 노력합니다. 이러한 과정을 통해 우리는 더욱 통합적이 되고, 더 많은 것을 이루게 되고, 특정 문제에 과도하게 사로잡히지 않을 수 있게 되었으며, 문제가 발생할 때에는 보다 탄력적으로 대응할 수 있게 되었습니다."
- 토드 태퍼트: 그린빌헬스시스템의 인력개발원 부사장

리더들이 에니어그램을 통해 자기인식을 높일 수 있게 되면, 그들은 좀 더 의식적인 사고와 감성적 지성으로 업무에 접근하면서 조직을 보다 잘 리드하게 된다. 조직의 리더가 행복하고 생산적으로 업무를 수행하면 부하 직원들에게 더 많은 영향을 미친다. 궁극적으로 이러한 영향은 조직 내 모든 직급에까지 파급되는 것으로서, 이렇게 함으로써 조직 전체 모든 사람들의 행동이 더욱 의식적으로 바뀌고 지속가능하면서도 효과적인 것으로 성숙될 수 있다. 이에서 더 나아가 공공의 이익을 대변할 수 있도록 '깨어' 있을 수 있게 된다.

여기에서 여러분은 성공적 리더들이 조직을 더 건강하고 유기적이며 창의적이고 생산적으로 만들기 위해 어떠한 방식으로 에니어그램을 사용했는가 살펴보게 될 것이다. 의식적 리더들은 에니어그램을 사용하여 자기자각과 의식을 높이고 소통을 보다 향상시킴으로써 팀워크를 강화할 수 있었음을 술회한다. 이러한 것들은 생각보다 더 광범위한 영향을 주었다고 말한다. 이러한 영향력 속에 이직률 감소, 유능한 인재 채용 및 인력 유지, 그리고 제품개발을 위한 비용감소 등이 포함된다. 물론 조직 내의 변화가 모두 에니어그램 때문이라고 주장하는 것은 아니다. 그러나 아래에 테레사 로쉐가 언급하는 것처럼, 의식적 조직문화와 개방적 소통환경은 사업성공과 깊은 관련이 있음은 부인할 수 없다.

아라쉬 퍼도시는 샌프란시스코에 본사를 둔 파일공유서비스 업체인 드롭박스(Dropbox Inc.)의 최고기술책임자이다. 아라쉬가 처음 에니어그램을 알게 된 것은 그가 탈진된 상태 속에서 한 달간 휴가를 얻어 쉬고 있을 때였다. 그는 자신의 정신과 육체의 건강에 집중하기 위한 시간을 보내며 자기성찰과 자기이해를 깊이 있게 하고 자신이 느끼는 모든 스트레스의 원인이 무엇인지 알기 위해 요가와 마음챙김 훈련을 시작하였다. 이 과정에서 그는 자아인식과 심리학에 깊은 관심을 갖게 되면서 에니어그램을 발견하게 되었다.

아라쉬가 처음 접한 에니어그램 서적 속에서 그는 4유형을 묘사하는 문구를 읽게 되었다. 그는 이 문구가 자신이 읽었던 어떤 글보다도 자기 내면을 정확하게 묘사했다고 말했다. 막연히 자신 안에 존재한다고 생각했지만 그것이 구체적으로 무엇인지 알 수 없었던 자기 내면을 에니어그램이 바로 짚어낸 것이다. 아라쉬는 자신의 성장도구로 에니어그램을 활용했으며, 팀의 업무 관계를 활성화시키기 위해 업무에 도입했고, 이후 회사 전체에 에니어그램이 활용될 수 있도록 노력하였다. 회사로 돌아온 후 그는 에니어그램에 대한 열정을 회사 전체 이메일을 통해 공유하였다. 아라쉬는 그 내용을 인용할 수 있도록 허락해 주었다. 현재 드롭박스 직원들 중 상당수가 자신의 에니어그램 유형을 알고 있으며 이를 효과적으로 활용하고 있다.

드롭박스의 몇몇 부서가 함께 에니어그램 워크숍을 진행했습니다. 에니어그램 전문가를 초빙하여 에니어그램의 전반적인 개요를 배우고 자신의 유형을 찾아가는 데 도움을 받았습니다. 우리는 이 워크숍에서 즐겁고 재미있게 우리 자신에 대해 배우고 또 어떻게 다른 이들과 더 잘 일할 수 있는지 배울 수 있었습니다. 사무실을 벗어나 팀의 결속력을 다질 수 있는 훌륭한 기회가 될 수 있으며 덤으로 팀 리더들은 자신이 보지 못했던 팀의 역동을 볼 수 있을 것입니다.

우리 회사가 급속도로 성장함에 따라 효과적으로 서로 협력하여 일하는 방법을 찾는 것은 더욱 중요해지고 또한 더욱 어려운 일이 될 것입니다. 우리가 힘들게 구축해 놓은 협동 문화를 지킨다는 것은 끊임없는 노력을 요하는 것입니다. 드롭박스를 건강한 조직으로 유지하는 여러 방법이 있겠지만 제 생각에는 자아인식과 공감의 문화를 만드는 것이 우리를 성공으로 이끌 것이라 믿습니다.(아라쉬 퍼도시가 드롭박스 직원들에게 보낸 이메일 내용에서 발췌)

에니어그램이라는 렌즈를 통해 나 자신을 완전히 이해하게 되기 전까지 나는 우리 회사의 문화와 브랜드와 가치, 그리고 제품이 나의 개인적인 가치를 전달하려고 노력하는 것과 관련이 있다는 것을 깨닫지 못했습니다. 나는 에니어그램 유형을 통해 내가 느꼈던 강한 감정적 반응들이 나에게 중요한 것들을 지키기 위해 나타났던 것이라는 것을 이해하게 되었으며 이러한 통찰은 나에게 매우 큰 도움이 되었습니다. 내가 왜 어떤 특정한 사항들을 그리 중요하게 느꼈는지 알게 되었습니다.

또한 내가 어떤 것들에 비이성적인 감정반응을 보였던 원인도 설명이 되기 시작했습니다. 만약 내가 강한 애착을 갖고 있는 것들에 대해 너무 감정적이 되지 않는다면, 이러한 것들이 나에게 왜 중요한지 더욱 객관적이고 전략적으로 설명할 수 있습니다. 나에게 어떤 것들이 어떤 방식으로 되어야 한다는 것은 명확하고 확고합니다. 그리고 나의 이러한 신념이 나의 가치체계와 연관되어 있다는 것은 내가 그 가치체계를 명확하게 전달할 필요가 있다는 것입니다. 즉, 그것이 왜 회사차원에서도 전략적인 요소이며, 우리가 우리의 사명을 실천할 수 있는 것이 왜 중요한지도 전달할 수 있습니다.

내가 4유형임을 안다는 사실은 모든 이들이 나와 같은 성향을 갖고 있지 않다는 것을 깨닫게 해 주었습니다. 그들이 나와 같지 않은 것이 그들의 잘못은 아닙니다. 단지 그러한 것들을 더욱 명확하게 설명해주어야 하는 것이 내가 해야 할 몫입니다. '우리의 브랜드 가치는 무엇인가요?', '우리의 브랜드가 특정한 가치를 반영하는 것이 왜 중요한가요?' 에니어그램은 내가 본능적으로 알고 있는 이러한 질문에 대한 답을 표현하고 전달하는 데 많은 도움이 되었습니다. 나는 이러한 것들의 미묘한 의미를 보지 못하는 사람들이 나의 결정을 이해할 수 있도록 풀어서 설명해줄 필요가 있습니다.

우리의 미션은 협동입니다. 사람들이 함께 일하는 과정을 단순화함으로써 팀으로 함께 일하며 많은 것을 성취할 수 있게 만드는 것입니다. 그렇게 하기 위해서 팀 중심의 문화가 필요하며 다른 유형의 팀원들이 상대방의 재능과 강점을 이해하고 서로 협력할 수 있는 방법을 찾아야 합니다. 내가 직원들에게 보낸 에니어그램에 대한 이메일은 상당한 힘이 있었습니다. 왜냐하면 그 이메일을 통해 에니어그램에 대한 관심을 유발하고, 공감과 협력이 소중한 가치로 인정받는 공감의 문화를 구축하고 싶다는 욕구를 드러내고, 자신과 타인을 더 잘 이해할 수 있는 유효한 도구가 있다는 것을 알렸기 때문입니다.

우리 회사의 많은 직원들이 자신의 유형을 알고 있다는 사실은 정말 멋진 일이라고 생각합니다. 자신의 유형을 탐구할 수 있는 기회를 갖는다는 것은 멋진 일이며 이는 회사 전체에서 매우 긍정적으로 수용되었습니다. 만약 내가 이러한 시도를 하지 않았다면 회사는 지금과는 매우 다른 상태에 놓여 있었을 것입니다.

토드 테퍼트는 그린빌헬스시스템의 인력개발원 부사장으로 재직 중이다. 그는 리더들과 직원들의 의식적인 프로페셔널리즘 개발을 돕기 위해 회사 내 설립된 인력개발원의 주요 프로그램으로 에니어그램을 도입하였다. 그린빌헬스시스템의 의식적 리더 양성프로그램으로 에니어그램을 도입하기로 결정한 후, 토드는 조직 내 에니어그램 전문가가 되기 위해 광범위한 에니어그램 관련 트레이닝과 교육과정을 이수하였다. 그 후 그는 조직 내부에 심도 있는 에니어그램 트레이닝을 이수한 지도자들로 이루어진 에니어그램 조직적·비즈니스 적용팀이라고 불리는 '에니어그램 지도자 그룹'을 만들었다. 25명의 에니어그램 사내 전문가로 구성된 팀 멤버들은 조직개발전문가, 의사, 간호사, 목사, 그리고 행정가 등 다양한 이력을 보유하고 있다.

그들이 갖고 있는 하나의 공통점은 대형 조직의 의식적인 프로페셔널리즘 육성에 대한 깊은 헌신이다. 그들은 회사 내 리더들과 직원들에게 직접 에니어그램을 가르친다. 그들은 강의를 진행하기도 하고, 유형별 패널 세션을 열기도 하며, 에니어그램이 업무관계에 주는 영향에 관해 논의할 수 있는 기회를 제공하기도 한다. 에니어그램은 토드와 그의 동료들이 의식적인 문화를 만들기 위한 의지를 전달할 수 있는 하나의 방법이 되었다.

직장에서 나는 에니어그램 유형과 관련된 지식을 우리 중역팀에게 적용합니다. 내가 이 팀과 만날 때 나는 '배움을 줄 수 있는 순간'을 찾습니다. 내가 주로 참석하게 되는 회의에서 만약 유형적 성격의 전형적인 상호작용을 보게 되면 나는 그들에게 잠깐 멈추고 에니어그램 측면에서 어떤 일이 일어나고 있는지 이야기를 나눠보라고 말합니다. 나는 그 상황에서 어떠한 상호작용이 일어나고 있는지를 보여줄 수 있는 에니어그램의 가르침을 자연스럽게 언급합니다. 9유형인 나의 강점은 사람들이 수용할 수 있게 부드럽게 상황을 지적할 수 있는 능력입니다.

팀에서 일어나는 관계의 역동에 대한 자각과 알아차림을 높이기 위해 에니어그램을 사용하는 또 다른 예를 말씀 드리겠습니다. 우리는 CEO 회의 중이었고 조직 내 하향세를 보이고 있는 한 분야의 데이터를 보고 있었습니다. 회의 참석자들 중 몇 명이 우리가 검토하고 있던 데이터 내용을 긍정적으로 재구성하기 시작했습니다. 나는 그러한 시각을 보여준 모든 사람이 7유형이라는 것을 지적했습니다. 긍정적 재구성이 7유형의 패턴이라는 것을 알고 있었기에 우리는 이 문제를 긍정적인 시각으로 보는 것보다는 대응방안을 찾아야 한다는 것을 알았습니다.

현재 우리 조직에서는 더 많은 인원들이 심층학습을 진행 중이며 더 많은 집중 트레이닝 프로그램에 참여하고 있습니다. 총 700명이 넘는 리더들이 자신의 에니어그램 유형을 알고 있습니다. 대부분의 경우 에니어그램은 마치 '아하!' 하며 갑작스럽게 무언가를 깨닫게 되는 또는 머릿속에서 반짝하고 전구가 켜지는 것 같은 경험을 합니다. 우리는 자신의 성격 유형에 대하여 자신이 무방비로 노출되었다는 느낌 없이 대화할 수 있는 분위기와 조직 문화를 만들려고 노력하고 있습니다.

조직 내 에니어그램 도입과 의식적인 알아차림에 중점을 두는 노력의 긍정적인 결과 중 하나는 우리가 의사나 부서장 등의 중역급 인사를 채용할 때 회사를 방문한 모든 후보자들은 우리가 이끌어낸 효과를 직접 느끼고 그에 대해 언급합니다. 대부분의 경우 저는 최종 인터뷰 단계에서 후보자를 만나는데 항상 이렇게 물어봅니다. "우리 조직에서 눈에 띄는 어떤 점이 있었습니까?" 그들은 대부분 이렇게 이야기합니다. "정확히 뭔지는 모르겠지만 이곳은 제가 본 어떤 조직보다 목표와 조직문화가 일치되어 있는 것 같습니다." 이들이 정확히 꼭 집어서 말하지는 않았지만 자신도 일원이 되고 싶다고 말하는 것을 들을 수 있습니다.

자각과 알아차림에 중점을 두고 감정적 지능을 향상시키기 위해 에니어그램을 사용하는 것은 불필요한 것들이 방해요소로 작용하지 못하게 한다는 것을 의미합니다. 지난 10년간 나는 우리 헬스시스템의 새로운 사명과 비전을 만드는 데 이사회와 경영진, 그리고 직원들을 참여시켰으며 의대를 설립하는 등 많은 주요 프로젝트에 참여해 왔습니다. 나와 같은 직책에 있는 사람들은 대부분 이러한 성과 중 하나만 이루었어도 그것을 자신의 경력의 정점이라고 말할 것입니다. 그런데 나는 내가 그린빌헬스시스템에서 일한 10년이라는 기간에 이러한 정점을 일곱 번, 여덟 번 경험하였습니다. 이러한 특정한 목적을 달성하기 위한 새로운 계획의 도입과 의식적 리더십을 향한 우리의 노력이 조화롭게 융합됩니다. 이는 우리를 민첩하고 통합된 조직으로 만들고 그 결과로 우리는 더 많은 것을 이룰 수 있습니다.

토드 피어스는 빌 & 멀린다 게이츠 재단의 최고 디지털 총괄임원이다. 그는 세일즈포스닷컴(Sales force.com)의 부사장과 제넨테크(Genentech)의 최고정보책임자를 역임하였다. 토드는 제넨테크 재직 당시 인력개발을 위해 에니어그램의 도입을 선도하였다. 그는 경영자문 코치를 통하여 에니어그램을 접하게 되었다. 이후 그는 400명이 넘는 실무분야 엔지니어들에게 에니어그램을 소개했으며 이 후 세일즈닷컴에서도 에니어그램을 적용하였다. 그는 현재 게이츠 재단에서도 지속적으로 에니어그램을 활용하고 있다. 토드는 매우 창의적인 방법으로 에니어그램을 활용하고 있다. 구체적으로 체계적인 1년 과정의 코칭 과정, 지속적인 개발 대화, 그리고 베테랑 조직개발 컨설턴트인 진저 라피드-보그다가 개발한 사회적 지성 채용과정 등 혁신적인 인력개발 프로그램의 일환으로 에니어그램을 활용하고 있다.

내가 에니어그램을 나의 팀과 조직에 적용하는 방식은 시간이 지남에 따라 진화되었습니다. 바로 에니어그램의 이런 점이 나는 매우 마음에 듭니다. 내가 처음 나의 리더십 팀과 에니어그램을 사용했을 때, 우리는 반나절 만에 다른 프로그램에 투자한 수많은 시간보다 많은 결과를 얻었습니다. 이렇게 빠른 진행이 바로 우리의 흥미를 자극했습니다. 그래서 우리는 생각했습니다. '분기별 매니저급 워크숍을 주최하고 그때 에니어그램을 소개하자.' 그리고 그 결과가 너무나 큰 히트였기 때문에 우리는 '모든 매니저들이 자신의 팀에게 이를 적용할 수 있게 하자. 그리고 모든 직원들에게 제공하자.'라고 결정했습니다. 이 모든 과정과 프로그램은 자발적 참여 하에 이루어졌습니다. 나는 이 모든 것이 자발적으로 이루어지는 것이 매우 중요하다고 생각합니다. 앞에서 끌어 당겨 주기는 하지만 뒤에서 억지로 밀지는 않는 것이지요. 그리고 우리는 90% 참여율을 끌어냈으며 그 후 수년 동안 유사한 수치를 유지하였습니다. 이제 보니 2004년부터 에니어그램을 사용해 왔네요.

에니어그램이 주는 가장 큰 혜택은 사람들이 자신의 고정된 배역에서 벗어나 더 나은 자신으로 변화할 수 있도록 도와준다는 것입니다. 에니어그램은 자신에게 주어진 것이 무엇이든 현존할 수 있게 해주며 자신이 원하는 곳에 가기 위한 여정을 떠날 수 있는 지도를 제공한다고 생각합니다. 에니어그램은 과도하게 규정적이지 않습니다. 가령 어떤 점수를 받아야 하는 것도 아니고 특정 유형이 되어야 하는 것도 아닙니다. 미묘한 깊은 의미가 있지요. 단순히 '넌 INTJ야. 잘해봐'라거나 '넌 오렌지야'라거나 당신이 '이거다 저거다'라고 하지 않습니다. 에니어그램은 당신을 겹겹이 감싸고 있는 자신의 막들을 보게 해주고 그것들이 무엇이던 당신의 속도에 맞추어 여정을 떠나자고 말합니다.

마음챙김(mindfulness)과 에니어그램 등이 갖고 있는 위대한 힘은 바로 팀 차원의 의식화에 다가갈 수 있는 역량을 키워 준다는 것입니다. 또한 이러한 것들은 자기관찰을 가능하게 해주는데, 이 자기관찰은 실시간으로 자신을 보고 그 상황에서 단순히 자신의 패턴으로 반응하는 것 외에 자신이 선택할 수 있는 많은 옵션이 있다는 것을 볼 수 있는 능력입니다.

변화를 어렵게 만드는 요소 중 하나는 '내가 어떤 내면의 규칙을 적용하고 있는가?', '내가 갇혀있는 반응적 틀은 무엇인가?'와 '내가 지금 처한 상황적 맥락은 무엇인가?'를 모두 알아차려야 한다는 것입니다. 먼저 나에게 어려움을 야기한 패턴을 관찰한 후 그것을 알아차리고 반응의 속도를 늦추어 의식적으로 다른 선택을 하여야 합니다.

비즈니스 성과를 만들어내는 것과 관련하여 내가 생각하기에 매우 중요한 몇 가지 전략이 있습니다. 에니어그램은 마음챙김 훈련과 내가 개발한 개인 탁월성 프로그램(personal excellence program) 그리고 머리, 가슴과 장 센터의 지능에 대한 개념과 각 센터의 지능을 어떻게 통합하여 사용해야 하는지 등을 훌륭히 보완해주었습니다. 내 생각에 에니어그램은 다른 의식화 훈련과도 조화롭게 진행될 수 있는 개방된 플랫폼을 갖고 있습니다.

전인적인 작업과 관련하여 에니어그램의 특징은 뛰어난 접근성에 있습니다. 지금까지 한 번도 에니어그램을 접하고 도움이 되지 않았다고 말한 사람은 없었습니다. 그리고 이러한 반응이 다른 모든 전인적인 작업이나 과정에서 나오는 것은 아닙니다. 예를 들어, 명상을 시작하기 위해서는 훈련과 지속적인 의지가 필요합니다. 그냥 바로 시작해서 무엇인가를 얻어갈 수가 없지요. 사람들은 에니어그램이 활력을 준다고 합니다. 어떤 사람들은 자신들이 경험했던 다른 작업들과 비교하여 특정한 반응을 보이기도 하지만 이를 넘어서면 적극적으로 참여합니다. 그리고 에니어그램은 지속적입니다.

　11년이 넘는 시간 동안, 다수의 조직과 다양한 상황에서 지속적으로 적용할 수 있는 개발도구가 몇 개나 있겠습니까? 많은 경우 시간이 지남에 따라 흥미를 상실하거나 더 이상 효과가 없다고 느끼게 됩니다. 제가 에니어그램 수업을 몇 번이나 참가했는지 아십니까? 셀 수 없을 정도로 많지만 저에게 에니어그램은 아직도 매우 흥미로운 주제입니다.

　캐롤 앤더슨은 캘리포니아에서 155개의 어린이집을 운영하고 영유아 교육 자료를 개발하는 아동개발 회사(Child Development Inc.)의 대표이다. 몇 년 전, 회사는 35%에 달하는 이직률을 낮출 방법에 대해 고심하고 있었다. 직원 전체를 대상으로 설문조사를 진행 한 결과 50%의 응답자가 자신의 상사를 싫어한다고 대답하였다. 그래서 경영진은 새로운 가치기준을 세웠고 모든 매니저들을 대상으로 하는 '관리자 기초 스킬'이라는 트레이닝 프로그램을 개발하였다. 캐롤과 그녀의 팀은 이 후 에니어그램 트레이닝이 포함된 리더십 기관을 설립하였다. 5년 후 회사 이직률은 35%에서 절반 수준인 18%로 감소되었다. 이러한 결과의 원인으로는 여러 가지가 있겠지만 캐롤은 더 나은 리더를 개발하려는 노력이 주요 원인이었으며 이러한 노력에 큰 기여를 한 것이 바로 에니어그램이라고 믿는다. 캐롤은 자기 조직이 어떠한 자신들만의 방식으로 에니어그램을 트레이닝 프로그램에 접목시켜 뛰어난 교사들과 직원들의 고용을 성공적으로 유지할 수 있었는지에 대해 이야기한다.

　우리는 더 나은 리더들을 만들고 싶었습니다. 많은 내용이 에니어그램과 딱 들어맞았습니다. 에니어그램은 이러한 질문들에 초점을 맞춥니다. '당신의 이야기는 무엇입니까?', '당신에게 일어나는 일들에 대해 남을 탓하기보다 자신을 성찰할 수 있는 방법은 무엇입니까?', '어떻게 하면 남의 이야기를 잘 들어주는 사람이 될 수 있을까?' 등이다.

우리는 에니어그램 트레이닝을 위해 세 가지 목표를 세웠습니다. 첫 번째 목표는 자아성찰과 자아인식이었습니다. 우리는 직원들의 의식성장을 원했습니다. 두 번째 목표는 시너지 효과를 얻기 위해 그룹들이 함께 협력하여 작업하는 것이었습니다. 서로의 강점과 문제들, 그리고 각자가 팀에 기여하는 부분들을 이해하고 자신의 단점과 하기 싫어하는 일들을 찾아내는 것이었습니다. 내가 하기 싫어하는 일을 다른 누군가는 좋아할 수도 있으니까요. 그리고 세 번째 목표는 자신들의 팀원들에게 더 좋은 관리자가되는 것이었습니다.

나는 우리 조직의 관리자들을 에니어그램을 사용하여 관리하였습니다. 일대일 면담을 통해 부하 직원과 갈등이 있다면 그 문제를 해결하기 위한 전략을 짰습니다. 나는 각각의 직원들에 대해 물어보았습니다. '누구누구와는 어떻게 지내나요?' 우리의 목표 중 하나는 직원들에게 좋은 상사를 주는 것이었기에 그들과 전략을 짰습니다. 한 관리자는 1유형 부하 직원 때문에 힘들어 하고 있었습니다. 그 문제를 해결하기 위해 우리는 그가 1유형이기에 필요로 하는 것은 무엇인지를, 그리고 1유형이 이것을 어떻게 생각하고 중요한 것은 무엇인지를 논의했습니다.

개인적으로 나는 에니어그램이 우리에게 매우 흡족한 결과를 가져다 줄 수 있었던 이유 중 하나는 에니어그램이 단계별 과정으로 틀에 맞춰 짜인 프로그램이 아니었기 때문이라고 생각합니다. 나는 사람들에게 에니어그램은 매우 정교하고 복잡하며 심오한 도구이며 평생을 공부하여도 다 알 수 없다고 이야기합니다. 하지만 자신의 내면에서 그리고 동료들에게서 얻을 수 있는 진정한 배움과 성장은 가슴을 열고 성찰하며 내 안에 내면 관찰자를 깨어있게 하려는 본인의 의지가 있어야 가능합니다.

테레사 로쉐는 로쉐 컨설팅사의 CEO이며 애질런트 테크놀로지의 부사장과 직원 교육담당 최고책임자를 역임하였다. 1980년대 후반에 에니어그램을 시작한 테레사는 내가 인터뷰한 리더들 중 가장 오랜 기간 동안 에니어그램을 공부해 왔다. 조직의 인간관계책임자로 재직한 긴 시간 동안 그녀는 에니어그램을 자신의 개인적 성장과 커리어 개발을 위해 활용해 왔으며 다양한 방식으로 자신의 업무에 적용해왔다.

　　나는 애질런트 회사 CEO가 떠오르는 젊은 리더들과 졸업생들과의 대화에서 한 참석자가 던진 질문에 했던 답을 잊을 수가 없습니다. 그것은 바로 자신이 지금까지 살아오며 배운 것 중 가장 강력한 것은 '모든 이들이 자신과 같지 않다'는 것을 깨달은 것이라는 것입니다.

　　내가 어떤 증거 자료를 기반으로 에니어그램을 포함해 우리의 리더들을 대상으로 적용하는 자기통찰 과정이 더 높은 고객충성도 점수나 이윤으로 이어진다고 말할 수는 없습니다. 하지만 나는 애질런트 회사의 사례를 보더라도 성공의 토대는 경영진들의 의식수준에 있다고 믿습니다.

　　제가 작성한 성과피드백 보고서에 총 주주수익이 SP 500 이상이나 상승했다고 기재하였습니다. 우리의 고객충성도 점수도 증가했고 시장점유율도 높아졌습니다. 이러한 현상이 꼭 어떤 한 가지 원인에서 나왔다고는 볼 수 없지만 어떤 연결점이 있는 것은 확실합니다. 나의 팀은 12년 동안 함께 하였는데 이는 우리가 계속해서 배우고 성장하였기 때문입니다. 나는 우리가 마치 특전사 같다고 느꼈습니다. 우리는 어떤 문제에 잠입하여 해결하라는 명령을 따랐으며 뛰어난 성과로 명성이 자자했습니다.

　　최근 비즈니스계에서 수많은 시간이 사람들이 자신을 감추려고 하는 것 때문에 낭비된다는 기사를 읽었습니다. 우리는 많은 시간을 우리가 타인에게 어떻게 보일까를 염려하며 이를 방어하기 위해 소모하고 있습니다. 내가 CEO에게 한 이야기 중 하나는 이것이 단지 감정에 기반한 신비주의적 뉴에이지 활동이 아니라는 것입니다. 이는 기회로 향하는 지름길입니다. 자신을 안다는 것은 20분이 소요될 회의를 5분 안에 끝낼 수 있다는 뜻이며, 회의를 마치고 나오며 '도대체 무슨 얘기들을 하는 거야?'라는 생각이 들지 않을 것이라는 의미입니다. 나는 자신의 성격유형을 아는 사람들이 함께 일할 때 실제로 더 짧은 시간에 더 나은 해결책이 나온다고 생각합니다.

당신이 새롭게 발견한 에니어그램 관련 지식을 어떻게 사용할 것인가?

에니어그램 통찰의 활용을 위한 안내

"리더의 역할을 수행하는 데 에니어그램은 전반적인 분야에서 도움을 줍니다. 특히 창의성과 통찰을 이끌어내는 도구로서 더 효과적입니다. 에니어그램은 어떤 비즈니스 프로세스에도 적용할 수 있는 통찰력을 제공합니다."

- 토드 피어스: 게이츠 재단

이 책은 에니어그램이 리더십 개발과 조직 관계에 유용하게 활용되는 방안과 그 혜택에 대해 상세히 기술하고 있다. 그러나 에니어그램이 모든 사람과 모든 회사에 적합한 도구가 아니라는 점을 기억해야 한다. 에니어그램은 자기 자신을 알고 자신과 함께 하는 사람들을 이해해야 하는 실질적이고 사업적인 필요성이 강할 때 가장 효과가 있다고 생각된다. 에니어그램 성격유형 체계는 자기성찰에 대한 욕구와 역량이 있고, 동료들과의 업무관계를 발전시키기 위해 자신의 취약점과 약한 모습을 어느 정도 나타낼 수 있을 때 가장 이상적인 접근법이다. 이러한 전제 하에 에니어그램을 당신의 리더십 개발프로그램이나 조직에 적용할 수 있는 방법들을 제안한다.

에니어그램은 성장과 발전을 다루기에 이를 광범위한 강점들을 개발하여 자신의 최대 잠재력을 발현시키기 위한 도구로 사용할 수 있다. 만약 조직의 경영진이 조직원들의 성장을 최우선의 가치로 삼지 않는다면, 그리고 더 큰 자아인식을 비즈니스와 무관한 것이라고 생각한다면, 에니어그램을 도입하는 것이 올바른 투자가 아닐 수도 있다. 하지만 만약 당신이 자아인식과 감정지능을 통해 더 큰 사업적 성공을 이루는 방법을 찾고 있다면 에니어그램보다 더 좋은 도구는 없을 것이다.

다음은 에니어그램을 리더십 개발프로그램이나 조직에 적용할 수 있는 방법들이다.

개인 및 리더의 차원

코치와 작업하기

개인적 성장이나 리더십 개발을 위해 에니어그램을 사용하는 가장 쉬운 방법은 에니어그램을 잘 알고 이를 도구로 사용하는 심리치료사 혹은 코치와 작업하는 것이다. 에니어그램 전문 코치는 당신이 당신의 유형을 찾을 수 있도록 안내해주고 자신에 대한 지식과 깨달음을 지속적으로 심화시킬 수 있는 구조화된 계획을 세우는 데 도움을 주며, 당신의 강점을 최대로 활용하고 역량을 확장시킬 수 있도록 해준다. 여기서 꼭 기억해야 할 것은 코치를 신중하게 선택해야 한다는 것이다. 소위 '에니어그램 전문가'라고 하는 사람들 중에는 이러한 작업 과정을 이끌어 갈 만한 관련지식이나 전문성을 갖추지 못한 사람들이 상당히 존재한다. 따라서 가능하다면 신뢰할 수 있는 지인들로부터 추천을 받거나 코치의 자격을 세심히 확인하는 과정을 거쳐야 한다. 또한 주저하지 말고 에니어그램을 얼마나 오래 연구해 왔는지 그리고 어떤 자격조건을 갖추었는지에 대한 질문을 해야 한다.

에니어그램 트레이닝과 리더십 개발 프로그램:
개인적 성장과 자아인식, 그리고 감정지능 개발에 초점 맞추기

당신의 조직원들에게 에니어그램을 소개 할 수 있는 방법 중 하나는 에니어그램 트레이너나 컨설턴트를 초빙하여 교육을 진행하는 것이다. 실력과 자격을 갖춘 에니어그램 전문가가 진행하는 하루나 반나절 입문 과정은 에니어그램이 무엇인지, 어떻게 자아인식의 도구로 사용될 수 있는지를 보여주고, 후속적으로 개인 코칭이나 개발프로그램을 구축할 수 있는 흥미를 이끌어 낼 수 있다. 많은 리더십 개발 프로그램들이 핵심요소로서 에니어그램을 도입하고 있다.

자아 작업

에니어그램 저자인 헬렌 파머는 에니어그램 유형은 '자기확인'이라고 말한다. 에니어그램의 장점 중 하나는 에니어그램에 관심이 있거나 자신의 유형을 찾고 싶다면 관련 서적이나 비디오, 웹 컨텐츠와 트레이닝 프로그램을 통해 혼자서도 상당한 양의 작업을 할 수 있다는 점이다. 본서는 혼자 작업을 하거나 코치와 함께 작업할 때 자아인식을 확장하기 위한 안내서로 참고할 수 있도록 설계되었다.

일대일의 프로페셔널 관계

관계성 개발을 위한 개인 작업

코치나 에니어그램 컨설턴트와 함께 하거나 혹은 혼자 작업할 때, 에니어그램 과정이나 자료를 활용하여 자신의 커뮤니케이션 스타일이나 관계성향, 갈등상황, 대응방식, 그리고 전반적으로 타인에게 미치는 영향력 등을 알 수 있다. 에니어그램 작업과 다면성 평가를 통합하여 사용하는 것이 장점과 약점을 파악하는 데 효과적이라할 수 있겠다. 또한 동료들과 대화를 진행하기 전에 이러한 방식으로 개인은 자신의 커뮤니케이션 성향과 다른 사람들의 관점과 성향을 이해할 수 있다.

에니어그램 코치나 컨설턴트의 중재 하에서 대화하기

자신의 에니어그램 유형이나 자신이 선호하는 관계방식 혹은 소통방식 등 타인과의 교류에서 나타나는 특정한 요소들을 이해했을 때 관계개발에 관한 대화에 참여하는 것이 좋다. 코치나 컨설턴트가 중재자의 역할을 맡아 중요한 동료와의 대화를 진행한다면, 당신은 더욱 적극적으로 자신의 업무와 관계의 다양한 요소들에 관해 논의할 수 있다.

팀의 차원

문제 해결과 팀 역동의 이해를 위한 에니어그램 트레이닝과 적용

팀 작업을 전문으로 하는 컨설턴트를 초빙하여 팀원들에게 에니어그램을 소개하는 것이 가장 이상적인 방법일 것이다. 에니어그램을 기반으로 하는 팀 구축 활동이나 일일 워크숍 형태로 진행할 수 있는 다양한 방법이 있다. 에니어그램의 개요와 각 유형들을 설명하고, 그것이 어떻게 팀 내의 관계와 역동을 이해하는 데 적용될 수 있는지를 보여주면, 당신의 팀이 얼마나 원활하게 운영되고 있는지, 더 많은 성과를 위한 발전 방향은 무엇인지에 대해 알 수 있다. 팀 구성원들은 우선 에니어그램이 무엇인지 배우고, 소통과 피드백 주고받기, 갈등관리, 협상 등의 특정한 비즈니스 상황에 에니어그램을 적용할 수 있다. 당신의 팀이 필요로 하는 것이 무엇인가에 따라 광범위한 비즈니스 사례에 대한 대응방법을 찾는 데 에니어그램을 도입할 수 있다.

에니어그램을 업무수행에 통합하기

나는 팀 작업을 할 때 다양한 에니어그램의 관점과 유형 패턴을 팀이 직면한 여러 비즈니스 개념과 사안에 적용시킨다. 예를 들어, 아홉 가지 에니어그램 유형을 의사결정이나 탁월한 성과 달성, 위험요소 분석 및 대응 등에 융합시켰다. 하나의 비즈니스 사안이라도 각기 다른 유형의 사람들이 자신들의 렌즈로 본다는 사실을 인지하고 서로의 관점에 어떤 차이점이 있는지를 이해한다면 정말 중요한 핵심에 초점을 맞추고 더욱 활기찬 논의를 할 수 있다. 이는 당신의 팀의 소통방식을 더 효율적이고 성공적이며 즐겁게 만들어 줄 것이다.

조직의 차원

에니어그램 트레이닝

오랜 경력의 에니어그램 컨설턴트로 하여금 개인 리더십 개발과 팀을 대상으로 입문과정과 후속 트레이닝을 설계하게 한 것과 마찬가지로 더 큰 규모의 그룹과 조직 전체를 대상으로 에니어그램 트레이닝을 제공할 수 있다. 조직의 경우도 도전 과제와 필요에 따라 에니어그램에 정통한 조직개발 컨설턴트를 고용하여 트레이닝 과정이나 지속적인 프로그램을 설계하여 다양한 조직의 문제들을 명확히 파악하고 해결하는 데 에니어그램 유형관련 통찰을 활용할 수 있다.

대부분의 경우 에니어그램과 친숙해지고 자신의 유형에 대해 배우고, 소통이나 피드백 주고받기 혹은 팀 역동 등 다양한 업무관계에 적용을 시작할 수 있는 입문과정으로 시작하는 것이 좋다. 이러한 입문 단계의 트레이닝 이후 지속적 학습을 통해 조직 내 중요한 문제나 시기적으로 요청되는 사안을 다룰 때 성격유형을 접목할 수 있도록 후속 트레이닝을 진행할 수 있다.

지속적인 에니어그램 활동

에니어그램 입문과정을 마치고 많은 리더들이 제기하는 질문은 바로 이것을 어떻게 지속하는가이다. 그것은 우리의 리더와 팀 그리고 조직이 에니어그램을 어떻게 지속적으로 업무실행의 과정에 접목하여 적용할 수 있을지에 대한 것이다.

에니어그램의 통찰과 활용이 조직에 뿌리내릴 수 있게 하는 방법은 여러 가지가 있다. 아래의 목록은 지속적인 프로그램 진행을 통해 에니어그램이 더욱 적극적으로 활용되고 조직의 문화에 스며들 수 있도록 도움을 줄 수 있는 아이디어들이다.

- **정기적인 에니어그램 대화** 다양한 비즈니스 혹은 개발 주제에 관한 정기적인 에니어그램의 대화

- **같은 유형의 사람들로 구성된 에니어그램 패널** 하나의 유형으로 이루어진 그룹의 사람들이 자기 유형이 어떻게 작동하는가에 대해 이야기를 나눔으로써 특정 유형에 대해 깊이 있게 배울 수 있는 기회를 제공할 수 있다. 나는 이러한 패널을 주로 에니어그램을 이미 알고 있는 사람들과 그렇지 않은 사람들이 섞여 있는 그룹을 대상으로 프로그램을 진행해야 할 때 사용한다.

- **점심시간을 활용한 토론** 점심시간에 모여 식사를 하며 특정 유형이나 관련주제 토론

- **지속적인 개발 프로그램** 에니어그램을 접목시킨 리더십 프로그램 혹은 코칭 프로그램

- **에니어그램 사교모임이나 해피 아워** 예를 들어 한 달에 한 번 목요일이나 금요일 오후 5시에 주최되는 모임. 연사가 나와 특정 주제에 대한 발표를 한다거나 그룹 토의를 진행한다.

에니어그램을 업무수행과 통합하기

에니어그램은 다양한 조직적 비즈니스 업무와 함께 사용될 수 있는 유기적인 도구이다. 예를 들어, 조직이 해외 시장 진출을 앞두고 있다거나 조직의 우선순위 재확립과 같은 변화의 시기를 겪고 있거나 혹은 어려운 현안에 직면하고 있다면, 이에 대해 에니어그램은 사람들이 얼마나 다른 방식으로 대응하고 있는지를 명확하게 이해할 수 있는 공통의 언어로서 사용될 수 있다. 특정 주제에 대한 논의 후 각각의 유형이 자신이 처한 상황을 어떤 관점으로 보고 있는지에 대해 진지하고 열린 대화를 진행할 수 있다. 실력 있는 컨설턴트가 이러한 조직적 활동을 설계하고 실행할 수 있다.

의식적인 조직문화 구축하기

아라쉬 퍼도시와 토드 태퍼트가 이 장의 앞부분에서 언급했듯이, 에니어그램은 더욱 의식적인 조직문화를 구축하는 데 영감을 주고, 조직 차원에서 공식적인 노력을 기울이는 데 사용될 수 있는 훌륭한 도구이다. 더욱 많은 다양한 분야의 회사들이 자아인식과 감정적 지능을 중요시하고 있으며 에니어그램은 이를 촉진하고 의식적이고 유기적이며 통합된 조직문화를 만들 수 있는 기회와 프로그램을 개발하고 실행하는 데 이상적인 도구이다.

이 책을 통하여 감정지능이 뛰어난 리더, 팀, 조직들을 개발하는 데 에니어그램이 유용한 도구로 사용될 수 있는 다양한 가능성을 발견하게 되었을 것이다. 의식적인 리더들은 활기차고 생산적이며 성공적인 분위기를 조성한다. 성격유형의 상세한 설명과 이야기가 보여주듯이 에니어그램은 오랜 세월에 걸쳐 그 유효성이 증명된 강력한 이론체계이다. 당신이 CEO든 매니저든 개인개발자이든 아니면 일반인이든 상관없이 에니어그램은 자신의 습관적인 패턴에서 자유로워져 자신의 최대의 잠재력을 계발하기 위해 심오한 자아인식으로 가는 길을 보여준다. 에니어그램을 통해 리더들과 구성원들이 자신의 최고의 모습을 발현해나가도록 도움으로써 우리는 세상 속에서 놀라운 변화를 끌어낼 수 있다.

현존하는 탁월한 조직 성장 및 자기계발 도구인 에니어그램을 향한 이 여정에 동참해주신 여러분께 감사드린다. 지난 20여 년간 나와 동행해주신 분들이 에니어그램을 통해 자신의 가정과 일터에서 행복하고 건강하며 또한 효율적이고 성공적이 되어가는 과정을 지켜보는 것은 매우 뜻깊고 영광스러운 일이었다. 나와 나의 수많은 친구들, 동료들, 고객들이 그러했던 것처럼 당신도 에니어그램을 통해 새로운 출발과 변화를 경험하게 되리라 확신하며 본서를 마무리하고자 한다.

미주

1. 다니엘 골먼(Daniel Goleman)은 감정 지능이 사람들에게 어떻게 보다 더 효과적인 영향을 미치는가에 대해 다음과 같은 많은 책들을 쓴 바 있다. 그는 EQ에 대한 권위적인 저자이다. *Emotional Intelligence: Why It Can Matter More Than IQ*; *Working with Emotional Intelligence*; *Social Intelligence: The New Science of Human Relationship*; *Primal Leadership: Unleashing the Power of Emotional Intelligence*; *Harvard Business Review* articles "What Makes a Leader" and "Teams at Work: Emotional Intelligence."

2. Jim Collins, *Good to Great* (New York: Harper Collin, 2001), pp. 12-13.

3. Dethmer, Chapman, and Klemp, *The 15 Commitments of Conscious Leadership* (Conscious Leadership Group, 2014), p.14.

4. 위의 책, p.15.

5. Daniel Siegal, *Mindsight* (New York: Bantam Book, 2011), pp. xi-xii.

6. Rick Hanson, *Buddha's Brain: The Practical Neuroscience of Happiness, Love, and Wisdom* (Oakland, CA: New Harbinger Publications Inc., 2009), p. 42.

7. 위의 책.

8. 마이클 골드버그는 그의 책 *Travels with Odysseus*에서 오디세우스가 방문하는 9개 지역의 주제와 특성에 대해 묘사하고 있다. 비록 그가 에니어그램을 직접적으로 언급하지는 않았지만, 이러한 9개 지역의 주제와 특성들은 에니어그램의 9가지 주제와 일치되고 있다.

9. 이 책 전체에 걸쳐 묘사된 27개의 하위유형의 성격에 대한 설명은 클라우디오 나란호의 연구로부터 끌어와서 적용해본 것이다.

10. Tony Schwartz, "Seeing Through Your Blind Spots," *Harvard Business Review*,

August 15, 2012.

11. 위의 책.

12. 위의 책.

13. 위의 책.

14. Ginger Lapid-Bogda, *Bringing Out the Best of Yourself at Work* (New York, 2004), p.32.

15. 위의 책, pp.33-34.

16. 위의 책, pp.38-39.

17. 클라우디오 나란호는 종종 그들 자신의 불평등을 믿는 사회적 4가지 습관의 본질을 강조하기 위해 그들의 워크숍에서 이 문구를 사용한다. – '그들에게 잘못된' 유일한 것은 그들이 무엇인가 잘못되었다고 믿는 것이다.

18. Ginger Lapid-Bogda, *Bringing Out the Best of Yourself at Work*, p.45.

19. Claudio Naranjo, Beatrice Chestnut, *The Complete Enneagram* (2013), p.151에서 재인용.

20. Ginger Lapid-Bogda, *Bringing Out the Best of Yourself at Work*, p.48.

21. 이것은 헬렌 파머가 *The Enneagram: Understanding Yourself and the Other in Your Life*(1988)에서 여덟 가지 성격을 묘사하기 위해 사용하는 표현이다.

22. Ginger Lapid-Bogda, *Bringing Out the Best of Yourself at Work*, p.52.

참고도서

Appel, Wendy. *Inside Out Enneagram: The Game-Changing Guide for Leaders.* Palma Publishing, 2012.

Chestnut, Beatrice. *The Complete Enneagram. 27 Paths to Greater Self-Knowledge.* She Writes Press, 2013.

Collions, Jim. *Good to Great: Why Some Companies Make the Leap... and Others Don't.* New York: Harper Collins, 2001.

Dethmer, Jim; Chapman, Diana; and Klemp, Kasey Warner. *The 15 Commitments of Conscious Leadership.* Conscious Leadership Group, 2014.

Goldberg, Michael. *Travels with Odysseus: Uncommon Wisdom From Homer's Odyssey.* Tempe, AZ: Circe's Island Press, 2006.

Goleman, Daniel. *Emotional Intelligence. Why It Can Matter More Than IQ.* New York: Bantam Books, 1994.

_____. *Working with Emotional Intelligence.* New York: Bantam Books, 1998.

Goleman, Daniel; Boyatzis, Richard; and McKee. Annie. *Primal Leadership: Unleashing the Power of Emotional Intelligence.* Boston: Harvard Business Review Press, 2013.

Hanson, Rick. *Buddha's Brain: The Practical Neuroscience of Happiness, Love, and Wisdom.* Oakland, CA: New Harbinger Publications Inc., 2009.

Hebenstreit, Karl. *The How and Why: Taking Care of Business with the Enneagram.* CreateSpace Independent Publishing Platform, 2016.

Lapid-Bogda, Ginger. *Bringing Out the Best in Yourself at Work: How to Use the Enneagram System for Success.* McGraw-Hill: New York, 2004.

_____. *The Enneagram Development Guide*. Ginger Lapid-Bogda, 2010.

_____. *What Type of Leader Are You? Using the Enneagram System to Identify and Grow Your Leadership Strengths and Achieve Maximum Success*. McGraw-Hill Education, 2007.

Palmer, Helen. *The Enneagram: Understanding Yourself and the Others in Your Life*. San Francisco. Harper Collins, 1988.

_____. *The Enneagram in Love and Work: Understanding Your Intimate and Business Relationship*. Harper One, 1995.

Price, Daniels & Virginia. *The Essential Enneagram: The Definitive Personality Test and Self-Discovery Guide*. HarperOne, 2009.

Schwartz, Tony. "Seeing Through Your Blind Spots." *Harvard Business Review*. August 15, 2012.

Siegel, Dan. *Mindsight: The New Science of Personal Transformation*. New York: Bantam Book, 2011.

Wagele, Elizabeth and Baron, Renee. *The Enneagram Made Easy: Discover the Nine Types of People*. Harper San Francisco, 1994.

Webb, Karen. *Principles of the Enneagram: What It is, How It Works, and It Can Do for You*. 2nd Ed. Jessica Kingsley, 2012.

저자

비어트리스 체스넛(Beatrice Chestnut)
임상심리학 석사(MA), 커뮤니케이션학 박사(Ph.D.)
미국 노스웨스턴대학교 및 스탠포드대학교 강사 역임
국제에니어그램협회(International Enneagram Association) 회장
국제에니어그램 학회지 편집장
〈저서〉『The Complete Enneagram: 27 Paths to Greater Self-Knowledge』, 『The Nine Types of Leadership』

역자

▐ 한국에니어그램협회 ▐ http://www.ieakorea.com/

이규민
장로회신학대학교 석좌교수 & 대외협력처장
한국에니어그램협회 상임이사
국제에니어그램협회 인증전문가
한국기독교상담심리학회 수련감독 & 상임임원
한국가족상담문화협회 수련감독 & 운영이사

최진태
경남가족상담교육원 원장
한국에니어그램협회 부회장
국제에니어그램협회 인증전문가
MSC Teacher Training
Satir가족상담사

서영숙
KACE 부모교육리더십센터 수석강사
한국에니어그램협회 상임이사
국제에니어그램협회 인증전문가
한국 버츄 프로젝트 Ft.

조연우
Cultural Mediator
아리랑 TV 통번역센터 영상 번역작가
전문통역사

현상진
대전시민대학 교수
한국에니어그램협회 상임이사
국제에니어그램협회 인증전문가
언론 미디어 칼럼니스트
한국에니어그램학회 상임이사

박충선
대구대학교 가정복지학 교수
한국에니어그램협회 상임이사
국제에니어그램협회 인증전문가
한국에니어그램상담학회 부회장
한국가족복지학회회장 역임

이종남
성균관대학교 초빙교수
(사)밝은청소년 상임대표
(사)하트하트재단 부회장
서울시 건강가정지원센터 센터장